中國學術思想 研究輯刊

初 編
林 慶 彰 主編

第 14 冊
熊十力春秋外王學研究

林 世 榮 著

花木蘭文化出版社

國家圖書館出版品預行編目資料

熊十力春秋外王學研究／林世榮 著 — 初版 — 台北縣永和市：
花木蘭文化出版社，2008〔民 97〕
目 4+260 面：19×26 公分
（中國學術思想研究輯刊 初編；第 14 冊）
ISBN：978-986-6657-86-3（精裝）
1. 熊十力 2. 春秋（經書） 3. 學術思想 4. 研究與考訂
128.6 97016178

ISBN - 978-986-6657-86-3

9 789866 657863

中國學術思想研究輯刊
初 編 第十四冊 ISBN：978-986-6657-86-3

熊十力春秋外王學研究

作 者 林世榮
主 編 林慶彰
總 編 輯 杜潔祥
出 版 花木蘭文化出版社
發 行 所 花木蘭文化出版社
發 行 人 高小娟
聯 絡 地 址 台北縣永和市中正路五九五號七樓之三
電話：02-2923-1455／傳眞：02-2923-1452
網 址 http://www.huamulan.tw 信箱 sut81518@ms59.hinet.net
印 刷 普羅文化出版廣告事業
封 面 設 計 劉開工作室
初 版 2008 年 9 月
定 價 初編 28 冊（精裝）新台幣 46,000 元

熊十力春秋外王學研究

林世榮　著

作者簡介

林世榮，中央大學中文所博士，現為龍華科大通識中心副教授。著有《熊十力《新唯識論》研究》、《熊十力春秋外王學研究》、《熊十力與「體用不二」論》，及單篇論文〈朱熹《周易本義》發微〉、〈程朱「復其見天地之心乎」說研究〉、〈李光地《周易折中》發微〉、〈李光地《周易折中》屯六二「乘馬班如，匪寇婚媾」研究〉等十數篇。

提　要

　　熊十力肯定《春秋》乃孔子作，且根源於《易》，內聖與外王誠為一貫，故而扣緊《易》以言《春秋》，並以《春秋》有微言與大義之別，特重「借事明義」之旨，是以經由對兩漢以迄清諸公羊家加以批判，又從內在義理方面予以創造性之詮釋，以揭示其心中理想之春秋外王學。

　　熊氏認為「三科九旨」（張三世、通三統及異內外）乃《春秋》之微言所在，而孔子之本懷即在貶天子、退諸侯、討大夫。「張三世」旨在推翻君權，廢除統治階級，故唯由人民起而革命，以取消君權，人人平等，永無剝削，才能捨據亂而趨升平以抵太平；「通三統」亦非為維護統治階級之君統，乃是以仁垂統，故須維仁統於不墜，即以仁統天下，此實深合《春秋》本旨。熊氏又以《春秋》既本仁為治，由據亂而升平，其蘄向則在太平，而所言井田制及升平世四大治法，誠頗詳備。熊氏並擴及〈禮運〉，以小康為據亂世、大同為太平世治法，故須捨小康而進至大同，且必如此，才能由有君之小康時代進至無君時代之大同理想境界。而欲達致此境界，熊氏認為應借助《周官》，蓋其所言正是升平世大法，實為《春秋》撥亂反正之關鍵所在，既由此而離據亂，並由此以至太平。

　　要之，熊氏實已賦《春秋》以新意，為之開啟新方向，其說洵值加以探討，並予發揚。

目次

第一章 導論：研究動機、目的與寫作方法及主題之展開

第一節 前言

　　經學一辭，就其字面而言，乃指研究經書之學。所謂經書，即聖人立說而見之於文字者，乃以「著經」方式而寫出者，所謂「作者謂之聖」，此類著作即稱之爲經。而賢者雖不能直接著經，然依經書而加以詮釋，乃以「注經」方式而寫出者，足使經意大加顯明，其功亦與聖人同，所謂「述者謂之明」，此類著作往往附經而行，故亦可稱之爲經。然而，研究經書自可謂爲經學，但經書所欲表達之經意爲何，無疑才是經學之本義或第一義。按經書與經意之關係，乃一而二，二而一，不即不離，經意借經書而得存，經書所表達者即經意；然細究之則有別，經意較經書尤爲首出，更形重要。而經書所表達之經意，即指常道而言。蓋經者常道也，此常道即意謂其所包含之眞理與智慧，歷萬世而不變，永爲吾人所恪遵奉行。其不僅標明人生之目的與理想爲何，從而作爲個人修身養性之指導原則；且更揭示對全體人類之前途與去向應向何處邁進，從而見出聖人本修己安人之教，內聖外王之道，而欲登斯民於衽席之上，以至太平大同之意。是以經學雖爲研究經書之學，然經意所表達之常道，即在經世濟民。蓋若能直接經世濟民，則何須著經、注經，唯其不得已，故而如此。故經學之本義或第一義，當不僅指研究經書而已，而應指經世濟民而言。〔註1〕

〔註 1〕坊間關於經學或經學史之概論書，對於經學之定義，雖亦提及經者有經世濟民、經綸天下之意，但大抵皆偏重指研究經書而言；唯日人本田成之《中國

　　熊十力（1885～1968 年）所謂之經學，無疑即就此義而言，《讀經示要》（後簡稱《示要》）卷一曰：「經之爲言，常道也。……經所明者常道，故不可捨失也」（頁 9）、「夫經之所明者，常道也。常道如何可廢？」（頁 35）故研究經書，當知其所欲明者即常道，此常道即指經世濟民而言。此經世濟民之學自是扣緊人生而言，視全體人類爲一體，而將自己全副生命投入，去參與經書，與之對話，從而抉發深意，以爲修養、實踐之動力、方向，以明明德，以新其民，而同止於至善之地。是以此學並不僅就個人獨自之內在追求而言，而更關連著國家社會總體與人類歷史長流，一面不斷地反省與批判，一面不斷地承繼與開創，以使吾人之生活世界得以更加開顯。因此若將經書視爲一外在對象，只對其內容作一客觀之解釋，則與聖人著經無關，與賢者注經亦無關，而與經世濟民更無關，純然只是解釋經書，誠不可謂爲經學。等而下之，只對其文字作餖飣考據，則只可謂爲訓詁考據之學，亦不可謂爲經學。蓋相對於經學第一義而言，著經、注經已是第二、三義，而此則爲第四、五義，至於其他，則更在第五義之外，已與經世濟民無關。當然，此亦非謂解釋經書及訓詁考據爲無用，只是從第四、五義雖亦可得第一義，然終不若由第二、三義爲直接。誠然，經學雖以經世濟民爲第一義，但欲瞭解此義，則須透過經書，而在諸多典籍中，自以六經爲最要。熊氏認爲就中國學術而言，有所謂四科之說，即義理、詞章、考據及經濟，此中又以義理居首，其餘三科則無不本於義理，而此義理之學，其根源即在六經，故可謂四科無一不原本六經；而由此四科之學，即可見中國學術乃有體有用，故熊氏亦以爲張之洞《勸學篇》所言「中學爲體，西學爲用」之說，立辭實欠妥。蓋西學有西學之體用，中學有中學之體用，何可分自己之體用，而與他人之體用相搭配（見《示要》卷一頁 4～9）。熊氏並以九義籠括群經言治之意，而從此九義亦可見中學自有體、自有用，一曰「仁以爲體」，二曰「格物爲用」，三曰「誠恕均平爲經」，四曰「隨時更化爲權」，五曰「利用厚生，本之正德」，六曰「道政齊刑，歸於禮讓」，七曰「始乎以人治人」，八曰「極於萬物各得其所」，九曰「終之以群龍無首」（見同上頁 41～120）。觀此所言，熊氏雖非直接著經或注經，但亦不以解釋經書或訓詁考據爲極至，乃直叩經意，闡明

經學史》則頗強調經學乃指經世濟民之學，其曰：「所謂經學乃是在宗教、哲學、政治學、道德學底基礎上加以文學的藝術的要素，以規定天下國家或者個人底理想或目的的廣義的人生教育學。」（頁 2）

聖人經世濟民之道。當然，熊氏並不反對訓詁考據，只是認爲在此之上更有值得探尋者，即經世濟民之道。〔註2〕

此經世濟民之道，歷聖相承，最後則結集而爲六經，而其主要定於何人之手，歷來雖有不同看法，熊氏則以爲乃定於孔子，《原儒·序》曰：

> 〈原學統〉篇，約分三段。一、上推孔子所承乎泰古以來聖明之緒，而集大成，開內聖外王一貫之鴻宗。二、論定晚周諸子百家以逮宋明諸師與佛氏之旨歸，而折中於至聖。三、審定六經真僞，悉舉西漢以來二千餘年間，家法之墨守，今古文之聚訟，漢宋之囂爭，一概屏除弗顧，獨從漢人所傳來之六經，窮治其竄亂，嚴覈其流變，求復孔子真面目，而儒學之統始定。（頁1）〔註3〕

按熊氏此說是否客觀正確，亦常引起質疑，然此可先勿論。誠如書名所示，熊氏乃欲對所謂之「儒」作一推本溯源之「原」，其所原者乃心中理想之儒者「原型」應爲何之原，其所認爲儒者之原型，自應爲胸懷廣大而能經世濟民之儒，而非斤斤於餖飣考據之儒。如此之原，往往理想過於事實，主觀重於客觀，故此並非事實之原、客觀之原，而是理想之原、價值之原，林安梧即謂：「《原儒》乃本心證會之理想之原」。〔註4〕此理想之原、價值之原，難免主觀成份過重，故亦爲一主觀之原。如此之原，自與章太炎《國故論衡·原儒》、胡適《說儒》、錢穆〈駁胡適之說儒〉及馮友蘭〈原儒墨〉、〈原儒墨補〉純就客觀考據而論不同。故熊氏所原之儒是否即爲當時實情，並不重要，重要的乃其所型塑之儒，無疑更接近吾人心中所期望所理想之儒者形象。此理

〔註2〕　《示要》卷二曰：「凡考古之學，與夫古籍訓詁名物等等之考覈，在學術界中，本應有一種人爲之，其有助於吾人稽古之需，功自不可沒。然萬不可謂此種工作，便是學術，且掊擊一切高深學術，而欲率天下後世聰明材智之士，共趨於一途，錮生人之智慧，陷族類於衰微。」（頁454）參見林慶彰〈熊十力對清代考據學的批評〉及〈熊十力論讀經應有之態度〉二文。

〔註3〕　熊氏原文所用標點，頗不合今所用者：爲求引文一致，凡所引及，一律改以今通用之新式標點。又熊氏行文喜用夾註，凡引及時，除非必要，否則皆予省略。又古籍未新式標點者，亦以新式標點。

〔註4〕　林氏〈熊十力先生的孤懷弘詣及其《原儒》的義理規模〉曰：「當然熊先生這部《原儒》巨著，並不是餖飣考據的去探儒之源，亦不是通過客觀的材料分析去勾勒儒家的原型；他是通過其恢弘的文化願力，穿透歷史社會之表象，而以其真實的生命契接吾族華夏的原儒典型的。換言之，原儒之爲原，並不是歷史的，不是時間的原始；而是根源於本心所證會的理想之原始。」（《當代新儒家哲學史論》頁88）

想儒者原型，熊氏認爲唯孔子足以當之，因其集歷聖之大成，而開內聖外王之道，諸子百家、宋明諸師，以至佛家旨歸亦皆本於孔子。〔註5〕然自漢以來，儒學遭竄亂，六經失其眞，遂使孔子經世濟民之意喪失殆盡，而經學亦淪爲餖飣考據而已。故熊氏本其恢弘心靈，投入全副生命，研窮六經，抉發其意，以還孔子眞面目。職是之故，研究熊氏之經學，必先有此概念，本此精神，方能體貼其意，才可瞭解其精意所在。

第二節　研究動機與目的

　　熊氏所謂經學，既指經世濟民而言，因此其對六經之研究，與一般經學家強調客觀考據，斤斤於文字訓詁，以「我註六經」方式來詮釋經典，則有絕大差異。熊氏並不斤斤於文字訓詁，亦往往過於主觀論斷，認爲六經等典籍皆爲我之註腳，即以六經皆爲我用之方式，從而抉發經典之精義。相對於訓詁考據之儒之我註六經，熊氏則爲「六經註我」。〔註6〕按熊氏著作並非以考據爲重點所在，其乃本自家生命之所體會，以六經註我方式對經典重新詮釋，而非我註六經式之學究考據。是以其不僅對佛法有所誤解，並予以改造，如《新唯識論》（後簡稱《新論》）即是；即使對儒學亦常以己意爲準，而加以斷定，如《示要》、《原儒》即是，此乃其最受批評爲不客觀不嚴謹之處。若以此而論，因其未能客觀相應，則《新論》、《示要》及《原儒》必當減色不少。然若以重在抉發經典精義，從而加予詮釋，賦予時代意義，則《新論》、《示要》及《原儒》仍有其價值在。蓋熊氏乃思想家，非經學家，所言不能如經生一般兼顧客觀考據，而思想家之精采，即以其全副心力爲所體會而得之創見，努力宣揚而光大之。

〔註5〕熊氏自《示要》後即強調諸子百家皆本孔子，甚至連佛家亦然，此論斷顯太過主觀，易招批評。按諸子百家之所以得立，必有與儒家相異之根本思想內容，萬不可因所言頗相似，或終極關懷極接近，即謂皆本於六經，出自儒家。若此可以成立，則是否亦可倒過來謂儒家源於諸子百家，甚至源於佛家？

〔註6〕「六經註我」，語出象山，《象山全集》卷三十四曰：「學苟知本，六經皆我註腳」，「或問先生何不著書？對曰：六經註我，我註六經。」按象山之學以明心爲本，宇宙萬理皆不能離心而獨存，故立志作聖賢，只須於心上下工夫，自能先立其大，而能先立其大，則六經等典籍，即皆成爲我之註腳，蓋象山認爲六經不過乃心體外顯之跡而已。熊氏亦然，對典籍乃以「六經註我」，而非「我註六經」，以抉發其精義。

　　縱觀熊氏一生爲學歷程及思想，大抵可分爲三階段及兩序列。所謂三階段，乃就其爲學歷程而言，即早年——四十八歲前，思想未確立；中年——四十八至六十一歲，主要著作爲《新論》；及晚年——六十一歲後，主要著作爲《示要》及《原儒》。所謂兩序列，此指其思想而言，即中年以《新論》爲代表，闡明體用不二翕闢成變之體用哲學，及晚年以《示要》及《原儒》爲代表，闡明經世濟民內聖外王之經學理論。〔註7〕表面觀之，熊氏思想似有所

〔註7〕　熊氏幼年失學，爲人放牧，後因時局動盪，並受船山、亭林影響，是以棄舉業而從軍，參與革命，嗣又深覺黨人絕無在身心上作功夫者，而革命只徒增禍亂，並非究竟，且己亦非事功之才，故轉而決志學術，冀由此導正人群。從三十八至四十八歲，思想猶未確立，是爲早年階段。此時尚在吸收新知，思想尚未成熟，徘徊儒佛之間，著有《心書》（1918年）、《唯識學概論》（1923年）、《因明大疏刪注》（1926年）、《唯識學概論》（1926年）、《尊聞錄》（1930年，後收入《十力語要》卷四）及《唯識論》（1930年）。《因明大疏刪注》乃對窺基《因明入正理論疏》刪繁注要，此可見熊氏之佛學功力，而難見其思想。《心書》及《尊聞錄》大抵爲書信、雜文所輯成，雖非主要思想所在，但可作爲旁證。而最要者即兩本《唯識學概論》及《唯識論》，此三書皆非完書，但可見熊氏由服膺唯識舊學，以至懷疑，而終於自創「新唯識學」之轉變痕跡。四十八歲發表《新論・文言本》（1932年），其思想始告成熟，是爲中年階段。熊氏融儒佛而折衷於《易》，倡言體用不二翕闢成變，此其中心思想所在。此後之《破破新唯識論》（1933年）、《新論・語體本》（1944年）、《摧惑顯宗記》（1950年）及《新論・壬辰刪定本》（1953年），不論篇幅或增或刪，內容並有所損益，然其中心思想始終不變。即使晚年之《體用論》（1958年）、《明心篇》（1959年）及《乾坤衍》（1961年），此中心思想仍不變，且更大量刊落佛學內容，純由儒家六經以言，以發揮體用不二思想。此一系列著作，旨在經由與佛家，尤其是唯識學之辯論，以彰顯從儒家《易》學所抉發出之體用不二翕闢成變之體用哲學思想。此時期另有《十力論學語輯略》（1935年，後收入《十力語要》卷一），收錄書信、講詞等，及《佛家名相通釋》（1937年），乃依佛家《五蘊論》及《百法論》，而對佛學名相加以解釋之作。六十一歲後之《示要》（1945年）、《論六經》（1951年）及《原儒》（1956年），此可溯源自1938年之《中國歷史講話》，則標示著熊氏由體用哲學而向著六經系統之內聖外王之道邁進，而《原儒》又可視爲前三書之總結。此外，〈六經是孔子晚年定論〉（1955年，收入《原儒》附錄）專論六經作者問題，可視爲《原儒》之提要。此時期除前已言之《體用論》、《明心篇》及《乾坤衍》，又有《讀智論抄》（約爲1947年）、《十力語要》（1947年）、《十力語要初續》（1949年）、《韓非子評論》（1949年）、《與友人論張江陵》（1950年）、《存齋隨筆》（1963年）及〈先世述要〉（1965年）。《讀智論抄》、《存齋隨筆》皆是論述佛學內容，〈先世述要〉述己之先世，可先勿論，《韓非子評論》、《與友人論張江陵》分論韓非及張居正之功過，可自成一範圍，而最要者即《十力語要》及《十力語要初續》，其形式雖爲書信、講詞或雜文等論學語所組成，然卻可見出其眞性情，作爲瞭解其思想之重要輔助。關於熊氏早年及中年思想，筆

轉折，其實乃一以貫之。以《新論》爲主之體用哲學，乃透過佛家，尤其唯識學，而歸宗於《易》，以彰顯儒家，可謂對佛學、儒學皆予以一終極意義之探究，從而挺立出道德主體性。此以《易》爲中心之體用不二思想，畢竟著重於內聖方面，是以此義既立之後，熊氏即向外王方面擴展。以《示要》及《原儒》爲主之經學理論，即遍及群經，發揮內聖外王一貫之意，以彰顯儒家經世濟民之道。

然而，熊氏之經學理論，卻不如其體用哲學之受到肯定，反而招至批評。按《新論》融儒佛而折衷於《易》，雖引起佛教界強烈批評，但其體用不二之哲學思想，則頗受注目，此書甚至被視爲當代新儒學開山之作。一般對熊氏之研究，大抵皆以此爲主。〔註8〕而以《示要》、《原儒》爲主之經學理論，雖未像《新論》引起儒佛之爭，但因外緣考據不夠客觀，而頗受批評。然若因此而認爲其不值得研究，則不免因噎廢食之譏。

其實，熊氏之經學理論與其體用哲學乃一以貫之，同是對清末民初以來，在思想文化上面臨西洋文化之嚴重挑戰，在政治社會上更面臨固有政體崩解之轉型期，冀望能在此中國數千年來未曾有之大變局中，尋得生機。當代新儒學在此西潮東漸下所面臨之文化解體危機，無疑乃非常深切且急迫，張灝〈新儒家與當代中國的思想危機〉（收入《幽暗意識與民主傳統》）認爲此乃一「意義危機」，而此意義危機乃因中國正陷於「道德迷失」、「存在迷失」及「形上迷失」凝聚而成之嚴重的「精神迷失」之中，當代新儒家面對此意義危機，爲克服此精神迷失，其所能極力作的即是「意義的追求」。此意義的追求，即是一返本開新之文化重建運動，在此運動中，諸新儒家則從各個不同層面加以探索，各有建樹，而熊氏無疑是第一個最富開創性且最有影響力者。其《新論》所呈顯之體用哲學，不僅對佛學，甚至對儒學，可謂皆作了一終極性之意義探究，所揭示之「體用不二」論，無疑乃上繼宋明儒家，再次挺立心性之學，向形上思想更推進一步，並著實建立一套修養工夫論，確然已於思想史上留下刻痕，其影響正方興未艾。然儒家強調修己安人之學，內聖

者之〈熊十力早年思想研究——以體用義爲核心的展開〉及《熊十力《新唯識論》研究——以《新唯識論》所引發儒佛之爭爲進路的探討》已予以探究，今以《熊十力春秋外王學研究》爲題，即對其晚年思想之探究，如此則庶幾乎對其一生思想即有一全盤論述。

〔註8〕 參見林慶彰〈熊十力關係書目〉，及林氏編《經學研究論著目錄1988～1992》「熊十力」頁263～268。

外王之教，最終目的則在經世濟民。故熊氏在奠定以道德主體性爲本之義理規模之後，即向著經世濟民之社會實踐之道邁進。若謂熊氏之體用哲學乃上繼宋明儒家而又超克之，則其經學理論無疑即在直承先秦儒家，重開孔孟外王事業。從《示要》、《原儒》中，時時可見熊氏面對當代中國所面臨之危機，已從一己之心性修養超拔而出，向著天下猶一家，中國猶一人，以天地萬物爲一體邁進，不僅有《新論》所言之本體論、知識論及方法論，更有著強烈的社會實踐論之要求。此社會實踐論自是順著本體論等而來，其所追求者不僅在解除思想文化上所面臨之危機，重整崩解之政治體制，更在安頓全體人民之身心，而使整體世界能自如其如地開顯發展。如此全面地由內聖而外王，不僅成己並且成物，才是儒學之眞精神所在，而儒學之所以爲儒學，即因其乃一「實學」故也。誠如《示要》卷二曰：

> 實學一詞，約言以二。一、指經世有用之學言。二，心性之學，爲
> 人極之所由立，尤爲實學之大者。（頁 498）

熊氏所謂實學既包含心性之學與經世之學，實即內聖與外王並重之學，蓋心性之學雖以上達天德成聖成賢爲極至，而亦必賅攝家國天下而無遺，始可謂爲究極圓滿；經世之學之所以能開物成務而成事功，則亦必以心性之學爲本源而統攝於其中，才能有本有根而久大。顯然地，熊氏面對當代文化因精神迷失以致產生意義危機時，所作的對意義之追求，不論從內聖或外王方面，皆出於極強烈之實學要求。其於心性之學所作之建樹，固已爲人所熟知；然於經世之學所作之努力，強調社會實踐之思想，實更值得注意，並予探究。

而亦唯對熊氏經學理論加以探究，才能瞭解其於內聖學方面有所建構外，於外王學方面實亦有所樹立，由內聖而外王，一以貫之，不僅見其內聖學並非空言，亦可見其外王學乃有本有根。如此全面之論述，不僅對個人道德主體性之挺立有所提挈，而對當代政治社會發展，國家前途方向，以至如何實踐以進入整體生活世界等問題，皆有值得借鏡之處。是以對熊氏內聖學之研究乃必要的，而對其外王學之研究則更是必要。而更要者，由內聖而開出外王，雖爲當代新儒家共同努力之方向，但諸家論述之途徑、內容，則未必盡同，熊氏之外王學即與諸家所言相當不同。熊氏本於中國傳統之六經，尤其是《春秋》，認爲中國學術有體有用，本有民主、科學思想；而諸家所言大抵借鏡於西方政治，間或有本於中國傳統者，但亦無有如熊氏之重視六經，更遑論《春秋》。是以對當代新儒家外王學之研究乃必要的，而對熊氏外王學

之研究無疑更爲必要。而對熊氏外王學之研究，其實不僅意謂著必對傳統政治作一終極之檢視、反省，且對未來之政治實亦開啓一些可能且可行之方向。

第三節　寫作方法之說明

熊氏於六經皆非常重視，以其所載皆以經世濟民爲終極目的，然各經內容不盡相同，故著重點亦異，熊氏於《易》、《春秋》、〈禮運〉及《周官》尤爲重視，一再反覆示意，《原儒》曰：

> 〈原外王〉篇，以《大易》、《春秋》、〈禮運〉、《周官》四經，融會貫穿，猶見聖人數往知來，爲萬世開太平之大道。格物之學，所以究治化之具；仁義禮樂，所以端治化之原。《春秋》崇仁義，以通三世之變。《周官經》以禮樂爲法制之原。《易大傳》以知物、備物、成物、化裁變通乎萬物，爲大道所由濟。夫物理不明，則無由開物成務。〈禮運〉演《春秋》大道之旨，與《易大傳》知周乎萬物諸義，須合參始得。（〈原儒序〉）

> 《大易》之道，通內聖外王而一貫。……《周官經》，乃《春秋》撥亂之制，所以爲太平世開闢洪基，其化源在禮樂。……若其制度，則依於均與聯之兩大原理。（〈原儒再印記〉）

按《易》爲五經之原，最重天道，實爲根本大典，而爲他經之理論基礎，熊氏以其爲最要，常冠「大」字於前，而稱《大易》。然《易》特重內聖，於開物成務之外王學，雖亦觸及，但終究只標出根本原理，未及詳論。《春秋》則重人事，專明外王學，尤其三世義，最能表現經世濟民之意，故談及經世濟民之外王學，必以《春秋》爲依準。然《春秋》於外王學雖能提綱挈領，但所載內容之具體意義則不甚顯，而〈禮運〉及《周官》所言之禮樂制度，正可作爲春秋外王學之具體內容看待。故熊氏特重此四經，以此四經融會貫穿，而《春秋》又爲其中心，不僅與《易》之內聖學互爲表裏，一體一用，而〈禮運〉及《周官》則演《春秋》之旨，具體指陳制度規模。故言及經世濟民，言及外王學，則必以《春秋》爲綱領，由此內溯於《易》，以明由內聖而外王之一貫，並外及於〈禮運〉及《周官》，以明外王之非空想而經世濟民之誠可實現。

《春秋》經世濟民，乃爲萬世制法，然其深意仍須三傳之詮釋而得以顯。此中又以《公羊傳》最得其意，再經董仲舒《春秋繁露》（後簡稱《繁露》）

及何休《春秋公羊傳解詁》（後簡稱《解詁》）之闡釋，其理論始確立而成系統。自董、何以後，此學久衰，至清中葉莊存與《春秋正辭》加以提倡，才再度興盛。尤其劉逢祿《春秋公羊經何氏釋例》（後簡稱《釋例》）發揮董、何之意，不僅上承莊氏，並下啓龔自珍、魏源，實為春秋公羊學之中堅。至清末世變日亟，國勢日微，皮錫瑞、康有為繼之而起，尤其康氏積極發揮公羊三世之義，托古改制，以行變法，將春秋外王學應用於實際政治，冀由此以經世濟民。在整個春秋學中，又以董氏、何休、劉氏、康氏最具代表性。周予同〈《春秋》與《春秋》學〉曰：

> 所謂「公羊學」，就是歷代學者或儒教徒研究或利用《公羊傳》而形成的一種學術或思想體系。我以為《春秋》只是一部初期的簡略的編年史，將《春秋》擁上了經典的寶座，這樣咬文嚼字似通非通地在作解釋工作的《公羊傳》，是《春秋》的第一次擴大，也是「《春秋》學」形成的第一步。西漢初年的「今文學家」，如董仲舒等，利用「公羊學」，以宣揚自己一派的政治思想，這是「公羊學」的第一次擴大，也是「《春秋》學」形成的第二步。兩漢時代陸續編造的緯書，尤其是《春秋緯》，將孔子變成教主，將《春秋》和《孝經》硬派為這位教主所寫作的法典，這是「公羊學」的第二次擴大，也是「《春秋》學」形成的第三步。東漢末年，出了一位「公羊學」專家何休，他雜引緯書，撰著《公羊解詁》，成為《公羊傳》註釋的標準書，這是「公羊學」的第三次擴大，也是「《春秋》學」形成的第四步。……清末今文學家劉逢祿重新開始《公羊傳》和《左傳》的比較研究，康有為更發揮「公羊學」中的「微言大義」，扛著孔子《春秋》改制的招牌，做他自己的政治工作，宣揚他自己的政治理想。康氏的經學研究，可說是「公羊學」的最後一次擴大，也是「《春秋》學」形成的最後一步。（《周予同經學史論著選集（增訂本）》頁500～501）

誠如周氏所言，春秋學之傳承乃由董氏而何休，由何休而劉氏，由劉氏而康氏，基本上此可謂為主流。當然，此並不意謂其餘諸公羊家即不重要，只是說以以上四人為主，且在論及以上四人時，亦必涉及諸公羊家。而至清末，正值我國數千年來政治社會上面臨轉型期，處於空前未有之大變局中，經世濟民之要求更形急迫，改革呼聲此起彼落，而春秋學亦極盛於此時。〔註9〕而

〔註9〕甘鵬雲《經學源流考》卷六曰：「張文襄以近二十年，都人講《公羊》，遂釀

如周氏所言:「康氏的經學研究,可說是『公羊學』的最後一次擴大,也是『《春秋》學』形成的最後一步。」按以康氏為公羊學之最後殿軍,蓋一般人之共同觀點。然入民國之後,春秋學已隨清朝之亡而不復當年盛況,但繼之而言者亦不乏人,此中又以熊氏為最著,而其所言雖遠繼董、何,近承劉氏及康氏,但此繼承並非一味重複,乃批判地繼承,自成一家之言,與董、何等皆有所不同,更能顯出《春秋》之精神,且富時代意義。故若以清末為限,則以康氏為春秋學殿軍,自無不可;而若論及民國以來,顯然即不能以康氏為最後一人,至少亦須論及熊氏。是以春秋學之傳承即應為:董氏——何休——劉氏——康氏——熊氏。〔註10〕

誠如《新論》之產生,有其歷史背景,乃透過對佛家唯識學之批判,從而彰顯出體用不二思想。熊氏之春秋外王學,亦是有所憑藉,乃透過對諸公羊家之批判,從而建立其理論系統,彰顯經世濟民之道。熊氏借由批判董、何以至劉氏、康氏之說,以彰顯春秋公羊學之三科九旨,即通三統、張三世及異內外,應為何義,進而由此以還孔子之真,以明《春秋》之旨。因此,研究熊氏之春秋外王學,即應將之置於一思想演進脈絡中以探討之,以義理內容為經,以歷史考察為緯,循此內在義理性與外在歷史性,兩相並重,交互為用。是以本文亦將本王邦雄師所提出者,〔註11〕而筆者《熊十力《新唯識論》研究》亦已使用過,即以「觀念系統」與「思想史」兩條進路兼而並用之寫法。所謂「觀念系統」的進路,乃就此思想家之思想本身言,專對其內部理論作系統性探討,以建構出其理論體系;此觀念系統的進路乃「本質意義」的解析,只視觀念之間之關係為何而已,著重於此思想之本質是什麼;亦即是將此家思想孤立隔絕地看,視其為一獨立之存在,而不論其與外在環

成今日之世變。」楊向奎《大一統與儒家思想・序言》引佟冬之言曰:「吳承仕先生曾經說過,清末,滿朝滿野講《公羊》,因而促進了變法維新運動,當時雖然變法不成,但《公羊》的精神未泯。」可見清末春秋學之盛況,直是家家《春秋》,人人《公羊》。

〔註10〕關於兩漢以迄清末公羊學發展之概況,可參見翁銀陶《公羊傳漫談》,孫春在《清末的公羊思想》,湯志鈞《近代經學與政治》、《經學史論集》,陳其泰《清代公羊學》,陸寶千《清代思想史》第六章〈清代公羊學之演變〉,韋政通《中國十九世紀思想史》上冊第三章〈春秋公羊學的復興〉及下冊第十六章〈康有為〉,章權才《兩漢經學史》相關篇章,及安井小太郎等《經學史》相關篇章等。

〔註11〕見王師《儒道之間》之〈中庸在中國思想史上的地位〉「導論——思想史與觀念系統的兩條進路」(頁43~50)。

境之關係及其未來之影響。所謂「思想史」的進路，即是不將此家思想孤立隔絕地看，視其爲一獨立的存在，而應將其置於思想發展變遷之過程中，以觀其來龍去脈；此思想史的進路乃「發生意義」的探討，著重於此思想是如何發生；亦即是著重於根據歷史條件、時代背景，以探討此家思想爲何產生，其與過去或當時其他思想之關聯，及其未來之影響等。雖云有此兩種進路，而研究者實應兩條進路兼而有之，方不致顧此失彼。且亦唯將熊氏春秋外王學置於春秋學之傳承中，對其作一外在歷史性之考察，從而對其所揭示之理論，作一內在義理性之闡釋，才能見出其思想之演進脈絡及價值所在。蓋從「觀念系統」的進路，才可見出熊氏春秋學之中心意旨三科九旨說之獨特見地，從「思想史」的進路，才可見出熊氏與諸公羊家之差異及其特色所在，而唯有兩條進路交互爲用，才能面面俱到，相得益彰，使熊氏之春秋外王學完全朗現而無遺。

第四節　本文主題之展開

熊氏之外王學，乃以《易》、《春秋》、〈禮運〉及《周官》爲主予以詮釋闡發。若就客觀考據立場而言，熊氏對四經之詮釋闡發，未必皆能恰如其分，然問題重點不在此，而在其對經典所作之詮釋闡發，是否較之先儒更具開創性，且更符合時代要求。而此中又以《春秋》爲其中心所在，熊氏透過對諸公羊家之批判以彰顯己意。誠然，熊氏對諸公羊家之批判，亦可能失當不公，但同樣地問題亦不在此，蓋其乃以批判爲手段，而非目的，只是借由批判以建立自己之理論系統，從而揭示出心中理想之外王學。雖云春秋學之傳承應爲董氏——何休——劉氏——康氏——熊氏，但熊氏對董、何以至康氏之說，皆以爲有所不足。蓋董、何等雖強調改革之意，但因處帝制之下，是以雖識《春秋》之旨，然不免有所受限，未能將孔子作《春秋》爲萬世制法之意詳予表明，故將爲萬世制法變爲爲漢制法、爲清制法，而不敢言革命、民主；此不僅於《春秋》如此，實於六經皆然。熊氏對此極爲感慨，《示要》卷一曰：

> 嗚呼！自清儒講經而經亡。清之末世，迄於民初，其始也，假經說
> 以吸引西學，及西學之燄漸熾，而經學乃日見廢棄，甚至剗死體。
> 然則，經籍果爲先王已陳芻狗，在吾儕今日與今後人類，將永遠唾

棄經籍，無有服膺其義者乎？抑剝極必復待時而將昌明乎？此誠一
大問題。（頁 19）

對此一大問題，熊氏認為在清末以迄民初遊學海外之後生看來，其既一皆以西
學為宗，而視國學之根本缺點有三，即無科學思想、無民主思想及無持論系統，
則必以經籍為先王已陳芻狗，必加唾棄而無服膺者。此等議論，熊氏於清季已
熟聞，且與之同調，然年四十以後即自悔淺妄，一一加予駁斥，認為六經不僅
有科學、民主等思想，且持論亦有系統（見《原儒·緒言》頁 19～21）。在熊
氏看來，此正為經籍「剝極必復待時而將昌明」之時，故對六經重加耙疏、整
理，並予闡發；且其所處時代已入民國，此時帝制已遠，故能不受影響，是以
雖繼康氏之後，但對《春秋》之理解、詮釋，則與彼等極不同。熊氏認為孔子
借由《春秋》而為萬世制法，倡言革命，以行民主，亦即《春秋》乃孔子革命
之書。按《公羊傳》哀十四年及《史記·太史公自序》史公述董氏之言皆曰：「撥
亂世，反諸正，莫近乎《春秋》」，即可為證。熊氏對孔子為何有此思想亦有所
說明，〈六經是孔子晚年定論〉（後簡稱〈定論〉）曰：

孔子早年，當無革命與民主等思想，他還是承唐虞三代群聖的遺教，
而欲得君行道。……孔子四十歲後，大概漸有革命思想。……到五十
學《易》後，其思想界當更起複雜的遷變，至於富有、日新、遂臻大
成之境。從五十學《易》，到七十四臨終，共二十餘年中，不獨他的
內聖學方面，較之五十以前有很大的變化，而其外王學方面，必根本
改變了從前欲依靠階層以求行道的想法。（《原儒》頁 525～526）

熊氏認為孔子五十學《易》之後，默契道妙，思參造化，深悟《易》變動不
居隨變所適之旨，直入生生不息之源，思想上遂起大變化，故能不為當時宗
法、封建所限，一改得君行道之忠君思想，而主推翻君權，廢除統治階級，
以達見群龍無首吉之境界。而《易》備內聖外王之道，尤特重於內聖，《春秋》
亦備內聖外王之道，然特詳於外王，而根源在《易》。是以孔子五十學《易》
之後，於內聖學方面有所改變，而外王學方面亦必跟著改變，遂由此開啟為
萬世制法之理想，故寄此意於《春秋》，倡言革命，以行民主，以達太平世人
人有士君子之行。因此，熊氏認為孔子思想應以五十學《易》為斷，分為早
年小康學派及晚年大道學派，〈定論〉曰：

一、孔子早年（五十歲以前）之學，確是祖述堯舜，憲章文武。易
言之，即崇尚小康禮教，維護統治。其弟子守其早年之教而不變者，

遂成爲小康學派。二、孔子晚年（五十學《易》以後）其思想確突變，始作六經，發明首出庶物（《易》義），貶天子、退諸侯、討大夫（《春秋》說，此即消滅統治），乃至天下之人人有士君子之行（《春秋》說），群龍無首（《易》義），天下一家（〈禮運〉說），是謂大道之行，天下爲公（〈禮運〉）。其弟子宗其晚年六經之學，而不從其早年舊說者，遂成爲大道學派。（頁568～569）

兩相比較之下，即可見孔子晚年思想自較早年爲成熟，而亦應以晚年思想爲定論。熊氏對孔子晚年確有革命、民主之意，無乃深信不疑，不僅於《易》中可見，於《春秋》中可見，於其餘諸經亦可見，即六經實皆含此意，所欲表達者亦無非此意而已。然自漢以後，六經遭至竄亂，經意因而不明，諸儒盡成小康學派，只以《春秋》大義爲準，如大一統、大居正等，而無有宗奉大道學派者，遂使孔子眞面目隱而不彰，而革命、民主之意喪失殆盡。此皆因諸儒身處帝制之下，受制於忠君觀念之影響，故爾如此；而諸公羊家如董、何等，雖提倡《春秋》，深知《春秋》乃爲萬世制法，但終究不敢明言；即使康氏於清末倡言變法，然其忠於清帝，則與諸儒無異。熊氏極反對此等小康學派之說，而一本大道學派爲準，從六經中抉發孔子思想之眞，以還孔子眞面目，尤於《春秋》微言——三科九旨加以發揮，由張三世而抉發孔子革命之意，此革命乃指推翻君權，廢除統治階級而言，與所謂改朝換代、換湯不換藥之革命，其君權仍存，統治階級猶在，自是天壤之別。順此而言，由通三統而認爲孔子並非維護以君權爲主之大一統，而是冀求人人有士君子之行之仁統，即以民主爲基調而無有宰制者之大同世界。

誠然，孔子是否眞有革命、民主之意，頗難遽定；不過，在熊氏心中則確以爲如此。〔註12〕縱此或只是熊氏心中理想之儒者原型之投射，然此儒者原型則與孔子思想並不衝突，即使孔子未明言革命、民主，然從其中卻可衍申出此意。熊氏即是在此意義下「原儒」，以此義言六經，以此義論《春秋》，以此義以批判諸公羊家。革命、民主已成爲熊氏春秋外王學之主旨所在，故

〔註12〕按我國古代即有革命、民主等觀念，如湯武革命，天視自我民視、天聽自我民聽等，唯此所謂革命乃以君權更替爲主，所謂民主則爲貴族民主，參見斯維至《中國古代社會文化論稿》之〈說古代王權、革命與民主〉一文。如此之革命、民主，最後則轉變成君主專制。但如熊氏所言，孔子即因有見於此，力矯其失，一改君權更替之革命而爲推翻君權之革命，一改貴族爲主之民主而爲眞正以民爲主之民主。故以孔子有革命、民主之意，於理可通。

研究其說時，亦應扣緊此主題，不論是其對六經，尤其是《易》、《春秋》、〈禮運〉及《周官》之詮釋闡發，以及對諸公羊家之批判，從而彰顯三科九旨之意，皆應如此。而亦唯在革命、民主此主題下，以探究熊氏之春秋外王學，才能與之相應，而如理地理解。

第五節　結　語

　　熊氏所謂經學既以經世濟民為第一義，因此對其春秋外王學即不能純以訓詁考據衡之，否則必會產生誤解，而不能進入其思想體系中。熊氏之春秋外王學，與其於《新論》所表達之內聖學乃一以貫之，此內聖外王之學並非只視經典為一死體，從而予以解剖，而是指向自己之存在及全體人類之整體生活世界而言。此內聖外王之學，本即是中國文化傳統一向所講求者，冀由此以達見群龍無首吉，而人人有士君之行。熊氏指出孔子之作六經即在說明此意，是以雖在君權獨重，統治階級森嚴之封建政體下，起而倡言革命以行民主。熊氏確信孔子實有此意，其於〈定論〉自述曰：

> 六十歲左右，深有感於孔子內聖外王之道，誓以身心，奉諸先聖。（頁557）

此可見熊氏信奉之深，乃以全副身心投入其內，以闡發孔子內聖外王之微言深意。

　　誠如《新論》之所以以「新」為名，乃因有別於舊唯識，從而建構出體用不二思想，而《原儒》之所以以「原」為名，亦因有別於以往之春秋學。熊氏所抉發革命、民主之意，顯然乃其有感於當下之生活世界，必經此一途徑，方可擺脫二千年來專制政體之箝制，而邁向真正之大同世界。如此一來，方可使人此一主體得以解脫而得生機，在整體生活世界中自如其如地生活，唯有人能自如其如地生活於世界之中，才不致有異化之危機。而當人自如其如地生活於世界之中，才有實踐動力可言，亦即實踐動力之根源乃在於人，由人之實踐而生活世界亦隨之而開顯，才能開務成物，展現經世濟民之意。在此意義下，熊氏之春秋外王學無疑是非常現代的，不僅邁越董、何，並亦超克劉氏、康氏等，而進入到當代，為當代新儒學注入一股新血液。此新血液，不僅疏通古代，亦指向未來，並具體落實於現在，如此之外王學，誠值得深入探究。

第二章　春秋學之詮釋進路

第一節　前　言

　　儒家典籍中，《易》與《春秋》號稱最難治。《易》本卜筮之書，以象數爲本，然因歷代聖人之參贊，尤其是孔子，遂有義理可言。此由符號而卦畫而文字之《易》，本爲一空理，無所不包，凡言之成理者即可依而附之，故從象、數、理、氣等不同方面加以求索，往往天壤有別。《春秋》亦然，而較《易》猶爲複雜。周予同〈《春秋》與《春秋》學〉曰：

> 研究《春秋》，首先便要碰到三個問題。第一，《春秋》是不是和孔子有關係？第二，《春秋》如果和孔子有關係，那麼，《春秋》究竟是孔子所著作，還是孔子所修訂？第三，《春秋》的本身性質究竟是歷史，還是政治哲學？（《周予同經學史論著選集（增訂本）》頁493）

按此猶是最基本之外緣問題，迄今仍無定論，何況深一層之義理內容，更是眾說紛紜。蓋《春秋》依魯史而加以筆削，褒貶之意非可立見，往往隱於字裏行間，不懂師說家法，則不免求索無門之歎！故三傳之詮釋進路不同，自必截然有異。鄭玄《六藝論》曰：「《左氏》善於禮，《公羊》善於讖，《穀梁》善於經。」姑不論此說之對錯，然亦可見三傳之釋《春秋》，往往有大差異在。若以《春秋》有微言大義而論，則《公羊》實較《左傳》、《穀梁》爲得《春秋》之旨，蓋無可疑。然對《春秋》之理解，雖須透過《公羊傳》，但其畢竟引而不發，尤其三科九旨、黜周王魯之說，則待董氏《繁露》及何休《解詁》之闡釋，才得彰顯，而成系統。是以言《春秋》雖以《公羊》爲主，而尤須

以董、何爲依準。故由董、何以通《公羊》，由《公羊》以通《春秋》，乃理解《春秋》之基本途徑，亦是詮釋《春秋》之基本進路。

然自鄭玄兼採三傳，師說家法泯沒無存，而《春秋》專門之學息。晉劉兆、氾毓亦皆雜採三傳，以爲會通，惜其書皆不傳。〔註1〕唐之啖助、趙匡及陸淳，基本上即合三傳以求《春秋》之旨，任意去取，不守家法。啖助《春秋統例》已佚，趙匡則無專著，然二氏之見解，尙存於陸淳《春秋集傳纂例》、《春秋集傳辨疑》及《春秋微旨》中。而從此三書可見陸淳對於三傳已頗置疑，倡言捨三傳而直接研究《春秋》，遂啓捨傳求經之風氣。陸淳並對三科九旨、黜周王魯強烈批判，《春秋集傳纂例·春秋宗指議第一》曰：「何氏所云，……黜周王魯，以爲《春秋》宗指，兩漢專門傳之于今，悖禮誣聖，反經毀傳，訓人以逆，罪莫大焉。」誠然，陸淳捨棄三傳，就經解經，亦是對《春秋》之一種詮釋進路，但顯然此一進路，於《公羊》既無所取，於董、何亦不正視，而於此中之演變亦無所見。影響所及，宋代春秋學亦由會通三傳而棄傳從經，以至空無依傍直就經言，而以己意說經者亦往往而有，並有疑傳改傳甚至疑經改經之事。又因感於國勢衰頹及異族侵凌，強調尊王及復仇思想，此與陸淳等雖不同，但大體上不重視《公羊》，亦不措意於董、何，而於三科九旨皆不言及，則無不同。劉敞《春秋權衡》卷第八曰：「《公羊》之所以異二傳者大指有三，一曰據百二十國寶書而作，二曰張三世，三曰新周故宋，以《春秋》當新王，吾以此三者皆非也」、「又所謂張三世者，本無益于經也」、「又所謂新周故宋，以《春秋》當新王者，亦非也」，此無異否定以《公羊》爲主，以董、何爲依準之詮釋進路。

至清中葉，久絕之公羊學由莊存與啓其端而再度興起，劉逢祿《釋例》據董氏《繁露》及何休《解詁》，積極發揮《春秋》之微言大義，爲清春秋公羊學奠定基礎。此後，龔自珍、魏源以迄皮錫瑞、康有爲，皆於三科九旨強調有加，冀由此提倡政治改革，以經世而致用。然熊氏認爲二千年來由於帝

〔註1〕《晉書·儒林傳》載劉兆「以《春秋》一經而三家殊塗，諸儒是非之議紛然，互相讎敵，乃思三家之異，合而通之。《周禮》有調人之官，作《春秋調人》七萬餘言，皆論其首尾，使大義無乖，時有不合者，舉其長短以通之。又爲《春秋左氏》解，名曰《全綜》，《公羊》、《穀梁》解詁皆納經傳中，朱書以別之。」又載氾毓之治《春秋》「合三傳爲之解注，撰《春秋釋疑》。」據此，可見會通三傳以治《春秋》，蓋自二氏始。參見宋鼎宗《春秋宋學發微》頁20，汪惠敏《宋代經學之研究》頁266。

制之故，遂使孔子作《春秋》旨在爲萬世制法，倡言革命以行民主之意，喪失殆盡。《公羊傳》雖存此微言，然卻將之隱沒，唯以君臣大義相講求，遂使爲萬世制法變爲爲漢制法。董、何雖能存孔子口義，並予發揮，但仍限於帝制，是以其說亦不純，須加揀別。而清諸公羊家皆生於帝制之下，雖特標出董、何，予以發揮，但所言縱千差萬別，根本則不出其範圍。是以自董、何以至皮、康，雖於三科九旨皆有所識，然因帝制之故，遂使此微言隱而不彰，甚至與君臣大義相混而無別，故於革命、民主之意，皆無所知。

　　熊氏對《春秋》之詮釋進路，與清諸公羊家大抵無異，肯定《春秋》爲孔子作，《春秋》三傳應以《公羊》爲主，而治《春秋》尤當本之董、何。然即使相同之詮釋進路，亦不必然保證其理解即無異，蓋在義理抉擇上，彼此仍可截然異趨。且熊氏雖生於清末，但大半生時間已入民國，又歷經辛亥革命，並無受帝制影響之虞；而最要者，即本於《易》與《春秋》相表裏之說，認爲《易》變動不居唯變所適與《春秋》三世義通，且《易》所欲達至者乃乾元用九見群龍無首吉，而《春秋》希冀太平世人人有士君子之行，可見孔子實有革命、民主之意。熊氏於微言與大義之別，極爲強調，而於三科九旨等微言又最重視，並由此以言《春秋》，冀使孔子眞義得以彰顯，故其春秋學與諸公羊家極不同，不僅深具特色，且富時代意義。而唯先對其詮釋進路有一整體瞭解，方向無誤之後，才能對其春秋學作更進一步之探究。

第二節　孔子作《春秋》之本懷

　　《春秋》據魯史加以筆削而成，此筆削之跡，只要比對二書即可見出。如莊七年「星隕如雨」，《公羊傳》曰：「《不修春秋》曰：『雨星不及地尺而復。』君子修之曰：『星隕如雨。』」唯此筆削者，雖自孟子以來皆以爲即孔子，但懷疑之者亦不乏人。顧頡剛《春秋三傳及國語之綜合研究》曰：

> 儒家相傳《春秋》爲孔子筆削魯史而成，以後世攷之，《春秋》一經
> 確經修改而成，蓋觀其所遺存較原有紀事爲少也。惟筆削者是否確
> 爲孔子，則無實據可考，有待吾人詳推以尋之也。（頁5）

顧氏並從七方面加以考證，即（一）由筆削之跡尋之，（二）由「《春秋》筆法」而有曲筆尋之，（三）儒家言孔子作《春秋》定「六經」之可疑，（四）由《春秋》「始終」之義是否確有尋之，（五）由《春秋》「三世」之義之無據

尋之，（六）由不載《春秋》初年大事尋之，（七）較以《竹書紀年》知《春秋》非事後追記之書（同上頁 5～17），故認為《春秋》之筆削者顯然不太可能是孔子，即《春秋》非孔子作。陳槃《左氏春秋義例辨・綱要》曰：「《春秋》，魯史也，非聖經也。其書法皆舊文史所習用者，此固無可否認者也。」（頁 1）亦以《春秋》非孔子作。楊伯峻《春秋左傳注・前言》亦力證《春秋》非孔子作。錢穆〈孔子與春秋〉（收入《兩漢經學今古文平議》）則以《春秋》為孔子作。張以仁〈孔子與春秋的關係〉（收入《春秋史論集》）亦針對楊說一一反駁，認為《春秋》為孔子所作。姑不論孰是孰非，《春秋》作者問題總存在著此兩種不同意見。

一、駁杜預宗周公說

公羊家自以《春秋》為孔子作，熊氏亦然。熊氏借由駁杜預宗周公之說，從而肯定《春秋》乃孔子作。杜預《春秋左氏經傳集解・序》曰：「仲尼因魯史策書成文，考其真偽，而志其典禮，上以遵周公之遺制，下以明將來之法。其教之所存，文之所害，則刊而正之，以示勸戒，其餘則皆即用舊史。史有文質，辭有詳略，不必改也。故《傳》曰：『其善志』，又曰：『非聖人孰能修之？』蓋周公之制，仲尼從而明之。」又曰：「其發凡以言例，皆經國之常制，周公之垂法，史書之舊章，仲尼從而修之，以成一經之通體。其微顯闡幽，裁成義類者，皆據舊例而發義，指行事以正褒貶。」《示要》卷三則曰：

> 據此所云，杜預直不承認孔子有作《春秋》一事。彼以為《春秋》發凡標例，皆經國之常制，周公之垂法，史筆之舊章，仲尼從而修之耳。由杜預之說，《春秋》只是史書，不得為經。史之凡例，遠承周公，孔子何得尸創作之名？預注《左氏》，乃宗周公而抑孔子，不知其果何用意？預懷黨篡之逆，或因孟氏有孔子作《春秋》而亂臣賊子懼之言，遂抑孔子以逞其姦欺？陸淳《春秋纂例》，駁預之說曰：「杜預云：凡例，皆周公之舊典禮經。按其傳例云：弒君，稱君，君無道也；稱臣，臣之罪也。然則周公先設弒君之義乎？」又曰：「大用師曰滅，弗地曰入。又周公先設相滅之義乎？」又云：「諸侯同盟薨，則赴以名。又是周公令稱先君之名，以告鄰國乎？雖夷狄之人，不應至此也。」柳宗元曰：「杜預謂例為周公之常法，曾不知侵伐入滅之例，周之盛時，不應預立其法。」案周公預為魯史記定義例，

斷無此事，本不足辨。(頁744～745)

熊氏此說，與皮錫瑞《經學通論‧春秋》「論春秋是作不是鈔錄是作經不是作史杜預以爲周公作凡例陸淳駁之甚明」所言相當吻合，蓋依之而言。岑溢成〈熊十力的春秋學與清代今文經學〉認爲熊氏在《春秋》及三傳等作者、性質及來歷等問題所作之論斷，大抵承自清代今文經學，尤其是皮氏《經學通論》；不過，在根本義理之抉擇上，熊氏與清代今文經學截然不同，且非常反對皮說。熊氏認爲杜預「直不承認孔子有作《春秋》一事」，且以「《春秋》只是史書，不得爲經」，而其凡例則爲周公所定。首先，據《集解‧序》所言，杜預遵周公而抑孔子，此無可疑，且亦承認孔子修《春秋》，只是孔子之修《春秋》，其發凡標例及其意旨蓋皆出自周公，故不得稱之爲作。按修之與作，可能因各人認知不同，而或以爲同，或以爲異。杜預蓋以爲不同，故以周公爲作，孔子從而修之。熊氏遂以爲杜預倡言《春秋》非孔子作，然此頗有不當理之嫌。其次，杜預亦未強分《春秋》爲史書，而非經書。據《漢書‧藝文志》所言有六藝略、諸子略、詩賦略、兵書略、數術略及方技略，六藝略即古之「王官學」，即今所謂經學，《春秋》即歸在此類下，諸子略即古之「百家言」，即今所謂子學。可見此時尚無史學觀念，史學蓋納入經學之中。至晉荀勗《中經新簿》分甲、乙、丙、丁四部，即所謂經、子、史、集，至此經、史才分開。可見杜預之時並無經史之分，《春秋》蓋被尊之爲經。經、史之分，蓋起於後人，而錢玄同之說最足爲代表，其〈論《春秋》性質書〉曰：

(一)認它是孔二先生的大著，其中蘊藏著許多「微言大義」及「非常異義可怪之論」，當依《公羊傳》及《春秋繁露》去解釋它……。這樣，它絕對不是歷史。(二)認它是歷史。那麼，便是一部魯國底「斷爛朝報」，不但無所謂「微言大義」等等，並且是沒有組織，沒有體例，不成東西的史料而已。這樣，便決不是孔二先生做的。(《古史辨》第一冊下編頁275～276)

按錢氏將經、史對立，從而認定作者是誰之說，實不免簡化，過於極端。蓋《春秋》本是史，經筆削之後，則不僅是史，且爲經書，故以其爲經書，並不能就此否認其史之成分；且縱即只是史，然史可鑑往知來，其價值亦不在經之下。故由經、史對立以斷定《春秋》作者爲誰，在邏輯上並無必然關係可言。雖然，但錢說卻可視爲此問題之總結看法。古文家視《春秋》爲史，非必爲孔子作，即使是孔子作，亦無微言大義可言。今文家則視《春秋》爲

經，乃孔子所作，富含微言大義。熊氏於此，自依公羊家之傳統，認為乃孔子作，是經非史。最後，杜預以義例皆周公所定，熊氏則舉陸淳、柳宗元之說以駁斥之，蓋周公絕無預定義例之事，此則甚為合理。然《春秋》據魯史筆削而成，一皆以義為主，該筆則筆，當削則削，並非先定凡例，然後筆削。所謂例，亦名義例、條例或凡例等，乃後人歸納《春秋》書法之異同而成，以便由例以求義。可見《春秋》本唯有義，例乃附屬，即義在例先，阮芝生《從公羊學論春秋的性質》曰：「《春秋》有義有例，然例從義起，非義從例生。」（頁 169）至於義例起於何時？戴君仁《春秋辨例》曰：「我想例當然不是孔子之意，這是後人研究春秋的一種方法，恐戰國時儒家也無此陋習。一定是經書成了專業之後，一般經師要在經書上做鑽研的功夫，才弄出這種花樣來。」（頁 10）據何休《解詁‧序》曰：「往者略依胡母生條例，多得其正」，則《春秋》之有義例，可能始自胡母生，唯其「條例」今已不傳，故難斷定。但此後以義例治《春秋》者，不僅公羊而已，穀梁、左氏亦然，蔚為風氣。何休《解詁》即以例治《公羊》，而其《文諡例》更是言例之作。蓋例雖附屬於義，但由例可以求義，王熙元《穀梁范注發微》曰：「大義何所見乎？必於屬辭比事、詳略異同之例有以見之，故義例者，治《春秋》之方法耳。」（頁 330）王說亦是義在例先，而非例在義先，其意乃強調由例見義，義例只是治《春秋》之方法，由此以得其義。故在漢初尚無義例之前，即須就《春秋》而直探本源，其後，經師為鑽研之便，是以借助於此。可見義例之說，既與作者問題無關，亦非決定《春秋》之所以重要之關鍵因素。由上可見，熊氏由駁杜預說從而肯定《春秋》為孔子作，並無多大作用。其實，《春秋》之所以重要，乃因其中有義之故。至於是否為孔子所作，是經或史，及其有義例與否，此等外緣問題雖似相關連，實則未必相關，且不足以影響《春秋》之價值。蓋《春秋》若無義，則縱為孔子作，是經非史，且有義例可循，其價值亦必減低，甚至不受重視。而之所以謂其乃孔子作，是經非史，蓋欲突顯其重要故。龔鵬程〈論作者〉曰：

> 研究《易經》是誰作的，其本意如何，可說並無太大的意義，或只有歷史考古的意義。因為《易經》之所以值得重視，全是孔子贊《易》的結果，「《易》自孔子闡發義文之旨，而後《易》不僅為占筮之用」，故後人所讀之《易》，本非原初占筮之《易》，而是孔子參贊之《易》。皮錫瑞即是在這個意義上說：「《易》為孔子作，義尤顯著」（《經學

歷史一》)。（呂正惠、蔡英俊主編《中國文學批評・第一集》頁 86）對於《春秋》，亦應如是觀，皮氏《經學歷史》曰：「《春秋》自孔子加筆削褒貶，爲後王立法，而後《春秋》不僅爲記事之書。」（頁 20）熊氏亦是在此意義上言《春秋》乃孔子作，甚至謂六經皆孔子所作，故有〈六經是孔子晚年定論〉之作。〔註2〕熊氏之以六經皆孔子作，誠太過主觀，亦難令人信服。考其用意，乃在彰顯孔子爲萬世制法之意，故與其斤斤於其以六經皆孔子作之對錯，不如探究其背後之深意，始能正確瞭解其說。而在義上，熊氏則頗能掌握《春秋》之旨。〔註3〕

〔註2〕其實何止熊氏，廖平《知聖篇》曰：「六經，孔子一人之書」（《廖平選集》上頁 189），並編有〈孔子作六藝考〉一卷，以證其實；皮氏《經學歷史》曰：「經學開闢年代，斷自孔子刪定《六經》爲始」（頁 19）；康有爲《孔子改制考》卷十曰：「六經皆孔子之作也」（頁 1），可見此乃清末公羊家之共同觀點。當然，認爲六經與孔子無關者，亦大有人在，錢玄同〈重論經今古文學問題〉即如此認爲。

〔註3〕誠如龔鵬程〈論作者〉所言，中國典籍之作者觀主要有兩種，一、神聖性作者觀；二、所有權作者觀，其曰：「如王逸《楚辭章句・離騷經序》說：『《離騷經》者，屈原之所作也』。這就標出了一個特定的人：屈原。是屈原這個人創作了〈離騷〉這麼一篇作品。這個勞動生產關係，決定了作者對作品的勞動所有權，說明了某件東西是由某個人製造出來的。固然製造出來的東西，可以開放給大家欣賞，但是欣賞者必須尊重作者的創造之功，不能攘奪了他創造的榮耀，也必須信從作者對他自己作品的處理權與解釋權。」（頁 48）「我們稱這一作者觀爲『神聖性作者觀』，它不同於『所有權作者觀』。它的所有權是開放的，任何人都可以參與這一作品，而且視參與作品爲一神聖性的活動。任何人都不敢壟斷或獨居創作者之名；作者，也被視爲神聖性的。這就是《禮記・樂記》所說的：『作者之謂聖，述者之謂明』。聖者作，其他人便來傳述之、彰明之。這種傳述，就是我們前面說的：參與作品。」（頁 56～57）前段引文即「所有權作者觀」，作品有確定作者，乃個人所有，此時讀者應盡量貼近作者原意，不可對作品任意增刪。後段引文即「神聖性作者觀」，作品之作者難以確定，「這個時候，所謂『作者』，要不就是佚名：或主名難尋，出於眾手，屬於隱匿的作者。要不就是個標籤，姑以某人爲作者。這個某人，可能是古代聖哲、帝王、學派的宗師、家族的始祖、社會上眾所景仰的人物，或世俗信奉的神佛仙鬼。」（同上頁 53）《春秋》即是神聖性作者觀之最佳典籍代表，孔子雖被視爲其作者，但「它的所有權是開放的，任何人都可以參與這一作品」，何況《韓非子．顯學》曰：「故孔、墨之後，儒分爲八，墨離爲三，取捨相反不同，而皆自謂眞孔、墨，孔、墨不可復生，將誰使定後世之學乎？」則在當時孰爲眞孔學已難分辨，況《春秋》又有三傳之別，爭議更多，而《公羊傳》特重微言大義，而此往往透過口說流傳，隱而不彰，是以公羊家往往因詮釋觀點之不盡相同，其說亦往往有異。然此差異，皆是對《春秋》之「傳述之、彰明之」，無非是「參與作品」，使春秋學有更豐富之

二、貶天子、退諸侯、討大夫

孟子、《公羊傳》認爲《春秋》乃孔子作，即著重於義而言。孟子曰：「是故孔子曰：『知我者其惟《春秋》乎！罪我者其惟《春秋》乎！』」（〈滕文公下〉）、「其事則齊桓、晉文，其文則史。孔子曰：『其義則丘竊取之矣。』」（〈離婁下〉）熊氏認爲「孟子後孔子僅百餘年，又自稱願學孔子，其言必不妄。」（《示要》卷三頁746）《公羊傳》昭十二年曰：「《春秋》之信史也，其序則齊桓、晉文，其會則主會者爲之也，其詞則丘有罪焉耳。」熊氏認爲此與孟子所述大同小異，《示要》卷三曰：

> 夫曰其義則丘取之，其詞則丘有罪焉爾，可見孔子所修之《春秋》，絕非魯史記之舊，其間所陳甚深宏遠之義，用爲萬世法者，既當時諸侯與霸者之所嫉惡，而孔子行素王之事，又厚自謙退，故曰其詞則丘有罪焉爾。又曰：知我以《春秋》，罪我以《春秋》。孔子作《春秋》之深意，既於此可徵矣，使如杜預之說，只是鈔錄舊史，則孔子何故曰其義則丘竊取，又云知我罪我，皆以《春秋》哉？（頁747～748）

熊氏由孟子、《公羊傳》之說，確定《春秋》爲制法大經，而非記事史書。熊氏並舉《繁露》、《史記・太史公自序》、范寧《春秋穀梁傳集解・序》、〈中庸〉鄭玄注、《說苑・至公》、《禮記疏》引〈鉤命決〉說及《書疏》引王愆期注《公羊》說爲證（見同上頁748～752）。但孔子雖賦予《春秋》以義，唯此義爲何，即孔子作《春秋》之本懷，孟子及《公羊傳》顯皆未予言明，而諸書所載大抵亦然，唯《史記・太史公自序》曰：

> 上大夫壺遂曰：「昔孔子何爲而作《春秋》哉？」太史公曰：「余聞董生曰：『周道衰廢，孔子爲魯司寇，諸侯害之，大夫壅之。孔子知言之不用，道之不行也，是非二百四十二年之中，以爲天下儀表，貶天子，退諸侯，討大夫，以達王事而已矣。』」

「貶天子，退諸侯，討大夫」乃史公聞之董氏，則董氏已深知此意，而《繁露》卻未明言，史公作史自應求全責備，故記之於此。熊氏認爲此即孔子作《春秋》之本懷，蓋欲推翻君權，廢除天子、諸侯及大夫等三層統治階級，

內容，更多面向之發展，從而達至內聖外王經世濟民之目的。是以此節「孔子作《春秋》之本懷」，此「本懷」並不意謂即孔子之原意，蓋其原意已難探尋，而更確切之說法，則應視爲乃熊氏「參與作品」，經由「傳述之、彰明之」，以己意體貼聖意之一己獨見，實可謂爲乃熊氏自己之本懷。

撥亂反正，是以天子必貶，諸侯必退，大夫必討。孔子作《春秋》，寄此意於書中，倡言革命，將天子、諸侯及大夫依序加以貶、退及討，由此以達王事。此王事之王，非指君主，乃是「往」義，即天下萬民所共同蘄向而往歸之義。所蘄向者即太平大同，所往歸者即仁義之道，故無所謂君主，唯是一體平等，群龍無首，人人有士君子之行，此王事即民主之治。

　　熊氏並認為孔子倡言革命之內在原因，乃因五十學《易》之故，思想上起大變化，故寄此意於《春秋》，由此倡言革命，以行民主。《原儒‧原學統》曰：

> 余謂孔子五十歲以前，其學蓋本於堯舜文武諸聖政教之實錄，所謂《詩》《書》藝《禮》。其證安在？蓋由《論語》及《史記》參考之，則孔子學《易》，確在五十之年。故知其五十以前，只是《詩》《書》藝《禮》四部之業而已，猶未治《易》也。自五十學《易》，而後其思想界，別開一新天地。從此，上探羲皇八卦，而大闡哲理，是其思想之一大突變也。（頁31～32）

據《論語‧述而》曰：「子曰：『加我數年，五十以學《易》，可以無大過矣。』」，《史記‧孔子世家》曰：「孔子晚而喜《易》，序〈彖〉、〈繫〉、〈象〉、〈說卦〉、〈文言〉。讀《易》，韋編三絕。曰：『假我數年，若是，我於《易》則彬彬矣。』」據此，史公雖未明言「孔子晚而喜《易》」是否即五十之年，但認為孔子不僅學《易》，且序〈彖〉等，即作〈十翼〉。按〈述而〉之語，乃從《古論》而言，《魯論》則作「加我數年，五十以學，亦可以無大過矣」，完全與《易》無關，可見孔子五十學《易》之事，未可遽斷。錢穆《先秦諸子繫年》卷一「孔子五十學易辨」即曰：

> 惟古者無六經之目，《易》不與《詩》《書》《禮》《樂》同科，孔子實未嘗傳《易》，今《十傳》皆不出孔子。《世家》亦但言孔子四十七不仕而修《詩》《書》《禮》《樂》，並不及《易》。而《正義》謂言其學《易》之年，明為誤矣。《世家》又謂『孔子晚而喜《易》，序《易傳》』，蓋皆不足信。（頁16）

而《史記》載孔子作〈十翼〉之說，自歐陽脩《易童子問》以還，懷疑之者即代不乏人，至近代顧頡剛編《古史辨》第三冊上編諸文及日人本田成之〈作易年代考〉、內藤虎次郎〈易疑〉，皆以〈十翼〉非孔子作，已成定論。熊氏則完全贊同《論語》、《史記》之說，並引〈為政〉「吾十有五而志於學章」之

「五十而知天命」及〈子罕〉「子畏於匡章」爲證。熊氏認爲孔子五十之前致力禮義之教，強調正名思想，君君臣臣父父子子，不容逾越，對君權極力維護，於統治階級絕無廢除之意；五十學《易》之後，深明《易》變動不居唯變所適之旨，思想爲之飛耀而起突變，故循乾元用九見群龍無首吉之說，則於前所極力維護之君權予以推翻，而於統治階級亦加以廢除。孔子之所以倡言革命，雖因五十學《易》，深知窮變通久之意，然此乃內在因素，若無外在因素以爲導火線，則此思想亦唯深藏內心，恐不易借《春秋》以表出。熊氏認爲此外在因素，即孔子有感於當時之政治情勢，《原儒・原學統》曰：

> 春秋戰國之際，列國互謀吞併，戰禍日亟，民生困憊。孔子蓋深知唐虞三代之法制，不得不隨時更變，始以改造思想爲要圖，而創發貶天子，退諸侯，討大夫之新學說。（頁 83）

誠如《史記・太史公自序》曰：「《春秋》之中，弒君三十六，亡國五十二，諸侯奔走不得保其社稷者不可勝數」，范寧《春秋穀梁傳集解・序》曰：「昔周道衰陵，乾綱絕紐，禮壞樂崩，彝倫攸斁，弒逆盜篡者國有，淫縱破義者比肩」，孔子蓋有見於此，不得不本《易》隨時更變之意，加以改造思想，故於《春秋》而創發貶天子，退諸侯，討大夫之說。熊氏認爲《論語》所載，可證孔子確有此思想，〈定論〉曰：

> 一、公山、佛肸兩章所記的，都是大夫的家臣起來叛他的主君，孔子曾想往助叛者。二、〈季氏〉篇，有一章云：「孔子曰：天下有道，則禮樂征伐，自天子出。天下無道，則禮樂征伐，自諸侯出。……」詳玩此章，可見孔子之學，明於庶物，察於人倫，其發明統治崩潰之定律，明白精確。」（頁 525～528）

按公山、佛肸之事歷來疑之者眾，尤以崔述《洙泗考信錄》卷二「爲魯司寇下」及趙翼《陔餘叢考》卷四「公山弗擾召孔子之不可信」之疑公山事，辨之最力；又崔述《洙泗考信錄》卷二「適衛」亦疑及佛肸事。然據錢穆《先秦諸子繫年》卷一「公山弗擾以費畔召孔子攷」曰：「要之不狃可以召孔子，而孔子實未往，其事當在定公八九年之間，則斯足矣。」（頁 17）佛肸之召孔子，亦與公山之召同，蓋在定公十三年，可見孔子實欲往助公山、佛肸，然此乃謂其有此心而已，而非眞有其事。此雖未必即能證明孔子欲推翻天子等統治階級，其事亦終未行，然孔子欲加以改革之意已昭然可見，而〈季氏〉所載，更可見孔子於當時天下無道情況，深惡痛絕，實有推翻天子等，使天

下歸於有道，而行民主之意。熊氏慨歎二千年來學者讀此章都無省悟，「獨明儒陳子龍曰：『陪臣之失，執國命者，庶民也。』一言而揭聖人之意，大慧哉！」（〈定論〉頁 528）熊氏認爲此因《六經》皆被改竄，致使孔子倡導革命、民主之意隱而不彰，而之所以如此，即因二千年來帝制之故，《原儒·原學統》曰：

> 漢初，帝制既穩固，諸儒以秦時焚阬之禍爲戒，大都變易前儒之操，一致擁護帝制。於是改竄孔子之六經，以迎合時主。今就漢初人文籍中，猶可考見者。如司馬談〈論六家要旨〉，其說儒有曰：「然其序君臣父子之禮，列夫婦長幼之別，不可易也。」此即三綱說之所由始。三綱者，君爲臣綱，父爲子綱，夫爲妻綱。其本意在尊君，而以父尊於子，夫尊於妻配合之，於是人皆視爲天理當然，無敢妄疑。夫父道尊，而子當孝，天地可毀，斯理不易。子之思想行動不背於正義者，父母不當干涉，而子可自行其志，要不可失孝道。虎狼有父子，況於人乎？但以父道配君道，無端加上政治意義，定爲名教，由此，有王者以孝治天下，與移孝作忠等教條，使孝道成爲大盜盜國之工具，則爲害不淺矣。詳玩《論語》，孔子答門人問孝，皆就至性至情不容已處啓發之。如曰父母惟其疾之憂，曰至於犬馬皆能有養，不敬，何以別乎？此例不勝舉。自三綱之說出，只以父子說成名教關係，而性情之眞，乃戕賊無餘矣。（頁 87）

熊氏認爲漢人擁護帝制，約分爲三論，一曰三綱五常論，一曰天人感應論，一曰陰陽五行論（見同上頁 91～96）。此中又以三綱五常論尤深入人心，而此與政治相結合，遂使後之王者以孝治天下及移孝作忠等教條，皆緣此而得立，以父道配君道，一似渾然天成，於是種種不合人性之事，皆可假之以行。此與《論語》言孝，皆就至性至情不容已處啓發之，皆從人情惻然不容已處指點之，令其培養德本，而不流於涼薄，直是天壤之別。此三綱五常論既定，君主由此高高在上，即使倒行逆施，在下者亦當本父爲子綱，夫爲妻綱，而視君爲臣綱，唯歸於順從而已，如此則革命、民主之意盡失。熊氏認爲此綱常論，亦可云孝治論，乃從曾子門下傳至孟子，而漢人始專主之，故力闢自漢以來以忠君爲主之思想，並對《春秋》三傳加以抉擇，冀還孔子之眞，務使革命、民主之意得以彰顯。

第三節　《春秋》三傳以《公羊》爲主

　　孔子依魯史而作《春秋》，一皆斷之以義，其價值既不在所記之事，亦不在記事之文，在所寄託之義。此所謂義，即大義與微言。熊氏即以此而對三傳加以評判，《示要》卷三曰：

　　　　三傳當以《公羊》爲主，孔子大義微言，惟《公羊》能傳之。《穀梁》，
　　　　昔人以爲小書，於大義頗有得，而不足發微言。《左氏》則記事之史
　　　　耳，漢博士謂其不傳《春秋》，誠然。（頁752～753）

熊氏此說，與皮氏《經學通論·春秋》「論穀梁廢興及三傳分別」所言：「惟《公羊》兼傳大義微言；《穀梁》不傳微言，但傳大義；《左氏》並不傳義，特以記事詳贍，有可以證《春秋》之義者」（頁 19），完全相同，此蓋公羊家對三傳之定見。熊氏認爲《左傳》既詳於事，根本無大義微言可言，自不得《春秋》之傳。《穀梁》則長於義，故言事不及《左傳》之詳，然雖有得於大義，而於微言則不足以發之，故言義則不及《公羊》，亦不得《春秋》之傳。唯《公羊》長於義，於大義微言皆有所得而能傳之，故謂「三傳當以《公羊》爲主」。熊氏之所以如此評判，雖以大義微言爲準，然三傳能否得大義微言，主要又與作者問題息息相關。由於《左傳》只詳於事，於大義微言兩無所得，不若《穀梁》雖於微言不足發之，然至少於大義則頗有得，是以熊氏對《左傳》之批評，亦較《穀梁》爲多。

一、《左傳》

　　《左傳》作者，歷來頗多爭議，熊氏則有明確認定，《示要》卷三曰：

　　　　《左氏傳》決爲左邱明作；但其書，非邱明原本。（頁 753）〔註4〕

熊氏此說，可分兩層而論，一、熊氏肯定《左傳》作者爲邱明，由此而來之連帶問題即此邱明是否即《論語》之邱明；二、此書已非原本，連帶而來即改竄者爲誰及內容已變亂之問題。首先，劉歆即以《左傳》作者爲邱明，且即《論語》之邱明，其後桓譚、班固以至啖助，皆同劉說。自趙匡以邱明蓋孔子以前賢人，如史佚、遲任之流，而非《論語》之邱明，其後疑《左傳》非邱明作者，即所在多有。皮氏《經學通論·春秋》「論趙匡鄭樵辨左氏非邱

〔註4〕按左邱明之邱，或作丘，諸家所載頗不一致，爲忠於原文故，凡引及時，皆
　　　　一仍其舊。

明左氏傳文實有後人附益」即列王安石、葉夢得、鄭樵、朱子等說，蓋皆以
邱明爲六國時人，程頤則以傳無邱明字，不可考。此中又以鄭樵《六經奧論》
卷四所舉八證最足爲代表，其曰：

> 左氏終紀韓魏智伯之事，又舉趙襄子之諡，則是書之作，必在趙襄
> 子既卒之後。若以爲丘明，自獲麟至襄子卒已八十年矣，使丘明與
> 孔子同時，不應孔子既沒七十有八年之後，丘明猶能著書。今左氏
> 引之，此左氏爲六國人，在於趙襄子既卒之後，明驗一也。左氏記
> 戰于麻隧，秦師敗績，獲不更女父。又云「秦庶長鮑、庶長武帥師，
> 及晉師戰于櫟。」秦至孝公時，立賞級之爵，乃有不更庶長之號。
> 今左氏引之，是左氏爲六國人，在於秦孝公之後，明驗二也。左氏
> 云「虞不臘矣」，秦至惠王十二年初臘，鄭氏、蔡邕皆謂臘於周即蜡
> 祭，諸經並無明文，惟《呂氏》、〈月令〉有臘先祖之言。今左氏引
> 之，則左氏爲六國人，在於秦惠王之後，明驗三也。左氏師承鄒衍
> 之誕，而稱帝王子孫。案齊威王時，鄒衍推五德終始之運，其語不
> 經。今左氏引之，則左氏爲六國人，在齊威王之後，明驗四也。左
> 氏言分星，皆準堪輿。案韓魏分晉之後，而堪輿十二次，始於趙分
> 曰大梁之語。今左氏引之，則左氏爲六國人，在三家分晉之後，明
> 驗五也。左氏云「左師辰將以公乘馬而歸」。案三代時，有車戰，無
> 騎兵，惟蘇秦合從六國，始有車千乘騎萬匹之語。今左氏引之，是
> 左氏爲六國人，在蘇秦之後，明驗六也。左氏序呂相絕秦，聲子說
> 齊，其爲雄辯徂詐，眞游說之士，捭闔之辭。此左氏爲六國人，明
> 驗七也。左氏之書，序晉楚事最詳，如楚師熸，猶拾瀋等語，則左
> 氏爲楚人，明驗八也。

皮氏則案曰：

> 《史記》張守節《正義》云：秦惠文王始效中國爲之，明古有臘祭，
> 秦至是始用，非至是始創，則以不臘爲秦時文字，固未可據。左師
> 展將以公乘馬而歸，即子家子謂公以一乘入於魯師之意，一乘仍是
> 車乘，亦未可據爲乘馬之據。傳及知伯或後人續增，不更庶長之類，
> 或亦後人改竄。（頁37）

據此，皮氏雖以鄭樵所舉八證，有二證不能成立，但對其結論則未予反對。
按鄭樵等說，最多只能謂《左傳》有六國時人所摻入，未可遽以爲其作之證。

熊氏即強烈反對之,《示要》卷三曰:

> 如鄭樵所舉八節,其中亦有謬誤,臘不始於秦,張守節《正義》已
> 言之。春秋時伯者,齊桓雖盛而不久,獨晉楚兩強相爭持,序晉楚
> 事最詳,紀其實也。若以此斷左氏爲楚人,果何義據?左師展以公
> 乘馬而歸,不足爲騎兵之證,近人已有辨駁,故以左氏爲六國時人
> 者,其說不足成立。唐宋人疑左氏非邱明,大抵疑《左傳》文字有
> 訛謬處,或涉及六國時事。不知古代簡策,易致殘脫,後世好事者
> 妄爲附益,或以更私意改竄。(頁758)

故熊氏認爲《左傳》作者應爲邱明。

熊氏並積極證明《左傳》作者爲邱明,且即《論語》之邱明。熊氏主要
依《史記》而言,蓋史公世爲史官,博識舊聞,且生當漢初,去古未遠,故
其言可信。《史記‧十二諸侯年表》曰:「是以孔子明王道,干七十餘君,莫
能用,故西觀周室,論史記舊聞,興於魯而次《春秋》,上記隱,下至哀之獲
麟,約其辭文,去其煩重,以制義法,王道備,人事浹。七十子之徒口受其
傳指,爲有所刺譏襃諱挹損之文辭不可以書見也。魯君子左丘明懼弟子人人
異端,各安其意,失其眞,故因孔子史記具論其語,成《左氏春秋》。」對此
文獻,皮氏及熊氏皆完全認同,然《經學通論‧春秋》曰:

> 史公以邱明爲魯君子,別出於七十子之外,則左氏不在弟子之列,
> 不傳《春秋》可知。(頁35)

可見皮氏雖以左氏爲邱明,但只強調因其不在弟子之列,故不傳《春秋》,至
於是否即《論語》之邱明,則未置可否。熊氏則認爲史公確以《左傳》作者
爲魯君子左邱明,而《論語‧公冶長》載「左丘明恥之,丘亦恥之」,此兩邱
明當是一非二,《示要》卷三曰:

> 詳此,則孔子於邱明,舉其姓字而不名,足見其非弟子。史公稱之
> 爲魯君子,而別於七十子之徒,正與《論語》合。據孔子所稱美之
> 辭,則邱明是一嚴正之史家,劉歆謂其好惡同於聖人是也。(頁756
> ～757)

除非《史記》所載有誤,否則熊說亦頗可信。〔註5〕熊氏雖與皮氏於作者方面

〔註5〕 此乃順熊氏而爲言,並不意謂其說即正確。按《左傳》作者問題,聚訟紛紜,
　　　　莫衷一是。錢穆《先秦諸子繫年》卷二「吳起傳左氏春秋攷」曰:「余攷諸《韓
　　　　非》書,『吳起,衛左氏中人也。』然則所謂《左氏春秋》者,豈即以吳起爲

有不同認定，但皆以《左傳》不傳《春秋》，唯記事而已，則無異也。其曰：

> 據此，則邱明之傳，大抵不依弟子所受孔子口義，而只就孔子所因
> 史記原本，考訂其本事，以存史之真。其自稱《左氏春秋》，殆與孔
> 子之《春秋》並行，實非為孔子《春秋》作傳也。孔子制萬世法是
> 為經學，邱明則保存史實，只是史學。劉歆欲立《左氏》，以邱明好
> 惡與聖人同，親見夫子為言，而博士惟爭邱明不傳《春秋》，並不謂
> 作傳者非邱明也。可見博士之論，與《史記》所載之事實全同。作
> 傳者為邱明，漢人承晚周傳授，都無異說，後人妄興疑難，徒為多
> 事。（同上頁 757～758）

按以《左傳》屬古文，為史學，宗周公，與《公羊》屬今文，為經學，宗孔子，正好相反。熊氏認為《左傳》旨在保存史實，不傳《春秋》，只是史學，而非經學，然《史記》謂「魯君子左丘明……故因孔子史記具論其語」，劉歆亦言「邱明好惡與聖人同，親見夫子為言」，史公為今文家，以邱明宗孔子，固屬可議，而劉歆乃古文家，亦以邱明宗孔子，可見確實如此。熊氏即由此認定邱明宗孔子，從而打破今古文之分，其曰：

> 《左氏》是史學，古文家雖亦作此說。但言今古文者，必欲張而大
> 之，以為古文皆祖周公，皆是史學；今文始是宗孔子，始是經學，
> 此乃大謬不然。西漢公羊學盛，以左氏本不傳《春秋》，故擯之。劉
> 歆謂左氏親見夫子，何嘗不宗孔氏？杜預去古已遠，以姦心而飾邪
> 說，本不足道，何可據此以為今古學不同祖之證哉？近世談今古文
> 者，妄事張皇，甚無謂。（同上頁 777）

熊氏此舉不僅將杜預以來宗周公之說，徹底推翻，亦將盛行於清中葉以來之今古文問題，消弭於無形。蓋皆宗孔子，何來今古之分，既無可分，自無問題可言。

左氏人故稱，而後人因誤以為左姓者耶？」（頁 194）錢穆此以左氏為地名，
根本否認《左傳》為左邱明作；然其只以此為吳起傳《左傳》之證，而未言
《左傳》作者為誰。衛聚賢〈左傳之研究〉亦舉《韓非子》「吳起，衛左氏中
人也」及《戰國策·衛策》「衛嗣君時，胥靡逃之魏，衛贖之百金，不與。乃
請以左氏。……君曰：『……民無廉恥，雖有十左氏，將何以用之？』」衛氏
亦以左氏為地名，而非人之姓名；但其卻指實《左傳》作者為子夏，而傳於
吳起。又瑞典漢學家珂羅倔倫（Bernhard Karlgren，即高本漢）〈左傳真偽考〉
則從文法上證明《左傳》非左邱明作，胡適〈《左傳》真偽考的提要與批評〉
（收入《胡適作品集》之《海外讀書雜記》）大體上同意珂氏之說法。

其次，熊氏認為《左傳》雖為邱明所作，但非原本，已遭改竄。按此從鄭樵等以為《左傳》作者乃六國時人，亦可反證此書確遭改竄。皮氏《經學通論·春秋》「論趙匡鄭樵辨左氏非邱明左氏傳文實有後人附益」又舉林黃中、王應麟、姚鼐、陳澧、劉逢祿等說，蓋皆以為《左傳》有後人附益，其中林氏、劉氏且謂皆出於劉歆。熊氏認為林、劉之說決不盡誣，亦以為「歆當有所附益改竄」（《示要》卷三頁 755）；但熊氏亦以此說未必盡然，因「且非獨劉歆而已，如涉及六國時事者，當由戰國時季世之為左氏學者所增益。……《左傳》之失其真，當六國之季世已然，不必自劉歆始也。」（同上頁 758～759）可見熊氏不似林、劉之武斷。而比起康有為《新學偽經考》曰：「歆之偽《左氏》在成、哀之世」（頁 147），直以《左傳》為劉歆所偽造，又更為客觀。按劉歆應非偽造《左傳》，但當有所改竄附益，此觀《漢書·楚元王傳》即可知；至於《左傳》最早於何時遭至改竄附益，已難詳考，唯其已非原本，則應屬實。劉逢祿《左氏春秋考證》將《左傳》之文，與經之年月兩相比附，即考證出傳文闕者甚多，如隱二年「紀子帛、莒子盟于密」，證曰：「如此年左氏本文盡闕，所書皆附益也」，又十年「六月，戊申」，證曰：「十年左氏文闕」，類此之說，不遑枚舉。皮氏《經學通論·春秋》「論左氏傳不解經杜孔已明言之劉逢祿考證尤詳晰」即引劉說，其對劉氏以《左傳》皆出劉歆改竄，則以為未見其必然，然於劉氏此處所舉《左傳》確有闕文之說，則完全贊同。熊氏亦據劉說曰：

> 詳劉氏所舉闕文極多，論者以為，《左氏傳》不解經，固有合於漢博士之說。然邱明作傳，期於對照經文，存其本事，不應闕文如是之多，故知見存《左傳》非邱明原本。（《示要》卷三頁 761）

然不論《左傳》是否為原本，畢竟其旨在保存史實，於孔子作《春秋》制萬世法之意，則無所及，而劉歆、班固等古文家之推尊《左傳》，自亦不識《春秋》之旨。熊氏於《原儒·原學統》曰：「案固之所以宗劉歆，而尊左氏為《春秋》正傳者，實因孔子作此經，主張廢除天子諸侯大夫等統治階層，故恐觸漢廷之忌，而以此經為史書。復因《左傳》本記事之史，遂尊左氏以承《春秋》，此蓋固之隱衷也。劉歆私結於莽，早知莽欲篡帝位，其抑《公羊》，而謂《左氏》傳《春秋》，亦不欲張無君之義耳。」（頁 118）可見《左傳》能在漢廷帝制下，而為《春秋》正傳，即因書中無「主張廢除天子諸侯大夫等統治階層」等內容，而此正可作為其不傳《春秋》之證。

二、《穀梁傳》

　　至於《穀梁傳》，〔註6〕其作者爲穀梁氏，然其名傳說不一，有赤（桓譚《新論》、應劭《風俗通》）、俶（阮孝緒）、喜（《漢書·藝文志》顏師古注）、寅（王充《論衡》）四名，而因桓譚《新論》最爲近古，故以赤最爲人所信。又應劭《風俗通》以其爲子夏弟子，熊氏則以爲此「殊無據」（《示要》卷三頁763），且認爲《穀梁》實出《公羊》之後。按《穀梁》、《公羊》孰先孰後，亦頗爭議。鄭玄認爲《公羊》善於讖，《穀梁》善於經，故以《公羊》之出在《穀梁》後；此未知其何據。而陸德明《經典釋文·序錄》曰：「公羊高受之於子夏，穀梁赤乃後代傳聞」，自此以後，以《穀梁》出於《公羊》後之說，遂爲人所接受。晁說之曰：「《穀梁》晚出於漢，因得監省《左氏》、《公羊》之違畔而正之，至其精深遠大者，眞得子夏之所傳。」劉敞《春秋權衡》卷第十四於隱二年「無駭帥師入極」，八年「無駭卒」，《穀梁》皆兩說，即以此「明《穀梁》私見《公羊》之書，而竊附益之云爾。」又於莊二年「公子慶父帥師伐於餘丘」，《公羊》云：「邾婁之邑也，曷爲不繫乎邾婁？國之也。曷爲國之？君存焉爾。」《穀梁》云：「公子貴矣，師重矣，而敵人之邑。公子病矣，……其一曰：君在而重之也。」故亦以「此似晚見《公羊》之說，而附益之者矣。」陳澧《東塾讀書記·春秋三傳》即引劉說而更舉證曰：「文十二年『子叔姬卒』，《公羊》云『此未適人，何以卒？許嫁矣』。《穀梁》云『其日子叔姬，貴也，公之母姊妹也。其一傳曰：許嫁以卒也』。此所謂『其一傳』，明是《公羊傳》矣……蓋《穀梁》以《公羊》之說爲是，而錄取之也。《穀梁》在《公羊》之後，研究《公羊》之說，或取之，或不取；或駁之，或與己說兼存之。」皮氏《經學通論·春秋》「論穀梁在春秋之後曾見公羊之書所謂一傳即公羊傳」引以上諸說而案曰：

> 以《穀梁》晚出，曾見《公羊》之書，劉原父已言之，陳氏推衍尤晰，治《穀梁》者必謂《穀梁》早出，觀此可以悟矣。……晁氏以爲《穀梁》監省《左氏》、《公羊》，與陳氏所見同，不知陳氏見晁說否？（頁16～17）

熊氏於劉敞等說完全贊同，《示要》卷三（頁767～768）及《原儒·原學統》

〔註6〕　《穀梁傳》向被認爲是今文，或居今、古之間，崔適《春秋復始》則明言其爲古文，乃劉歆僞造以佐《左傳》，其弟子張西堂《穀梁眞僞考》贊同師說，力證《穀梁》爲古文。熊氏於今古文之分既不以爲意，故不由此以論《穀梁》。

（頁 118）皆有提及，其意蓋謂穀梁氏既非子夏弟子，且其書實出《公羊》後，〔註7〕則其於《春秋》之旨，自不能盡得，雖有得於大義，而於微言則因年代相差久遠故無法口授。至漢初，雖有瑕邱江公治《穀梁》，但因訥於口，無法與董氏之公羊學爭，宣帝時因衛太子好《穀梁》，才得大興。然《穀梁》於大義雖有得，但於微言究不足以發之，故石渠閣會議其與《公羊》爭勝，而後立於學官，與之並行，乃因政治因素，並非眞能義勝《公羊》。蓋《公羊》於大義微言皆有所得，而所言三世義，頗有革命、禪讓之意，此則爲帝王所不喜，《穀梁》則不言此，故能合帝王口味而得以立，是以《示要》卷三曰：

> 案《穀梁》只暫盛於宣帝之時，終不足與《公羊》並行。鄭樵曰：「《儒林傳》，學《公羊》者凡九家。而以《穀梁》名家，獨無其人。此所謂師說久微也。」瑕邱江公既無傳於後，范寧當晉世，作《穀梁傳集解》，自謂所見釋《穀梁》者近十家，皆膚淺末學，不經師匠，辭理典據，都無可觀。今唯范氏《集解》見存，亦無精彩。清季，鍾文烝依范書作《補注》，雖遠過范氏，然以章句之卑識，欲揚《穀梁》以抑《公羊》，多見其不知量也。（頁763～764）

熊氏認爲范寧《集解》亦同前之釋《穀梁》者，皆膚淺末學，此歸根究底即因「《穀梁》於三世義，全無所知，豈得爲善於經乎！」（同上頁 764）、「《穀梁》雖粗識大義，而不知存微言，實與夫子作經本旨無關。」（頁 768）是以《穀梁》於三世義此微言既無所得，故自漢以來即不足與《公羊》並行。熊氏又認爲鍾氏《補注》較范注爲佳，但其卷首〈論經〉篇曰：「《公羊》之三科九旨，皆不足言矣。」熊氏則案曰：「文烝固陋如此，由其習於穀梁氏之說，而不求超悟故也」（頁769），認爲鍾氏只著重章句，於《春秋》之旨，則同范注，無所發揮。

三、《公羊傳》

熊氏既認爲《左傳》唯記事而已，《穀梁》於三世義微言之說亦無所知，

〔註7〕又僖十六年「實石于宋五」及「六鷁退飛過宋都」，《公羊》曰：「實石記聞，聞其磌然，視之則石，察之則五」、「六鷁退飛，記見也，視之則六，察之則鷁，徐而察之則退飛」，《穀梁》曰：「先隕而後石，何也？隕而後石也。……後數，散辭也，耳治也」、「六鷁退飛過宋都，先數，聚辭也，目治也」，錢穆《中國史學名著》即據此曰：「這裏就顯見是《穀梁》後起，知道了《公羊》之說而改變其辭。」（頁86）按此亦爲一證。

故《原儒・原學統》曰：「左氏不傳《春秋》，漢博士以此駁劉歆，實不刊之論。《穀梁》，昔人以爲小書，頗與後世史評相類，其於《春秋》本義，絕無關係。」（頁 120）而唯《公羊》能傳之，故治《春秋》當以《公羊》爲主。

據戴宏〈序〉曰：「子夏傳與公羊高，高傳於其子平，平傳與其子地，地傳與其子敢，敢傳與其子壽。至漢景帝時，壽乃共弟子齊人胡母子都著於竹帛。」按五傳之說殊非屬實，[註8] 可勿論，但至壽與胡母始著之竹帛，則爲事實。

何休《解詁》隱二年曰：「《春秋》有改周受命之制，孔子畏時遠害，又知秦將燔《詩》《書》，其說口授相傳，至漢公羊氏及弟子胡母生等，乃始記於竹帛，故有所失也。」（卷二頁 5）按謂「孔子畏時遠害，又知秦將燔《詩》、《書》」，此何休之囈語，不足憑信，蓋孔子若畏時遠害，則無須修《春秋》，何必多此一舉，且其生當春秋末年，何能得知戰國以後之秦將有焚書之事？至於謂「至漢公羊氏及弟子胡母生等，乃始記於竹帛」，蓋承戴宏之說，而予證實。熊氏對此自亦認可，但認爲「公羊壽與胡母合作之傳，亦非其先世口授之傳。」（《原儒・原學統》頁 120）可見三傳雖以《公羊》爲主，但壽與胡母將口義著之竹帛，仍有不實之處，故須加以揀別。熊氏甚至認爲彼等並僞造緯書，冀掩孔子之眞，以動皇帝之聽，而售其書。如《春秋緯・演孔圖》曰：「得麟之後，天下血書魯端門曰：『趨作法，孔聖沒。周姬亡，彗東出。秦政起，胡破術。書記散，孔不絕。』子夏明日往視之，血書飛爲赤鳥，化爲白書，署曰演孔圖，中有作圖制法之狀。」此血書端門之說，自是無稽之談，旨在神化孔子，所謂「中有作圖制法之狀」，即指爲漢制法之意。《原儒・原學統》則曰：

> 據此所云爲漢制法，可知緯書此文，必爲公羊家所造作，托於神話，以媚漢皇。蓋呂政焚阬之禍，儒者猶懷恐怖，《春秋》爲改革亂制之書，本於帝者不利，安知劉氏不復加害。公羊氏托言孔子作《春秋》是爲漢制法，而造神話，以動朝野之聽，其用心誠苦，而行將喪失孔子本義，未免獲罪於先聖也。（頁 121）

熊氏舉〈演孔圖〉爲漢制法之說，以明在帝制之下，公羊家亦不免將孔子作《春秋》爲萬世制法之義，隱而不彰，代以己意立說，求容當世。熊氏認爲

[註 8] 崔適《春秋復始・序證》、錢穆《先秦諸子繫年》卷一「孔門傳經辨」（頁86）及徐復觀《兩漢思想史》卷二（頁 319～326）皆已詳細論證此乃戴宏臆說。蔣慶《公羊學引論》（頁 73、頁 88）亦承崔、徐之說。翁銀陶《公羊傳漫談》亦以此「顯然不可能」（頁 5）。

此可從《公羊傳》之字數及其與孟子之說相對比，加以證實。在字數方面，熊氏認爲「《公羊傳》，不是直述孔子之《春秋傳》，以字數考之可見。」（同上頁 122）按《史記・太史公自序》曰：「《春秋》文成數萬，其指數千。」張晏曰：「《春秋》萬八千字，當言『減』，而云『成數』，字誤也。」裴駰《集解》則曰：「《公羊經、傳》凡有四萬四千餘字，故云『文成數萬』也。不得如張議，但論經萬八字，便謂之誤。」司馬貞《索隱》則引小顏云：「《春秋經》一萬八千字，亦足稱數萬，非字之誤也。」熊氏認爲以上三家之說皆誤，《原儒・原學統》曰：

> 張云當言減，則文句甚不通。如易減字爲不及二字，更變亂《史記》之文。裴駰合經、傳，共計四萬四千餘字，其所云傳者，即公羊壽胡母生師弟合作之傳，所謂《公羊傳》是，此非公羊壽先世所口授之孔子《春秋傳》也。小顏謂經文一萬八千字，足稱數萬，司馬貞引之，甚無理。夫三家所由誤者，皆以爲公羊壽師弟合作之傳，即是公羊高所受於子夏之孔子《春秋傳》，眞僞不分，故謬解重重耳。董生語史遷，《春秋》文成數萬云云，是指孔子自作之《春秋傳》而言，非就公羊壽胡母生所寫定之經傳，共四萬四千餘字者而言也。孔子作《易》，其卦辭、爻辭，本借用古之占卜辭，而作〈十翼〉，以發己意，則完全改變占卜家之底蘊，而《大易》乃爲哲學界之根本大典矣。孔子作《春秋》，其經文，亦借用魯史，而自作傳，以發己意，則完全改變魯史之底蘊，而《春秋》亦爲哲學界根本大典矣。（頁 122）

按古籍易因種種原因，如戰亂、火燹等，以致缺損，是以單從字數多寡實難遽斷孰是孰非。故三家之說及熊氏評三家之說，亦難遽斷何者爲是。然從熊說之中，可見熊氏認爲除《公羊傳》外，孔子曾自作《春秋傳》。熊氏之所以如此認爲，蓋以爲孔子據《易》卦爻辭而作〈十翼〉，故於《春秋》，亦借魯史而自作傳。按熊氏此說自難令人信服，蓋只可視爲其一家之言。職是之故，熊氏更認爲「漢以後學人，竟不知有孔子自作之《春秋傳》，而妄信《公羊傳》爲直達孔子之本義，鑄九州鐵以成大錯，其迷霧則自劉歆班固之僞說相承，害天下後世不淺也。」（同上頁 124）此亦只可視爲其一家之言。其實，孔子依魯史作《春秋》，即含無量義，此《春秋》既是經，即明文所載者，而亦是傳，即言外之意者。只要善於體會經文，而得其言外之意，無疑即是孔子自

作之《春秋傳》。若只計較其字數多寡，即以孔子曾自作《春秋傳》，從而論證《公羊傳》非孔子本義，顯然並無多大效用。

其次，熊氏從《公羊傳》與孟子言孔子作《春秋》之說，加以對比，以見《公羊傳》已非先世口義之傳。熊氏認爲《公羊》與孟子言孔子作《春秋》之事，無有不合，然孟子述孔子之言曰：「知我者其惟《春秋》乎！罪我者其惟《春秋》乎！」《公羊》則曰：「其詞則丘有罪焉耳！」兩家所述孔子語意，實不相同，《原儒・原學統》曰：

> 由公羊所述，則孔子爲反躬罪己之辭。由孟軻所述，則孔子之意，蓋曰：有威權勢力者將罪我也。孔子作《春秋》，本欲改亂制，廢黜天子諸侯大夫，達乎天下爲公而已。故知之者，當爲天下勞苦庶民；罪之者，必爲上層有權力者。是故以兩家所述者相對照，顯然大不相同，而皆稱爲孔子之言，孰是孰非，惟有斷以《春秋》之義，則是非自見。斷以《春秋》之義，則孟軻所述，的然是孔子語；公羊則以私意，曲改孔子語，以苟媚人主而已。孟子時，六國衰敝，猶未若秦之酷，故可直述聖言。公羊壽師弟生於漢初，聞秦氏焚阬之禍，而有戒心也。余謂《公羊傳》，必改變孔子之眞，即於此處，已得鐵證。（頁124）

熊氏此說，甚爲有理。由孟子所述，孔子一秉天下爲公之意，以改亂制，廢黜天子諸侯大夫，其既不憂不懼，則何來「反躬罪己」之辭？所謂知我罪我者，乃天下之勞苦庶民及有威權勢力者，而非孔子自身。公羊家則以孔子爲反躬罪己，何休且謂爲「畏時遠害」，實已扭曲孔子，而改變其意。熊氏由此而論證《公羊傳》已變易孔子之眞，顯比從字數方面而論較爲有理，且亦令人信服。

第四節　治《春秋》當本之董、何

《春秋》既以《公羊》爲主，然其不盡爲先世口義之傳，已將孔子本義隱沒，幸有董氏《繁露》及何休《解詁》皆宗之而加以發揮，此以《公羊傳》爲中心而形成之學說，即公羊學。熊氏之言《春秋》，乃以《公羊傳》爲主，而更以董、何爲依準，其所最重視者即董、何之三科九旨說。蓋無三科九旨，則董、何之說不成學，而捨董、何之說，即無公羊學可言，而無公羊學，則孔子《春秋》因之不明，亦絕無春秋學可言。《示要》卷三曰：

> 孔子作《春秋》，其說既不便於當時天子諸侯，故不著竹帛，而口授
> 七十子。公羊高親受之子夏，世傳口義，至玄孫壽，乃與弟子胡母
> 生，著於竹帛。同時董仲舒，著《春秋繁露》，廣大精微，盛弘《公
> 羊》。其後何休作《解詁》，雖云依胡母生條例，而義據亦大同《繁
> 露》。故治《春秋》者，當本之董何。（頁767）

按《春秋》所重在義，此義「既不便於當時天子諸侯，故不著竹帛」，因而不
宣，唯靠口傳。此不便情況，誠如《史記‧十二諸侯年表》曰：「七十子之徒
口受其傳指，為有所刺譏褒諱挹損之文辭不可以書見也」，《漢書‧藝文志》
亦曰：「《春秋》所貶損大人當世君臣，有威權勢力，其事實皆形於傳，是以
隱其書而不宣，所以免時難也。」所謂「有所刺譏褒諱挹損」、「所貶損大人
當世君臣」，乃造成其不便之因。故史公認為七十子之徒以其「不可以書見」，
唯隱而不宣，口授流行。而班固則言「所以免時難」，此則未免厚誣孔子；何
休之謂孔子「畏時遠害」，蓋本之於此。相形之下，史公為得其實。自子夏傳
公羊高起，而終至公羊壽，時移勢遷，已無忌諱，始與胡母生著之竹帛，即
《公羊傳》。然考《公羊傳》內容，如大一統，大居正等，實與《春秋》無異，
無損時君，故可著之竹帛。而最要者，其於公羊學最重視之三科九旨，並無
所說，或至多只是引而不發。與此同時，董氏《繁露》則言及三科九旨，為
公羊學奠下基礎。相較《公羊傳》之引而不發，《繁露》所言「廣大精微」，
實為公羊學之源頭。至何休《解詁》，乃為《公羊傳》作注，「雖云依胡母生
條例」，然所言多逸出其外，「而義據亦大同《繁露》」，反與董氏相近。誠如
劉逢祿《釋例‧主書例》曰：「自趙董生、齊胡母生而下，不少概見，何氏生
東漢之季，獨能隱括兩家，使就繩墨，于聖人微言奧旨，推闡至密。」何休
確於西漢公羊學主要兩系，即胡母《公羊傳》及董氏《繁露》，皆有傳承。如
通三統，《公羊傳》並無，《春秋》更無明文，《繁露》則有，何休顯承董氏之
說。至於張三世，《公羊傳》、《繁露》唯言所見三世，《解詁》則在此基礎上，
更提出據亂三世。唯異內外，自《春秋》至《公羊傳》、《繁露》皆有明文。
此三科九旨，至《解詁》始明確而成系統，雖可分別而言，然何休將之緊密
結合，成為公羊學之中心意旨，並影響後世甚大，其功實不可沒。由此亦可
見三科九旨並非一開始即三義並備，乃逐漸形成。由胡母《公羊傳》發其端，
董氏《繁露》奠其基，至何休《解詁》始完全確立。〔註9〕何休於胡母及董氏

〔註9〕參見筆者〈何休「三科九旨」說研究〉一文。

皆有傳承，但非一味沿襲，乃在兩家基礎上，加進己意，從而豐富公羊學。在公羊學之成立上，自以董、何爲最要，起著決定性作用，故熊氏曰：「治《春秋》者，當本之董、何」，董、何實爲公羊學之關鍵人物，而爲治《春秋》之鎖鑰，尤其何休更形重要，若不本之董、何，猶如無鎖鑰而欲入室，則必不得其門而入。

一、微言與大義之別

熊氏認爲治《春秋》當本之董、何，即因其於三科九旨甚有得，而此即所謂微言，與大義頗不同。對於二者之別，《示要》卷三曰：

> 大義者，如於當時行事，一裁之以禮義。家鉉翁謂之因事垂法是也。……微言者，即夫子所以制萬世法，而不便於時主者也。如《公羊》之「三科九旨」多屬微言。（頁 768）

按皮氏《經學通論·春秋》曰：「所謂大義者，誅討亂賊以戒後世是也；所謂微言者，改立法制以致太平是也。」（頁 1）熊氏所言，與皮氏意同，即大義者，乃在誅討亂賊，一裁之以禮義，此在任何時代皆可言，於時主並無妨礙，故可直書，此即家鉉翁（南宋人，著有《春秋詳說》三十卷）所謂「因事垂法」，其義猶能於文字之間求之；而微言者，則因改立法制，涉及禪讓、革命，此頗不便時主，故非任何時代皆可言，不可直書，唯經孔子口授，方能領會，而無法求之於文字之間。諸如大一統、大居正及尊王攘夷等，此在任何時代皆可言，於時主並無妨礙，是爲大義；而三科九旨，因涉及撥亂反正，貶天子、退諸侯、討大夫等，是爲微言。蔣伯潛《十三經概論》即謂：「貶亂臣賊子也，大一統也，尊王攘夷也，皆以『正名』爲主，皆《春秋》之『大義』也。……何休《春秋文謚例》有所謂『三科九旨』者，即孔子之微言也。」（頁56）表面觀之，兩者似極不同，然若換個角度以言，其實微言即大義，亦爲正大光明之辭，只是其義不爲時主所接受。蓋自古至今，德位相稱之君，除理想之堯舜外，誠然太少，在實際政治上，時主之有德無德不可必，然其有位在上則是事實，微言不爲時主所喜，乃理所當然，爲免觸怒時主，故一直以口授方式流傳。然事過境遷，若至民主時代，則微言亦無復爲禁忌，因此在昔視之爲忌諱，於今視之則無所諱，故微言即如大義一般，於時主並無妨礙，則視微言爲大義亦無不可。然因古代帝制未除，是以微言與大義終究有別，誠如皮、熊所言乃極端不同。

誠然，《春秋》本無三科九旨，公羊學卻以之爲中心意旨，是否有違《春秋》，是否會使《春秋》所強調之大一統，大居正及尊王攘夷等，反退居其次，甚至被忽略，此誠可慮。按公羊家之言，雖非《春秋》原意，《春秋》固無三科九旨，但不意謂不可從此方向發展。公羊家所言，可視爲對《春秋》之一種解釋，猶如《穀梁》、《左傳》，雖與《公羊》截然異趣，但同爲對《春秋》之解釋，而此不同解釋，並不違背《春秋》本旨，唯著重於此，必忽略於彼。公羊家之所以如此，應與口義有關。由於爲免時難，故《春秋》所載只是孔子思想之一部分，其餘則藉由口義輾轉流傳，而按公羊家說法，三科九旨即屬口義無疑，此亦爲孔子之思想。至胡母雖著之竹帛，或因忌諱始除，未敢多言，故《公羊傳》並無此說。董氏與之同時而稍後，較無忌諱，《繁露》既爲言《春秋》之作，自可加以發揮，遂有此說。至何休之時，事過境遷，更無忌諱可言，《解詁》雖爲《公羊傳》作注，然於疏解之外，自可加以發揮，並承董氏之說，遂使此說更加完備而成系統。經由董、何之闡釋，遂使三科九旨成爲公羊學最重要最根本之學說，不僅無違於《春秋》，且與《春秋》大一統等，並無矛盾，而大一統等表面看似被忽略而退居其次，其實則非如此，而是已包含於三科九旨中。

熊氏認爲董、何於三科九旨說，厥功實偉，《示要》卷三曰：「使兩漢無董何，則公羊之學遂絕，而《春秋》一經之本意，終不得明於後世矣。」（頁769）可見熊氏對董、何推崇之至。據徐彥《春秋公羊傳注疏》（後簡稱《注疏》）卷一引何休《文諡例》曰：「三科九旨者，新周、故宋、以《春秋》當新王，此一科三旨也。又云：所見異辭，所聞異辭，所傳聞異辭，二科六旨也。又內其國而外諸夏，內諸夏而外夷狄，是三科九旨也。」（頁4）然《注疏》卷一又引宋氏〔註10〕之注《春秋》曰：「三科者，一曰張三世，二曰存三統，三曰異外內。九旨者：一曰時，二曰月，三曰日，四曰王，五曰天王，六曰天子，七曰譏，八曰貶，九曰絕。時與日月，詳略之旨也；王與天王天子，是錄遠近親疏之旨也；譏與貶絕，則輕重之旨也。」（同上）《春秋緯·演孔圖》亦載宋氏此說，徐彥蓋本之以言。宋氏之三科九旨，雖與何休同名，但內容則較多，其三科即涵蓋何休之三科九旨，而較何休多出時月日等九旨。

〔註10〕宋氏之生卒年代及名號皆不詳，唯當早於徐彥。胡玉縉〈公羊三科九旨說〉曰：「宋即宋均，爲鄭康成弟子。」（《許廎學林》卷四頁103）按胡氏所言，可備一說。

時月日與王天王天子，大抵指書法而言，可視爲例，而譏貶絕嚴格視之乃指作經之意，而從時月日等例中，即可見出譏貶絕之意，但大體言之，宋氏蓋亦以其爲例。然基本上，宋氏與何休並無大異。〔註11〕熊氏認爲宋氏「王與天王天子」之說，乃左氏義，非公羊義，其曰：

> 案王者因所對而異其稱，乃《左氏》義。《左·疏》引賈逵云：「諸夏稱天王，畿內曰王，夷狄曰天子。」宋云錄遠近親疏之旨，蓋本左氏家說，非《公羊》義。（《示要》卷三頁 787）

> 宋氏蓋以左氏家說，附於《公羊》，實則公羊家義，以天子爲爵稱，此非左氏所及知。（《原儒·原學統》頁 127）

熊說乃據何休而言，《解詁》成八年曰：「天子者，爵稱也。」（卷十七頁 15）則公羊家視王等乃「爵稱」，確與左氏不同，故《示要》卷三曰：「案三科九旨，當傳自胡母生。何休自序，稱略依胡母生條例。當以何氏說爲正。」（頁 787）按董氏雖未標舉三科九旨，但已有此意，故歷來亦有推崇董氏勝於何休者。劉逢祿《釋例》雖據何休《解詁》而作，然於董氏《繁露》亦常引及，於二者蓋皆重視。魏源《董子春秋發微》雖已佚，然其〈序〉尚存，認爲《繁露》「遠在胡母生、何邵公《章句》之上」，尊董氏勝於何休。皮氏《經學通論·春秋》有「論董子之學最醇微言大義存於董子之書不必驚爲非常異義」，於董氏特爲尊崇。康有爲《春秋董氏學》專闡董氏，《春秋筆削大義微言考》則演何休之說，於董、何蓋皆重視。熊氏則重何休尤勝於董氏，蓋董氏雖言三科九旨，但不若何休之傳其眞，此亦可見熊氏與清諸公羊家未必皆同，而有其己見在。

二、《春秋》「借事明義」之旨

然熊氏雖以治《春秋》當以何休之說爲正，但又認爲「何氏殊無統類」（《示要》卷三頁 787），此雖只及何休，實亦兼指董氏，蓋董、何雖得孔子之意，但多忌諱，有所隱藏，仍非孔子口義。總之，熊氏由駁劉歆、班固擁《左傳》

〔註11〕胡玉縉〈公羊三科九旨說〉則認爲「宋說爲優」，並曰：「諸家皆申何者，將以明其家法，殊弗思三科九旨，見《春秋緯》，非見《公羊傳》，宋爲《春秋緯》作注，獨非家法所存乎？即曰擇善而從，而三科九旨外，尚有五始、七等、六輔、二類、七缺，皆各自爲義，則三科九旨，亦必各自爲義，乃混科與旨爲一，顯與五始等不合，豈通論乎？」（《許廎學林》卷四頁 103）按三科九旨或當如胡氏所言，應予分開，然公羊家蓋皆將之合而言之，已將九旨含於三科內，強調通三統、張三世、異內外等義，而視九旨爲例，即書法而已。

之說，而肯定《公羊》乃傳《春秋》之作。然《公羊》雖著之竹帛，卻多遺漏，遂使《春秋》之義不顯。董氏《繁露》雖發揮《春秋》之義，但因有所顧慮，仍未得其真義。唯何休《解詁》能稍存之，但仍有所忌諱，是以孔子口義隱沒不彰。今欲使口義得以彰顯，亦唯有本之董、何而加以揀別，才能撥雲見日。熊氏認爲應明瞭《春秋》「借事明義」之旨，庶幾乎才能得孔子口義之真，《示要》卷三曰：

> 皮錫瑞曰：「孔子自明作《春秋》之意曰：『載之空言，不如見之行事，深切著明。』後人亦多稱述，而未必人人能解。《春秋》一書，亦止是載之空言，如何說是見之行事？即後世能實行《春秋》之法，見之行事，亦非孔子之所及見，何以見其深切著明。此二語看似尋常之言，有令人百思而不得其解者，必明於《公羊》借事明義之旨，方能解之。蓋所謂見之行事，謂托二百四十二年之行事，以明褒貶之義也。孔子知道不行，而作《春秋》，斟酌損益，立一王之法，以待後世。然不能實指其用法之處，則其意不可見，即專著一書，說明立法之意如何，變法之意如何，仍是托之空言，不如見之行事使人易曉。猶今之《大清律》，必引舊案，以爲比例，然後辦案乃有把握。故不得不借當時之事，以明褒貶之義，即褒貶之義，以爲後來之法。如魯隱非真能讓國也，而《春秋》借魯隱之事，以明讓國之義。祭仲非真能知權也，而《春秋》借祭仲之事，以明知權之義。宋襄非真能仁義行師也，而《春秋》借宋襄，以明仁義行師之義。所謂見之行事，深切著明，孔子之意蓋是如此。故其所托之義，與其本事不必盡合，孔子特欲假借之，以明其作《春秋》之義，使後之讀《春秋》者，曉然知其大義所在，較之徒托空言而未能徵實者，不益深切而著明乎？三傳，惟公羊家能明此旨。」（頁774-776）

熊氏所引皮氏之言，見《經學通論・春秋》「論春秋借事明義之旨止是借當時之事做一樣子其事之合與不合備與不備本所不計」，而於祭仲及宋襄之間漏引「齊襄非真能復讎也，而《春秋》借齊襄之事，以明復讎之義」等語，然此無關緊要。熊氏引皮氏此說，旨在說明孔子依魯史作《春秋》，乃借此言彼，公羊家謂之借事明義，是以欲瞭解《春秋》之旨，即須瞭解借事明義之旨，方能相應。皮氏於此條開頭即曰：「借事明義，是一部《春秋》大旨」（頁21），蓋借事明義固是孔子作《春秋》之方法，故而亦是瞭解《春秋》最重要之鎖

鑰，亦爲詮釋《春秋》最基本之原則。若不識此意，即無由瞭解《春秋》，更不可能瞭解公羊學。所謂三科九旨，即是借事明義，皮氏《經學通論·春秋》即有「論三統三世是借事明義黜周王魯亦是借事明義」，其曰：

> 而論《春秋》三世之大義，《春秋》始於撥亂，即借隱桓莊閔僖爲撥亂世；中於升平，即借文宣成襄爲升平世；終於太平，即借昭定哀爲太平世。世愈亂而《春秋》之文愈治，其義與時事正相反。（頁23）

熊氏《示要》卷三亦引此文曰：

> 蓋借十二公時代之行事，而假說三世，以明通變不倦，隨時創化之義。與《大易》窮變通久之恉，相發明也。（頁776）

自董、何以至皮、康，甚至熊氏，皆深知此意，皆由此言《春秋》。然熊氏與彼等之說卻不盡相同，認爲彼等雖知借事明義，然詮釋所得之義，卻往往非孔子本義，故時予批駁。熊氏即本此方法而更進一步，冀明孔子之眞，亦即在義理上，往往與彼等所言截然相反。相較於諸公羊家之借事明義，熊氏無疑更是借事明義。熊氏本此精神，以董、何之說爲根據，由此以入《春秋》之門，然董、何又有不實之處，故又從加以批判，以顯三科九旨之意，務使孔子眞義昭然若揭。

第五節　結　語

　　誠如傅偉勳〈創造的詮釋學及其應用〉所言，對經典之詮釋可有五個不同層次：

　　　　一、「實謂」層次——「原思想家（或原典）實際上說了什麼？」

　　　　二、「意謂」層次——「原思想家想要表達什麼？」或「他所說的意思到底是什麼？」

　　　　三、「蘊謂」層次——「原思想家可能要說什麼？」或「原思想家所說的可能蘊涵是什麼？」

　　　　四、「當謂」層次——「原思想家（本來）應當說出什麼？」或「創造的詮釋學者應當爲原思想家說出什麼？」

　　　　五、「必謂」層次——「原思想家現在必須說出什麼？」或「爲了解決原思想家未能完成的思想課題，創造的詮釋學者現在必須踐行什麼？」（《從創造的詮釋學到大乘佛學》頁1～46）

如若只在「實謂」、「意謂」及「蘊謂」層次上打轉,最多亦只成一餖飣考據或知解宗徒而已,而唯達到「當謂」及「必謂」層次才可稱爲「創造的詮釋學」。在此標準下,熊氏之春秋外王學對於諸公羊家而言,即是一「創造的詮釋學」,其不僅在實謂、意謂及蘊謂層次研究,且更超越之,直從當謂及必謂層次以探討《春秋》,如此才能釋放出孔子所未及言或雖已言而仍隱而未顯者,而亦唯有如此方可賦予經典此一載體與時俱進隨地皆宜之生命力,才能富有現代意義,符合時代精神。當然,若能既注重實謂、意謂及蘊謂層次,從而導出其於當謂及必謂層次應爲何,既有所據,又能致用,如此兩相配合之詮釋闡發,才不至有從中截斷橫面接枝而互不相融之失。在此方面,熊氏實不免有失,其於當謂等層次所言雖甚多精意,然於實謂等層次則常考據失當,過於武斷。要之,其於實謂等層次之失,實須予以糾正補足,而於當謂等層次所言之精意,則深值重視,並予發揚。

總之,熊氏肯定《春秋》作者爲孔子,並抽繹出其本懷在貶天子,退諸侯,討大夫,乃爲萬世制法,實有革命、民主之意。唯自秦漢以來,深受帝制影響,遂使此意盡失。而此微言雖存於《公羊傳》,然其又有所保留,遂將爲萬世制法易爲爲漢制法,盡失孔子原意。幸有董、何加以發揮,而有三科九旨說,以存孔子制萬世法之意。但董、何仍限於帝制,是以此意雖存,但仍不純,須予揀別。熊氏在此基礎上加以批判,以己意體貼聖意,冀使孔子主張革命、民主之意完全彰顯。其所言誠多逸出經典原意,若衡以客觀考據,不免失實之譏;然亦頗多精意,深富時代意義,實繼《公羊傳》及董、何等而對《春秋》之進一步傳述、彰明,猶在《春秋》所許可之詮釋範圍內,仍屬有效。且因其之參與、詮釋,使《春秋》與《易》相表裏,及孔子修六經「吾道一以貫之」之意,順遂條暢,而孔子作《春秋》倡言革命以行民主之意,亦昭然朗現。

第三章　春秋學之思考基點

第一節　前　言

　　熊氏既以孔子五十學《易》之後，深悟於《易》變動不居唯變所適之旨，故而思想上有所飛躍而起大變化，遂有革命、民主之思想，而寄此義於《春秋》。可見《春秋》與《易》關係密切，實由《易》而來，二經乃一以貫之。熊氏之言《春秋》，亦往往由《易》談起，不論是理解《春秋》，甚至進一步予以詮釋，皆緊扣《易》而言，《易》無疑乃其思考《春秋》之基點，故其常言「《大易》《春秋》相表裏」，認爲二經關係密切。熊氏此言，乃就內聖外王而發：

> 仲尼祖述堯舜，憲章文武，其發明內聖外王之道，莫妙於《大易》
> 《春秋》。《詩》《書》《禮》《樂》，皆與二經相羽翼。此講特詳二經，
> 二經通，而餘經亦可通也。（《示要・自序》頁5～6）

> 孔子之道，內聖外王。其說具在《易》《春秋》二經。餘經皆此二經
> 之羽翼。《易經》備明內聖之道，而外王賅焉。《春秋》備明外王之
> 道，而內聖賅焉。（同上卷三頁774）

> 《易經》廣大，雖內外皆備，而內聖爲宗，五經同出於斯。《春秋經》
> 繼《易》而作，成萬物者王道，雖以聖學立本，而王道特詳。《禮》
> 《樂》《詩》《書》四經，皆《春秋經》之羽翼也。（《乾坤衍》頁5）

不論較早之《示要》，或較晚之《乾坤衍》，熊氏皆以孔子修六經，其意即在表現「內聖外王」之道，其中又以《易》、《春秋》最重要，內聖外王之道實

已包含於此二經中。二經於此道皆有所明，然畢竟《易》特明內聖，於外王只標出根本原理，未及詳論，《春秋》繼《易》而作，「雖以聖學立本，而王道特詳」，最能表現外王之道，二經一經一緯，互爲表裏，此熊氏常言「《大易》《春秋》相表裏」之故。二經既互爲表裏，則必有共通之處，此共通處爲何？熊氏雖言「《易經》備明內聖之道，而外王賅焉。《春秋》備明外王之道，而內聖賅焉」，然此只提綱挈領，實質意義不顯。若欲斷定是否誠如其所言，唯從其對二經內容之具體詮釋中，方可得知。

從熊氏著作，可知《易》《春秋》可通之處甚多。如《示要》卷三曰：

> 二經制作極特別，皆義在於言外。《易》假象以表意。……《春秋》假事以明義。（頁 774）

按《易》之爲書，乃歷代聖人仰觀俯察，見人事天理繁賾多變，因此觀象設卦，借卦爻之設，而繫之以辭，以明其理。可見《易》乃假卦爻之象以明人事天理進退存亡之道，此即「假象以表意」，一言以蔽之可曰爲「象」。熊氏認爲此意唯王弼知之，餘皆不悟。《春秋》之爲書，則借魯十二公二百四十二年之行事，加以筆削，而行其王心，以達王事。此乃借事明義，所重在義，至於所言之事，則不必合於本事，此即「假事以明義」，相對於《易》之「象」，一言以蔽之可曰爲「況」，而況即象也。熊氏認爲漢、宋之儒皆不知此意，唯清諸公羊家稍知之。《易》與《春秋》，一象一況，乃借象、況爲方法，由此以得象外之意，況外之旨，故熊氏認爲二經「皆義在於言外」，實無差別。

又如《示要》卷三曰：

> 《易》《春秋》二經，並爲名學之宗。《春秋》以正名爲先。（頁 777）

由於歷來皆以正名乃辨上下之等之名分，熊氏認爲「此以帝制思想附會，實非《春秋》旨也」（同上頁 779～780），熊氏對此種帝制思想之「名分論」，深惡痛絕，《論六經》曰：「《春秋》以道名分，何耶？秦以後奴儒，皆以正名定分，爲上下尊卑之等，一定而不可易，此緣維護帝制之私，不惜厚誣經義，至可恨也。太史公在漢初，治公羊學，古義未墜，其言聞諸董生，《春秋》貶天子，退諸侯，討大夫以達王事而已云云。」（頁 5）若能明瞭《春秋》名分說，則必能由此而貶天子，退諸侯，討大夫，以達王事，然因後儒「維護帝制之私」，經義遭至「厚誣」而不明，以至天子不貶，諸侯不退，大夫不討，王事不達。幸而太史公之時，「古義未墜」，猶爲董氏所知之而保存於《繁露》。《示要》卷三（頁 777～781）特舉《繁露·深察名號》爲證，其中尤以「名

生於眞，非其眞，弗以爲名。名者，聖人之所以眞物也。名之爲言眞也」、「《春秋》辨物之理，以正其名。名物如其眞，不失秋毫之末」等語，熊氏認爲最足以明《春秋》之正名，其所正之名，實非辨上下尊卑之等，而爲「辨物之理，以正其名」，此方是《春秋》名分說，此名分說，或可謂之爲「名實論」。熊氏並認爲《尹文子》、《墨子》及《荀子》有關名實之說，其源皆出於《春秋》（見《示要》卷三頁 781）。熊氏並引及《老子》及王弼《老子注》有關「名」之說明，而否定名分之說，誠如《論六經》曰：「莊生言《春秋》道名分者，即史公所云貶天子，退諸侯，討大夫等義也。其道名分，所以破除之也。」（頁 8）熊氏對《春秋》名分之說，只著重辨物之理，而否定辨上下之等，將《春秋》道名分變爲破名分，其本義乃在破除歷代以名分爲手段之帝制思想，但如此一來，不僅帝制思想須予破除，且連名分本身亦將去掉，全無意義可言，則《春秋》太平世之一切規模設施，必將全部落空。熊氏於此顯然認識不足，且有所混淆，未能分辨名與實之關係及其運用。〔註 1〕總之，熊氏於此中差異未能深辨，而一以己意將正名由辨上下之等轉爲辨物之理，從名分說變爲名實論，旨在由此名實論著眼，如此則與《易》開物成務、詳於物理之說，無有不同，以見內聖外王之一貫，而外王學亦誠可實現。

　　以上二例，雖見《易》《春秋》可相通，然皆從外緣方法而論，而後一例且有缺失，實不足以見二經之所以相表裏之故。欲見其故，須從內在義理著手，其要者有三：一、《春秋》之元即《易》之乾元，此點最爲重要；二、三世義與鼎革二卦等通；三、太平世人人有士君子之行即乾元用九見群龍無首吉。熊氏之所以言《易》《春秋》相表裏，即在說明《春秋》實根源於《易》，而《易》盛明內聖之學，《春秋》既以之爲本而備明外王之道，故能內聖外王通而爲一，此即熊氏所認可之春秋學，有本有根，由內聖而通於外王，如此之外王學，才是眞外王。

第二節　《春秋》之元即《易》之乾元

　　熊氏於《春秋》最重視者即三科九旨，更以張三世爲其宏綱鉅領，然此畢竟著重於外王，若無內聖爲之基礎，則必爲無源之水，行之不遠。故熊氏對《春秋》始元之義頗重視，因其不僅爲《春秋》之內聖學，亦是與《易》

〔註 1〕岑溢成〈熊十力的《春秋》學與名分問題〉對此論之甚詳，請參見。

之所以相表裏之最要因素。《示要》卷三曰：

> 《春秋》與《大易》相表裏。《易》首建乾元，明萬化之原也。而《春秋》以元統天，與《易》同旨。（頁781）

熊氏並舉董氏《繁露》及何休《解詁》相關資料以資證明，並隨文分疏，認爲元者即氣、太極、仁及本心，故《春秋》以元統天，與《易》首建乾元同旨，同爲萬化之原，故曰：「《春秋》與《大易》相表裏」。此一見解，自是熊氏之特識，然亦有幾點問題深值探討。一、《春秋》固慎始，然始元之義是否如熊氏所言，可將元解爲氣等？二、熊氏舉《繁露》及《解詁》爲證，並隨文分疏，然此二書是否亦將元解爲氣等？三、若熊氏之解，既非《春秋》原意，又與《繁露》及《解詁》不同，然其意是否背離《春秋》，抑不僅不背離，反而是春秋學之進一步推展，從而可與《易》首建乾元相通？

一、反對董、何「元者、氣也」之說

《春秋》始元之義見隱元年曰：「元年，春王正月。」《公羊傳》曰：「元年者何？君之始年也。春者何？歲之始也。……」據此，「元年」顯只是一紀年符號。然爲何二年以後稱二年、三年……，而元年不稱一年？故公羊家認爲《春秋》「變一爲元」必有深意，才有始元之說。然此乃公羊家之見解，在《春秋》及《公羊傳》實只以其爲單純之紀年符號，亦如一月不稱一月，而稱正月。不只紀年紀月如此，凡言數者莫不如是。歐陽脩《新五代史·漢本紀》曰：

> 嗚呼！人君即位稱元年，常事爾，古不以爲重也。孔子未修《春秋》，其前固已如此，雖暴君昏主，妄庸之史，其記事先後遠近，莫不以歲月一二數之，乃理之自然也。其謂一爲元，亦未嘗有法，蓋古人之語爾。（徐無黨註曰：古謂歲之一月，亦不云一，而曰正月。《國語》言六呂曰元間大呂，《周易》列六爻曰初九。大抵古人言數多不云一，不獨謂年爲元也。）

顧炎武《日知錄》卷四「謂一爲元」亦引此說。十二月之始，不曰一月，而曰「正月」；六呂之首，不曰一呂，而曰「元間大呂」；六爻之初，不曰一九，而曰「初九」。故人君即位不曰一年，而稱元年。《漢書·曆律志下》引《尚書·商書·伊訓》有「〈伊訓〉篇曰：『惟太甲元年十有二月乙丑朔，伊尹祀于先王，誕資有牧方明。』」按〈伊訓〉已佚，今文《尚書》無此篇，晚出古

文《尚書》則有，而作「惟元祀十有二月乙丑，伊尹祠于先王。」雖易「元年」爲「元祀」，其意則同，而《漢書》早於古文《尚書》，當更可信，若所引無誤，則早在商朝已有元年之稱。曶鼎「隹（唯）王元年六月既望乙亥，王才（在）周穆王大（室？）。」曶鼎、彔敦、師酉敦、師兌敦、師虎敦、師獸敦……等亦皆有「隹元年」或「隹王元年」之語，可見西周確有元年之稱。徐復觀《兩漢思想史》卷二曰：

> 《春秋》一開始是「元年春，王正月」。《公羊傳》，「元年者何？君之始年也。春者何？歲之始也」。按夏曰歲，商曰祀，周曰年。《書洛誥》「稱秩元祀」；《書酒誥》「唯元祀」；此乃周初因商的稱呼而未改。曶鼎「唯王元年六月既望乙亥」。曶鼎「唯王元年六月既望乙亥」。彔敦「唯元年既望丁亥」。……此時周已改祀稱年；而稱君即位之年爲元祀元年，乃商周史臣記載之常例，絕無書即位之年爲一年之事。
>
> 《竹書紀年》乃魏之史書，今日由輯校所得，亦無不書即位之年爲元年。由此可知孔子僅依商周史臣的常例而書元年，《公羊傳》釋元年爲始年，簡明切當，實更無其他剩義。（頁352）

可見商周之時，凡言數者，其首數皆不曰一，而稱元、正或初……等。《春秋》之稱元年，亦是當時常例，實無特殊之義。熊氏則將元解爲氣、太極、仁及本心，亦即乾元，實非《春秋》原意。元之原意只是紀數之始，相信熊氏自亦知之，然爲何熊氏將其意義擴大，顯與公羊家解經傳統有關。公羊家認爲孔子之前已有用元者，故孔子未變一爲元，縱屬事實，然別人用元無深意，孔子變一爲元後，其元即有新意，所謂「其義，則丘竊取之也」，唯好學深思者方能心知其意。歐陽脩《新五代史·漢本紀》曰：「及後世曲學之士，始謂孔子書『元年』爲《春秋》大法，遂以改元爲重事。」歐公之評，誠爲允當，然謂之「曲學」，恐亦太過，公羊家當不受此名，而自其立場言，此非但不爲曲學，反而是「善解」。以《春秋》改元爲重事，董氏、何休早已如此，熊氏亦舉《繁露》及《解詁》爲證。但熊氏雖與董、何皆認爲《春秋》始元含有深意，並不意謂三者對元之理解即相同。

《春秋》經傳實無「變一爲元」之說，有之乃自董氏《繁露》始，而何休《解詁》繼之。《繁露》曰：

> 謂一元者，大始也。知元年志者，大人之所重，小人之所輕。（〈玉英〉）

《春秋》何貴乎元而言之？元者，始也，言本正也。道，王道也。
王者，人之始也。王正則元氣和順，風雨時，景星見，黃龍下。王
不正則上變天，賊氣並見。（〈王道〉）

唯聖人能屬萬物於一而繫之元也，終不及本所從來而承之，不能遂
其功。是以《春秋》變一謂之元，元猶原也，其義以隨天地終始也。……
故元者爲萬物之本，而人之元在焉。安在乎？乃在乎天地之前。（〈重
政〉）

是故《春秋》之道，以元之深，正天之端，以天之端，正王之政，
以王之政，正諸侯之位，五者俱正而化大行。（〈二端〉）

又董氏〈賢良對策〉（即〈天人三策〉，見《漢書·董仲舒傳》）亦曰：

臣謹按《春秋》謂一元之意，一者萬物之所從始也，元者辭之所謂
大也。謂一爲元者，視大始而欲正本也。

首先，不言而喻者乃唯王者能變一爲元，王即天子，乃天下共主，然須是一
有德者，有如「大人」或「聖人」。依董氏言「知元年志者，大人之所重」、「唯
聖人能屬萬物於一而繫之元也」，大人或聖人皆指有德者，若落實於政治而
言，實即指王，蓋王者登基即位，方可紀年，而有變一爲元之舉。董氏理想
中之王，實即如大人或聖人一般之有德者，或可謂此王亦即是大人、聖人。
其次，董氏以「始」、「本」、「原」、「大」釋元，字句之訓詁頗合原意，除大
義稍加引申擴大外，因有始有本有原，故可大，此外並無異解。然以「元者
爲萬物之本」、「乃在乎天地之前」、「以元之深，正天之端」，在義理上實已賦
予元以深意。元既在天地之前，而爲萬物之本，亦即以元爲最首出，有元之
後，方有天地，方有萬物。由於元具有如此殊特意義，遂使其具有宇宙論意
味。董氏將《春秋》變一爲元之元，推至如此崇高地位，自與其欲建立一「天」
的哲學有關。〔註2〕《繁露》曰：

何謂之天端？曰：天有十端，十端而止已。天爲一端，地爲一端，
陰爲一端，陽爲一端，火爲一端，金爲一端，木爲一端，水爲一端，
土爲一端，人爲一端。凡十端，而畢天之數也。（〈官制象天〉）

天地之氣，合而爲一，分爲陰陽，判爲四時，列爲五行。行者行也，

〔註2〕 《繁露》內容大致可分爲三類，一、春秋學；二、天的哲學；三、禮制。參
見徐復觀《兩漢思想史》卷二頁310～311。

其行不同，故爲之五行。五行者五官也，比相生而間相勝也。（〈五
行相生〉）

依前條所言，董氏所謂之天，有兩層意義，一、廣義的天，即總名，此天乃
天地陰陽五行及人之總合，乃天地陰陽五行之所以爲天地陰陽五行之天；二、
狹義的天，即分名，此天與地陰陽五行及人平行分列，並不比地陰陽五行及
人爲首出。然則廣義的天與狹義的天是否有先後之分？據上所言，顯然有先
後可分，廣義的天先於狹義的天，不過此先後，並非時間上之先後，而是邏
輯上之先後。蓋董氏言及狹義的天時，即天地陰陽五行雖合言，但其著重點
仍在天，天實爲首出，其餘陪襯而已。而此狹義的天實與廣義的天無別，並
非先有廣義的天，然後生出狹義的天，而有時間上之先後，若此則天外有天，
是爲兩天，殊不合理。按廣義的天與狹義的天，所指有別，其實無異，非天
之外另有一天，蓋只有一天，絕無二天，因言說故，故有廣狹之分，而有邏
輯上之先後。此猶孔子所謂之仁，總說爲仁，分說則有仁義禮智信，一則總
領德行，一則分指德目，雖各有所指，廣狹不同，然其實無異，非仁之外另
有一仁。依後條所言，董氏明確指出天地、陰陽、四時及五行等皆是氣，氣
充滿於天地之間，而天由天地陰陽五行及人十端合成，則天實即以氣爲基本
構成元素。董氏實乃一「氣化宇宙論」者。綜上所言，廣義的天與狹義的天
之關係，既有同又有異。其同者即兩者只是言說上的邏輯有先後，而非構成
上的時間有先後。其異者或可如此說，狹義的天是氣，廣義的天亦可是氣，
更是氣之所以爲氣之理，如此之異，實非眞有不同。

　既明瞭董氏天的哲學，再看其變一爲元之說，兩相比較，問題自當清晰。
「元者爲萬物之本」、「乃在乎天地之前」、「以元之深，正天之端」，元既在天
地之前，爲萬物之本，元即等於其天的哲學中之廣義的天。如此類比，雖能
清楚元之性質，然類比不等於相同，萬不可謂元即與廣義的天同意，蓋一爲
天的哲學，一屬春秋學，範疇不同，不可直謂無別。且對元之具體內容之解
釋，亦顯不夠，因廣義的天，雖可與狹義的天同爲氣，但亦有另一可能，即
氣之所以爲氣之理。唐君毅《中國哲學原論‧導論篇》曰：

董氏……唯言一天。其所謂天，爲萬物之本原或元。然其天雖表現
於氣或陰陽二氣與五行，而天自身實爲一天帝，或今所謂人格神。（頁
568～569）

顯然唐氏即認爲董氏所言之天，此天乃廣義的天，雖可表現於氣，然不即是

氣，而是一「天帝」或「人格神」，此天帝或人格神，實即可使氣之所以爲氣之理。董氏只肯定狹義的天是氣，於廣義的天並無明確表示，因此廣義的天可有此兩種可能，或兩者兼有，抑只是其一。相對於廣義的天，元是否亦如此，即元是否可解爲氣，而爲元氣，或不可解爲氣，只是一先在乎天地之前之元，而爲天地之所以爲天地之理而已？

　　按《呂氏春秋・應同》有「與元同氣」之語，蓋視元爲氣，董氏在其後，極可能受影響而視元爲氣，然此元字畢竟與變一爲元之元不同，是以董氏亦未必即視元爲氣。又《繁露》雖有元氣連言之辭，如「王正則元氣和順」，然此並不意謂變一爲元之元即必解爲元氣。蓋一、王正之後才元氣和順，此乃在乎天地之後，與在乎天地之前之元，實不相同，故元字單獨使用與元氣連言實分屬兩不同階段，萬不可因皆有元字，即以爲無異，而以爲元即元氣。況元既在天之前，天又在王之前，而「王正則元氣和順」，可見元絕非元氣之謂。二、除元氣外，尚有元科、元士等辭，可見元字冠於某名詞前，乃一形容詞，與始、本、原、大等字意近，絕不可作氣解，否則元科、元士即成氣科、氣士，元氣亦成氣氣，殊不成辭。元氣之元，既爲一形容詞，而無氣意，則變一爲元之元，更無氣意，絕不可訓爲元氣。三、董氏言元爲萬物之本，縱有強烈以氣爲本之意，然畢竟並不直言元即是氣，只言元乃始、本、原、大，而此諸字，並無具體內容或實質意義，只是一最高法則之表示，表示元乃一切之始、本、原、大，爲一切之最首出者。四、董氏云「以元之深，正天之端」，以「深」規範元，深字並無具體內容，亦無實質意義可言，只可理解爲元之所以爲元，深邃無比，莫可測量，故以深字形容。既不以氣規範元，則元非元氣之謂甚明。縱使後人亦有將董氏所謂之元解爲氣，然此意實不甚顯，反而乃一最高法則之意味重。呂思勉《經子解題》曰：「《春秋》『元年春王正月』之『元』，即《易》『大哉乾元，萬物資始，乃統天』之『元』。爲宇宙自然之理，莫知其然而然，祇有隨順，更無反抗。」（頁73）程發軔《春秋要領》曰：「這個元字，就是易傳『大哉乾元，萬物資始，乃統天』的元字，就是無方無體之易，就是自然法。天是指自然界的對象，以元統天，是說自然法支配自然現象。」（頁28）呂氏、程氏雖非針對董氏而言，然可作一旁證。王葆玹《西漢經學源流》曰：

　　　很多學者以爲「元」即「元氣」，恐怕不對，因爲董仲舒以元正天的
　　　意思只能說是上天遵從著「元」的法則，如果解釋爲「以元氣正天」，

便很勉強。再說，仲舒「變一謂之元」，意即將「一」這個概念擴充
爲整個公羊哲學的根本性的概念，這個「一」的原義不過是指開始，
由「始」擴充爲最高法則是可以的，由「始」擴充爲「元氣」卻是
不倫不類的。（頁 183）

按王氏極肯定董氏之元乃一最高法則，絕非元氣之謂。綜上所言，顯然將董
氏之元解爲最高法則，應較氣爲穩當。

至何休則確以元爲氣，《解詁》隱元年曰：

> 變一爲元，元者氣也，無形以起，有形以分，造起天地，天地之始
> 也，故上無所繫而使春繫之也。（卷一頁 2）

> 故《春秋》以元之氣，正天之端，以天之端，正王之政，以王之政，
> 正諸侯之即位，以諸侯之即位，正竟內之治。（同上頁 12）

何休雖不云元者始也、本也、原也、大也，然謂元能「造起天地，天地之始
也」，即已包含以上諸意，實承董氏「元者爲萬物之本」而來，從宇宙論方面
說明元即氣也，乃萬物之本。故《示要》卷三曰：

> 後漢何氏《解詁》幸未亡，其書多述《繁露》。而其釋元，則一依《繁
> 露》之義，然但存故訓而已，何氏固非能實體斯理者。（頁 785）

熊氏此語無誤，然於董、何之異猶未加以區別。何休承董氏變一爲元之意，
順此更有「奉元」之說，董氏雖未明言奉元，其實已具此意，只是何休明言
而已，此乃何休承董氏意而予闡釋。不只何休，即使專主《左傳》之杜預，
亦有奉元之說，《集解》卷一曰：「凡人君即位，欲其體元以居正，故不言一
年一月也。」體元即奉元，可見既強調《春秋》變一爲元，則對元必特別重
視，順此故有奉元之說，乃理之自然，董、何在此方面自無異義。然董氏「以
元之深，正天之端」，何休則易爲「以元之氣，正天之端」，董氏未明言「元
者氣也」，何休則直言之，以氣規範元，直視元爲元氣，有此元氣而後可正天
端，可見何休已變更董氏之意。然不論董、何釋元之說有何差異，熊氏既以
其「固非能實體斯理者」，即不認爲其說爲究極，蓋皆從宇宙論方面言，而無
本體論之意。《示要》卷三曰：

> 董生雖爲《公羊春秋》之學，而於《春秋》之元，猶未能反己實體
> 之，殆以萬有之大源爲外在者耳。（頁 815）

易言之，即董、何從宇宙論方面言，故視萬有之大源爲外在者，此無本之論，
乃因未能反己體道，遂有斯弊；熊氏則認爲萬有之大源乃內在者，而非外在

者，方爲有本之論，應從本體論方面反己體道，才可識元之深意。

　　熊氏主要針對董、何，並未提及徐彥，然其《注疏》乃順《解詁》而作，亦值一提。《注疏》卷一引《春秋說》（宋氏作）「元者，端也」，並順何休「元者，氣也」而曰：「元爲氣之始，如水之有泉，泉流之原，無形以起，有形以分，窺之不見，聽之不聞。」（頁6）按宋氏「元者，端也」，端即始、本、原也，實即董氏之說。徐彥以「元爲氣之始」，乍視之似合董、何之說，細究之則不然。徐說較董氏之以元爲始，則不僅以元爲始，且爲氣之始，賦予元以具體內容；較何休之以元爲氣，則不僅以元爲氣，且爲氣之始，賦予元以首出意義。徐說實較董、何更進一步，元爲氣之始，則元不僅是氣，乃氣之所以爲氣之理，「窺之不見，聽之不聞」，實爲萬有之本體。然徐彥雖以元爲不見不聞，較何休之元者氣也，視氣爲可見可聞，則偏重於理，然其能「如水之有泉」一般，泉亦即是水，「無形以起，有形以分」，似仍與何休同以元爲有具體內容之氣。熊氏雖未提及徐彥，然於「元者氣之始」亦有所說，《示要》卷三曰：

> 《九家易》釋乾元曰：「元者，氣之始也。」元爲氣之始，而非即是氣，則言其爲萬有之本體也。（頁599）

此雖說《易》，亦可移之《春秋》。《九家易》已言「元者氣之始」，徐彥或取之於此。熊氏認爲「元爲氣之始，而非即是氣」，是不直以元爲氣，此其自《九家易》體認而得，非由徐說而來。熊氏對氣字之理解，實較徐彥只言元者氣之始，而未言而非即是氣，乃直以元爲氣，更加深刻。《示要》卷三曰：

> 凡《易》言陰陽二氣，與後儒言理氣之氣，皆當爲作用之名。吾於《新論》已言之。漢人於此氣字，似均無明瞭之觀念。夫本體清淨炤哲，雖無形質，而非無作用。作用者，言乎本體之流行也，言乎本體之顯現也。其流行，其顯現，只有猛烈勢用，而無實質，故以氣形容之。若常途所云氣質之氣，與四時寒暑之氣等氣字，則已是斥指現實界之物事而名之，豈可以言《易》乎！惜乎漢儒釋經，未深究也。（頁612～613）

熊氏認爲氣字可有二義，一則有實質，如指現實界之物事。此實不究竟，而漢儒所言，皆此氣也。熊氏之所以不認可何休、徐彥，即因其所言之氣，皆指有實質，則此氣必混濁不清，不能彰顯本體之清淨炤哲。一則無實質，然有作用可言。此方爲究竟，《易》及宋明儒所言，皆此氣也。此氣實乃本體之

猛烈勢用而已，並無實質，因無實質，故能流行顯現，而見出本體之清淨炤
哲。此氣唯是一作用，乃本體之流行顯現，雖云是氣（無實質），而非即是氣
（有實質），乃一形容詞，而非名詞，如此之氣，方可視爲「萬有之本體」。

二、賦予元以新意

　　熊氏既不滿董、何之說，實亦不認可徐彥，認爲應從本體論而言，才可
識元深意，《示要》卷三曰：

> 余謂：氣者，太極之顯。譬如眾漚，爲大海水之顯。故於氣，而識
> 其本體，則亦可名以太極也，《易》謂之乾元也。（頁 782）

熊氏雖順何休亦以氣釋元，然名同實異，此氣無實質，乃一作用而已，故熊
氏認爲此氣以太極爲之本，乃太極之顯，亦即以太極加以規範氣，如此之氣
作爲萬物之本，不只有宇宙論，亦有本體論之含意在，較董、何及徐彥爲完
備。諸氏畢竟只言氣，熊氏則進一步言太極，而太極即《易》之乾元。熊氏
爲何在董、何之基礎上進一步對元作此界定，實乃欲藉此以與《易》相表裏。
熊氏內聖學之根源在《易》，由《易》之乾元、翕闢等，而創爲「體用不二」
思想，從用分翕闢，故翕闢成變，方顯大化流行，而見乾元生生不息，如此
才能即用識體，體（乾元）即是用（翕、闢），用即是體，體用不二。從用分
翕闢，翕闢成變說起，既見大化流行，而有宇宙萬物之施設，由此而有宇宙
論可言，而外王之意存焉。然用分翕闢，翕闢成變，實以乾元爲體，才能顯
其大化流行，生生不息，從而保存其宇宙論，由此而有本體論可言，而內聖
之意具焉。熊氏由《易》所抉發之體用不二思想，即具本體論與宇宙論之意，
故熊氏不僅順董、何之說將元解爲氣，更將氣解爲太極、乾元。《示要》卷三
曰：「氣者，大用流行之稱」（頁 782），氣並非指一實質之體，而是本體之流
行顯現之大用，此即用分翕闢，翕闢成變，方顯宇宙論之意，而元既爲太極、
乾元，則《春秋》之元即《易》之乾元，此即大化流行生生之不息之體，才
具本體論之意。職是之故，既有本體論，又有宇宙論，此較以氣爲主，只有
宇宙論者，自爲完備。故《原儒・原學統》曰：「董生《繁露》，名爲說《春
秋》，而實建立事天之教。」（頁 135）由於董氏只有宇宙論，而無本體論可言，
故熊氏認爲董氏乃一「事天之教」者，而何休亦是如此。

　　熊氏既言宇宙論，又言本體論，此本體論不只就天道，更就人事而言，《示
要》卷三曰：

《易》之乾元，即仁也。（頁 785）

熊氏以乾元爲仁，非憑空臆造，虞翻已有此說。《示要》卷一曰：「《易》明萬化之宗，而建『乾元』。《虞氏易傳》曰：『乾爲仁。』此古義之僅存者，至可寶貴。《春秋》之元，即《易》之乾元，其義一也。」（頁 118）據此，太極、乾元即是仁，而元亦通極於仁，亦即是仁。太極、乾元乃就天道而言，仁乃就人事而言，若只言太極、乾元，則此本體論仍如董、何一般，終究偏於天，而與人無關，只成一「事天之教」。然天道由人事而顯，人事依天道而行，天道人事本非是二，不可截然劃分，就天道言則爲太極、乾元，就人事言即爲仁。故熊氏言太極、乾元即是仁，其本體論不僅就天道而言，更落實於人事，天道人事兼具，內聖外王並備。若只有天道，而無人事，則天道終是不彰，雖有內聖，而終無外王可言。唯既有天道，又有人事，方有內聖外王，此亦熊氏不僅將《春秋》之元視爲太極、乾元，更須視爲仁之深意所在。《示要》卷一言群經九義時，即以「仁以爲體」爲第一義，曰：「天地萬物之體原，謂之道，亦謂之仁。仁者，言其生生不息也。道者由義，言其爲天地萬物所由之而成也。聖人言治，必根於仁。易言之，即仁是治之體。」（頁 41）一切治道必根於仁，天地萬物皆由之而成，可見熊氏對仁特爲重視。而仁者，亦即本心，《示要》卷三曰：

> 案仁即是心。……案仁者，吾人之本心也，亦即宇宙的心。是心，爲吾人與天地萬物所以生成之理，元無分段。故其視天地萬物，皆與吾人同體也。（頁 799）

仁即吾人之本心，唯本心作主，視天地萬物爲一體，方顯吾心之仁，無有差別。此心不只大人有，小人亦有，即天地萬物亦有，天地萬物實與吾人同體，故吾人之本心即宇宙之心。此心之作用大矣，由此作用而流行顯現爲仁德，不僅可爲吾人、亦且爲天地萬物所以生成之理。熊氏將天道歸於人事，而於人事即見天道，天人本不二，而人實爲主。熊氏之重人，強調本心，由本心之作主而發用成就一切，其「心學」之意味極重。熊氏之將元解爲太極、乾元、仁，以至本心，其實早在《示要》卷一言群經九義最後總結即可見出，其曰：「第一義中，仁實爲元。仁即道體。以其在人而言，則謂之性，亦名本心，亦名爲仁。〈大學〉所云明德，亦仁之別名也。誠恕、均平、道德、禮讓、中和，乃至萬善，皆仁也。」（頁 115～116）熊氏可謂一以貫之。

然須注意者，熊氏不僅將元解爲氣，更視爲太極、乾元、仁及本心，此

乃其獨創，抑其來有自。按自董、何以後，以迄清劉逢祿、龔自珍、魏源、
皮錫瑞及康有為等諸公羊家，於元年之說大抵不出董、何範圍，皆與熊氏不
同，唯胡安國《春秋傳》卷第一隱公上「元年」曰：

> 即位之一年，必稱元年者，明人君之用也。大哉乾元，萬物資始，
> 天之用也。至哉坤元，萬物資生，地之用也。成位乎其中，則與天
> 地參。故體元者，人主之職，而調元者，宰相之事。元，即仁也；
> 仁，人心也。《春秋》深明其用，當自貴者始，故治國先正其心，以
> 正朝廷與百官，而遠近莫不壹於正矣。

胡氏此說，據顧炎武《日知錄》卷四「謂一為元」自注曰：「此本之漢書董仲
舒傳」，全祖望則曰：「文定之說固腐甚，然頗淵源於漢志。」（見《困學紀聞》
卷六「春秋」全注）顧、全之說雖不同，而皆可備一說，翁元圻即兩說並存
（見同上翁注）。葉夢得《春秋傳》卷一曰：「易曰：元者，善之長也；君子
體仁，足以長人。未有始即位而不求其為仁者也，故不曰一年曰元年。」此
與胡氏意同，而胡氏所言則更加詳明，直謂「元，即仁也；仁，人心也」，且
推衍至乾元、坤元，即《春秋》之元即仁、本心、乾元及太極，此與熊氏所
言不謀而合。熊氏偶亦提及胡氏，唯未明言其說乃承自胡氏，然胡氏早已如
此解元，則無可疑。熊氏可能受胡氏影響，但亦不可謂其說即出自胡氏，因
熊氏更常提及明道與陽明，《示要》卷三曰：

> 宋明諸師，以存養仁體為學，其用力不為不深，然不免雜於釋道，
> 寂靜之意深，而生生健動之幾，殆於過絕。（程子〈識仁篇〉，宋明
> 諸儒所宗也。然玩其大旨，畢竟歸寂之意味深。）唯王陽明〈大學
> 問〉，從惻隱之幾，指出天地萬物一體之實，令人當下超脫小己。其
> 於《易》《春秋》之元，頗有契焉。（頁785～786）

> 陽明直就本心惻隱之端，顯示仁體，最極親切。善發《易》《春秋》
> 乾元之旨者，莫如陽明。（頁800）

〈識仁篇〉及〈大學問〉雖非解《春秋》專著，亦非就變一為元而言，然其
就儒學總體而立論，是可與《易》《春秋》相貫通。熊氏更稱讚陽明，較明道
之「畢竟歸寂」，陽明則「生生健動」、「令人當下超脫小己」，直契《易》《春
秋》。尤其陽明最重本心，實承孟子、象山以來之心學系統，而發揚光大之，
熊氏亦重本心，亦是直承此一系統；陽明又「顯示仁體，最極親切」，熊氏亦
重仁；陽明又「善發《易》《春秋》乾元之旨」，熊氏於六經亦最重《易》《春

秋》，於乾元之旨三致意焉，可見熊氏受陽明影響極深。然不論受何人影響較多，胡氏、明道、陽明之說實皆相通，而此說是否妥切，才最重要。楊時〈答胡康侯第六書〉曰：「所謂元者仁也，仁者心也，《春秋》深明其義，當自貴者始，故治國先正其心。其說似太支離矣，恐改元初無此意。」（《楊龜山先生全集》卷二十）王應麟《困學紀聞》卷六「春秋」及顧炎武《日知錄》卷四「謂一為元」皆引此說。王氏並自注曰：「東萊集解亦不取」，則除楊時外，呂祖謙亦不讚同胡氏之說。按楊時之駁胡說雖客觀，亦可移之於熊氏，然實不解《春秋》之意。誠然，熊氏以太極、仁及本心解元，雖非《春秋》經傳原意，亦與董、何有別，但此不重要，蓋《春秋》借事明義，只要不違其意旨，仍在有效詮釋範圍內，皆可視為對《春秋》之一種闡釋，從而指出可能之發展方向。

其實，熊氏對元之解釋，或受前賢影響，更可能乃自己體會《大易》、《春秋》、《論語》、《孟子》等而得，《示要》卷三曰：

> 《春秋》始於元，與《大易》首乾元同旨。元者仁也，《論語》言仁處甚多，蓋夫子之學，在求仁而已。（頁798）

> 然陽明亦自孟子所謂不忍之心，體會得來。孟子善《春秋》，與公羊家傳授不異，《七篇》雖不明《易》，而實深於《易》。故能上承孔氏，下啟宋儒以逮陽明也。（頁800）

熊氏於孔孟之書，融會貫通，透過會通儒家最重要根本之幾本經典，以經典互證，以經證經之方式，從而抉發《春秋》始元之深意，而此抉發，非就字句上之考證訓詁，乃著重於義理上之發揮。熊氏於儒學傳統浸淫既久，濡染且深，既有自己體會，又受前賢影響，融會貫通而匯成自家思想，已難確切劃分其間之界限。其解元為太極等，並非憑空臆造，皆可自經典中尋索根源。太極、乾元乃《易》所常言，熊氏所言太極、乾元自是由此而來。「夫子之學，在求仁而已」，《論語》即在發明仁道，孟子於此亦指示親切，所謂不忍之心，亦即仁心，熊氏所言之仁自是由此而來。至於本心，象山、陽明盛言之，而皆可溯源至孟子，熊氏所言之本心自是由此而來。總之，熊氏認為孔子修《春秋》以明志，則變一為元，必含深意，自可與《易》相表裏，熊氏最贊歎《易》之「乾元性海」，可見乾元含意甚深，故《春秋》之元若只是始、本、原、大，或只是氣，而非太極、仁及本心，則與乾元不能相配，豈非矛盾？六經皆孔子手訂，則必為一貫，在《易》言乾元，在《春秋》言奉

元，乾元雖就體言，而用存焉，奉元則就用言，而體具焉，《春秋》之元即《易》之乾元，實已昭然若揭；又有《論語》、《孟子》等作旁證，更是洞若觀火。

　　熊氏之所以言《春秋》之元即《易》之乾元，不僅強調《春秋》與《易》相表裏，且立基於《易》之上，繼之而作，一貫相承，而更要者，在強調其由《易》而言之內聖學與由《春秋》而言之外王學，亦一貫相承，外王學必立基於內聖學，方爲有本有根。明乎此，則於熊氏立言深意，亦可無疑，於其春秋學，當可更加瞭解。

第三節　三世義與鼎革二卦等通

　　熊氏以《春秋》之元即《易》之乾元，則《春秋》不只爲外王學，又有內聖學可言，故可與《易》相表裏，有此內在共同點，其餘方可順此而言，如三世義可與《易》通，尤其鼎革二卦，《示要》卷三曰：

　　《春秋》立三世義，與《易》之鼎革二卦，互相發明。革，去故也；鼎，取新也。〈繫辭傳〉曰：「變動不居」，此雖言天化，而人治實準之。三世義者，明治道貴隨時去故取新，度制久而不適於群變，故宜隨時變易，以有功也。」（頁817～818）

革卦離下兌上，鼎卦巽下離上，皆爲四陽二陰之卦。革〈彖〉曰：「革，水火相息，二女同居，其志不相得，曰革。巳日乃孚，革而信之，文明以說，大亨以正，革而當，其悔乃亡。天地革而四時成，湯武革命，順乎天而應乎人，革之時大矣哉。」鼎〈彖〉曰：「鼎，象也，以木巽火，亨飪也。聖人亨以享上帝，而大亨以養聖賢。巽而耳目聰明，柔進而上行，得中而應乎剛，是以元亨。」兩〈彖〉之意，即〈雜卦〉所謂「革，去故也；鼎，取新也。」去故所以取新，取新必先去故，若不去故，則唯有故而已，何新之有？故須不斷去故取新。欲去故取新，即須「變動不居」，「隨時變易」，若此方能有功。《春秋》由據亂而升平，由升平而太平，爲達至此目標，在據亂世，固當捨據亂而臻升平，至升平世，亦不可自足而止於斯，以爲無復可進，而應捨升平以登太平，不斷向前趨進，隨時變易，去故取新，則太平世人人有士君子之行，方有到來之時。此去據亂而取升平，去升平而取太平，正是革者去故，鼎者取新之意，故《春秋》三世義與《易》鼎革二卦通，互相發明。

一、三世義實本於《易》

除鼎革二卦外，《春秋》三世義可與《易》通者甚多，《原儒·原學統》曰：

> 三世義，自是孔傳之要領。其在《周易》，先天而天弗違，後天而奉天時之大用，實寓諸三世義。裁成天地，輔相萬物之無量功能與制度，亦寓諸三世義。革卦曰：「革，去故也」；鼎卦曰：「鼎，取新也」，無不寓諸三世義。同人、大有，亦寓諸三世義。《春秋》之惜與《大易》通。（頁128）

鼎革二卦，已如上言。此外，「先天而天弗違，後天而奉天時」，「裁成天地，輔相萬物」，「同人大有二卦」，皆寓諸三世義。一、先天而天弗違，後天而奉天時，語見乾〈文言〉九五爻辭，孔穎達《周易正義》卷第一曰：「先天而天弗違者，若在天時之先行事，天乃在後不違，是天合大人也。後天而奉天時者，若在天時之後行事，能奉順上天，是大人合天也。」按大人之行事，不論在天時之先或之後，皆能順天而行，與時偕往，上天既不違之，大人亦能奉順於天，天與人合，人與天合，衡以《春秋》，亦必能先天弗違，後天奉時，由據亂而升平，由升平而太平，故先天而天弗違，後天而奉天時，實寓諸三世義。二、裁成天地，輔相萬物，泰〈大象〉曰：「天地交，泰，后以財成天地之道，輔相天地之宜，以左右民。」程頤《易傳》卷二曰：「天地交而陰陽和，則萬物茂遂，所以泰也。人君當體天地通泰之象，而以財成天地之道，輔相天地之宜，以左右生民也。財成謂體天地交泰之道，而裁制成，其施為之方也，輔相天地之宜，天地通泰，則萬物茂遂，人君體之而為法制，使民用天時，因地利，輔助化育之功，成其豐美之利也。」按人君之所以能裁成天地，輔相萬物，即「當體天地通泰之象」，而為之法制，使民以時，因地之利，則必能「成其豐美之利」，衡以《春秋》，亦必能由據亂而升平，由升平而太平，故裁成天地，輔相萬物，亦寓諸三世義。三、同人大有二卦，同人〈彖〉曰：「同人，柔得位得中而應乎乾，曰同人。同人曰，同人于野亨，利涉大川，乾行也。文明以健，中正而應，君子正也，唯君子為能通天下之志。」大有〈彖〉曰：「大有，柔得尊位，大中而上下應之，曰大有。其德剛健而文明，應乎天而時行，是以元亨。」兩〈彖〉之意實同。同人卦離下乾上，大有卦乾下離上，皆為五陽一陰之卦，同人卦主在六二，大有卦主在六五，同以陰爻為主，然居中得位，同人「柔得位得中而應乎乾」，大有「柔得尊位」，

復以五陽在外，而與卦主相承相應，其德必「文明以健，中正而應」，「剛健而文明」。君子若能以此柔位爲體，剛德爲用，必能「應乎天而時行」，而「通天下之志」，衡以《春秋》，亦必能由據亂而升平，由升平而太平，故同人、大有亦寓諸三世義。

《春秋》三世義不只與鼎革等通，如隨〈彖〉曰：「隨之時義大矣哉」，所謂「隨時更化爲權」，亦寓諸三世義，可與三世義通（見《示要》卷一頁56〜57）。又泰否二卦，剝復二卦，所謂「否極泰來」，「剝極而復」，皆寓諸三世義，可與三世義通。究其實，三世義與《易》全經皆可通，只是以上所言較顯而易見。熊氏更謂三世義實本於《易》，《論六經》曰：

> 《春秋》言治道，依據《大易》變動不居之宇宙論，明群變萬端，
> 而酌其大齊，以張三世，曰據亂世、升平世、太平世，其義亦本于
> 《易》。《易緯・乾鑿度》，明萬物之變，皆有始、壯、究三期，物初
> 生爲始，長大曰壯，歸終名究，此三期者，物變之大齊也。（頁94）

按熊氏認爲張三世實本於《易》，卻舉《易緯・乾鑿度》爲例，然緯書不同經書，故須先予澄清。《示要》卷三曰：

> 初學讀《易》，且先治《易緯》。緯書當是商瞿後學之傳，不可與讖
> 並論。《易》之原始思想，多存於《緯》。孔子大義，亦有可徵於《緯》
> 者，彌足珍貴。古說散亡，尚賴有此耳。（頁603〜604）

熊氏認爲《易緯》雖是緯書，然乃「商瞿後學之傳」，即承孔子《大易》而作，讀《易》且應先治《易緯》。〔註3〕熊氏並從《易緯・乾鑿度》所言「三義說」及「三始說」來加以證成。三義說見〈乾鑿度〉卷上，即「孔子曰：《易》者易也，變易也，不易也，管三成爲道德苞籥。……至哉！《易》一元以爲元紀。」三始說既見於〈乾鑿度〉卷上、亦見於卷下，除一二字句微異外，大抵皆同，即「夫有形生於無形，乾坤安從生？故曰有太易、有太初、有太始、有太素也。太易者，未見氣也。太初者，氣之始也。太始者，形之始也。太素者，質之始也。氣形質具而未離，故曰渾淪。渾淪者，言萬物相渾成而未

〔註3〕據《永樂大典》所載，《易緯》計有〈乾坤鑿度〉二卷、〈乾鑿度〉二卷、〈稽覽圖〉二卷、〈辨終備〉（一作〈辨中備〉）一卷、〈通卦驗〉二卷、〈乾元序制記〉一卷、〈是類謀〉一卷及〈坤靈圖〉一卷，共八種，其中〈辨終備〉及〈坤靈圖〉皆僅數十言，疑殘缺不全。此中以〈乾鑿度〉特爲醇正，最屬重要。除〈乾坤鑿度〉署名蒼頡注（當是僞托，疑應爲鄭玄）外，餘皆鄭玄注。《四庫全書》皆收入，並有提要。

相離，視之不見，聽之不聞，循之不得，故日易也。」《示要》卷三引此而分別日：

> 詳此所云，與孔子〈繫辭〉、〈象〉、〈象〉、〈文言〉之旨，互相發明，可見《緯》書確為商瞿後學傳授。鄭玄既為之注，又依此義，以作《易贊》及《易論》。漢以來言《易》者皆宗之。六十四卦之宗要，蓋在乎此。（頁615）

> 詳此言太易含三始，以說明《易經》之宇宙論，義極深廣，辭極簡要，此必夫子口義流傳，而商瞿後學記之也。鄭玄注《易》，復注《易緯》，殆以其傳授有自歟！（頁621～622）

此與前引文意同，皆從思想內容而非外緣考證而論，且思想內容上之判斷則決定外緣考證上之結論。按《易緯》成書年代，歷來頗引起爭議。《四庫全書總目提要》（後簡稱《提要》）於〈乾坤鑿度〉提及「故晁公武疑為宋人依託，胡應麟亦以為元包洞極之流，而胡一桂則謂漢去古未遠，尚有祖述，有裨易教。」然《提要》皆不認可諸說，續日：「伏讀御製題乾坤鑿度詩，定作者為後於莊子。」於〈乾鑿度〉日：「說者稱其書出於先秦。」按《提要》之所以定其作者「後於莊子」、「出於先秦」，一則因乾隆御詩「以余觀作者，蓋後於莊子，南華第七篇，率已揭其旨」之故，再則以《莊子‧應帝王》有「日鑿一竅」，以推求鑿字所以名篇之故。此皆太過寬泛，難以成說。荀悅《申鑒‧俗嫌》、范曄《後漢書‧張衡傳》所引張衡上疏文及劉勰《文心雕龍‧正緯》皆以緯書起於西漢哀平之際，此則較為有據，朱伯崑《易學哲學史》即據之日：

> 總之，緯書形成或流行于哀帝之後，這是可以肯定的。……《易緯》乃孟京易學的發展，出於孟京之後，或劉歆《三統曆》之後。《乾鑿度》乃《易緯》解易的代表著作。其中許多觀點是對《京氏易傳》的闡發。……總之，《易緯》講卦氣說的重要部分，皆出于孟喜、京房之後。此亦緯書晚出之證。《白虎通議》曾引《乾鑿度》文。《易緯》成書的年代當在京房和《白虎通》之間。（頁181～182）

朱氏論點有二，一、就時間而言，承荀悅等之說而確定《易緯》成書在京房和《白虎通》之間；二、就內容而言，《易緯》乃孟喜、京房易學之發展，此則荀悅等所未言。而兩者又互相影響，因緯書成於哀平之際，其時代晚於孟、京，而〈乾鑿度〉與孟、京易學在文字上頗多相同，所言內容大抵為卦

氣說〔註4〕而孟、京易學之特色即卦氣說，故以《易緯》乃孟、京易學之發展；又因認定《易緯》乃孟、京易學之發展，故以其成書在京房之後。若朱說無誤，而依《漢書‧儒林傳》所載，孟、京正是商瞿後學，則熊氏以「緯書當是商瞿後學之傳」，亦爲正確。然此只表面相似，細究之則有極大差異。關於朱說第一點，《白虎通》卷九已引及〈乾鑿度〉三始說，則班固之前已有《易緯》，而《易緯》是否在京房之後，亦較以爲漢初，甚至秦末已有緯書者爲有據，蓋其時只有讖語，而無緯書，故此點大致無疑。〔註5〕至於第二點，則不無疑問，蓋《易緯》在京房之後，不必然包含《易緯》即是孟、京易學之發展，蓋前者只是後者能成立之先決條件，而非必要條件。誠然，朱氏並非從時間上，而是從文字及內容加以論證，故無上述疑問。按孟喜之書已佚，而《新唐書‧曆志三上》載一行《卦議》曰：

> 十二月卦，出於《孟氏章句》，其說《易》本於氣，而後以人事明之。
> 京氏又以卦爻配期之日，坎、離、震、兌，其用事自分、至之首，
> 皆得八十分日之七十三。頤、晉、井、大畜，皆五日十四分，餘皆
> 六日七分，止於占災眚與吉凶善敗之事。

據此，則卦氣之說出自孟喜，而京房承之且加推演。至於孟喜係獨創抑有所師承，已難考證，而《易緯》亦言卦氣，故極可能傳自孟喜。然一行《卦議》又曰：

> 又京氏減七十三分，爲四正之候，其說不經，欲附會《緯》文「七
> 日來復」而已。

據此，乃京房附會《易緯》，《易緯》早在京房之前已出現，則成於哀平之說固值商榷，而承襲孟、京之說不僅可疑，且極可能恰好相反，乃孟、京承襲《易緯》。且〈乾鑿度〉固有卦氣說，然《易緯》之言卦氣，主要見於〈稽覽圖〉，而《提要》於此曰：「其書首言卦氣起中孚，而以坎、離、震、兌爲四正卦。六十卦，卦主六日七分，又以自復至坤十二卦爲消息。餘雜卦主公卿侯大夫，候風雨寒溫以爲徵應。蓋即孟喜、京房之學所自出，漢世大儒言《易》者，悉本於此，最爲近古。」據此，《提要》亦以孟、京承襲《易緯》。〔註6〕

〔註4〕關於孟喜卦氣說，參見熊氏《示要》卷三頁561～567，屈萬里《先秦漢魏易例述評》卷下頁82～98。

〔註5〕讖語乃事先預測之言，可能自古已有，緯書則緣經書以爲說，其端可能發自董氏《繁露》，兩者實有不同。參見徐復觀《兩漢思想史》卷二頁258。

〔註6〕《四庫全書簡明目錄》卷一則將《提要》「蓋即孟喜、京房之學所自出」之「所

職是之故，朱說頗值商榷。究其實，兩書時代相近而同載相同內容，固可能時代後者引時代前者，亦可能互不相關各自成書。如《呂氏春秋‧十二紀》與《禮記‧月令》，從文字至內容相同之處甚多，亦不可謂〈月令〉承襲〈十二紀〉。又如英國牛頓與德國萊布尼茲，前後不數年間，皆發明微積分，事後證明並無承襲，乃各自心血結晶。《易緯》與孟、京時代相近，故亦有此可能，即西漢中葉已有卦氣說，而分別為孟、京及《易緯》所傳承。縱無此可能，誠如朱氏所言，然熊氏以《易緯》乃商瞿後學所傳，仍與朱氏以為乃孟、京易學之發展不同，《示要》卷三曰：

> 而孟喜所得，乃術數家中別一派之書，流行民間，為當時所罕見耳。……豈止京氏之徒，以術數為別傳而已乎？……蓋漢世易家，大都承術數家之遺緒。即田何後學，雖號為正傳，實與孔子之《易》，無甚關係也。孔子易學，在兩漢猶存一線者，幸有費氏。……《費氏易》本古文，而其學獨宗孔子，恪守聖言，不參異說。（頁547～549）

可見熊氏認為兩漢真能傳孔子《易》者乃費直，而非孟、京。孟、京雖為商瞿後學，而其實自田何以來，皆已雜於術數，雖號正傳，實已背離孔《易》之義理。按田何是否雜於術數，固難肯斷，然孟喜雜於術數，則可肯定。屈萬里於漢《易》象數之說，考證甚詳，《先秦漢魏易例述評》卷下曰：「彼以象數說易者何始乎？則孟喜是也。漢書藝文志，著錄孟氏易章句二篇，今已不傳，莫得詳論。然就後人所引述者，知孟氏曾以象數說易無疑。」（頁77）。熊氏蓋以孟喜傳自田何，故認為自田何即雜術數。熊氏既以孟、京術數之說不可取，則必不認可朱氏以卦氣說來證明《易緯》乃孟、京易學之發展，因熊氏之以《易緯》乃商瞿後學所傳，實就義理而言，如三義說、三始說，與《易》經傳所言無異，尤其〈繫辭〉已有易簡、變易及不易之言。費直之能傳《易》亦如此，「以彖象繫辭十篇文言解說上下經」，即以傳解經，不參異說，故得孔《易》之傳。熊氏雖未言《易緯》與費直之關係，然其以《易緯》為商瞿後學所傳，乃因《易緯》與〈繫辭〉等互相發明，猶如費直以傳解經，同以義理為主，而非如朱氏之以卦氣等術數為說。可見熊氏認為《易緯》與孟、京無關，決非如朱氏所說乃孟、京易學之發展。以上所言，非謂熊氏即

自出」三字刪掉，易為「應即孟喜、京房之學」，如此則與《提要》正相反，認為《易緯》承孟、京而來。

是，朱氏即非，旨在說明兩說有異，其中是非，殊難遽斷，而熊說實有其理
據。且之所以如此，即因判斷標準不同，朱氏以卦氣說，熊氏則以三義說、
三始說，因而所得論斷亦異。總之，熊氏認為《易緯》不僅有卦氣說，更有
三義說、三始說，卦氣說縱源自孟、京，然因雜於術數，故不從此而言，而
三義說及三始說純從義理而言，實較卦氣說重要，而孟、京並無此說，可見
《易緯》非從孟、京易學而來，乃直承《大易》，而為商瞿後學所傳。熊氏從
思想內容斷定《易緯》與〈繫辭〉等互相發明，而「漢以來言《易》者皆宗
之」，「六十四卦之宗要，蓋在乎此」，亦是可通。鄭玄既為之注，又依之作《易
贊》及《易論》，而所言「《易》一名而含三義，易簡一也，變易二也，不易
三也」，實即〈乾鑿度〉之三義說。孔穎達《周易正義·序》亦引此說，而後
人亦皆以此言《易》，視為宗要。故熊氏之重視《易緯》，尤其〈乾鑿度〉，實
非無因，而舉始壯究為例，以明《春秋》張三世，亦怡然而理順。

　　表面觀之，張三世與始壯究三期之分，若合符節，然是否即由此導出，
仍須從內容加以判斷。〈乾鑿度〉卷上、下皆有始壯究之說，除一二字句微異
外，大抵皆同，且皆緊接三始說之後，茲以卷上為言：

> 易無形畔，易變而為一，一變而為七，七變而為九，九者氣變之究
> 也，乃復變而為一，一者形變之始。清輕上為天，濁重下為地，物
> 有始、有壯、有究，故三畫而成乾，乾坤相並俱生，物有陰陽，因
> 而重之，故六畫而成卦。

鄭玄於「一變而為七，七變而為九」注曰：「太易變而為一，謂為太初也。一變
而為七，謂變為太始也。七變而為九，謂變為太素也。」（見〈乾鑿度〉卷下）
據此，「易變而為一」之一，即太初，而「太初者氣之始也」，乃天地剛開闢氣
象未分之時，此時陽氣初萌，故謂之始。「太極分而為二」之二，即指一變而為
七與七變而為九。七即太始，而「太始者形之始也」，乃天地開闢形象漸成之時，
此時陽氣漸長，故謂之壯。九即太素，而「太素者質之始也」，乃天地形成質素
已具之時，此時陽氣過甚，由壯而老，故謂之究，究者終也。〔註7〕若至「九

〔註7〕　《列子·天瑞篇》亦有此文，嚴捷、嚴北溟《列子譯注·天瑞篇》註九曰：「易
變而為一，一變而為七，七變而為九——三句表明「易」形成天地的過程。
據《易緯·乾鑿度》：『易始於太極（鄭玄注：氣象未分之時，天地之所始也），
太極分而為二（鄭注：七、九，八、六），故生天地（鄭玄注：輕清者上為天，
重濁者下為地）』，則此處『易變而為一』的『一』當指天地開闢前元氣形變
的開始；『一』變而為『七、九』和『八、六』，分別代表少陽、老陽以及少

者氣變之究也」，則物極必反，「乃復變而爲一」，亦即始壯究之後，又爲始壯究。若以卦畫而言，乾坤固可各自成卦，即小卦三爻，亦能「乾坤相並俱生」，即大卦六爻，故卦爻非三則六。就小卦言，初爻爲始，二爻爲壯，三爻爲究；就大卦言，初、二、三爻爲始、壯、究，四、五、上爻依次又爲始、壯、究，而《易》「生生之道」亦於此見。蓋三爻之究即四爻之始，究後復爲始，不僅有始有終，又能終而復始，此乃「終始之道」，而非「始終之道」，至終之時又爲一新的開始，去故取新，生生不息，此所謂「生生之謂《易》」。若只是小卦三爻，則由始至壯而究，究後即無始，只能有始有終，不能終而復始，僅爲始終之道，而非終始之道，至終之時一切皆結束，無有新的開始，不能去故取新，生生之道息矣。故《易》不能只言三畫，必須乾坤相並俱生，三畫既成，重之以六，八卦重爲六十四卦，每卦六爻，如此由始至終，終而復始，至誠之化，無有止盡，方顯生生之道。至此六爻已足，無須再重，蓋已知終而復始，大化無有止盡，不必重至九爻、十二爻，以至於無量爻。故〈乾鑿度〉始壯究之說，實由《易》之卦畫而來，即《易》之生生之道。《春秋》張三世，據亂、升平及太平，與始壯究相配，則據亂爲始，升平爲壯，太平爲究，由據亂而升平以至太平，猶如萬物之變，無有形畔，約略可分始壯究三期，由始而壯以至於究，故熊氏謂《春秋》張三世「其義亦本于《易》」。

　　或謂《春秋》張三世，乃因魯十二公時代遠近，所傳聞、所聞及所見之異辭，故有據亂升平太平三世，其與始壯究之說，純屬巧合，且《易緯》之成書年代是否早過《公羊傳》，不無疑問，何可遽謂其義本於〈乾鑿度〉之始壯究？有此疑問，誠屬應當，然於熊說則不善體貼。熊氏乃就義理而言，其言張三世本於〈乾鑿度〉之始壯究，其意實即本於《易》生生之道。如能作此理解，則於熊說必能釋然。若更謂以據亂爲始，升平爲壯，太平爲究，則由始而壯以至於究，究後則仍爲始，是以太平之後，仍爲據亂，實與《春秋》張三世之蘄向太平、永離據亂，大相違背，此則更加不解熊說。按《春秋》張三世固蘄向太平、永離據亂，然至太平，若不能持盈保泰，天下爲公，則必回復至據亂，是究後復爲始，一切又須重新開始，由據亂而趨升平以抵太平，由始而終，終而復始，此與始壯究之終始之道，並無不同。若不從《易

　　陰、老陰，以構成陰陽兩儀，並由此形成天地。這裏全舉陽數，所以說『一變而爲七，七變而爲九』，而略去了『八、六』的陰數。」（頁4）據此，乃以太極生兩儀，兩儀生四象爲說，亦可備一說。

緯》不若《易》純正，而從義理而言，熊氏舉始壯究爲說，亦甚有特識。

二、乘時與變

　　不論如何，從上所言可見熊氏言三世義，極重視「變」。熊氏特以二義明之，《示要》卷三曰：

> 一曰：「仁義以立本。」仁義，眞常也，《春秋》之元也。萬變皆眞常之發現，故變而莫不有則。……二曰：「變者，改故創新，宜治時，而不貴因時。」（頁818～820）

仁義、眞常或《春秋》之元，在《易》則爲乾元，實皆指謂存有本體，此存有本體乃一生生不息，健動不已之道德創生義之本體，而非一寂靜不動，絕然無對之死物，故能大用流行顯現萬變。雖顯現萬變，然因以仁義等爲本，即由道德創生義之本體而發，故此變並非隨意亂變。熊氏《新論・轉變》已以「變之三義」說明此意，所謂變之三義，即一、非動義；二、活義，因活字難以形容，故略言之以六，即無作者義、幻有義、眞實義、圓滿義、交遍義及無盡義；三、不可思議義。〔註8〕據筆者《熊十力《新唯識論》研究》曰：

> 綜上「變之三義」之分疏，可見由本體顯現之大用流行，乃是「非動的」、「活的」、「不可思議的」，由此「非動的」、「活的」、「不可思議的」大用流行處，即可識得本體之眞實無妄，於變易而識不易，於流行而識主宰，於化跡而識眞實，從相對而識得絕對，由現象而把握本體，故謂之「即用識體」。（頁99）

此變之三義，一則乃對存有本體的根源之究竟理解，存有本體乃眞實無妄的、不易的、絕對的，由此本體發用而成大用流行；一則亦是對大用流行的狀態之具體描述，大用流行之狀態雖是變易的、相對的，然此只是一流行、一化

〔註8〕熊氏自早年即非常重視變，1923年之《唯識學概論・能變》已提出變之三義，三義皆保存於往後諸書中，唯活義之六義，各書稍有異同，此處則爲無作者義、緣起義、圓滿義、交遍義、幻有義及無盡義；至1926年之《唯識學概論・轉變》則易爲無作者義、幻有義、圓滿義、交遍義、轉易義及無盡義，《唯識論・轉變》亦同；至《新論（文言本）・轉變》又易爲無作者義、幻有義、眞實義、圓滿義、交遍義及無盡義，《新論（語體本）・轉變》亦同。雖有小異，其意實同。至《新論（壬辰刪定本）・轉變》則將變之三義，易爲五義，即一、幻有義，二、眞實義，三、圓滿義，四、交遍義，五、無盡義，《體用論》亦同。是則以活義概括變之三義，取消非動義及不可思議義，然此二義實蘊含於活義之五義中。

跡、一現象而已,在此流行、化跡、現象之中,即見出本體〔註9〕。《春秋》三世義既以「仁義以立本」,即以眞實無妄之存有爲本體,由此發用爲萬變,則其變必是「莫不有則」之大用流行。熊氏變之三義,乃就《易》乾元而言,屬內聖方面,著重於天理,而《春秋》之元即《易》之乾元,是以《春秋》言變,必及內聖、天理方面,三世義之含變意,先言仁義以立本,實即《易》變之三義之意。

然《春秋》不只內聖學,更是外王學,不僅言天理,更落實於人事,而三世義,由據亂而升平而太平,即就人事而言政治制度由亂至平之過程。欲由亂至平,必須「改故創新」,而改故創新,則最重乘時興變,故熊氏又以三世義之言變,特重「時」義。若能乘時興變,其變方可合道,而非亂變,改其故而創其新,由亂至平。明瞭時義,則必能乘時,不能乘時,則非眞了然於時義,亦不能乘時而興變。按佛道二家,皆不重時。佛主不生不滅,時無去來,故不重時。如龍樹菩薩《中觀論頌‧觀去來品》認爲俗諦從先後上觀察,將時分爲「已去」、「未去」及「去時去」(正在去),此自可言,然非正見;若就眞諦而言,萬法本不生不滅,時亦無有去來,故言此三時門後,即予根本否定。〔註10〕道主因任自然,亦不重時,老、莊皆甚少提及。至於儒家,則特重時,《易》豫〈彖〉曰:「豫之時義大矣哉」,隨〈彖〉曰:「隨之時義大矣哉」,頤、大過、坎、遯、睽、蹇、解、姤、革、旅諸卦彖辭亦皆言及,或曰「時義」、或曰「時用」,或單言「時」,字句容或不同,其意則同,皆強調時之重要。其實,餘卦彖辭、卦爻辭及大小象亦常提及時之重要,蓋《易》唯變所適,全經各卦對時皆頗重視,只是以上諸卦彖辭特加言及而已。《易》不僅重時,更重「與時偕行」,若不能與時偕行,則雖知有時,亦等於不知時。《春秋》繼《易》而作,著重外王,必及人事,更須與時偕行,即須用時而不爲時用,方能乘時興變。用時即「宜治時,而不貴因時」。「治時」即在時之先行事,時乃在後不違,則能用時而不爲時用,所謂「先天而天弗違」,乃時合於人。《易》《春秋》所言,即治時。「因時」則在時之後行事,靜以俟機,天時已失,既不能用時且爲時所用,是時不合人。老氏所言,即

〔註9〕 參見林安梧《存有‧意識與實踐》頁140~148,景海峰《熊十力》頁191~197,及筆者《熊十力《新唯識論》研究》頁93~101。

〔註10〕 關於俗諦三時門之說及龍樹菩薩對其之破斥,參見印順《中觀論頌講記‧觀去來品第二》頁79~101、《中觀今論》頁117~126,及牟宗三《佛性與般若》上冊頁139~175。

因時。熊氏認爲此意唯船山知之，其《春秋世論》卷五曰：

> 太上治時，其次先時，其次因時，最下亟違乎時。亟違乎時，亡之
> 疾矣。治時者，時然而弗然，消息乎己，以匡時者也。先時者，時
> 將然而導之，先時之所宗者也。因時者，時然而不得不然，從乎時
> 以自免，而亦免矣。亟違時者，時未爲得，而我更加失焉。

儒家之言時，並非視時爲一客觀概念而加以分析，乃就人主觀方面而言，從
而賦予時以意義。船山將時分爲「治時」、「先時」、「因時」與「亟違乎時」，
即就人主觀方面立論，而非就時本身而言。若就時言，時只是時，並無任何
意義，絕無有治時、先時、因時與亟違乎時之可分。唯有就人而言，由於人
主動參與，審時度勢，見機行事，賦予時以意義，此時時不僅有客觀意義，
更有主觀意義，人時合一，主客一體，而因人之是否洞燭機先，而有治時、
先時、因時與違時之可分。顯然儒家重視如何用時，而不爲時所用，更要乘
時以興變。此中自以治時爲最要，誠如船山所言若非聖人不可至此，在《易》
則體元以治時，在《春秋》則奉元以治時。唯有治時，「時然而弗然」，方能
用時，而不爲時所用，「消息乎己，以匡時者」，則時合於人，方有創造之功。
其次先時，縱不能消息乎己，以匡時者，則必「時將然而導之」，見機於先，
因勢利導，以消彌於無形，則無不利。因時以下，更不待言，不僅不能用時，
且爲時所用，「時然而不得不然」，唯從時以求自免，何來創造之功。若亟違
乎時，則自免之道亦將失焉。熊氏總結曰：

> 《春秋》務正始，蓋貴治時。治時者，勇於自創，以拯天下於昏迷，
> 主動而不爲被動，此剛健之極，誠明交盡，故每於突變而無不利。（《示
> 要》卷三頁 823）

此與船山意同，皆強調「宜治時，而不貴因時」，唯治時則主動權操之在我，
方可勇於自創以拯天下，若因時則主動權已失，我無主動權，則焉能勇於自
創以拯天下。

三世義之重視變，既以元爲本，而與《易》之鼎革通，乃本於《易》唯
變所適，無變則不能成化之意，而又特重時義，更須與時偕行，方能乘時興
變，捨據亂而趨升平以抵太平。熊氏認爲三世義實乃《春秋》之宏綱鉅領，
而其所言三世義，既與鼎革等通，而欲與時偕行，乘時以興變，顯即隱含一
變化要求，此要求不僅意味「改革」，實即「革命」之意。熊氏所言革命，與
董、何異，與歷代言革命者亦皆不同，此意至專言張三世時，自可更加清楚。

第四節　太平世人人有士君子之行即乾元用九見群龍無首吉

《春秋》世進太平，天下之人人有士君子之行。「士君子」乃「士」與「君子」兩辭之合稱。古籍中，士、君子與「仁者」、「賢者」、「大人」、「大丈夫」及「聖人」等辭，有時可互通視爲同等，有時則顯爲不同等級。《論語・述而》曰：「子曰：『聖人，吾不得而見之矣；得見君子者，斯可矣。』」據此，則孔子之時，君子與聖人爲不同等級。然此不意謂君子與聖人，終是天淵相隔之兩等人，永無交集。其實，君子若能「有爲者，亦若是」，亦可成聖人，此時君子即聖人。《荀子・勸學》曰：「學惡乎始？惡乎終？曰：其數則始乎誦經，終乎讀禮；其義則始乎爲士，終乎爲聖人。」王先謙《荀子集解・勸學》於「終乎爲聖人」註曰：

> 荀書以士、君子、聖人爲三等，〈修身〉、〈非相〉、〈儒效〉、〈哀公〉
> 篇可證。故云：始士終聖人。

按荀子以士、君子及聖人爲三等人，然此三等，亦非天淵相隔，永無交集，士若能有爲者亦若是，即可爲君子，甚至成聖人。是以雖有三等之分，但不意謂其間不可相通。職是之故，不論士與君子是否爲同等人，是否爲同一概念，《春秋》太平世既以「士君子」連言，則必視之爲一個概念，斷無分而爲二個別視之之理。所謂士君子，即士之所以爲士，必以成君子爲極至，而能成君子之士，方可謂之爲士，故謂之士君子。連言之爲士君子，單言之則爲士或君子。

一、士君子以德行爲主

此士君子乃以道德內涵爲主，而非指身分地位而言。前者乃就「德」言，後者則指「位」言。據典籍所載，古代之士或君子多指有身分地位者，非指有道德內涵者。《左傳》襄九年曰：「君子勞心，小人勞力，先王之制也。」《國語・魯語下》亦有此語，唯易「制」爲「訓」。《孟子・滕文公上》「大人小人，勞心勞力」之說，即本於此。又《左傳》襄二十九年曰：「吾聞君子務在擇人。吾子爲魯宗卿，而任其大政，不慎舉，何以堪之？禍必及子。」《國語・晉語八》曰：「叔向曰：『君子比而不別。比德以贊事，比也；引黨以封己，利己而忘君，別也。』」《詩經・小雅・大東》曰：「君子所履，小人所視。」孔穎

達《詩經正義》註曰：「此言君子、小人，在位與民庶相對。君子則引其道，小人則供其役。」以上諸書所言君子，確指有身分地位之王侯貴族，非指有道德內涵者。至孔子才轉化爲有道德內涵者，德取代位，如《論語》曰：「子曰：『質勝文則野，文勝質則史。文質彬彬，然後君子。』」（〈雍也〉）又曰：「子曰：『君子義以爲質，禮以行之，孫以出之，信以成之。君子哉！』」（〈衛靈公〉）類此之說，不遑枚舉，皆就道德內涵而言，而非身分地位。其後，儒家諸典籍所謂之君子，皆承孔子而言，並無異義。余英時〈儒家「君子」的理想〉據此詳證曰：

> 準以西方 nobility 和 gentleman 的例證，我們有充足的理由相信「君子」最初是專指社會上居高位的人，後來才逐漸轉化爲道德名稱的；最初是少數王侯貴族的專號，後來才慢慢變成上下人等都可用的「通稱」的。……「君子」之逐漸從身分地位的概念取得道德品質的內涵自然是一個長期演變的過程。這個過程大概在孔子以前早已開始，但卻完成在孔子的手裏。……《論語》以下儒家經典中的「君子」雖然不免「德」、「位」兼用（其中有分指一義，也有兼具兩義者），但是就整個方向說，孔子以來的儒家是把「君子」盡量從古代專指「位」的舊義中解放了出來，而強調其「德」的新義。（《中國思想傳統的現代詮釋》頁 147～149）

孔子之前，君子確實「專指社會上居高位的人」，此時君子非就德言，乃指位言，爲少數王侯貴族之「專號」，一般人縱道德高尚，絕不可尸居此號。孔子之後，君子「才逐漸轉化爲道德名稱的」，此時君子不再指位，而是就德而言，乃一「通稱」，一般人如道德高尚，即可稱爲君子，而王侯貴族若無道德，亦不可尸居此號。君子由專號變爲通稱，由少數王侯貴族轉至多數的一般人，此轉變關鍵即「德取代位」，而推動此轉變的重要人物即孔子。誠然，德位一致自是最佳，然事實上德位常不一致。而就位言，君子只爲一特殊性意義，而無普遍性可言，唯就德言，君子才具有普遍性意義。從歷史發展而言，君子雖可德位並兼，然此往往不可必，而德與位亦無必然關係，且德之普遍性意義可超越位之特殊性。孔子之前，君子著重於位言，此時未有儒家，孔子之後，儒家已漸成立，君子轉爲以德爲重，故可謂儒家自始即以德視君子，君子乃一成德之人。《春秋》既爲孔子手訂，則所言士君子亦就德言，絕非指位。

　　士君子既爲一成德之人，然其上猶有聖人一等，何以《春秋》世進太平，

僅望人人成爲士君子，而非聖人？按觀諸歷史，除堯舜外，即使「自有生民以來，未之有也」之孔子亦曰：「若聖與仁，則吾豈敢？」以孔子之行，尚不敢以聖人自居，更遑論他人，可見聖人誠非易至。然孟子言「人皆可以爲堯舜」，陽明言「滿街皆是聖人」，必期人人成聖，豈非有違孔子之教？按孟子道性善，言人皆可以爲堯舜，此中「可以」二字，不僅有邏輯上之可能性，且是眞實上之可能性，乃成聖之所以可能之根據。陽明之言亦然。荀子言「塗之人可以爲禹」，似與孟子無異，即性善者，如孟子所言「有爲者，亦若是」，則可成聖人，至於性惡者，亦可如荀子所言「化性起僞」，終乎爲聖人。然因荀子主性惡，性惡與塗之人可以爲禹，雖不衝突，但作爲成聖根據之可能性，即相對減弱，只有邏輯上之可能性，而眞實上之可能性亦相對減弱。孟子、陽明所言，既是邏輯上之可能，且是眞實上之可能，此可能即涵蘊「必能」。然可能或必能，乃從理言，只要進德修業，即可成聖，此屬「應然」；而實際上，能否進德修業以至成聖，並無必然之保證，此乃「實然」。應然非即實然，兩者無邏輯上之必然關係，仍有相當落差。孔子就實然而言，實際上能成聖者，終是少數；孟子、陽明從應然而論，只要進德修業，皆可成聖。孔子所言，乃眞實語、誠懇語，孟子、陽明所言，乃自覺語、勉勵語，而同是無妄語，唯重點不同，立言自異，故孟子、陽明並無違於孔子。而不論就應然或實然而言，聖人誠非易至，須進德修業，方可達至。

佛家亦言「人人皆可成佛」，與孟子、陽明之言類似，此外又言「眾生皆有佛性」。從理上言，眾生皆有佛性，乃就因地言，因眾生皆有佛性故，故人人皆可成佛，蓋有其因必有其果，若無佛性，則至驢年亦不能成佛；而諸佛究竟圓滿，則就果地言，以諸佛究竟圓滿故，故眾生皆有佛性，蓋有其果必有其因，若有果而無其因，則是撥無因果，絕無是事。有其因必有其果，有其果必有其因，「因賅果海，果徹因源」，誠爲圓融無礙，此屬應然。然就事言，實際上欲「因圓果滿」，則須精進修行，修行功夫不具足，即無成佛可言，更別說果報圓滿，此乃實然。觀諸歷史，佛在世時，有三億眾生得聞佛法而精進修行以得度，仍有三億眾生雖聞佛法而未能精進修行以得度，更有三億眾生無緣聽聞佛法，更遑論精進修行以得度而成佛。可見成佛誠非易至，並無必然之保證。佛家此說與孟子、陽明意同，然佛家言佛性，孟子、陽明是否亦有類似佛性之「聖性」說？誠然，孟子、陽明無「人人皆有聖性」之語，然人皆可以爲堯舜，滿街皆是聖人，即包含成聖之根據，所言性善之性，雖指人性，然就其通過道德之實

踐而能成聖而言，故可謂之爲聖性。牟宗三《中國哲學十九講》曰：「孟子一開始即強調『人人皆可以爲堯舜』，同時更指出『人人皆有聖性』。孟子所說的性善之『性』，是指『聖性』，乃是通過道德實踐而呈現的，而道德實踐之最高境界即是成聖人。」（頁 289）聖性非聖人專屬，乃人皆有之，以其爲人所本有，故謂之人性，以其可成聖之故，則謂之聖性，亦無不可。從佛家言，眾生能成佛，因有佛性之故。從孟子、陽明言，人皆可成聖，乃人性經由道德之實踐而呈現，人性之最高境界，亦即道德實踐之最高境界，即成聖人，故人性實即聖性。宋明儒所謂義理之性，亦指聖性。然此並不意謂所有儒家所言人性，皆即聖性。孔子於人性並無界說，唯言「性相近也，習相遠也」。孟子道性善，乃就道德性本身之定然之善而言。荀子主性惡，則就人於社會中爲求生存而起欲望以致悖禮違義而言。秦漢以降，董仲舒言「如其生之自然之質謂之性」、「性情相與爲一瞑」，劉向言「性不獨善，情不獨惡」、「性情相應」，揚雄之「善惡混」及王充之「三品說」，所言雖異，大抵皆就「用氣爲性」而言。韓愈亦主性有三品之說。從兩漢至隋唐，皆就氣言，則成聖之根據，即更加地不可能。下及宋明儒，於氣質之性外，更言義理之性，才又接上孟子，使成聖成爲可能。以上諸說，孟子之性善及宋明儒之義理之性，乃指聖性，孔子雖無明言，然以其強調聖與仁，實即含有此意，其餘所言皆指人性，而不可稱爲聖性。至於告子之「生之謂性」、「性無善無不善」，純就食色而言，乃指人之所以知覺運動者，亦指人性。此外，如「性可以爲善，可以爲不善」、「有性善，有性不善」，皆指人性。此等之說，更無成聖之可能，縱有可能，亦微乎其微，所言之性，絕非聖性。總之，孟子、陽明所言之性，乃指聖性，強調人有成聖之根據，經由進德修業，即可成聖，然此畢竟從理而言，屬應然方面，若就事言，即實然方面，聖人誠非易至。

　　其實何止聖人，即君子亦不易企及。「文質彬彬」之君子，必「義以爲質，禮以行之，孫以出之，信以成之」，時時刻刻，不論順境或逆境，皆須一番大修養大功夫，方足以成事。順境時固須修養，逆境時更見功夫，《論語・里仁》曰：「子曰：『富與貴是人之所欲也，不以其道得之，不處也；貧與賤是人之所惡也，不以其道得之，不去也。君子去仁，惡乎成名？君子無終食之間違仁，造次必於是，顛沛必於是。』」君子於富貴與貧賤之取舍，皆以其道，以得仁名，絕不因處富貴爲順境，處貧賤爲逆境，即枉道去仁；而即使終食、造次、顛沛之頃，絕不因時間之短暫、匆促或困頓而中斷，必時時刻刻以其

道行仁，以成君子。此實乃大修養大功夫，並非易事，故孔子讚曰「君子哉」！此就「修己」而言，已是何等不易。然君子不只是修己，在修己成一文質彬彬之君子後，更須向外推擴，己立立人，己達達人，此乃「治人」方面。修己須不斷反求諸己，治人則務必推己及人，此一體兩面，不可劃分，修己乃所以成君子，治人亦必先成君子，故君子實含修己與治人，而修己已不易，更遑論治人，《論語・憲問》曰：「子路問君子。子曰：『修己以敬。』曰：『如斯而已乎？』曰：『修己以安人。』曰：『如斯而已乎？』曰：『修己以安百姓。修己以安百姓，堯舜其猶病諸？』」孔子告子路欲為君子即須修己治人，子路以為此並不難為，殊不知此中有大難為處。此「修己以敬，修己以安百姓」，實即〈大學〉所言由修身而齊家、治國，以至於平天下，如此重責大任，誠如曾子所言：「士不可以不弘毅，任重而道遠。仁以為己任，不亦重乎？死而後已，不亦遠乎？」（《論語・泰伯》）既重且遠，唯生死係之，死而後已。縱使堯舜，「堯舜其猶病諸」。當然，孔子舉堯舜為例，乃在強調君子之不易為，孔子亦不敢直承自己為君子，《論語》曰：「子曰：『文莫吾猶人也。躬行君子，則吾未之有得。』」（〈述而〉）又曰：「子曰：『君子道者三，我無能焉。仁者不憂，知者不惑，勇者不懼。』子貢曰：『夫子自道也。』」（〈憲問〉）按君子之道，在修己治人，欲修己治人，即須具備「知、仁、勇」三達德，知仁勇雖分而為三，而實可統於「仁」此最高概念之下，即所謂之「仁者」，則君子亦即仁者，兩者無別。君子或仁者，必能「不憂、不惑、不懼」，邢昺《論語注疏》疏曰：「仁者樂天知命，內省不疚，故不憂也。知者明於事，故不惑。勇者折衝禦侮，故不懼。」孔子雖自言「則吾未之有得」、「我無能焉」，此乃謙詞，據《論語》所載，孔子於知仁勇三達德，實皆具備，而能不憂不惑不懼，故子貢曰「夫子自道也」，此所謂「謙尊而光」，而亦見君子之不易為。觀諸孔門弟子，亦未必皆能如此。《論語・雍也》曰：「回也，其心三月不違仁；其餘則日月至焉而已矣。」連孔子最稱讚之顏回，其心能不違仁而為君子，亦不過數月而已（三者虛數，言其多也），其餘弟子則日月至焉，即於君子之道，有所不足。故欲為君子，須時時警省，仁以為己任，死而後已，方能實踐仁道而成君子。

　　《春秋》世進太平，既不可能人人皆成聖，然亦必有一最低底限，先為士君子，至於優入聖域，成聖成賢，有待百尺竿頭更進一步，此所謂「其義則始乎為士，終乎為聖人」。猶如菩薩先修至第八不動地，立於不退轉之地，

無有墮落之虞，再精進修行，覺行圓滿，以至成佛。《春秋》固重「終」，但亦慎「始」，有其始而不得其終，是亦不成其始其終，然其終則必始於其始。故《春秋》終至太平，而始於捨據亂，終至成聖，而始於爲士君子，雖冀人人成聖，然聖人非一蹴可幾，唯望人人必爲士君子，此乃可能可必且可爲之事，然後由此「始士終聖人」。故《春秋》太平世人人皆爲士君子，此既屬合理，而又不妄自菲薄。

二、士君子之行

　　既明瞭《春秋》世進太平，人人皆應爲士君子，此士君子乃指德言，而非位言，且由此努力，終必可成聖人。董氏《繁露‧俞序》雖已提及士君子，惜未言明其應如何努力，其行又爲何等問題，蓋董氏或以諸典籍言及士與君子頗多，既知如何方能爲士與君子，則其努力及其行亦不言而喻。熊氏以群經所言不可勝窮，而《禮記》之〈大學〉、〈儒行〉及〈表記〉最重要而有系統，特予疏解，〔註11〕認爲〈大學〉實爲六經宗要，六經之體系、面目、精神，皆可由此而得；〈儒行〉皆人生之至正至常，不可不力行，由此必可砥礪士習；〈表記〉記君子之德見於儀表者，最足以見士君子之行。

　　熊氏首先認同朱子之以〈大學〉乃孔子之言而曾子述之之說，認爲「此篇囊括萬有，廣大悉備，非孔子不能說，非親承一貫之旨者不能記。」（《示要》卷一頁203）並從《孟子》、《莊子》所載加以證實。惜漢唐儒皆以其乃《禮記》中一篇，並不特別重視，如司馬談〈論六家要指〉譏儒者「博而寡要」，實已不解〈大學〉。幸自程朱加以表彰，遂與〈中庸〉皆從《禮記》別出，而與《論語》、《孟子》合爲四書，才爲人所重，陽明繼而闡釋之，遂使其理更加大顯。然程朱與陽明二派之說頗異，主要乃對「致知格物」有異說，朱子一以「知識」爲言，陽明一以「良知」爲言。故熊氏以其有根本迥異者三，《示要》卷一曰：

　　　一、致知之知，陽明說爲心，易言之，即說爲本體，而非知識之知。

　　　二、陽明說理即心，與朱子說理在物，又絕不同。

　　　三、朱子之說，雖不明言物是離心外在，而似有物屬外在之意。陽明說心之所發爲意，意之所在爲物，則物非離心而獨在，此又與朱子大異。（頁187～188）

〔註11〕熊氏對〈大學〉、〈儒行〉及〈表記〉之疏解，分別見《示要》卷一頁125～204、頁205～236及卷三頁837～845。

依朱子所言，雖有得於格物窮理，而於明德、本心實有不明，誠有不足；據陽明之說，雖有得於明德、本心，而於格物窮理則有不盡，亦有欠缺。熊氏並予疏通，《示要》卷一曰：

一、朱子以致知之知爲知識，雖不合《大學》本義，卻極重視知識。而於魏晉談玄者揚老莊反知之說，及佛家偏重宗教精神，皆力矯其弊。且下啓近世注重科學知識之風。

二、程朱說理在物，故不能不向外尋理。由其道，將有產生科學方法之可能。

三、陽明以致知之知爲本心，亦即是本體，不獨深得《大學》之旨，而實《六經》宗要所在。

四、陽明說無心外之物是也。而其說格物曰：「意在於事親，即事親便爲一物」云云，其言不能無病。夫以親，對吾敬事之心而言，親亦意所在之物也。事之以孝，此孝即是理，亦即是心。陽明之說，未嘗不成。而必曰事親便爲一物，則單言親，而不得名以物乎？如此推去，乃以視聽言動爲物，而不以聲色等境名物，則幾於否認物界之存在矣。此非《大易》及群經之旨也。

五、朱子說理在物，陽明說心即理，二者若不可融通。其實，心物同體，本無分於內外，但自其發現而言，則一體而勢用有異。物似外現，而爲所知；心若內在，而爲能知。能所皆假立之名，實非截然二物，心固即理，而物亦理之顯也。

六、陽明以爲善去惡言格物，不免偏於道德實踐方面，而過於忽視知識，且非〈大學〉言格物之本義。（頁 189～192）

熊氏認爲前兩點乃程朱派所可注意之點，後四點乃陽明派所可注意之點，並曰：「余以爲致知之說，陽明無可易；格物之義，宜酌採朱子。」（同上頁 192）〔註12〕姑勿論熊氏此說之對錯，然據此可見熊氏蓋兩者皆重，而欲使之相貫通，有體有用，且又以良知爲主，但亦不廢知識，雖不廢知識，而畢竟著重良知，此良知即本心、本體，亦即仁也，由此而發，則知識才能統之有宗、會之有元。故《原儒・原學統》曰：「聖人本不反理智，不廢思辨。然窮理至萬化根源，即由萬殊以會入一本處，決非僅恃理智思辨，可獲證解。夫格物

〔註12〕關於格物致知之說，歷代諸家所言不一，岑溢成《大學義理疏解》言之甚詳，可參見其相關篇章。

之學，其觀點在萬殊，所謂物界。陽明學派，反對程朱〈大學格物補傳〉，而譏其向外求理。實則就格物學而言，非向外求理固不可，陸王後學誤陷於反知與遺物之迷塗，而不自悟其失也。然復須知，聖學本不反知，卻須上達於證解之境，本不遺物，卻須由萬殊以會入一本。」（頁 35～36）熊說可謂持平，士君子若能順此而行，則必能格致誠正，修身、齊家以至治國而平天下。故《示要》卷一曰：

> 六經之道，以盡性爲極則，其功固在反己。以視西洋學術，根本自異。然經學並不主絕物反知，故〈大學〉總括六經旨要，而注重格物，則雖以涵養本體爲宗極，而於人類之理性或知識，固未嘗忽視也。經學畢竟可以融攝科學，元不相忤。人類如只注重科學知識，而不求盡性，則將喪其生命，而有《禮經》所謂人化物也之嘆，此人生之至不幸也。」（頁 201～202）

按誠如熊氏所言，晚周儒風確以涵養本體爲主，然亦不絕物反知，只是至後世則偏重知識，於盡性反己之說，漸不重視，誠有物化之虞。

　　此物化之虞，至五代時尤爲嚴重，天下已無生人之氣，宋太宗雖詔以〈儒行〉刻於版，然此虛文獎飾，收效有限，而北宋諸儒，竟未有表彰之者，伊川且曰：「〈儒行〉之篇此書全無義理，如後世遊說之士所爲誇大之說。觀孔子平日語言，有如是者否？」（《河南程氏遺書》卷第十七）時至今日，世衰俗敝，更甚五代，而唯章太炎頗重〈儒行〉，其曰：「凡言儒者，多近仁柔。獨〈儒行〉記十五儒，皆剛毅特立者。竊以孔書氾博，難得要領。今之教者宜專取〈儒行〉一篇，亦猶古人專授《孝經》也。」（《訄書（重訂本）‧儒俠》）又曰：「〈儒行〉十五儒，大抵堅苦卓絕，奮厲慷慨之士，與儒柔之訓正相反。儒專守柔，即生許多弊病。西漢時，張禹孔光，闒然媚世，均由此故。然此非孔子意也。奇節偉行之提倡，〈儒行〉一篇，觸處皆是。是則有知識而無志節者，亦未得襲取儒名也。」（引自《示要》卷一頁 205）然章氏所言只限於高隱任俠二種；熊氏固不滿伊川，而於章氏亦不贊同，冀以〈儒行〉砥礪士習，《示要》卷一曰：

> 十五儒，顯晦異跡，而行事皆出乎中正，不審伊川何故斥爲虛誇也。今略舉其大者，如夙夜強學以待問，聞善以相告，見善以相示，即夫子己欲立而立人，己欲達而達人之旨。……章炳麟謂〈儒行〉堅苦慷慨，大抵高隱任俠二種。若然，則枯槁與尚氣者皆能之，何足

爲儒？何可語於聖神參贊位育之盛？細玩〈儒行〉豈有如是？……
有謂〈儒行〉只是條列各種行誼，殊無宗旨者。此甚妄。此篇結尾
明明以百行一本於仁，與《論語》相印證，孰謂無宗旨乎？（頁231
～234）

熊氏以〈儒行〉所述十五儒之行跡，顯晦各異，而「行事皆出乎中正」，皆以
「百行一本乎仁」爲宗旨，可與《論語》相印證，縱非孔子所言，但亦不違
孔子之教。章氏反對鄭玄「儒柔之訓」，熊氏則贊同之。鄭玄《三禮目錄》曰：
「名曰〈儒行〉者，以其記有道德者所行也。儒之言，優也，柔也，能安人，
能服人。又儒者，濡也，以先王之道能濡其身。」儒者之能以先王之道濡其
身，即因百行一本乎仁；儒者之能安人能服人，即因行事皆出乎中正。蓋儒
者之所行，無非皆是道德之顯現。熊氏所言實得〈儒行〉要旨，並持此標準
以言，於伊川、章氏皆有駁斥，而特表彰〈儒行〉，冀由此而砥礪之，則士習
必頹而復振，上追晚周。熊氏甚至認爲〈儒行〉十五儒之中，有所謂的革命
行動之儒，此即「適弗逢世，上弗援，下弗推，讒諂之民有比黨而危之者，
身可危也，而志不可奪也。雖危，起居竟信其志，猶將不忘百姓之病也，其
憂思有如此者。」《原儒·原學統》曰：

據此所云，當是有革命行動之儒，故雖身危，而能伸其志也。〈儒行〉
一篇，蓋出於六國時，七十子後學所作。〈儒行〉篇所說，有十五儒，
惟上文所引者，是革命之儒，上弗援，下弗推，讒諂之民，比黨而
謀危害，在革命運動尚未爲群眾所共了解時，正如此耳。六國昏亂，
惟儒家有革命一派，能繼述孔子之志，而諸子百家之後學，不聞有
此，是可以觀學術得失矣。儒者當六國時，已有密圖革命者，至呂
政統一後，諸儒自當不懈所志，雖黨與不盛，而其影響已在社會。
呂政不能不重摧殘之，以絕其萌，此阬儒之禍所由作也。（頁86）

按熊氏之言主觀成份重於客觀，乃以義理爲判準，是否如其所言，乃屬見仁
見智，而其推崇〈儒行〉，以其有革命之意，則較然可見。而伊川謂〈儒行〉
「全無義理」，章氏謂其「大抵堅苦卓絕，奮厲慷慨之士」，則亦稍嫌貶抑。
李覯〈讀儒行〉曰：

〈儒行〉非孔子言也，蓋戰國時豪士所以高世之節耳。其條雖十有
五，然指意重複，要其歸不過三數塗而已。平居自重慎，能處貧約。
臨事有守，奮發不顧忌。不苟合於君，視利祿如土芥。容人愛士，

以身徇朋友。考一篇之內，雖時與聖人合，而稱說多過，其施於父
子兄弟夫婦，若家，若國，若天下，粹美之道則無見矣。聖人之行
如斯而已乎？或曰：哀公輕儒，孔子有爲而言也。曰：多自夸大以
搖其君，豈所謂孔子者哉？（《李覯集》卷第二十九）

按李說甚得〈儒行〉之旨，實較持平。

　　熊氏認爲既以〈大學〉爲宗要而加以力行，以〈儒行〉爲依準而加以砥
礪，由此努力實踐，則必能成爲士君子，而有〈表記〉所載之士君子之行，
尤其以下所引最足貫穿群經：

1. 君子莊敬日強，安肆日偷，君子不以一日使其躬儳焉如不終日。

2. 仁之難成久矣，唯君子能之，是故君子不以其所能者病人，不以
　　人之所不能者愧人。

3. 君子之所謂義者，貴賤皆有事於天下。天子親耕，粢盛秬鬯，以
　　事上帝。

4. 是故君子恭儉以求役仁，信讓以求役禮，不自尚其事，不自尊其
　　身。

5. 無欲而好仁者，無畏而惡不仁者，天下一人而已矣。是故君子議
　　道自己，而置法以民。

6. 仁之爲器重，其爲道遠，舉者莫能勝也，行者莫能致也，取數多
　　者仁也。夫勉于仁者，不亦難乎？是故君子以義度人，則難爲人；
　　以人望人，則賢者可知已矣。

7. 君子不以辭盡人，故天下有道，則行有枝葉；天下無道，則辭有
　　枝葉。

8. 君子不以色親人，情疏而貌親，在小人則穿窬之盜也歟！

9. 情欲信，辭欲巧。

10. 王言如絲，其出如綸；王言如綸，其出如綍。故大人不倡游言，
　　　可言也，不可行，君子弗言也；可行也，不可言，君子弗行也。

以上乃熊氏所言順序，與〈表記〉原文稍異，然其意並無不同，唯「王言如
絲」一條，不見於〈表記〉，乃出自〈緇衣〉，熊氏蓋以所言乃形容士君子之
行，且〈緇衣〉緊接〈表記〉，故列於此而不辨出處。以上引文，皆就德言，
而非指位，君子乃有道德內涵者，絕無可疑。鄭玄《三禮目錄》曰：「名曰〈表
記〉者，以其記君子之德，見於儀表者」是亦以德爲說。觀其所言實與《論

語》相同，內重修己，外則治人，士君子必有如是德行，否則不可稱之爲士君子。熊氏對以上諸條皆予疏釋，並總結曰：

> 蓋莊敬日強以畜德，體仁同物以復性。好惡發於天眞，言行必求相顧。人各爲天下事其事，不見有可貴事而起欣，不見有可賤事而起厭。惟各勤其職，而皆有佳趣。人各出其能，以互相濟。各如其分，而無不足。蓋所謂士君子之行者，雖萬德純備，難以具稱，而握其體要，略如上述。夫萬行本乎仁，立乎強，歸乎中和，士君子之行，如是而已。天下之人人皆如是，則大同之基已固，而太平之運日新。
> （《示要》卷三頁 842～843）

士君子之行，必「萬行本乎仁，立乎強，歸乎中和」，體要在握，其行無不可觀，修己則「莊敬日強以畜德，體仁同物以復性」，待人則「好惡發於天眞，言行必求相顧」，處事則「人各爲天下事其事」、「惟各勤其職」等，若能如此，則至大同、太平之世。歷來重視〈表記〉者，代不乏人，然無如熊氏之以其爲《春秋》太平世士君子之行之表徵，且其所言，確能掌握〈表記〉旨意，而此意實即《易》乾元用九見群龍無首吉。

三、見群龍無首吉

按《易》六十四卦，唯乾坤爲純陽純陰之卦，故乾卦有用九，坤卦有用六，其餘六十二卦，皆非純陽或純陰之卦，故無用九或用六。唯乾卦有用九，方顯見群龍無首吉。然如何方能用九？據朱子《周易啓蒙》所言，凡占筮揲蓍，過揲策數得二十四爲老陰，其數爲六；得二十八爲少陽，其數爲七；得三十二爲少陰，其數爲八，得三十六爲老陽，其數爲九。故占得一卦，每爻不論陰陽，皆有老少之分。而「老變少不變」，蓋物極必反，老陰老陽，其氣甚重，至於其極，則必爲變，老陰變爲少陽，老陽變爲少陰；反之，物不極不反，少陰少陽，其氣初萌，未至其極，至多漸成老陰老陽，故無須爲變。職是之故，用九即有兩種不同說法。一以伊川《易傳》爲代表，其於用九下曰：

> 用九者，處乾剛之道，以陽居乾體，純乎剛者也。剛柔相濟爲中，而乃以純剛，是過乎剛也，見群龍，謂觀諸陽之義，無爲首，則吉也，以剛爲天下先也，凶之道也。

伊川認爲乾六爻皆陽，不論爲老陽或少陽，同皆爲陽，無須強分老少，即有

用九。伊川唯有陰陽之別，而無老少之分，蓋有陰陽即成變化，故〈繫辭〉云「一陰一陽之謂道」，若再強分老少，無疑疊床架屋，不合以傳解經之義。一以朱子《周易本義》為代表，其於用九下曰：

> 用九……，使遇此卦而六爻皆變者，即此占之。蓋六陽皆變，剛而能柔，吉之道也，故為群龍無首之象，而其占為如是則吉也。

朱子認為從占筮而言，乾六爻皆陽，唯有六陽皆變，方有用九之占，則六爻必皆為老陽，蓋老變而少不變，只要六爻中有一爻以上為少陽，即無用九之占。兩說雖異，然皆言之成理，而有一共同點，即不論爻性是否強分陰陽老少，皆必與爻位合觀，才見用九之意。乾之用九，即因六爻不論爻位為初、二，以至於上，爻性皆為陽之故；坤之用六，即因六爻不論爻位為初、二，以至於上，爻性皆為陰之故。往後諸易家之說用九者，大抵不出伊川義理與朱子象數兩途。〔註13〕然熊氏對此並不認可，《示要》卷三曰：

> 乾坤二卦，有用九用六之文，向來易家解此，似均欠正確。惟清儒胡煦《周易函書》別創一義，頗覺新穎。余昔頗主其說，後漸懷疑。
>
> （頁651）

胡煦《周易函書》包括《約存》十八卷，《約註》十八卷及《別集》十六卷，其用九之說見《約註》卷一用九下曰：

> 九之用，即亨也，此節全發亨字之妙，蓋亨字上由元來，下及利貞，皆其用也。元而不用，何由有六十四卦三百八十四爻。向說作乾化而坤不用其剛，竟是九之不用，不知此節特標陽九之大用，為此後諸卦所由各成其體者，皆由元之一亨而來。乾坤為諸卦之大父母，乾坤不交，何能肇生六子，故周公於乾坤兩卦中，特出用九用六兩節，九何用？用於坤。六何用？用於乾。此即乾坤相依，陰陽兩不相離之義。

按胡煦「乾坤相依，陰陽兩不相離」之說，實亦不出伊川範圍，而所言「乾坤為諸卦之大父母，乾坤不交，何能肇生六子」及「九何用？用於坤。六何用？用於乾」等，則頗有新意，此蓋熊氏所謂「別創一義」者。胡煦更認為「周公於乾坤兩卦中，特出用九用六兩節」，即以用九用六乃出自周公，此恐有待商榷，而亦可能為熊氏昔主其說而後懷疑之之因。熊氏既不贊同諸家之說，則必有己意在，《示要》卷三曰：

〔註13〕參見筆者〈程朱學派「用九用六」說研究〉一文。

　　竊意乾坤二卦，所以有用九用六之文者，蓋乾坤實非可分折爲二片。言乾，而坤在其中也；言坤，而乾在其中也。今乾卦六爻皆陽，則於乾坤大備之全作用中，而特舉乾以言，故曰用九。坤卦六爻皆陰，則亦於乾坤大備之全作用中，而特舉坤以言，故曰用六。故用九用六云者，明乾坤皆用也。其體則太極也，太極本寂然無形，而其顯爲大用，則有乾坤二方面可言。余《新論》之言翕闢，實與《大易》互相發明。……《新論》則站在哲學或玄學之立場，其以翕闢顯大用流行之妙，與〈繫辭傳〉「闢戶之謂乾，闔戶之謂坤」，意義頗有相通。（頁651～653）

據此，熊氏亦專就陰陽變化而言，不分老少，實與胡煦所言相近，皆不出伊川範圍。是以熊氏認爲向來易家解用九用六似均欠正確之說，亦非篤論。不過，熊氏就〈繫辭傳〉「闢戶之謂乾，闔戶之謂坤」，以言乾坤翕闢成變，以顯《易》大用流行生生不息之意，則可視爲對用九用六之推演。熊氏即順此而言以明見群龍無首吉之意，《示要》卷三曰：

　　見群龍無首者，於大用流行，而特舉乾之方面以言，則見眾陽俱爲君長，更無有超越眾陽而爲首出之上神者，故以群龍無首象之。如乾卦，自初九，九二，乃至上九，是謂眾陽。且不獨乾卦而已，坤之元即乾元，是坤卦六爻，所表之一切動端，或一切物事，皆乾陽隱爲之主，坤陰非離乾陽而獨在也。六十二卦，皆陰陽相待成變，而凡陰皆以陽爲主。故乾卦眾陽，已統攝六十三卦之陽，易言之，六十四卦，三百八十四爻，所表一切動端，或一切物事，莫非乾元也。故以群龍象眾陽焉。既於一切動端，或一切物事，而皆見爲乾元，則非獨不承認有超越萬有之上神，即亦不可離現象而覓本體，乃即一切現象而識本體，故爲群龍無首之象。（頁655～656）〔註14〕

熊氏認爲乾六爻不論爻位爲何，其爻性皆陽，則其德相同。爻位雖有高低上下之分，爻性則無此分別，六爻皆有陽德，一律平等，無有「首出之上神者」。若以象言，則眾陽即爲群龍之象，而既無首出之上神，是以群龍無首，若能

〔註14〕《示要》卷一言群經九義時，其第九「終之以群龍無首」亦曰：「《大易》乾之上九，曰：「群龍無首」。群龍所以象眾陽也，陽之所象又極多，其於人也，則爲君子之象。《春秋》太平世，人人有士君子之行，是爲眾陽，是爲群龍。」（頁106）按乾之上九乃「亢龍有悔」，用九方爲「見群龍無首吉」，若是上九，則無此用，故應易爲用九，方爲妥當。

見群龍無首，則必為吉。且不獨乾卦如此，其實坤卦亦然，以至其餘六十二卦亦可統攝於乾元之中，皆與乾同為群龍無首。

熊氏不只言理，更從治化而論，《示要》卷三曰：

> 復次以治化言，則人道底於至治之休。其時，人各自治，而亦互相為理也。人各自尊，而亦互不相慢也。人各自主，而亦互相聯繫也。人各獨立，而亦互相增上也。人皆平等，而實互相敦倫序也，全人類和諧若一體，無有逞野志，挾強權，以劫制眾庶者。此亦群龍無首之眾。《春秋》太平，《禮運·大同》皆自乾元之義，推演而出。（頁656～657）

《易》由符號而卦畫而文字，雖言天理，而亦可指人事。至乾元用九之時，則眾陽俱為君長，一律平等，為一群龍無首之世。若就人事而論，則人人皆為君子，人人皆有士君子之行，此時治化自然「底於至治之休」、「人各自治」、「人各自尊」……等，此實為《春秋》太平之世，〈禮運〉大同之「天下為公」。又〈中庸〉所言「舟車所至，人力所通，天之所覆，地之所載，日月所照，霜露所隊，凡有血氣者，莫不尊親。」《示要》卷三註曰：「言血氣之倫，莫不互相尊重，互相親愛也。」續曰：「此言太平世，天下大同之象，與《春秋》相發明也。」（頁796）《原儒·原外王》（頁214）亦提及此說，可見群經實皆相通，而此即《易》乾元用九見群龍無首吉之意。究其實，《春秋》既「萬行本乎仁」，而仁即乾元，故亦可謂太平世實自乾元推演而出。〈禮運〉大同及〈中庸〉所言，亦是如此。而其實《示要》卷一言群經九義時，其九義即「終之以群龍無首」，早已言及《易》、《春秋》、〈中庸〉及〈禮運〉等所追求之最終境界，乃是同一的。

熊氏認為太平世人人有士君子之行，即乾元用九見群龍無首吉，甚且自乾元推演而出，其對乾元既贊歎有加，則於太平世亦必重視，此時天下乃天下人之天下，人人皆有士君子之行，天下為公，無有分別，所謂「天下一家，中國一人而已矣」，此一目標，實乃熊氏所希冀之理想境界。熊氏之所以重視《易》、《春秋》，以至於〈禮運〉、《周官》，蓋四經所言皆向此目標趨進。目標雖重要，理想境界亦須達至，然欲達至則須努力以赴，因此過程即顯重要。《春秋》希冀太平之世，欲至太平，則須捨據亂、升平，隨時更化權變，不斷去故取新。故熊氏於《春秋》最重三世義，並以其為宏綱鉅領，誠非無故，唯明瞭三世義，方知必捨據亂、升平，才有達至太平世之日。

第五節　結　語

　　熊氏早年思想，具見於《新論》，《新論》雖借佛家唯識學名詞爲說，而內容則以《易》爲主，並融合天台、華嚴及禪宗等，而於道家亦多所攝入，可謂融儒佛而歸宗於《易》之作。熊氏對《易》之乾元讚歎有加，從而提出體用不二翕闢成變之說，然此畢竟偏重內聖，而於外王有所不及。其往後著作，不外發揮此義，然所增內容，卻不限於《易》，而已遍及群經，《春秋》、〈禮運〉及《周官》等典籍，尤爲其所重視。此中又以《春秋》爲最要，可與《易》相表裏，而爲外王學綱領，使得內聖外王通而貫之，有體有用。熊氏認爲《易》《春秋》一體相須而成，《春秋》必溯源於《易》，唯以《易》爲根柢，由此而言《春秋》，方爲春秋學，才是眞外王。熊氏強調《易》《春秋》相表裏，即在說明此意。

　　熊氏認爲《春秋》借事明義與《易》假象表意，皆義在於言外，並無不同；又《春秋》名分說，乃在辨物之理，而非辨上下之等，此與《易》開務成物，詳於物理之說，亦無不同。然此皆從外緣方法而論，雖見《易》《春秋》可相通，但不足以見二經之所以相表裏之故。熊氏進而從內在義理著手，首先，熊氏將《春秋》之元予以創造性詮釋，認爲元並非如董、何所言只是氣，而是氣之所以爲氣之理，即太極、仁及本心，而《易》之乾元，亦即是太極等，故《春秋》之元即《易》之乾元。熊氏此說，可能受前賢影響，更是自己體會《易》、《春秋》、《論語》及《孟子》等，加以融會貫通而得，其說亦不違背經傳原意，可謂深得《春秋》借事明義之旨。《春秋》既與《易》相表裏，且立基其上，繼之而作，一貫相承，有體有用，故由《易》說起，才有本有根，有內聖可言，而由此以言《春秋》，從內聖達至外王，才是眞外王。其次，熊氏認爲《易》所言皆寓諸三世義，三世義不僅與《易》通，而實即本於《易》。《易》者生生之道，由始而壯以至於究，究後復爲始，不僅有始有終，又能終而復始，此乃終始之道，而非始終之道，故須不斷去故取新，唯變所適，與時偕行。三世義既與《易》通而本於《易》，亦極重視變，且與時偕行，故能乘時以興變，捨據亂而趨升平以抵太平。熊氏認爲三世義顯含一變化要求，此要求不僅意味改革，實即革命之意，此不僅爲公羊學之中心意旨，更是春秋學之宏綱鉅領。最後，熊氏認爲太平世人人有士君子之行，即乾元用九見群龍無首吉。此士君子乃指德言，而非指位，熊氏特舉〈大學〉、〈儒行〉及〈表記〉以彰顯士君子應有之德行。士君子既指德言，則只要進

德修業，即可成士君子，此乃可能可必且可爲者，既屬合理，又不妄自菲薄。由此更進一步，有爲者亦若是，自能優入聖域，成聖成賢。《春秋》張三世，所欲達至之太平世，無非即是如此，人人平等，群龍無首，天下爲公，世界大同。

　　熊氏之春秋學，顯與其前之公羊家皆不同，諸公羊家大抵皆就《春秋》而言，甚少與《易》相連，縱有之，亦不如熊氏之緊緊相扣。故言熊氏之春秋學，不能只從《春秋》說起，而必由《易》說起，由二經之相表裏說起。熊氏既言《春秋》之元即《易》之乾元，《春秋》才不只爲外王學，且有內聖學可言，而此內聖外王乃一以貫之。又《春秋》畢竟著重外王，故熊氏繼言張三世，以此爲主幹，而倡言革命，乘時興變，撥亂反正。若此，則必能捨據亂而升平，最後達至太平，而人人有士君子之行。熊氏由此三方面以明《春秋》與《易》一體相須而成，內聖與外王相通貫；而此三者，其本身亦相關連，一貫相承，而不可分開。熊氏之春秋外王學，亦由此而展開。

第四章　一以革命爲主之三世說

第一節　前　言

　　熊氏之言《春秋》，乃以公羊學爲主，而在公羊學之中心意旨三科九旨中，又以張三世爲最要，《示要》卷三曰：「余以爲三科九旨，本孔子微言所存，當以三世義爲宏綱。」（頁 787～788）熊氏蓋以三科九旨「本孔子微言所存」，張三世更是微言所在，其餘二者皆可包含於其中。然此三世義，《春秋》並無明文，直至《公羊傳》、《繁露》始有所見三世，而何休《解詁》更有據亂三世。故三世義是否爲孔子之思想，頗富爭議，通觀《論語》，實無此意，而在〈季氏〉篇則有此記載：

> 孔子曰：「天下有道，則禮樂征伐自天子出；天下無道，則禮樂征伐自諸侯出。自諸侯出，蓋十世希不失矣；自大夫出，五世希不失矣；陪臣執國命，三世希不失矣。天下有道，則政不在大夫。天下有道，則庶人不議。」

> 孔子曰：「祿之去公室，五世矣；政逮於大夫，四世矣；故夫三桓之子孫，微矣。」

按此二章，雖分爲二，但意可連貫，或本爲一章。《論語彙解‧凡例》曰：「禮樂征伐自天子出二章，即《春秋》之三世例也。庶人議，即謂作《春秋》，陳司敗所言謂之吳孟子，即指《春秋》書法而言，凡譏刺時流，亦《春秋》改制因行事加王心之說。」廖平《何氏公羊解詁三十論‧三世論》曰：「《春秋》世變迭更，書法由之而異。《論語》云：『自諸侯出，蓋十世希不失矣。自大

夫出，五世希不失矣。陪臣執國命，三世希不失矣。』此其世變之大綱也。」
（《廖平選集》下頁 146）〔註1〕蓋皆以此即《春秋》三世義。然觀其內容，雖
與三世義或有關連，實則無法等同。黃彰健〈張三世古義〉曰：

> 張三世之說，如以《論語》此章所言爲正，則公羊家之以所見所聞
> 所傳聞標目，自不足據。（《學原》第一卷第八期頁 18）

此中「《論語》此章」，即「禮樂征伐自天子出章」，黃氏認爲此章所言乃張
三世之「古義」，與公羊家之張三世不同，實能分別此中差異。而孔子之言
行，自以《論語》爲依準，故以《論語》所言爲正，則公羊家所言自不足據。
按公羊家所言三世義，雖非即《論語》之所言，然《論語》所言既爲張三世
之古義，則公羊家自可由此古義加予推演，而成其三世義。是以兩者之間，
雖無直接關係，而亦無所牴觸，應分別以觀。熊氏所謂之張三世，即以公羊
家所言爲主，而此義至何休之時，已成公羊學之最要義，並爲春秋學之宏綱
鉅領。

　　何休三世之說，雖承《公羊傳》及《繁露》而來，然《公羊傳》及《繁
露》唯言所見世、所聞世及所傳聞世，何休則於此外，又有據亂三世，實已
超越兩家範圍。按董氏本著重通三統，蓋此時無據亂三世之說，於張三世自
無從加以強調，至何休《解詁》出，雖亦言通三統，然更強調張三世，張三
世實已超越通三統而躍居首位。此後降及清末，以至熊氏，皆非常重視之。
在《示要》中，熊氏對胡母生及董、何三世說之異同，祖述居多，而以何休
所言爲正，並以據亂世爲「此以國家思想爲根核」（卷三頁 792），升平世爲「此
以民族思想爲根核」（同上頁 793），至於太平世，熊氏雖未言以何思想爲根核，
然衡以前說，則亦可謂之爲「此以世界思想爲根核」。至《原儒》，熊氏則對
胡母及董氏加以批判，而於何休雖讚賞其保存口義之功，然以其猶有不實之
處，故予批判，並提出己意，以還孔子口義之眞。熊氏並非隨意批判，乃有
其標準，《原儒》曰：

〔註1〕按廖平言《春秋》以《穀梁》及〈王制〉爲主，雖亦及於《公羊》，然頗多微
　　　辭，如三世義，《何氏公羊解詁三十論・三世論》即曰：「三世爲要例，《解詁》
　　　所言，多不得其意。……三世之精意，不外『遠近』二字。……《穀梁傳》
　　　引孔子曰：『立乎定、哀，以指隱桓，則隱、桓之日遠矣。』此《穀梁》三世
　　　之例也。《公羊》眞義，實亦如此，自何君失解，更爲游說……其誤皆由誤解
　　　『祖所逮聞』之『祖』爲孔子之祖，遂衍爲此說，最爲刺謬。須知說《春秋》，
　　　當就孔子一人說之，不必牽引其先代高、曾作干證也。」（《廖平選集》下頁
　　　147）。

> 孔子《春秋》之旨，在消滅階級，不許有君主、貴族統治天下庶民。
> （〈原學統〉頁131）

> 孔子之外王學，主張廢除統治階級與私有權，而實行天下爲公之大
> 道。余以董生所私授於馬遷之《春秋》說，與〈禮運〉參稽，得其
> 確證。（〈原外王〉頁193）

熊氏認爲凡提倡君主統治，強調封建階級者，皆非《春秋》之旨，因孔子作
《春秋》，其旨即在消滅統治階級，而行天下爲公之道。熊氏此說乃有所參稽，
其所謂「董生所私授馬遷之《春秋》說」，即《史記・太史公自序》所言：「《春
秋》貶天子，退諸侯，討大夫，以達王事而已矣。」熊氏認爲古代社會有天
子、諸侯及大夫三層統治階級，此三階級誠如〈禮運〉小康之說，乃「大人
世及以爲禮」，對天下庶民自是百般剝削，極不合理之至，《春秋》分別言貶、
退及討，可見其旨在消滅統治階級。唯有消滅此等階級，天下庶民始無剝削
之苦，此即〈禮運〉大同所謂「天下一家」之意，《春秋》以達王事，即達此
而已，可見其旨在行天下爲公之道。

　　熊氏即以此標準，批判兩漢公羊家，認爲胡母及董氏之所見三世，皆以
君臣恩義爲言，故於《春秋》旨在消滅統治階級，有所不明，而何休據亂三
世，縱與胡母等不同，然亦以君臣恩義爲言，故與胡母等同樣不明《春秋》
之旨。漢以後之公羊家，尤其清公羊家，皆在熊氏批判之列，此中又以皮錫
瑞、康有爲盛言三世而不曉其義，更爲熊氏所極力批判。熊氏認爲皮氏、康
氏一味祖述兩漢公羊家說，而於其異同竟無分辨，既不知何休與胡母及董氏
之異，自亦不識《春秋》旨在改亂制。熊氏既認爲兩漢公羊家及清公羊家，
其言三世義，皆以君臣恩義爲主，不識改亂制深意，如此則何能稱之爲「張」
三世。熊氏經由對彼等之批判，從而提出己見，認爲《春秋》旨在推翻君權，
廢除統治階級，爲全人類開太平，而三世義既爲春秋學之宏綱鉅領，即不能
受君臣恩義影響，無視於亂制，而須起而革命，撥亂反正，方能捨據亂而趨
升平以抵太平，如此張三世才眞是「張」三世。熊氏三世說，純以革命爲主，
顯與兩漢以來以迄於清之諸公羊家皆不同，而此亦是其重點所在。〔註2〕

〔註2〕其實，胡母及董、何等亦言革命，陳柱《公羊家哲學・革命說》即列舉諸氏
　　　相關之語以證，唯在熊氏看來，諸氏雖有革命之意，然受君臣恩義影響，遂
　　　將之泯沒無遺。

第二節　以君臣恩義爲主之兩漢三世說

　　《春秋》經文，並無明顯之三世說，此說首見於《公羊傳》。《公羊傳》於隱元年「公子益師卒」曰：「何以不日？遠也。所見異辭，所聞異辭，所傳聞異辭。」於桓二年「三月，公會齊侯、陳侯、鄭伯，于稷，以成宋亂」曰：「內大惡諱，此其目言之何？所見異辭，所聞異辭，所傳聞異辭。」於哀十四年「春，西狩獲麟」曰：「《春秋》何以始乎隱？祖之所逮聞也。所見異辭，所聞異辭，所傳聞異辭。」此中「所見異辭，所聞異辭，所傳聞異辭」即是所見三世之所本，而「遠也」、「祖之所逮聞也」即說明《春秋》因時代之遠近，而將之分爲三期，即所見、所聞及所傳聞，而因時異，近世則於史實或親見、或親聞，遠世則因時代已遠，不得親見親聞，且文既不備，記亦有缺，難於詳知史實，故其書法亦異而有詳略之分，近世則詳，遠世則略，故而異辭。此非有意造成，乃因時代遠近，故爾如此。據上所言，《公羊傳》唯有所見三世，而無據亂三世。

一、董氏之所見三世

　　《公羊傳》之言三世，畢竟只單言片語，太過簡略。董氏《繁露》所言三世，則較《公羊傳》爲詳細：

> 《春秋》分十二世，以爲三等，有見、有聞、有傳聞。有見三世，有聞四世，有傳聞五世。故哀定昭，君子之所見也；襄成文宣，君子之所聞也；僖閔莊桓隱，君子之所傳聞也。所見六十一年，所聞八十五年，所傳聞九十六年。於所見微其辭，於所聞痛其禍，於所傳聞殺其恩，與情俱也。是故逐季氏而言又雩，微其辭也；子赤殺弗忍言日，痛其禍也；子般殺而書乙未，殺其恩也。屈伸之志，詳略之文，皆應之。（〈楚莊王〉）

董氏「有見、有聞、有傳聞」，即《公羊傳》之所見、所聞及所傳聞，亦將時代分爲三期，且畫分其起迄年代及時間長久。此中「君子」，蓋指孔子，即以孔子爲準，將春秋魯十二公分爲三等，孔子所見之昭定哀三代爲所見世，較前之文宣成襄四代爲所聞世，最前之隱桓莊閔僖五代爲所傳聞世。顏安樂則「以襄二十一年孔子生後，即爲所見之世。」（見《注疏》卷一頁 3）〔註3〕

〔註3〕　《注疏》卷一又引及另一種三世分法，即《孝經緯·援神契》曰：「《春秋》

顏氏斷自襄二十一年孔子生訖爲所見世，即以隱桓莊閔僖爲所傳聞世，文宣成至襄二十一年爲所聞世，襄二十一年後至昭定哀，即孔子生訖之後爲所見世，分張襄公而使兩屬，與董氏微異。按《公羊傳》於襄二十三年「夏，邾婁鼻我來奔」及昭二十七年「邾婁快來奔」皆曰：「邾婁無大夫，此何以書？以近書也。」《注疏》即以爲「二文不異，宜同一世」，且「孔子在襄二十一年生，從生以後，不得謂之聞也。」（同上）可見顏說亦有理據。此兩種分期，雖云時間劃分稍有差距，然畢竟不大，且其分期標準亦無不同，皆以孔子爲準，並無大異，蓋顏氏細分，董氏則取其大略而言。董氏又加入含評價意味之語，「於所見微其詞，於所聞痛其禍，於所傳聞殺其恩」，之所以如此即因「與情俱也」之故，而據所舉之例「逐季氏而言又雩」、「子赤殺弗忍言日」及「子般殺而書乙未」，季氏、子赤及子般，或爲大夫，或爲臣子，則與情俱也之「情」乃指君臣恩義，可見董氏完全以君臣恩義之深淺而爲言。由於時代之遠近，君臣恩義亦隨之有深淺，而其辭亦有不同。時代遠者，即所傳聞世，其恩義已淺，故「殺其恩」。時代較近者，即所聞世，其恩義較深，故「痛其禍」。時代最近者，即所見世，其恩義最深，故「微其詞」。《繁露》雖較《公羊傳》爲詳，然熊氏認爲兩者並無不同，《繁露》所言無疑即爲《公羊傳》作注，《原儒‧原學統》曰：「董生受學公羊壽，與胡母生同業，其所說三世義，最符於《公羊傳》。」（頁 133）按《史記‧儒林列傳》曰：「言《春秋》於齊魯自胡母生，於趙自董仲舒。」《漢書‧儒林傳》曰：「胡母生字子都，齊人也。治《公羊春秋》，爲景帝博士。與董仲舒同業，仲舒著書稱其德。」據此，董氏與胡母生同業，此無可疑，而是否受學公羊壽，兩傳皆無明言，而同業非即受業，乃皆治《春秋》之意，且戴宏〈序〉及鄭玄《六藝論》（皆見《注疏‧序》頁 2）亦無傳授之說，故實難以斷定，熊氏此說有待商榷。〔註4〕然

三世，以九九八十一爲限。隱元年盡僖十八年爲一世，自僖十九年盡襄十二年又一世，自襄十三年盡哀公十四年又爲一世。所以不悉八十一年者，見人命參差不可一齊之義。」鄭玄依之曰：「九者，陽數之極，九九八十一，是人命終矣。」（頁3）按此分法，雖備一說，然非正解，故僅列於此。

〔註4〕　熊氏以董氏與胡母皆受學於壽，固値商榷，而又有持壽傳胡母、胡母傳董氏之說者，亦値商榷。按戴宏〈序〉曰：「至漢景帝時，壽乃共弟子齊人胡母子都著於竹帛，與董仲舒皆見於圖讖是也」，此尚未言及董氏與壽及胡母有無傳授關係，而《注疏‧序》於「往者略依胡母生條例，多得其正」疏曰：「胡母生本雖以《公羊》經傳傳授董氏，猶自別作條例，故何氏取之，以通《公羊》也」，則以胡母傳董氏者始自徐彥。晁公武《郡齋讀書志》卷三及王應麟《玉

熊氏認爲董氏所言三世義，最符於《公羊傳》，此從思想內容而論，則可無疑，因董氏將時代分爲三期，唯言有見三世，此即《公羊傳》所見三世，仍無據亂三世之意。

熊氏認爲董氏唯言有見三世，提倡君臣恩義，此與《春秋》極端相反，《原儒・原學統》曰：

> 據此，則《繁露》之說三世，純是統治階級之史法。其與何休三世義，相去豈止天淵。（頁 133）

按儒家提倡仁義，以此爲主之治，才能政清人和，人人平等，而非以君臣恩義爲倡，若以此爲主之治，則以階級剝削爲能事，必至政亂人亡，手足無措。熊氏於《公羊傳》所見三世，亦不認同，《原儒・原學統》曰：

> 《公羊傳》僅存三世名目，而絕不究宣其義恉。三世之名目雖存，而其實義已亡，此無可爲諱也。三科九旨，多屬史家記事與褒貶之法例，通玩其書之大體，可謂史評一類之傑構，殊失聖人經典之內容。幸有何休《解詁》，略明孔子三世本義。（頁 128）

按《公羊傳》於三世之實義，即據亂三世，早已亡失，僅存名目，即所見三世，而所見三世之所以異辭，即屬史家記事與褒貶之法例。據何休《解詁》隱元年曰：

> 所見者，謂昭、定、哀，己與父時事也。所聞者，謂文、宣、成、襄，王父時事也。所傳聞者，謂隱、桓、莊、閔、僖，高祖曾祖時事也。異辭者，見恩有厚薄，義有深淺，時恩衰義缺，將以理人倫，序人類，因制治亂之法，故於所見之世，恩己與父之臣尤深，大夫卒，有罪無罪，皆日錄之，丙申季孫隱如卒是也。於所聞之世，王父之臣，恩少殺，大夫卒，無罪者日錄，有罪者不日，略之，叔孫得臣卒是也。於所傳聞之世，高祖曾祖之臣，恩淺，大夫卒，有罪無罪皆不日，略之也，公子益師、無駭卒是也。（卷一頁 23）

海》卷第四十皆承徐說。余蕭客《古經解鉤沉》卷二十二亦引戴宏〈序〉而作：「至漢景帝時，壽乃與弟子胡母子都著以竹帛。其後傳董仲舒，以《公羊》顯於朝」，蓋亦本之徐說。凌曙《春秋繁露注・序》曰：「壽乃一傳而爲胡母生，再傳而爲董仲舒」，更落實此一傳授關係。然據《史記》、《漢書》及《六藝論》所載，皆無董氏受學於壽或胡母之語，皮錫瑞《經學通論・春秋》即依之曰：「皆無傳授之說，未可爲據」（頁 5），徐復觀《兩漢思想史》卷二更據此論證曰：「按兩漢有關資料，決無胡母以《公羊》傳仲舒之事」（頁 317）故仍應以董氏與壽等無傳授關係，較爲妥當。

何休之疏解《公羊傳》所見三世，大致上承董氏，字句容或不同，其意則同。董氏所言雖重在「微其詞、痛其禍、殺其恩」，然中有「逐季氏而言又雯」、「子赤殺弗忍言日」及「子般殺而書乙未」等語，此即史家記事與褒貶之法例，《公羊傳》所謂之異辭。何休又加入「有罪無罪，皆日錄之」、「無罪者日錄，有罪者不日，略之」及「有罪無罪皆不日，略之也」等語，亦與董氏同，同爲法例、異辭，純就書法而言。若此，則誠如熊氏所言「可謂史評一類之傑構」，而亦因此其內容必遷就於書法，不能盡顯聖人之意，「殊失聖人經典之內容」。再就內容而言，其「異辭者，見恩有厚薄，義有深淺」，與董氏微其詞等無異，亦就君臣恩義爲言。《原儒・原外王》曰：「據此，可見公羊壽與胡母合作之傳，其言三世，只就君臣情義而言，更無政治社會諸大問題何種理想可說。」（頁202）胡母三世之說，純屬書法問題，僅得孔子筆削之法，而於筆削之義，則無所得。熊氏認爲胡母及董氏號稱深於《春秋》，然所傳並非孔子本義，之所以有此失，即因「爲漢制法」此觀念橫梗心中，《原儒・原外王》曰：「公羊壽首以爲漢制法之私意，變亂聖言，而與其弟子胡母生合謀作傳。仲舒《繁露》，根據壽與胡之《公羊傳》，而雜以怪迂之論。其改竄聖文，以護帝制，則與其師若友，無異道也。」（頁201）熊氏認爲孔子決不可能預知其後漢朝將興，其《春秋》乃「爲萬世制法」，而非「爲漢制法」，絕無可疑，然胡母及董氏在漢言漢，爲維護帝制，不惜「變亂聖言」、「改竄聖文」，將爲萬世制法易爲爲漢制法，使孔子之意不彰，《春秋》之旨晦焉。

　　熊氏又認爲《春秋》雖遭胡母及董氏竄亂，然其始作俑者則可上自七十子後學，《原儒・原學統》曰：「《春秋》竄亂，不始於漢。七十子後學，如曾孟派之孝治思想，早已改竄《春秋》。」（頁137）熊氏特別提及孟子，《孟子・滕文公下》曰：「世衰道微，邪說暴行有作，臣弒其君者有之，子弒其父者有之。孔子懼，作《春秋》。《春秋》，天子之事也。」又曰：「孔子成《春秋》，而亂臣賊子懼。」熊氏認爲孟子雖深於《春秋》，然此言以孔子作《春秋》在以刀簡誅伐亂臣賊子，使之由此而懼，實乃厚誣孔子，故予反駁，《原儒・原學統》曰：

> 夫臣弒君、子弒父者，爭權奪利故也。而君位者，大權厚利之所在，難保臣子不爭奪也。孔子深見及此，故作《春秋》，發明貶天子、退諸侯、討大夫之義，以詔當時後世。君位廢，而主權在庶民，厚利均於庶民，何有弒父與君之事乎？孟氏不深研《春秋》，乃妄誣孔子

> 欲誅亂賊，以擁護君主制度，是未能學孔子也。……孟子誠於《春秋》有所知，獨惜其夾雜宗法社會思想，而於《春秋》無深解也。《春秋》改亂制，即是改革君主制度。若誅暴君而另戴賢君，是董生《繁露》所謂易姓更王，未可云革命。（頁137～138）

熊氏認為君位乃大權厚利之所在，為此而弒殺爭奪不絕，孔子有見於此而作《春秋》，旨在貶天子、退諸侯、討大夫，以推翻君權，使主權歸於庶民，而無弒殺爭奪之事。而如孟子所言，孔子乃欲自為天子，竊取君權，以行誅伐，如此則孔子不僅不推翻君權，反而擁護君主制度，而弒殺爭奪亦將不絕。熊氏認為孟子之所以厚誣孔子，即因夾雜宗法社會思想，即「孝治思想」，若此則誅一暴君而另戴一賢君，君位易人，君權仍在，縱使君雖賢，然以一人治天下庶民，究難為治，且賢君不世出，君權終為大亂所以生之源，此與董氏易姓更王無異，故無法深解《春秋》改亂制即改革君主制度，亦即革命之意。熊氏亦論及荀子，《原儒・原學統》曰：「荀卿言上下易位，然後貞，吾深取其有符於革命之恉。但詳覈荀子全書，實無廢除君主制度之意。則其未通《春秋》，亦與孟子等耳。」（頁139）熊氏認為荀子「上下易位，然後貞」數語，雖符革命之旨，蓋上者即君主，下者即庶民，上下易位，即推翻君主，庶民當位，如此而後可謂貞正，此非革命而何？然詳覈全書，荀子與孟子同樣夾雜宗法社會思想，仍擁護君主制度，故所言亦非真正提倡革命，與孟子同為未通《春秋》。

二、何休之據亂三世

　　熊氏既溯源其始，並對《繁露》及《公羊傳》三世義有所不滿，而言「其與何休三世義，相去豈止天淵」，「幸有何休《解詁》，略明孔子三世本義」，則顯以何休《解詁》所言為正。何休之言三世，乃於所見三世外，更言據亂三世，《解詁》隱元年曰：

> 於所傳聞之世，見治起於衰亂之中，用心尚麤觕，故內其國而外諸夏，先詳內而後治外，錄大略小，內小惡書，外小惡不書，大國有大夫，小國略稱人，內離會書，外離會不書是也。於所聞之世，見治升平，內諸夏而外夷狄，書外離會，小國有大夫，宣十一年秋，晉侯會於攢函，襄二十三年，邾婁鼻我來奔是也。至所見之世，著治太平，夷狄進至於爵，天下遠近小大若一，用心尤深而詳，故崇

　　仁義，譏二名，晉魏曼多、仲孫何忌是也。（卷一頁 23）

據《文謚例》所言「所見異辭，所聞異辭，所傳聞異辭，二科六旨也」，則張三世應爲所見三世，而無據亂三世，何休則承《公羊傳》及《繁露》所見三世，又加入「見治起於衰亂之中」、「見治升平」及「著治太平」，即據亂三世。可見何休三世說有二，即所見三世，此乃《公羊傳》及《繁露》之說，與據亂三世，按公羊家說法，此乃孔子口義。《公羊傳》所見三世，唯就時代遠近而言，只是一歷史分期問題。《繁露》有見三世，雖明確劃分春秋魯十二公爲三世，然亦如《公羊傳》，只涉及歷史分期問題。而何休據亂三世，則不僅是歷史分期問題，更將之提升至一歷史哲學層次，由據亂而升平，再由升平而太平，時間越向前邁進，世界便越有希望，一世比一世美好，歷史不斷向前發展，終至太平盛世。此歷史觀，更可由何休將所見三世配以據亂三世見出，即所傳聞之世爲據亂世，所聞之世爲升平世，所見之世爲太平世，然徵諸史實，春秋魯十二公，世愈近而治愈亂，何休卻認爲世愈亂而治愈盛，正與史實相反，此乃寄寓理想，蓋三世並非實指，若是實指，則愈近者愈亂，與其升進過程不符，此無疑乃一象徵，即借事明義，借由象徵之表達，以明《春秋》據亂而治以達太平之最高理想，而張三世之所以爲「張」三世，亦於此見。〔註 5〕然亦有不信此說者，如顧頡剛《春秋三傳及國語之綜合研究》曰：「此三世之說，殊難稽信也。事實上《春秋》世愈降則愈不太平，政亂民苦無可告愬，可謂太平乎？使孔子而果修《春秋》，當不至揚亂世指爲太平也。」（頁 15）若就史實而言，誠如顧氏所言《春秋》「世愈降則愈不太平」，然公羊家認爲孔子正由此借事明義，倡言世愈亂而治愈盛。故顧氏之評，實不中肯。且顧氏認爲此說「殊難稽信」，亦值商榷。蓋此說極可能與當時政治社會狀況有關，浦衛忠《春秋三傳綜合研究》（頁 134～135）即從此方面提出四點，以其乃爲盼望「大一統」之故，此可備一說。又何休雖無張三世一名，此名至宋氏才有，惜宋氏未言明爲所見三世，或據亂三世，抑兩者兼有。但可確定者，何休雖無張三世之名，甚至亦無據亂世等名，然見治起於衰亂之中等，實已含此意，後人才得以據此而定其名，故可謂至何休而張三世始成立，不僅爲公羊學，亦是春秋學之宏綱鉅領。

〔註 5〕 按董氏曰：「魯愈微而《春秋》之文愈廣」，而古文家之賈逵亦曰：「世愈亂而《春秋》之文愈治」，此即何休三世說世愈亂而治愈盛之義，可見此說流傳甚早，在董氏之時已有之，至何休則予以確立。

　　何休除提出據亂三世外，又加入異內外，使兩者緊密結合，據亂世之時，「內其國而外諸夏」，升平世之時，「內諸夏而外夷狄」，太平世之時，「夷狄進至於爵，天下遠近小大若一」。何休此舉實較胡母及董氏爲勝，蓋胡母及董氏之所見三世，唯就時代遠近分爲三期，因而即有異辭，此純爲書法問題，屬史書編輯觀念，乃一歷史分期問題，殊難與異內外相結合。而何休據亂三世，則於此基礎上，賦予評價性質，將歷史分期問題提升至歷史哲學層次，此則不只是書法問題，實已超越史書編輯觀念，而爲一價值判斷觀念。故至何休之時，張三世即具有書法、史書編輯及價值判斷三方面之意義。〔註6〕此價值判斷即欲由據亂而升平以至太平，此正與異內外之由內其國而內諸夏以至內夷狄三階段相穩合，故兩者可相結合。而從另一角度觀之，張三世乃指時間而言，異內外則指空間而言，時間與空間雖爲不同概念，然時間不離空間，空間不離時間，兩者必互相結合，一體而論，方爲完備，而何休既將張三世與異內外相結合，即意謂時間與空間可結合，此則甚爲合理。或許何休並無時間、空間等概念，縱有之，亦甚薄弱，然所言實已含此意，此亦其勝於胡母及董氏之處。

　　何休三世說，不僅客觀地觀察歷史現象，更是主觀地總結歷史規律。然其將所見三世與據亂三世互相配合，以所傳聞之世爲據亂世，所聞之世爲升平世，所見之世爲太平世，是否爲一必然關係？蓋所見三世，乃就時代分期，將時間分爲三期，雖分三期，但時間以相繼爲性，即由所傳聞之世，至所聞之世，再至所見之世，乃一連貫且不可紊亂之順序。而據亂三世，則屬評價性質，並無相承關係，亦即不似時間以相繼爲性，不必由據亂而升平而太平，實可不按此順序，縱有順序，亦不必由據亂而升平而太平，亦可正好相反，由太平而升平而據亂，配合所見三世，則爲所傳聞之世爲太平世，所聞之世

〔註6〕 陸寶千《清代思想史》曰：「張三世之說蓋有三義：一書法義、二史觀義、三政治義。隱公元年冬。春秋書公子益師卒。公羊傳曰：『何以不日？遠也。所見異辭，所聞異辭，所傳聞異辭』。不同時間內之歷史事件，以不同之文辭，表現於歷史記載中，此書法義也。何休解曰：『於所傳聞之世，見治起於衰亂之中』。『於所聞之世，見治升平』。『至所見世，著治太平』。表示歷史發展有此不同之階段，此史觀義也。又云：『異辭者，見恩有厚薄，義有深淺』。『於所傳聞之世，見治起於衰亂之中，用心尚麤觕，故內其國而外諸夏，先詳內而後治外，錄大略小』。……蓋不同之文辭，表示歷史之如何由亂而治，由治而太平，此政治義。」（頁239～240）按陸氏所言甚是：本文所謂史書編輯觀念即指史觀義而言，價值判斷觀念即就政治義而言。

爲升平世，所見之世爲據亂世，而此情形，頗與史實符合。而縱使其順序即爲由據亂而升平而太平，與由所傳聞至所聞至所見相一致，但時間以相繼爲性，評價性質則無相繼性，故可能至所聞世，仍爲據亂，未達升平，或至所見世，仍爲據亂或升平，而未至太平。何休將兩種不同之三世觀，互相配合，乃想當然耳之理想，於其差異，及能否配合無間，顯然未曾措意，然此並不意謂即無問題，故如何將此一以時間爲主、一以評價爲主之三世觀，互相配合，並顧及實際情況，實值深思。

又所見三世，其書法標準爲「異辭者，見恩有厚薄，義有深淺」，完全與董氏以君臣恩義之深淺而爲言無異，對政治、社會上之重大問題，並不涉及，更無任何理想可言。而據亂三世，「內其國而外諸夏」、「內諸夏而外夷狄」、「夷狄進至於爵，天下遠近小大若一」，實以文化道德爲準，而非以君臣恩義爲言，對政治、社會上之重大問題，頗涉及之，更有偉大理想，如「天下遠近小大若一」，此與《禮記・禮運》之「大同」，及〈大學〉之「天下平」，實無大異，後世亦常視其即大同，即天下平。可見此兩段前後實相矛盾，標準亦異，則如何互相配合，又是一問題。何休兩義並存，雖有保存舊說之功，然於其矛盾處，如何加以溝通、連繫，並未言明。

又何休之張三世，由據亂而升平而太平，此只是一理想，只提供一方向上之指標，不論在據亂世，或升平世，皆向太平世之方向前進，然此亦只是一方向而已，其重點在撥亂反正，而非對實際政治作一政制規劃，並無具體內容爲其前進路線，即並不必然由據亂而升平而太平，亦可由據亂直接至太平，不須經過升平。胡母及董氏唯言所見三世，而無據亂三世，自無此意可言。然至清諸公羊家則上承何休，但與之仍有異，即更強調張三世乃一前進不已且含理想之政制規劃，賦予其具體內容，並有一定之前進路線，必由據亂而升平而太平，不可操之過急，由據亂直接跳至太平。劉逢祿、龔自珍、魏源如此，康有爲亦如此，皆以三世說爲理論架構模式。而孫中山所謂軍政、訓政及憲政三階段之政治進化論，蓋亦由此轉出。

何休所言據亂三世，縱使其內部尚有不周之處，然實已超越胡母及董氏之所見三世。何休雖上承胡母及董氏，然思想之發展略有兩途，《原儒・原內聖》曰：「一、於古爲相承；二、於古爲相反。相承者，依據古學或師說而推演之，益以宏闊深遠。……相反者，研究古學，而終有弗契，遂別闢天地。」（頁410）何休所言兩種三世義，有可能乃後一義承前一義而來，即「於古爲

相承」，李威熊《董仲舒與西漢學術》（頁 103～104）即以此說極有可能。《示要》卷三雖曰：「何氏《解詁》，說三世義，略釋如上。何氏說，蓋本之董子、胡母生。」（頁 798）《原儒・原學統》亦曰：「何休張三世，其義當從胡董後學得來。」（頁 129）此就傳承而言，表面看似於古爲相承，然就內容而論，熊氏認爲兩義前後互相矛盾，後一義絕非承前一義而來，而是「於古爲相反」，故與其謂何休三世義於古爲相承，倒不如視之爲於古爲相反，乃何休於胡母及董氏之外「別闢天地」而來。《原儒・原外王》曰：「何休注釋《公羊》隱元年傳，所見、所聞、所傳聞一則，詳其文恉，明明前後矛盾。前段闡明所見等三世異辭。……後段別標據亂、升平、太平三世義，確與前段盛彰君臣情義者異恉。」（頁 205）熊氏直指問題癥結所在，即何休兩段注文前後確實互相矛盾。爲豁顯此癥結，熊氏特將兩段注文加以對照，以見其異：

何休所述孔子三世義

　　所傳聞世　　見治起於衰亂之中，是爲據亂世。

　　所　聞　世　　見治升平，是爲升平世。

　　所　見　世　　著治太平，是爲太平世。

公羊壽與胡母所作《公羊傳》之三世義

　　所　見　世　　臣當懷君深恩。

　　所　聞　世　　以義繩臣道。

　　所傳聞世　　世遠，不以恩義論。（同上頁 206～207）

兩相對比之下，即可清楚見出何休所言與胡母不同，且與董氏亦不同。何休之所以於同一注文中，將此兩相矛盾之說同時納入，乃因爲《公羊傳》作注，即須謹守「注不駁傳」、「疏不破注」，故順其意而說，然又不欲孔子口義湮沒不彰，故於此同時即將口義宣出，以存其眞。《原儒・原學統》曰：「大概壽與胡母生之《公羊傳》行世之後，公羊氏之傳授，必分兩派。一、遵依《公羊傳》者，漸捨孔傳本義。二、孔傳雖不敢公之於世，而其義恉，必有口說流行，不至遽絕。」（頁 133～134）按熊氏所言是否爲史實，已難考察，然熊氏認爲《公羊傳》唯言所見三世，「漸捨孔傳本義」，此無可疑，而何休之所以言據亂三世，則因胡母之後，「必有口說流行，不至遽絕」，而爲何休所保存而宣出。而最要者，即所言三世順序正好相反。胡母以所見爲先，何休則以所傳聞爲先，順序不同，重點亦隨之而異。胡母以所見爲先，即以所見世先於所聞世及所傳聞世，則「臣當懷君深恩」必重於「以義繩臣道」及「世

遠，不以恩義論」，既強調臣當懷君深恩，則必如熊氏所言：「所見之世，臣於其親事之君，必感恩深厚也。」（《原儒・原外王》頁226）臣於君既感恩深厚，則君之所爲，即使極盡剝削能事，已至衰亂不堪之地，亦不敢起而革命，撥亂反正。何休以所傳聞爲先，即以所傳聞世先於所聞世及所見世，則必著重「見治起於衰亂之中」，由此「見治升平」，進而「著治太平」，既強調見治起於衰亂之中，則必如熊氏所言：

> 傳聞之世，衰亂已久，當舉革命，撥亂起治，故先之也。治道已興，歷升平而至太平，則革命之功緒已就矣。其以太平爲所見世者，則以太平之治，當及身親見，不容待諸未來。（同上頁227）

熊氏認爲何休三世義，強調撥亂起治，已有革命之意，若能起而革命，不僅治道必興，革命之功可成，而太平之治亦可及身親見。若依胡母之說，則於所見世，其所見無非乃純以君臣恩義爲主之衰亂不堪之治，而依何休之說，則於所見世，即能及身親見太平之治，可見何休三世義與胡母及董氏根本毫無相通之處，而其精義亦非兩家所能言，此無他，蓋兩家雖傳口義而終背之，何休則保存而發揚之。熊氏於何休三世義有革命之意，頗爲稱贊，其曰：「休未嘗不宣揚革命，其述三世也，於所傳聞之世，言治起於衰亂之中，先詳內。據此，則治起衰亂者，即是撥去亂制，以創起治道，非革命而何？」（同上頁225）但熊氏又以何休所處乃帝制已穩定之時代，有所忌諱，所言終有不盡不實，故又續曰：「何休不敢直述其義，故以一詳字囫圇說過去。是時帝制已穩定，人民亦絕不自覺。何休雖深明公羊氏先世口義之傳，終亦托《公羊傳》，以阿當世，而《春秋》本義終晦也。」（同上）熊氏此說，可以何休對三世分期說加以檢驗，《解詁》隱元年曰：

> 所以三世者，禮爲父母三年，爲祖父母期，爲曾祖父母齊衰三月，立愛自親始，故《春秋》据哀錄隱，上治祖禰，所以二百四十二年者，取法十二公，天數備足，著治法式。又因周道始壞，絕於惠隱之際，主所以卒大夫者，明君當隱痛之也。君敬臣，則臣自重，君愛臣，則臣自盡。（卷一頁23）

何休認爲《春秋》所以三世者，完全以「禮」爲準，此中又以喪禮爲最根本，蓋人生以孝弟爲本，養生送死乃人倫之先，服喪所以盡孝，盡孝則可治天下，以孝治天下，由內及外，「著治法式」，此不僅漢所強調，亦歷代所講求，而其表現於外，則「爲父母三年，爲祖父母期，爲曾祖父母齊衰三月」，皆依禮

而行，一以禮爲準，即就父母、祖父母與曾祖父母三等之分，故有所見三世之分。若推至君臣而言，則即以「義」爲主，蓋君臣無義，不互相敬重，以至「周道始壞」，若欲「君敬臣，則臣自重，君愛臣，則臣自盡」，則須以義爲準，故即借「絕於惠隱之際」，將十二公分爲三世，以書法之異，而見隱痛之懷，以達天下大治，故有據亂三世之分。可見何休之言，一以禮義爲本，而禮義乃人倫之本，一切皆由此起，修身齊家自此始，治國平天下亦自此始，如此之張三世，方能達至天下遠近小大若一之境界。何休對三世分期之說，顯與《公羊傳》及《繁露》不同。《公羊傳》認爲乃因時間遠近之故，《繁露》亦如此認爲，且確定其起迄時間，而兩者至多認爲此與君臣恩義有關。何休則不僅認爲三世可就君臣恩義而分，甚至乃因喪禮之不同而分，企圖以禮制來解釋，然此不僅不比《公羊傳》及《繁露》清楚，反使三世分期之依據更加模糊。《公羊傳》及《繁露》由時代遠近而劃分三世，即可見出其與君臣恩義相關。何休認爲三世分期乃由禮之故，而對父母能盡禮而爲孝子，則由禮向外而推，對君必能盡義而爲忠臣，更可見出其與君臣恩義相關。可見何休三世之分，完全以禮義爲準，所見三世乃因禮之故而分，據亂三世乃因義之故而分，故其張三世雖以達至太平爲目標，然既以君臣恩義爲言，以此爲骨子，縱使達至太平，然因君主仍在，其國家思想、民族思想必極強烈，以此爲中心，雖能達至天下遠近小大若一，然此若一，亦只是暫時表象，乃君主強制統治之下而成，而非永久太平。君主既仍存在，國家思想、民族思想仍極強烈，則其絕無革命之意，亦無撥亂反正之事。何休據亂三世，雖爲進化歷史觀，亦有革命傾向，然忠君觀念根深柢固，不捨棄國家思想、民族思想，故無革命可言，遑論撥亂反正，則亦無世界思想可言，而欲進至太平，絕無是事。熊氏認爲何休所言雖存孔子口義，然不盡不實，其因即在此。

總之，熊氏認爲公羊氏雖世傳《春秋》，然至壽之後，僞造爲漢制法之《公羊傳》，胡母及董氏所見三世，皆以君臣恩義爲倡，爲統治階級作護符，盡變孔子爲萬世制法之義。孔子眞義雖遭竄亂，幸口義猶傳於世，何休所傳者即公羊氏門人散布之口說。然何休不敢破僞顯眞，仍爲《公羊傳》作注，並承《繁露》，遂使眞僞雜揉，是非莫辨。雖然，但由何休之言加以辨識，亦可簡瓦礫以識眞金。《原儒·原學統》曰：

> 孔子《春秋》經、傳全亡。公羊氏所傳口說，何休以後遂無聞。今
> 從緯書與何氏《解詁》及徐《疏》等，抉擇單辭碎義，猶可推見聖

人之意。改亂制三字，最宜深玩。緯書僞託爲漢制法，可以反證《春秋》實有改亂制之事。公羊氏恐得罪漢廷，乃隱沒孔子改亂制之事，只是對東周列國二百餘年間之君臣，有所譏刺。此與漢廷有何觸犯，而無端造爲漢制法之謠，果何所爲？春秋家縱不憚煩，決不至無知無恥至此。董生受《春秋》於公羊壽，而以貶天子，退諸侯，討大夫，語馬遷，此正是《春秋》改亂制。（頁139）

衡以《詩》三百一言以蔽之曰：「思無邪！」熊氏認爲《春秋》一言以蔽之則可曰：「改亂制」。熊氏此言並非無據，乃從諸書加以辨識而得。公羊氏雖世傳《春秋》，因恐得罪漢廷，故於《公羊傳》中將孔子改制之事隱沒，然此正可反證《春秋》旨在改亂制。董氏雖爲《春秋》大家，深知此義，但《繁露》所言卻與此義相反，然從其語馬遷貶天子諸語，正可見出《春秋》旨在改亂制。何休《解詁》所言據亂三世，更表明《春秋》此旨，徐彥《注疏》乃疏解《解詁》，自與何休同有此意。熊氏又提及緯書，認爲「緯書僞託爲漢制法，可以反證《春秋》實有改亂制之事」。按此指《春秋緯‧演孔圖》血書魯端門之說，緯書本爲輔助經書而有，其言亦應不離大道常法，然因漢代天人感應之說盛行，故其後漸趨於神秘。〈演孔圖〉已將孔子神化，孔子已非人而是神，故能周知一切，而《春秋》由天而降，亦已成爲天書，尤其「中有作圖制法之狀」一語，已將孔子由受命之王，更進一步推向爲制法之主。何休《解詁》哀十四年即引此文而續曰：

孔子仰推天命，俯察時變，卻觀未來，豫解無窮，知漢當繼大亂之后，故作撥亂之法以授之。（卷二十八頁14）

據此，可知孔子之制法無非乃爲漢而制。《孝經緯‧右契》曰：「孔子衣絳單衣，向星而拜，告備于天曰：『《孝經》四卷，《春秋河洛》凡八十一卷，謹已備。』天乃洪鬱起，白霧摩地，赤虹自上下，化爲黃玉，長三尺，上有刻文。孔子跪受而讀之曰：『寶文出，劉季握。卯金刀，在軫北。字禾子，天下服。』」此無疑更加具體證實何說，孔子只爲漢制法。熊氏對此說自不贊同，《示要》卷三曰：

《春秋緯‧演孔圖》，血書端門之說，最荒誕不經。而何休《解詁》，於哀十四年引其文，蓋東漢人重讖諱故也。……據此，可知爲漢初公羊家所托，冀以免害。蓋公羊氏之徒，懼《春秋》將行世，其中多非常異義可怪之論，見嫉於時。（頁771～772）

若如〈演孔圖〉所言，已將孔子受命而王，一轉而爲劉氏之受命而王，將孔子爲萬世制法，一轉而爲爲漢制法。孔子只是制法之主，而非受命之王，而其所制之法，亦非爲萬世而制，而只爲漢而制。故漢縱有亂制，亦不得加以改革，蓋此法乃孔子專爲漢而制，既是聖人之法，則何可有弊而予以改革。至於君權，亦因之不得加以推翻，蓋此君權亦是孔子授予劉氏，既是聖人所授，則何可不承認而予以推翻。而此種種，即因緯書認爲孔子爲漢制法，則其必無亂制。然亦因此，熊氏認爲緯書託言爲漢制法，正可反證《春秋》實有改亂制之事。而改亂制三字，正亦回應熊氏對兩漢公羊家之批判標準，即消滅階級，推翻君權等。在此標準下，熊氏認爲兩漢公羊家皆有違《春秋》本義，不得孔子眞傳。

且進一步言，自西漢哀、平後讖緯之說大興，今文家遂喜言之，至東漢更甚，在此氛圍下，何休亦不能免，故皮錫瑞《經學通論・春秋》曰：「漢尊讖緯，稱爲內學，鄭康成、何邵公生於其時，不能不從時尙。」（頁11）按何休《解詁》乃對《公羊傳》傳意不清，史實未備及典章制度禮儀風俗有缺之處，加以注明，偶亦對較生疏之單辭片語作訓釋。而於此疏解中，何休從傳文中提出三科九旨說，尤其從所見三世而提出據亂三世，使張三世成爲完整理論，並可配合異內外以言，乃其主要貢獻所在。然美中不足者，即何休於《解詁》中引用讖諱以爲解釋，故而神化孔子，認爲孔子「豫解無窮」，直是上天下地無所不知。尤其於災異，《解詁》更是大量引用讖緯，而孔子豫解無窮未卜先知之能力，更是神通。如哀十二年「冬，十有二月，螽」，此言螽災，記異而已，而《解詁》曰：「自是之後，天下大亂，莫能相禁，宋國以亡，齊并於陳氏，晉分爲六卿。」（卷二十八頁 3）按宋亡等皆戰國初年之事，孔子何能知之，而何休卻以此時螽災，孔子即已預知。又哀十三年「冬，十有一月，有星孛于東方」，此言彗星出現於東方，記異而已，而《解詁》曰：「是後周室遂微，諸侯相兼，爲秦所滅，燔書道絕。」（同上頁6～7）按秦滅六國，焚書坑儒，較前諸事猶爲晚，已是戰國末年之時，孔子更何能知之，而何休卻以此時彗星出現，孔子亦已預知。何休既以孔子能預知此等事，則於更晚之事，亦無不能預知之理，故哀十四年「春，西狩獲麟」，此言麟出現於西方，爲薪采者獲之，亦記異而已，而何休則引〈演孔圖〉血書端門之說，認爲此乃孔子預知漢當繼大亂之後，遂有爲漢制法之說。究其實，《公羊傳》雖言災異，而傳文所言，亦皆明白易曉，並不晦澀難解，而

何休所引緯書既與傳文無關，而以之解傳文，不僅無解說之益，反增迷茫之失。按何休雖大量引用讖緯，但《解詁》重點不在此，其引用乃因時勢使然，故應將此迷霧揭除，才可得其眞。王引之《經義述聞》卷二十四「公羊災異」曰：

> 《公羊春秋》記災異者數矣，自董仲舒推言災異之應，何休又引而申之，其說郅詳且備。然尋檢傳文，惟宣公十五年冬蝝生有「變古易常，應是而有天災」之語，其餘則皆不言致此之由，亦不以爲禍亂之兆。……其他記災記異者不可枚舉，而皆無一語及於感應，乃知公羊之學，惟據人事以明法戒，不侈天道，以涉譸張。蓋天人之際，荒忽無常，君子於其所不知，蓋闕如也。自董仲舒推言災異之應，已開讖緯之先，何氏又從而祖述之，跡其多方揣測，言人人殊，謂之推廣傳文則可，謂之傳之本指，則未見其然也。

王氏之言，頗得其實。按《春秋》之記災異，蓋此異常之象，有關人民生計，乃國之大事，故依史書通例載之而已。《公羊傳》雖爲之訓釋，大抵「惟據人事以明法戒」，絕少引及讖緯，亦不以感應說之，尚能切合《春秋》。董、何則引讖諱，而以感應爲說，不僅不能切合《春秋》，亦不合《公羊傳》之旨，乃理所當然。然《公羊傳》雖不言讖緯，但亦已有爲漢制法之意，董、何既引讖緯，而讖緯之說實已神化孔子，僞託爲漢制法，董、何受此影響，故最終皆歸穴於此。熊氏亦即由此反對董、何，並以讖緯之說正可反證《春秋》實有改亂制之事。

第三節 不識改亂制深意之清三世說

熊氏由分辨何休三世說與胡母及董氏之異，以求孔子眞意，從而使《春秋》改亂制之旨得以彰顯。但熊氏感慨自漢以後諸公羊家，皆於何休與胡母及董氏如此顯而易見之重大差異，竟分辨不出，而於《春秋》改亂制深意，亦不識及。《原儒》曰：

> 康有爲、皮錫瑞皆以董仲舒與公羊壽、胡母生同承孔子《春秋》之傳。既不辨壽與胡母之傳，已非公羊高所受於子夏之傳（漢以來二千數百年學人皆不辨，不獨皮與康也），更不識董生《繁露》又與壽等之學迥異（古今人獨何休能識之耳）。（〈原學統〉頁136）

> 漢以來言三世者，皆以何休所言，亦承董生《繁露》。清季，皮錫瑞
> 康有爲諸人，皆篤信公羊壽胡母生董仲舒之徒，是眞能傳授孔子春
> 秋學。……三世義恉，自兩漢迄近人治《春秋》者，皆以何休說，
> 與公羊壽、胡、董，均無異趣。（趣者旨趣。近人，謂康有爲皮錫瑞
> 等。……）（〈原外王〉頁 201）

熊氏認爲何休能識董氏與壽等之異，蓋就《繁露》唯有有見三世，而《公羊
傳》雖亦只言所見三世，然何休略依胡母生條例而作《解詁》，以闡釋《公羊
傳》，而有據亂三世，此即壽等之學，因其唯藉口義流傳，故隱而不彰，不易
辨識，而唯何休獨能。然就根本處言，何休亦與胡母及董氏皆以君臣恩義爲
言，則無不同，故後人不僅不識胡母與董氏之異，亦不辨何休與胡母及董氏
之異。唐之啖助、趙匡及陸淳，大抵雜探三傳，互相貫穿，不守家法，任意
去取，而於三世說並不強調，於董、何之異亦無分辨。宋儒之治《春秋》者，
視《春秋》爲一整體，甚少將三傳分開而作個別研究，且因外患頻仍，故特
強調尊王攘夷，而於三世說亦不重視，亦如啖助等無視於董、何之異。

一、劉逢祿等之三世說

清中葉，久絕之公羊學再度興盛而成顯學，三科九旨再度成爲鑽研對象，
然大抵祖述董、何而加以融通，或藉以言自己思想，而於其異並無分辨。莊
存與《春秋正辭・奉天辭》共有十義，其九即張三世，然其文只至第八，第
九及第十皆無文，疑有闕文，故不知三世說爲何。唯正文前有提要曰：

> 次九曰張三世，據哀錄隱，隆薄以恩。屈信之志，詳略之文。智不
> 危身，義不訕上。有罪未知，其辭可訪。撥亂啓治，漸於升平。十
> 二有象，太平以成。

據此，莊氏雖言及撥亂、升平及太平，然此只是複述何休之意，並無己意在
內，而「屈信之志」四語，出自《繁露・楚莊王》，可見莊氏大致上認爲何休
與董氏無異。至於孔廣森，對董、何之說基本上抱持懷疑態度，而其三科九
旨，亦與董、何不同，《公羊通義・敘》曰：

> 《春秋》之爲書也，上本天道，中用王法，而下理人情。不奉天道，
> 王法不正；不合人情，王法不行。天道者，一曰時，二曰月，三曰
> 日。王法者，一曰譏，二曰貶，三曰絕。人情者，一曰尊，二曰親，
> 三曰賢。此三科九旨既布，而壹裁以內外之異例，遠近之異辭。錯

綜酌劑，相須成體。

天道及王法之六旨，即宋氏九旨中之六旨，而人情之三旨，即尊親賢，雖與宋氏其餘三旨即王天王天子，不能直接等同，然其「壹裁以內外之異例，遠近之異辭」，則與宋氏「王與天王天子，是錄遠近親疏之旨也」無異。孔氏大抵以宋氏九旨爲說，而冠以天道、王法及人情，以成其三科九旨說，此與董、何可謂絕不相同，而於董、何之異亦絕不探究。劉逢祿〈春秋論下〉駁之曰：「乃其三科九旨，不用漢儒之舊傳，而別立時月日爲天道科，譏貶絕爲王法科，尊親賢爲人情科。如是，則公羊與穀梁奚異？奚大義之與有！推其意，不過以據魯、新周、故宋之文疑于倍上，治平、升平、太平之例等於鑿空。」〔註7〕劉氏蓋本公羊家言，所駁有理。

劉氏祖述董、何，《釋例‧張三世例》曰：

> 傳曰：「親親之殺，尊賢之等，禮所生也。」《春秋》緣禮義以致太平，用坤乾之義以述殷道，用夏時之等以觀夏道，等之不著，義將安放？故分十二世以爲三等，有見三世，有聞四世，有傳聞五世，於所見微其詞，於所聞痛其禍，於所傳聞殺其恩。由是辨內外之治，明王化之漸，施詳略之文。魯愈微而《春秋》之化益廣，內諸夏不言鄙疆是也（董子〈觀德篇〉云：稻之會先內衛；〈奉本篇〉云：諸侯伐哀者皆言我。俱勝何氏注義）。世愈亂而《春秋》之文益治，譏二名，西狩獲麟是也。

劉氏先引「傳曰」強調「親親之殺，尊賢之等」，此與董氏就君臣恩義之深淺而爲言，並無不同。此親親之殺，尊賢之等，皆由「禮所生也」，而「《春秋》緣禮義以致太平」，則劉氏亦認爲《春秋》由「禮義」而生，此與何休三世分期純以禮義而言，亦無不同。由此可見，劉氏亦不能擺脫帝制封建影響，君臣恩義之說，仍縈繞其心，與董、何無異，故亦不能瞭解董、何三世說有何不同。從「分十二世以爲三等」至「於所傳聞殺其恩」，錄自《繁露‧楚莊王》，雖有所省略其文，然其意並無不同，即董氏之有見三世。「由是辨內外之治」至「內諸夏不言鄙疆是也」，乃對董氏有見三世之闡釋，大抵乃據何休據亂三

〔註7〕劉氏《劉禮部集》有〈春秋論上、下〉，魏源《古微堂文稿》有〈公羊春秋論上、下〉，除一二字句稍異外，大抵相同。按魏源學《公羊》於劉氏，乃師生關係，故此極可能乃重出。而據陳鵬鳴〈劉逢祿生平及著作略考〉，考定此爲劉氏之作。其言有據，故依之。

世配合異內外而言。既以何說闡釋董說，自是何較勝於董，然劉氏引《繁露》之〈觀德〉及〈奉本〉爲例，認爲董氏亦有「俱勝何氏注義」之處。劉氏蓋以董、何各有勝義，可互相補足。就三世說而言，劉氏以「由是」連接二說，即由前說而有後說，則以董說爲主，以何說來加以闡釋，並認爲董說不見得不如何說。然不論如何，劉氏認爲董、何並無大異，而其所欲達至者即「世愈亂而《春秋》之文益治」，董、何亦無不同。誠如《釋例·敘》所言：「祿束髮受經，善董生何氏之書，若合符節。……而撥亂反正，莫近《春秋》，董、何之言，受命如嚮。然則求觀聖人之志，七十子之所傳者，舍是奚適焉？故尋其條貫，正其統紀，爲《釋例》三十篇。」劉氏蓋欲效何休檃括胡母及董氏二家未竟之業，而對董、何二氏之書亦加以檃括。基本上，劉氏認爲何休檃括胡母及董氏兩家，並不在分辨其異，故劉氏檃括董、何，亦不在分辨二氏之異，而在「尋其條貫」而予以「正其統紀」，是以遇有二氏不一致處而須有所取捨之時，劉氏大抵亦是加以融通，使其互相補足。且最要者，劉氏於董、何相同之處，即皆以禮義爲主，以君臣恩義之深淺而爲言此點上，不僅無有異議，又將之首先提出，以顯其重要，則劉氏於《春秋》改亂制之旨，亦必如董、何一般無法識及。

與劉氏同時之宋翔鳳，於董、何之異亦無所說，亦不重視董、何，轉而重視《論語》，欲以《論語》闡釋《春秋》。《論語說義·序》曰：「子夏六十四人共撰仲尼微言，以當素王。微言者，性與天道之言也。此二十篇，尋其條理，求其恉趣，而太平之治，素王之業備焉。」「此二十篇」指《論語》，《論語說義》即以《論語》闡釋《春秋》之微言大義，以爲《論語》即《春秋》太平之治之書。按《春秋》乃孔子寄寓理想之書，《論語》乃記載孔子生平之書，兩者性質不同，若以《論語》所載即《春秋》太平世，不免使理想與現實相混。然宋氏並無視於此，《論語說義·三》曰：

> 孔子救亂世，作《春秋》，謂一爲元，以著大始，而欲正本。然張三世以至於治太平，顏子繼其後，太平之治已見，故能一日克己復禮，天下歸仁。如《易》於乾元爲仁，於貞明既濟定，言太平之世，群聖相繼，效至捷也。

按何休三世，由據亂而升平而太平，乃託言史實以寄寓理想，強調過程重於結果。宋氏則認爲「顏子繼其後，太平之治已見」，則孔子已及身親見太平，已將理想視爲史實。而太平之治之所以已見，即因「群聖相繼，效至捷也」，

可見宋氏已忽略其過程，而強調其結果。何休之說，雖云按其過程，由據亂而升平而太平，則太平終有到來之日，然此終是寄寓理想，縱此理想能成爲史實，唯此過程並非一蹴可幾。而宋氏之言太平之治已見，效至捷也，實已取消其過程，直以理想爲史實，以假爲眞，誠易令人生疑。

劉、宋之後，則有龔自珍、魏源，二氏皆爲劉氏弟子。龔氏〈乙丙之際箸議第九〉曰：

> 吾聞深於《春秋》者，其論史也，曰：「書契以降，世有三等，皆觀其才。才之差，治世爲一等，亂世爲一等，衰世別爲一等。」（《定盦文集》卷上）〔註8〕

龔氏「世有三等」說，雖源於公羊學傳統，卻與之大異，不僅將三世易名爲「治世」、「亂世」及「衰世」，且其順序由治世而亂世，由亂世而衰世，正與何休由據亂而升平，由升平而太平相反。蓋龔氏所處時代，乃清朝由盛轉衰，內憂外患頻仍之際，故對何休「世愈亂而治愈盛」之說，縱使不加反駁，但亦不能不顧及史實，而就史實觀之，自書契以降，世有三等，然其並非世愈後而治愈盛，而是世愈後而治愈亂。龔說顯與董、何無關，其乃以之爲一思考範疇，藉之以言自己思想。龔氏又將〈洪範〉八政配三世，而有「祀之三世」、「司寇之三世」等說（見《定盦文續集》卷二〈五經大義終始答問〉），此皆與董、何無關，於其差異亦不注意。魏源有《董子春秋發微》一書，惜不傳，唯〈董子春秋發微序〉尚存，其曰：

> 《董子春秋發微》七卷，何爲而作也？曰：所以發揮《公羊》之微言大義，而補胡母生《條例》、何邵公《解詁》所未備也。……今以本書爲主，而以劉氏《釋例》之通論大義近乎董生附諸後，爲《公羊春秋》別開闉域，以爲後之君子亦將有樂於斯。（《魏源集》上冊）

據此，可知此書以董氏《繁露》爲主，而以劉氏《釋例》近於《繁露》者附於後，互相發明印證，而主要在表彰董氏。其書易《繁露》之〈楚莊王〉爲〈繁露〉，〔註9〕仍列第一，而以《釋例》之〈張三世例〉、〈通三統例〉及〈異

〔註8〕此文一本「箸」作「塾」，「九」作「二」，即〈乙丙之際塾議第二〉，《定盦文集補編》有〈乙丙之際塾議二〉一文，除一二字句不同外，與此文全同。

〔註9〕魏源認爲〈繁露〉應爲首篇之名，而後人妄以之爲全書之名，復移〈楚莊王〉於全書之首，實甚矯誣，故加辨別，以還其舊。

內外例〉附於後，以〈俞序〉、〈奉本〉列第二、三，再以〈張三世例〉附於後。可見魏氏於三世說，意在融合兩漢至清之公羊家說，使古今無歧異，而於董、何之異亦無辨別。

以上諸公羊家，熊氏雖未提及其姓名，然認為彼等皆不解董、何等三世說之異則為一，既不解其異，故亦不知改亂制深意。熊氏特別提及皮錫瑞及康有為，蓋二氏離熊氏時代既近，所言又多，影響自深，而於董、何之異既無辨，故於改亂制深意，絕無深知，且適得其反，是以特予駁斥。

二、駁皮錫瑞、康有為之三世說

皮氏尊崇董氏，認為董氏之學最醇，微言大義皆存於《繁露》，《經學通論‧春秋》第三條即「論董子之學最醇微言大義存於董子之書不必驚為非常異義」，其曰：「孟子之後，董子之學最醇。然則《春秋》之學，孟子之後，亦當以董子之學為最醇矣。」（頁 4）皮氏認為董氏最得《春秋》之旨，大義微言皆存於《繁露》，並較胡母之《公羊傳》為醇，而何休《解詁》自亦承董氏而言，不出其範圍。故皮氏認為何休三世義與胡母及董氏無異，其曰：

> 何氏九旨在三科之內，宋氏九旨在三科之外，其說亦無大異。而三科之義，已見董子之書。楚莊王篇曰：……此張三世之義。（頁6～7）

> 三科惟張三世之義，明見於《公羊傳》。……故《春秋》據哀錄隱，上治祖禰，與董子書略同，皆以三世為孔子三世。（頁8）

此中「……」，前者即《繁露》有見三世，後者即《公羊傳》所見三世。皮氏認為何休三世「已見董子之書」，「明見於《公羊傳》」，即以何休乃承胡母及董氏，以所見三世為孔子三世，而於何休據亂三世，並不在意，則據亂三世同於所見三世，而均無異趣。熊氏於此自是不能贊同，因《公羊傳》及《繁露》雖號為傳《春秋》，實則變亂孔子口義，而何休則尚存真義，其中差異甚大，非如皮氏所言。

康氏亦尊崇董氏，其《春秋董氏學》乃將《繁露》加以歸納，再加按語，而一皆以董氏為主，其言三世，先列《繁露》有見三世，然後按曰：

> 三世為孔子非常大義，託之《春秋》以明之。所傳聞世為據亂，所聞世託升平，所見世託太平。亂世者，文教未明也。升平者，漸有文教，小康也。太平者，大同之世，遠近大小如一，文教全備也。

　　大義多屬小康，微言多屬太平。爲孔子學，當分二類，乃可得之，
　　此爲《春秋》第一大義。自僞《左》減《公羊》，而《春秋》亡，孔
　　子之道遂亡矣。（卷二頁4）

康氏以何休據亂三世來解釋董氏有見三世，將兩者混而爲一，顯然認爲何休
上承董氏而與之無別，此則非熊氏所能首肯。且康氏認爲「大義多屬小康，
微言多屬太平」，強分大義與微言，將之分開並列，熊氏亦不贊同，《原儒·
原外王》曰：

　　康有爲不辨班固之邪謬，而祖述其說，以大義、微言兩相淆亂，而
　　妄說《春秋》。是故公羊陰變《春秋》改亂制之意，而爲漢制法，有
　　爲不能辨其僞。（頁169）

熊氏認爲康氏所言乃據《漢書·藝文志》，此不無疑問，蓋班固乃本之劉歆〈讓
太常博士書〉，而康氏《新學僞經考》所最反對者，即劉歆、班固等主《左傳》
之古文家，康氏既反對之，則實難再據之以言。不過，換個角度以言，雖然
反對，亦不必然即不可據之以言。究其實，康氏所言仍與劉歆、班固不同，
故於熊說應分別以觀，即康氏是否據劉歆、班固而言，此爲一問題，而熊氏
於劉歆、班固及康氏之說皆反對，此爲另一問題，而後一問題才是重點所在。
按李奇及顏師古注「微言」曰：「隱微不顯之言也」、「精微要妙之言耳」，據
此，劉歆、班固乃從文字隱顯而言，顯者爲大義，隱者爲微言，實不能說明
兩者究有何別。顧實《漢書藝文志講疏》曰：「百家之文，亦稱微言。《論語
讖》曰：『子夏六十四人共撰仲尼微言。』然則仲尼微言，《論語》即是。」（頁
2）顧氏並舉《韓非子·五蠹》、《呂氏春秋·精諭》、《淮南子·道應訓》、《史
記·田完世家》及《後漢書·楚王英傳》爲證，所謂微言「蓋其意恒在言外，
故微妙難知也。」（同上）顧說與李奇、顏師古無異，而更加詳。百家之文，
既皆可稱微言，而孔子微言乃《論語》，而非《春秋》，此與公羊家以《春秋》
有微言、大義，實不相同，可見劉歆、班固與公羊家皆言微言、大義，其名
雖同，其意則不同。熊氏於此差異雖不甚明瞭，但仍從另一角度批判劉歆、
班固，〈定論〉曰：

　　劉歆等謂仲尼歿，而微言絕，直不承認六經尚存微言。謂七十子喪，
　　而大義乖，則是孔子所授於七十子者祇有大義。及七十子喪，而大
　　義亦乖矣。然則六經尚何有乎？（頁535）

熊氏之意，即仲尼沒、七十子喪，而微言即絕，大義亦乖，則在孔子之後不

久，即無微言、大義可言，則《春秋》之旨晦矣，何可辨識。熊氏乃從公羊立場而言，而劉歆、班固爲左氏家，故此評主觀意味重，實不太客觀。至於康氏所言，則大義與微言差異甚大，熊氏於此自亦認可，然康氏以爲孔子兩義並存，熊氏則認爲如此必使《春秋》是非淆亂，蓋微言與大義絕不相同，大義可著之竹帛，微言則藉口說流傳，若兩義同時並存，則孔子《春秋》亦無須筆削，而於當時即可盡情道出，又何必有大義與微言之分。尤其康氏言「三世爲孔子非常大義」，與熊氏「如《公羊》之『三科九旨』多屬微言」之說，正好相反，而康氏又認爲「大義多屬小康」，明以三世爲小康之教，而非太平之教，且如其所言「升平者，漸有文教，小康也」，則康氏之言三世，至多只爲升平，而非太平，此與《春秋》張三世以太平爲極至之說，顯然不合，且與熊氏絕然相反，自不爲其所認可。

　　熊氏認爲由於皮、康對何休與胡母及董氏之異，不能加以辨認，一味尊崇胡母及董氏，直以《公羊傳》及《繁露》爲是，則必受爲漢制法影響，而對《春秋》改亂制爲萬世制法之旨，了無所知。皮氏《經學通論・春秋》曰：

> 歐陽修譏漢儒爲狹陋云：「孔子作《春秋》，豈區區爲漢而已哉。」
> 不知《春秋》爲後王立法，雖不專爲漢，而漢繼周後，即謂爲漢制
> 法，有何不可。且在漢言漢，推崇當代，不得不然。即如歐陽修生
> 於宋，宋尊孔教，即謂《春秋》爲宋制法，亦無不可。今人生於大
> 清，大清尊孔教，即謂《春秋》爲清制法，亦無不可。歐陽所見，
> 何拘閡之甚乎！（頁11）

漢儒在漢言漢，認爲《春秋》爲萬世制法，即是爲漢制法，歐陽修認爲如此則將萬世局限於區區之漢，實非孔子作《春秋》之旨。皮氏則認爲歐陽之說「拘閡太甚」，蓋《春秋》爲萬世制法，即爲後世每一代立法，因每一代皆包含於萬世之中，漢、宋及清皆爲萬世中之一代，只要尊崇孔教，故在漢言爲漢制法，在宋言爲宋制法，以至於在清言爲清制法，皆無不可。按皮說似頗合理，然此只是形式上之說法，至於法之實質內容，皮氏則並不言及，其只從爲萬世制法之「萬世」，作形式上之說明，認爲萬世即包括孔子之後之每一代，而對爲萬世制法之「法」，即實質內容，並無說明。對法之實質內容既無說明，純從形式上加以認定萬世即指後世每一代，則於《春秋》必生誤解。唯有瞭解法之實質內容，才能從而對萬世加以規範。熊氏於此有明確說明，《示要》卷三曰：

> 昔孔子成《春秋》，制萬世法。對於君權時代之亂制，力主改革。（頁
> 771）

熊氏認爲法之實質內容即「反對君權，改革亂制」，而若如皮氏所說，不論在
漢、在宋或在清，時代雖易，而君權仍在，然每世皆爲擁護君權，亂制頻生，
則萬世有如一世，又何須爲萬世制法？熊氏對皮說即加以批評，《示要》卷三
曰：

> 錫瑞此解卑陋邪謬已極。《春秋》之道，歸於去尊以伸齊民，誅暴以
> 興滅絕。漢之帝制，清人覆二帝三王之統，皆《春秋》之所必誅而
> 不容寬假也。而云《春秋》爲彼制法乎？聖人制萬世法，將使群生
> 隨時而進於善，萬物各得其所，豈爲專制或凶猘之徒制法，以魚肉
> 兆庶乎？（頁 773～774）

熊氏既認爲《春秋》爲萬世制法，即在反對君權，改革亂制，最終目的必歸
於「去尊以伸齊民，誅暴以興滅絕」。反觀漢儒所處之漢代，及皮氏所處之清
代，皆爲帝制之時，不僅不能去尊以伸齊民，反屈其齊民以推尊，不僅不能
誅暴以興滅絕，反肆其滅絕以逞暴，傾覆二帝三王之統，魚肉兆庶，亂象頻
生，此與《春秋》改亂制正相反，何可反言《春秋》爲其制法？皮氏竟言《春
秋》乃爲漢制法，爲清制法，其所謂萬世，乃指以君爲主之一朝一代而言，
代代相繼，故曰萬世。從形式上看，朝代雖不斷更迭，君主亦屢屢易人，而
實際上君之有權則爲一，此乃萬世而不變。皮氏既以君權不變，則所制之新
法，與舊法無異，而爲萬世制法之「制」字，勢必落空，徒具形式。熊氏則
認爲萬世非指以君爲主之一朝一代，乃指以民爲主之長治久安而言，以其長
久，故曰萬世。從實際上，反對君權，易爲以民爲主，改革亂制，使其長治
久安，如此才能永登太平盛世，方顯制字之義，而孔子作《春秋》爲萬世制
法之說，亦始彰明而無蔽。熊氏雖常引及皮氏《經學通論》，對一般論據，如
《春秋》微言與大義之別，世愈亂而其文愈治等，皆表贊同，然在改亂制此
根本問題上，則不僅反對，並予嚴屬批判，此亦可見熊氏雖承襲清公羊學，
然與之不盡相同，並非一味盲從，而有己意在。

　　至於康氏，其《孔子改制考》乃雜引各書而加以歸納，再加按語。其於
孔子改制之事，言之諄諄，卷八〈孔子爲制法之王考〉即引各書加以證明孔
子確有改制之事，實爲制法之王。其於孔子改制之法，亦言之諄諄，卷九〈孔
子創儒教改制考〉即引各書以明孔子改制之法之內容爲何，認爲《繁露·三

代改制質文》所載最爲可信，故引其文後即曰：

> 孔子作《春秋》改制之說，雖雜見他書，而最精詳可信據者，莫如
> 此篇。稱《春秋》當新王者凡五，稱變周之制，以周爲王者之後，
> 與王降爲風，周道亡於幽厲同義。故以《春秋》繼周爲一代，至於
> 親周、故宋、王魯，三統之説亦著焉，皆爲《公羊》大義。其他絀
> 虞絀夏、五帝九皇六十四民，皆聽孔子所推；姓姚姓姒姓子姓姬，
> 皆聽孔子所象；白黑方圓異同世及，皆爲孔子所制。雖名三代，實
> 出一家，特廣爲條理，以待後人之行。……董子爲第一醇儒，安能
> 妄述無稽之説。此蓋孔門口說相傳，非常異義，不敢筆之於書，故
> 雖公羊未敢驟著其説。至董生時，時世殊易，乃敢著於竹帛，故《論
> 衡》謂孔子之文，傳於仲舒也。苟非出自醇實如董生者，雖有此説，
> 亦不敢信之矣。幸董生此篇猶傳，足以證孔子改制大義。（頁 5）

康氏亦如皮氏，最尊崇董氏，皆以「醇儒」目之，並舉王充《論衡》以證董
氏傳孔子之意，對《繁露》之重視遠甚《公羊傳》，而〈三代改制質文〉所載，
即孔子改制大義之內容。康氏特別提及董氏「親周、故宋、王魯」及「絀虞
絀夏」等，此皆就通三統，而非張三世而言。董氏唯言有見三世，並無何休
之據亂三世，而有見三世唯就時間遠近而言，亦無據亂三世強調革命之意，
對董氏而言，三世説並不重要。董氏所重視的乃通三統，不只〈三代改制質
文〉，《繁露》其他篇章凡言及改制者，皆從通三統而言。康氏尊崇董氏，故
必由此而言孔子改制之內容。通三統雖有變革，甚至革命之意，但仍陷於國
家主義窠臼，縱起而革命，推翻前朝，畢竟只是改朝換代，天子易姓，而君
位仍存，君權在上。此從〈三代改制質文〉言改制之內容即可知，即「王者
必受命而後王，王者必改正朔，易服色，制禮樂，一統於天下，所以明易姓
非繼人，通以己受之於天也。」董氏雖言王者受命而王，推翻前朝，建立新
朝，頗有革命意味，然又言王者必改正朔等，此從形式上而言，唯有外在之
變革，而無實質上意義，其內在權利核心所在之君權，仍舊不變，故使其革
命意味頓失。董氏所言改制，只是外部變革，而非內在革命。康氏按語雖未
提及以上諸語，然其又引《禮記·大傳》所言：「立權度量、考文章、改正朔、
易服色、殊徽號、異器械、別衣服，此其所得與民變革者也。」此與董氏所
言無異而更加詳，康氏隨加按語曰：「揭改制大義」（同上頁 7），可見康氏確
以董氏改正朔等爲改制內容，皆從形式上而言，認爲「此其所得與民變革者

也」，至於實質上之君權，則顯然是此其「不」得與民變革者也。然董氏、康氏所言改正朔等，何以只是形式上之改變，而非實質上之革命，此從《繁露・楚莊王》所言可證，康氏亦加引及，而此不僅可視爲董氏及康氏，更可視爲自董氏至康氏以來所有公羊家凡言改制者之代表。《繁露・楚莊王》曰：

> 《春秋》之道，奉天而法古。……《春秋》之於世事也，善復古，譏易常，欲其法先王也。然而介以一言曰：王者必改制。……今所謂新王必改者，非改其道，非變其理。受命於天，易姓更王，非繼前王而王也。若一因前制修故業，而無有所改，是與繼前王而王者無以別。受命之君，天之所大顯也，事父者承意，事君者儀志，事天亦然。今天大顯己，物襲所代而率與同，則不顯不明非天志，故必徙居處、更稱號、改正朔、易服色者，無他焉，不敢不順天志而明自顯也。若夫大綱人倫，道理政治，教化習俗，文義盡如故，亦何改哉？故王者有改制之名，無易道之實。

新王必改制，只是爲與前王有所區別，以示己乃受命於天，非受之於人，不得不有所不同，而所改制者唯「徙居處、更稱號、改正朔、易服色」，此乃爲顯天志，故在名稱上有所變易，只具形式上意義，而無關於實質內容。至於與天志相應之人倫、政治等，此屬實質上意義，則不可變易，一切盡如故，而無須改哉。在形式上「有改制之名」，實質上則「無易道之實」，董氏、康氏之改制，唯有變革而已，而無革命之意。新王改制之所以「非改其道，非變其理」，即因《春秋》「善復古，譏易常」，不僅不改變先王之法，且須法先王，亦即「法古」，而法古即「奉天」，故曰：「《春秋》之道，奉天而法古」。可見董氏一則言有改制之名，強調改制之重要，然一則言無易道之實，非改其道，非變其理，必須善復古，譏易常，奉天而法古。職此之故，董氏所謂改制乃以改正朔等替代推翻君權，唯有其名，而無其實，頓失其意，康氏則承之而無疑。熊氏對此自是予以批判，《原儒・原學統》曰：

> 案其言人倫、道理、政治、教化、習俗、文義盡如故，亦何改哉？董生頑固至此，眞不可解也。人倫無改，亦看如何說法。君臣一倫，則孔子作《春秋》，明言貶天子、退諸侯、討大夫，董生親受口說於公羊氏，以語馬遷。今言無改，不亦喪其所學乎？父子之倫不可改，然子於父母，有幹蠱之道，不以順親之過爲盡倫，孔子《易經》所明示也。道理乃至文義，一切無改，此其說之迷謬，可置勿論。（頁

135～136）

> 董生作《繁露》，乃以徙居處、更稱號、改正朔、易服色爲改制，此豈《春秋》所謂改制乎哉？康有爲《孔子改制考》，本由雜抄而成冊，取昔人之偶發一議，有異乎恒規舊習者，皆視爲與《春秋》改制不異。其所抄集，浮亂至極。而《春秋》廢除君主制度，即推翻最少數人統治天下最大多數人之亂制，其義蘊廣大宏深，卻被康氏胡亂說去。（頁 139～140）

按熊說甚是，而董氏之所以以改正朔等替代推翻君權，認爲《春秋》奉天而法古，自與其天的哲學有關，〈賢良對策〉曰：「道之大原出於天。天不變，道亦不變。」天乃一切萬物之大原，人道亦以天爲大原，天既無所變易，故天志所顯之人道亦無所變易。於天志即須事天，於人道則須事父事君，而君猶高於父，乃人道最高階級，則最終唯歸於事君而已。既以事君爲主，而事君猶如事天，既不可違逆天志，亦不可違逆君權，則必迎合之，而改制之說，唯剩形式上之意義。熊氏對此亦加以批判，《原儒‧原外王》曰：

> 董仲舒聞《春秋》於公羊壽，而乃倡事天之教，謂道之大原出於天，天不變，道亦不變，以種種頑陋不堪之論，迎合皇帝。明明背叛《大易》、《春秋》。有爲復不辨其妄。夫有爲以《春秋》自鳴，其所奉爲法寶者，《公羊傳》與《春秋繁露》二書也。而二書之僞與妄，有爲讀之已熟，乃毫無識別，不謂之怪事不得也。（頁 169）

熊氏認爲不論從《易》或《春秋》而言，皆強調變易、改革，甚至革命，唯如此才有變化可言，有變化才能日新月益。董氏卻言「天不變，道亦不變」，不僅無革命可言，即使變易、改革之意亦失，唯歸於「事天之教」，一切無有變化，何有開物成務之功。至於康氏，熊氏對其所言孔子確有改制之事，雖亦認同，然於其所言孔子改制內容，則不認同，因其奉《公羊傳》及《繁露》爲法寶，雖讀之熟而無識其僞與妄，所言既與之無異，故其失亦同，皆以改正朔等替代推翻君權，於《春秋》旨在廢除君主制度，並無深識，而唯歸於迎合皇帝一途。

　　熊氏並指出康氏何以如此之因，而此因又可分內在及外在兩方面。《原儒‧原外王》緊接上述之語曰：

> 有爲之所以陷於迷謬，蓋爲班固所愚，以爲孔子之教，有大義，亦時有微言。六經皆以大義爲主，而微言偶寓焉。班固之意如是，有

爲亦信如是。《公羊》、《繁露》二書之僞與妄，有爲習熟而不以爲異，
以其爲大義所在故也。（同上）

熊氏認爲微言與大義有極大差異，而康氏「蓋爲班固所愚」，以爲六經皆以大
義爲主，微言偶寓其中，直以微言與大義無別，故無辨於《公羊傳》及《繁
露》之僞與妄。康氏是否爲班固所愚，姑勿論；縱如熊氏所言，然此乃屬外
在原因，殊非康氏此失之主因。然此雖非主因，但亦因之而不辨微言與大義
有別，而由不辨二者之異，故亦不識改制爲何，此乃康氏此失之主因，是爲
內在原因。《原儒·原外王》曰：

康有爲《孔子改制考》，根本不識亂制一詞何所指目。卻任淺見，胡
亂說去，深可惜。（頁 200）

由於康氏「根本不識亂制一詞何所指目」，故以《公羊傳》及《繁露》爲主，
一以胡母及董氏之說爲己說。康氏之不識亂制，亦與皮氏同，皮氏歿於光緒
三十四年，深受帝制影響，固無可說，而康氏雖歿於民國十六年，然大半生
皆活在清朝，亦深受帝制影響，在此大環境下，雖言改制、變革，然皆就維
護清朝而言，與皮氏爲清制法同出一轍，故難衝決網羅，造成眞正革命。觀
諸史實，光緒二十四年之戊戌政變，民國六年之張勳復辟，康氏皆站在皇帝
一邊，力主君權。若康氏再多活數年至僞滿時代，亦必追隨宣統於東北。康
氏忠君思想甚重，此固與其受光緒知遇有關，而君臣恩義既深，則必不背叛
之，由此而言改制，必無革命可言，故熊氏謂其不識改亂制深意。熊氏對康
氏之批判，顯然更甚於皮氏，《原儒·原學統》曰：「皮氏博覽，不專《春秋》，
猶不足怪。康氏以《春秋》、《禮運》自張，顧於《公羊傳》及董生《繁露》，
兩無辨識，其思想混亂，有復辟之事，亦無怪其然也。」（頁 136～137）熊氏
之批判雖有深淺，而皮、康之失則無不同，皆因深受帝制影響，於董、何之
異茫然無辨，故《原儒·原外王》曰：「康有爲皮錫瑞之徒，名爲張三世，而
實於三世全不通曉。一方受公羊壽胡母董生之騙，一方茫然不通何注，妄計
何氏亦是僞《公羊傳》之學。僞傳毀經而不辨，何注存眞而弗求，使聖人之
道不明於天下、萬世。予茲懼也。」（頁 227）由於「予茲懼也」，故熊氏極力
批評此帝制下之儒學，自漢專制制度形成後，即已開始，表面似以孔子爲聖，
實則以君權爲尊，漸變孔子之說，代之以皇帝之意。熊氏與劉靜窗書曰：

漢以來二三千年，皇帝以孝治天下，鼓勵人民移孝作忠，如三代誥
封，即本此原則而立，此爲奴化人民之善策。吾在清季，猶見此習。

> 吾國帝制久，奴性深，不可不知。（劉述先編《熊十力與劉靜窗論學
> 書簡》頁 80）

熊氏「帝制久，奴性深」此言，不可謂不重。誠然，奴性深一詞，稍嫌太重，未必所有人民皆如此，尤其讀書人，有骨氣者所在多有。然在帝制久之下，忠君思想不免深入骨髓，縱無奴性，而亦不敢起而革命。熊氏認為此即公羊家言改制，雖以《春秋》為言，而終變孔子之說之因。自漢至清皆如此，康氏亦不免。康氏托古改制，力主變法，又值帝制將覆時勢大變之際，並有機會從事政治活動，且其晚年已入民國，較之以往諸公羊家，最可翻然改轍，直言革命。然終因所處乃一帝制久而奴性深之環境，在此大結構下，康氏難免受其限制，以致思想不得解脫。此不僅康氏如此，皮氏亦然，而實自兩漢以來皆如此，故於三世義皆有所不明，《原儒·原外王》曰：

> 何休所述三世義不明，漢以來奴儒，不得辭其罪也（向者康有為於
> 三世義怡，全不通曉。故談說大同，而夢想復辟）。（頁 213）

康氏既不識三世義改亂制之深旨，故縱託言孔子以強調改制，雖談大同，而意在復辟，非真有革命之意，終至變法不成。章太炎〈駁康有為論革命書〉曰：

> 長素足下：讀〈與南北美洲諸華商書〉，謂中國祗可立憲，不能革命，援引今古，灑灑萬言。嗚呼！長素何樂而為是邪？熱中於復辟以後之賜環，而先為是齟齬不了之語，以聳東胡群獸之聽，冀萬一可以解免，非致書商人，致書於滿人也。……長素固言大同公理非今日即可全行，然則今日固為民族主義之時代，而可涸殺滿漢以同薰蕕於一器哉？時方據亂，而言太平，何自悖其三世之說也。（《文錄·二》）

據此，章氏早已言及康氏非真言革命者，可見熊說絕非無的放矢。羅夢冊《孔子未王而王論》亦曰：

> 康有為心目中的孔子，並不是那一位懷著「有聖人之德者，應居王者之位」的自覺和自責的孔子，於春秋之世，曾經棲遑一世，盡其可能，起而作新王，以澄天下之滔滔。而所謂「制法之主」的孔子，自隱然含有要孔子為清室制法的意圖。也唯其如此，康有為儘管是提出了孔子改制考，而並以當代的孔子和當代的聖人自居，然他卻絕未主張過，天下者乃天下人之天下，中國者乃中國人之中國，王者政權之轉移，是應當走著以聖禪聖、以賢讓賢的禪遞。而其本人，

更無任何的跡象，也曾有意於起而作新王者。相反地，他竟爲世襲
王朝制之忠誠的擁護者，以致終逃不出一位保皇黨首揆的命運，隨
著王朝之沒落而沒落。（頁292）

羅氏此言，確能如實批判康氏改制說，而熊氏對康氏之批判亦如此，若將此
言視爲熊氏所言，亦無不可。羅氏認爲君權轉移須由禪讓而來，以聖禪聖，
以賢讓賢，雖云由此而來之君必爲聖者賢人，然此亦意謂著可以有君，君權
仍在。熊氏雖不至反對禪讓，但卻極力反對君權，即使由禪讓而來之君，雖
本爲聖賢，然一旦爲君，則其身分已變，是否不會變質，並無必然之保證；
且縱使聖賢爲君，仍能保持其德，然君權一旦鞏固，易成世襲，則禪讓制度
能否永久實行，亦無必然之保證。觀諸史實，禪讓乃三代以前君權轉移之模
式，固爲孔子所贊美，然自孔子之後，現實政治已非如此，即使以聖禪聖，
以賢讓賢，然禪讓之後，聖賢繼而爲君，則仍有君，君權仍高高在上。熊氏
認爲孔子作《春秋》，意在推翻君權，縱使聖賢禪讓，亦不可視之爲君，何況
既欲推翻君權，則必無君可言，此其與羅氏不同之處。羅氏所言，屬應然方
面；熊氏所言，則屬實然方面。從現實政治言，禪讓已不可能，縱使王莽代
漢，雖云禪讓，實乃假其名以行篡位。故君權必須推翻，而唯革命，才能達
至此目的，即使聖賢亦應與民同等，而不可高出於民而爲之君。在熊氏看來，
說禪讓、言聖賢，此在盛世自可言，然在亂世，則此皆是幌子，唯革命推翻
君權，方爲《春秋》意旨所在，才是孔子改制目的，而此亦爲其與諸公羊家
截然不同之關鍵所在。

第四節　力倡「縱的革命」之熊氏三世說

熊氏對兩漢及清諸公羊家之三世說，皆不認可，因彼等明知孔子作《春
秋》，旨在改亂制，推翻君權，廢除統治階級，卻格於君臣恩義之說，以致將
之隱沒。而之所以如此，亦源於諸公羊家於微言與大義之別，無法辨識。關
於微言與大義之關係，可分兩方面而論，一、依《左傳》古文家說，微言乃
隱微之言，透過微言即可見出大義，則兩者分屬不同層次，但卻是相關的，
可由此見彼。亦即以《春秋》書法爲一嚴謹之密碼系統，孔子所筆削之遣詞
用字即微言，透過對此遣詞用字之解碼，即可得出大義。二、依《公羊》今
文家說，則孔子筆削所遣詞用字，只是書法，而所表現出之褒貶，即有大義

與微言，兩者雖有不同，但屬同層次。此不僅熊氏，即使皮氏、康氏亦如此認爲；然皮、康視微言與大義無別，熊氏則以其有極大差異。熊氏認爲張三世乃屬微言，而若如董、何以至皮、康等所言，直以張三世爲大義，既視微言爲大義，故於其異全然無知。〈定論〉曰：

> 夫大義者，扼要言之，即維護統治。微言者，扼要言之，即首出庶物，消滅統治。（頁 558）

依熊氏所言，大義乃在「維護統治」，微言則在「消滅統治」，則微言與大義不僅不同，且相衝突。熊氏並舉例明之，認爲「〈禮運〉言小康，大人世及以爲禮，即不廢君主制度，保持統治階層。私有制，因此而不可改。其經紀人倫之禮義，皆取其有便於統治。」（同上）此即大義，一以君臣恩義爲言，旨在誅討亂賊，維護統治階級，於君主不僅無妨礙，並反而樂於接受，故在任何時代皆可言。而「《春秋》貶天子，退諸侯，討大夫。〈禮運〉曰：大道之行也，天下爲公。又曰：天下一家。」（同上）此即微言，一以文化道德爲準，旨在撥亂反正，起而革命，消滅統治階級，於君主頗爲不便，故非任何時代皆可言。熊說顯與諸公羊家皆不同，即使皮氏、康氏於二者皆有所區別，然皆不如熊氏之徹底。皮氏以「微言大義皆存於《繁露》」，康氏亦以「孔子兩義並存」，熊氏則認爲兩義何可並存，若可並存，則何須區別，且從內容而論，兩者實互相衝突。熊氏雖與皮、康同時而稍後，縱亦有襲自二氏者，然因對微言與大義之認知有所不同，故其春秋學亦與二氏絕不相同。

一、倡言「縱的革命」

諸公羊家雖於微言與大義之別，辨識不清，然所幸何休據亂三世，尚存此意。在《示要》中，熊氏對何休三世說雖大抵承其意，然亦已顯出異於何休之處。《示要》卷三曰：

> 孔子依所傳聞及所聞、所見，立據亂與升平等三世義，由遠而近，群化漸進於美。所傳聞世爲遠，擬之據亂。所聞世稍近，擬之升平。所見世更近，擬之太平。此可見孔子爲持進化論者，與《大易》變動不居，創進日新之義，互相發明。（頁 790）

熊氏認爲孔子立三世義，乃借以寄託「由遠而近，群化漸進於美」之最高理想，爲一歷史進化論者，此乃依何休據亂三世而言，與之無異。然最可注意者，熊氏特標出此與《易》「變動不居，創進日新」互相發明，此則與何休大

異。按何休據亂三世，雖較胡母及董氏所見三世爲得孔子眞義，實含革命傾向，然其一以禮義爲主，強調君臣恩義，忠君觀念甚深，仍與胡母等無異，故無革命可言。此則易流爲一循環之歷史哲學，君君相易，君位仍在，君權不廢，則太平世將無達至之日，蓋達至之時，亦必迅即回復至據亂，如此循環往復，則進化至極，即爲退化之時。熊氏則立基於《易》，本之而言，而求至見群龍無首吉之地，故所言三世，不僅指變革，而實指革命。蓋既欲群龍無首，即人人皆有龍德，一律平等，無有首出之上神，亦無最高階級之統治者，君權必被推翻，人民皆能自主，不斷地進化，而趨向太平之世。熊氏特舉乾卦爲例，〈定論〉曰：

> 乾卦六爻，從外王學的觀點看去，正是通六爻而總明革命、民主之義。……乾之初爻曰潛龍，〈文言〉曰：潛龍勿用，下也。此言群眾卑賤處下，不得展其用，乃受統治者壓抑之象。二爻，見龍在田，則革命潛力已發展於社會，是爲見龍之象。九三，君子終日乾乾，大功未成，不得不乾乾也。九四，或躍在淵，或躍，則幾於傾覆統治，而奪其大柄矣。然猶未能遽遂，故曰在淵，仍處下也。九五，飛龍在天，則大功竟成，主權在人民，上下易位矣，故爲飛龍在天之象。上九，亢龍有悔，明統治崩潰，乃天則之不爽也。是故通六爻而玩之，由潛而見、而乾乾、而躍、而飛，明明是庶民群起，而舉革命，行民主之事，無可別生曲解。（頁562～563）

按以卦畫言，乾坤可各自成卦，即小卦三爻，而亦能相並俱生，三畫既成，重之以六，即大卦六爻。就小卦言，初爻爲始，二爻爲壯，三爻爲究，純屬始終之道，固無任何殊特之處。然就大卦言，初、二、三爻爲始、壯、究，四、五、上爻依次又爲始、壯、究，則此不僅爲始終之道，更是終始之道，亦即生生之道。尤其三爻之究即四爻之始，乃由下卦轉至上卦，處於變革之際，該變則變，革故鼎新，於此更見變動不居日新創進之義。若以下卦代表庶民，上卦代表君主，則此正是下革上之時，推翻君權，廢除統治階級，實富革命之意。故熊氏認爲乾卦六爻乃在「總明革命、民主之義」，「明明是庶民群起，而舉革命，行民主之事」。熊氏此說，與漢易家以來之說法，有絕大不同。漢易家以九五飛龍爲聖人登天位之象，故以初爻潛龍爲文王困於羑里之象，九二見龍謂聖人有君德當上升於五，九三終日乾乾則以終日之日字爲君象，至九五飛龍則聖人始升天位。熊氏認爲如其所言，通六爻純說天子之

事，則「首出庶物」即為「大君專制於上，而萬國安也」（同上頁563），不僅不推翻君權，反而維護統治階級，不只無革命意味，而連變革之意亦失，此實荒謬之甚，不解聖人之意。〈定論〉曰：「聖人作乾卦爻辭，而總結之曰：用九見群龍無首吉。明明言群龍，則非主張以一個聖人統治萬國；明明言無首，則何有高出庶物之上而居天位者乎？（頁563～564）姑勿論熊說是否即為用九本意，然所言已賦予用九一創造性之詮釋，而與其本意亦不背離，且較漢易家言，更顯開放性，而有深意在。故熊氏認為「首出庶物者，是天下無數庶民，始出而共和為治，故萬國咸寧也。」（同上頁564）正與用九見群龍無首吉一貫，而較漢易家之大君專制於上而萬國安，更見勝義。

熊氏常言《易》《春秋》相表裏，就內聖而言，則《春秋》之元即《易》之乾元，順此根本共通點而言，三世義又與鼎革二卦等通，而實本於《易》，而《易》乾卦畫所示，實含革命意味，故本其變動不居，創進日新之義，起而革命，撥亂反正，捨據亂而趨升平，終至太平，此時人人有士君子之行，亦即乾元用九見群龍無首吉之境界。熊氏認為三世義乃微言所在，其所欲表達者即是革命，經由革命以推翻君權，廢除統治階級，以達太平盛世。何休雖存此意，卻將之隱沒，熊氏則由此而將之闡明。此根本方向既定，熊氏即加以發揮，倡言革命，以冀撥亂反正，《原儒·原外王》曰：

> 釋何注據亂世諸文。據亂世，為列國林立，互相競爭之世。故各國之民，皆不免於狹隘之國家思想。其時社會種種不平，統治階級獨擅其利，而大多數勞苦之民，常安窮困，無由自覺自拔，此誠衰亂之世也。孔子作《春秋》，以衰亂之象，說為高祖曾祖時事，亦謂之所傳聞世，此乃記述其高曾以來傳說如此耳。其實，衰亂不始於高曾時也。於衰亂中，創起治道，用心尚麤牐者，群智未盛啟，圖治有序故也。（頁207～208）

> 釋何注升平世諸文。於所聞之世，見治升平者，文、宣、成、襄四公時事，是孔子所聞之世，此時實非升平，而《春秋》寄意於此時革命，以著見升平之治，故說此時為升平世。（頁209）

> 釋何注太平世諸文。至所見之世，著治太平者，昭定哀三公時事，為孔子與其父所見之世，而說為太平。所見之世，實非太平，今謂之太平者，孔子蓋假託以明其理想。其意以謂，於據亂之世，撥亂而起治（《春秋》言撥亂，即革命之謂），本欲為全人類開太平，而

太平不可以一蹴遂至，故必經過一升平之漸次。諸夏勇於改造，既進升平，決無停滯。太平之治，當及吾身而親見之矣。此《春秋》所爲於所見世，著治太平也。（頁 211）

在據亂世，誠如《示要》卷三曰：「詳上所云，皆關內政外交，爲立國於據亂世之根本至計。」（頁 793）乃以「國家思想」爲根核。此時列國林立，互相競爭，人民爲求自保，必擁護統治階級，故統治階級獨霸於上，而人民既受狹隘國家思想影響，君臣恩義既深，故無由自覺自拔，雖欲創起治道，終因群智未啓，未可驟言革命，只能圖治有序。此時雖未可言革命，而革命實已種因於此。至升平世，誠如《示要》卷三曰：「綜上所言，皆謂諸文明大國，能崇禮義，協和爲治，以抑凶暴，是升平世之道也。」（頁 793）乃以「民族思想」爲根核。此時諸文明大國，不以競爭爲目的，而能崇禮義，協和爲治，民族思想取代國家思想，文化道德取代君臣恩義，人民已能自覺自拔，群智既啓，故寄言革命，以創起治道。熊氏對《春秋》之民族觀曾加說明，《示要》卷三曰：「《春秋》由據亂開升平，盛張民族主義，要在合諸夏以攘夷狄。……原夫《春秋》之言民族，不以種類爲分別，而實以文野爲分別。」（頁 868）由於民族乃以文野爲分別，而非種類，故升平時要在合諸夏以攘夷狄，則至太平時，即無種族之分，連夷狄亦皆融合於中國文化之中，已無攘不攘之問題。〔註10〕故時至太平，更須經由革命，撥亂起治，而爲全人類開太平，以使天下一家，中國一人。此時已無君臣恩義之說，一皆以文化道德而爲言，

〔註10〕龔自珍及梁啓超特重太平、大同，不主嚴夷夏之防，即無攘不攘之問題。龔氏《定盦文續集》卷二〈五經大義終始答問七〉曰：「問：太平大一統何謂也？答：宋明山林偏僻士，多言夷夏之防，比附《春秋》，不知《春秋》者也。《春秋》至所見世，吳楚進矣，伐我不言鄙，我無外矣。《詩》曰：無此疆爾界，陳常于時夏。聖無外，天亦無外者也。然則何以三科之文，內外有異？答：據亂則然，升平則然，太平則不然。」梁氏〈春秋中國夷狄辨序〉曰：「自宋以後，儒者持攘彝之論日益盛，而彝患亦日烈。情見勢絀，極於今日。而彼囂然自大者，且日嘵嘵而未有止也。叩其所自出，則曰：是實《春秋》之義。烏呼！我三復《春秋》而未嘗見有此言也，吾遍讀先秦兩漢先師之口說而未嘗見有此言也。孔子之作《春秋》，治天下也，非治一國也，治萬世也，非治一時也。故首張三世之義，所傳聞世，治尚麤糲，則內其國而外諸夏。所聞世，治進升平，則內諸夏而外彝狄。所見世，治至太平，則天下遠近大小若一，彝狄進至於爵。故曰有教無類。又曰洋溢乎中國，施及蠻貊，凡有血氣，莫不尊親，其治之也，有先後之殊；其視之也，無愛憎之異。故聞有用夏以變彝者矣，未聞其攘絕而棄之也。」（《飲冰室文集》第二冊）

民族思想已泯滅，國家思想更是早已無存，而進至一世界思想，視全民為一體。熊氏顯然將何休據亂三世所隱沒之意，特加提出，此即革命。然此可有一問，即《春秋》是否本有革命之意？熊氏認為是有的，《春秋》文十八年曰：「莒弒其君庶其」即其顯例，《公羊傳》曰：「稱國以弒者，眾弒君之辭。」《解詁》曰：「舉國以明失眾，當作絕也。」可見《春秋》本有革命之意，《公羊傳》及《解詁》亦不能盡予抹殺，故《示要》卷三曰：「詳此所云，蓋以人民久受專制之毒，宜行革命，以爭自由。」（頁 873）又《春秋》隱四年「九月，衛人殺祝吁於濮」、莊九年「春，齊人殺無知」及文九年「晉人殺其大夫士穀及箕鄭父」，《穀梁傳》依序曰：「稱人以殺，殺有罪也」、「稱人以殺大夫，殺有罪也」及「稱人以殺，誅有罪也」，熊氏認為不只《公羊傳》保存《春秋》革命之意，而《穀梁傳》亦然，故《示要》卷三曰：「穀梁氏雖未達三世義，而其尊重人民公共意力，以除暴亂，則猶承《公羊》之旨。」（頁 873）熊氏於三段釋文中，升平、太平皆有革命字眼，據亂雖無，然實已有此意，而「《春秋》言撥亂，即革命之謂」，更是直接明白。熊氏更認為若能起而革命，撥亂反正，則不僅能創起治道，為全人類開太平，而「太平之治，當及吾身而親見之矣」，亦即於所見世，即能及身親見太平之治。按何休雖言《春秋》所見世，世愈亂而治愈盛，以為此時即太平之治，然並未言能及身親見，縱有此意，但隱而不顯。熊氏則明白揭出，認為孔子雖假託以寄理想，然其必能實現，於所見世必能及身親見太平之治，其意遂明。

熊氏又認為三世雖分三期，然此乃就其大概而言，何況三世皆言革命，故不可執實以為有三期可分，《原儒·原外王》曰：

> 夫三世本為一事。一事者，撥亂世、反之正也。撥亂世者，革命之事；反之於正者，明天下為公之道。創天下一家之規，為全人類開萬世太平之治。……總之，《春秋》說三世，是革命而漸進太平盛治之總略。（頁 211～212）

若就所見三世而言，一以時間為主，只涉及歷史分期問題，誠令人以為有三期可分。然就據亂三世而言，則不僅如此，其乃以評價為主，已為一歷史哲學問題，三世並非實指，而是象徵，藉由象徵以表達《春秋》撥亂反正，以達天下為公、萬世太平之最高理想。三世既非實指，而是象徵，即不可以為有三期可分。故熊氏認為三世只是假託，其實本為一事，此一事者即撥亂反正，即革命之謂，實與何休截然不同。何休將所見三世與據亂三世相配合，

一以時間爲主，一以評價爲主，而到底以何者爲先，則無明確表示，令人不無疑問；且其以所傳聞之世爲據亂世，所聞之世爲升平世，所見之世爲太平世，然此並無必然關係，不見得非如此不可，而徒令人以爲有三期可分。熊氏則以據亂三世爲主，評價性先於時間性，三世只是假託，不可以爲有三期可分，所傳聞世固爲據亂世，然只要撥亂反正，起而革命，亦可爲升平世，甚至爲太平世，其餘二世亦然；且亦因如此，才能於所見世即親見太平之治，而其實於所聞世及所傳聞世，亦即可親見太平之治。熊氏此說，與何休及清諸公羊家皆不同。何休三世說，由據亂而升平而太平，即意謂不論在據亂世，或升平世，皆向太平世前進，爲撥亂反正指出一方向上之指標，實得《春秋》借事明義之旨；然卻又將所見三世配合據亂三世，以所傳聞之世爲據亂世，以所聞之世爲升平世，以所見之世爲太平世，則又太過執實，以爲所傳聞之世必爲據亂，而不得爲升平、太平，其餘二世亦然，此又暗於《春秋》借事明義之旨。至於清諸公羊家，如劉逢祿、龔自珍、魏源、皮錫瑞及康有爲，雖上承何休，卻不似何休之強將所見三世與據亂三世相配合，而較著重就據亂三世而言，強調張三世乃一前進不已之撥亂反正之過程；但卻又以此前進路線，不可操之過急，由據亂直接跳至太平，而必由據亂而升平而太平，仍與何休同皆以爲眞有三世可分。兩相比較，熊氏之說實勝於何休，亦勝於清諸公羊家。

　　熊氏又以三世不可截然畫分，其乃革命而蘄進太平盛治之「總略」，既是一總略，即不可執實，而本此總略，即於據亂世起而革命，才能及身親見太平之治，此直是造時，而非待時。何休則執實有三期可分，必以三世著重世運之推遷，唯待時而動而已。故《原儒‧原外王》曰：

　　　　夫聖人革命之志，要在造時，毋待時也。（頁213）

熊氏續曰：「造時者，懲過去與現時之弊，與其頹勢之所趨，而極力撥去之。惟順群情之公欲公惡，行大公至正之道，以開創一變動、光明、亨通、久大之時代。所謂先天而天弗違是也。」「待時，則將捨吾人革故取新之大用，而一任已往頹運之陳陳相因。呂秦劉漢以來數百年之局，正由善知識皆有待時心理，莫能帥導群眾耳。」（同上）熊氏如此區分，可謂深得時義，其所謂造時，即船山《春秋世論》卷五之「治時」，「治時者，時然而弗然，消息乎己，以匡時者也。」至於待時，即船山之「因時」，「因時者，時然而不得不然，從乎時以自免，而亦免矣。」三世義重視變，變則以時爲度，待時不如造時，

唯造時才能乘時以興變，革故而鼎新，開創出太平盛世。

　　熊氏認為秦漢以來儒者，即因不識三世乃一總略，不可執實，而唯在造時，以創新機，反將三世截然畫分，一味待時，陳陳相因，故於孔子作《春秋》之王心所在，亦因之不識。按《繁露·俞序》曰：「孔子曰：『吾因其行事，而加乎王心焉。以為見之空言，不如行事博深切明。』」《史記·太史公自序》亦曰：「子曰：『我欲載之空言，不如見之於行事之深切著明也。』」康氏《孔子改制考》卷十一〈孔子改制託古考〉於以上二文亦加引及。熊氏認為董氏等雖載此言，然卻不明其意，《原儒·原外王》曰：

> 漢以來奴儒說《春秋》者，其解釋不如見之行事句，則謂孔子以為不如託之古所載君臣之行事，而筆削褒貶以垂戒。如是，則與空言何異，明明背叛聖文。（頁194）

> 漢以來奴儒，皆以為孔子據魯史所記二百四十二年之事，而有所刺譏，故云見之行事。殊不知，孔子所云見之行事者，乃革命實踐之謂。若只據魯史而有所譏貶，則是載之空言，何可云見之行事。奴儒諱言革命，曲解聖意，不可無辨。（頁212）

熊氏於董氏所言孔子「因其行事而加乎王心」，自亦贊同，即孔子據魯史作《春秋》，乃欲借魯十二公二百四十二年之事，以明其義，加乎王心。然於「見之空言，不如行事博深切明」，則不認同董說。依董說則孔子本欲無所憑藉，自立一說，然因不如據魯史所載行事，就此筆削而有所刺譏，反較為彰明顯著，故即以此為說而捨空言。熊氏認為若此則「行事」乃指過往史事，此只可云載之空言，不可云見之行事，殊無深意，而見之行事亦因之而無意義，所謂加乎王心之王心亦必落空。熊氏認為載之空言，即指孔子因其行事，而見之行事，即指孔子加乎王心，故此王心，其重點在見之行事，不在載之空言。若是載之空言，唯據魯史而有所刺譏，則其見之行事，亦只是褒貶而已，若此則見之行事一語落空，殊無深意。而重點既在見之行事，則其必有深意，此行事即「革命實踐」之謂，而非過往史事，此即王心之所在。故熊氏對「我欲載之空言」二句有其新詮釋，即「空言云云，謂空持理論，不如實行革命之事，其道乃深切著明也。」（同上頁194）熊氏認為此乃正解，而漢儒之言則背叛聖文，此因不明三世義，並受帝制影響，故思想不得解脫，至清猶然，康氏亦如此，其所謂見之行事亦如董氏皆指過往史實，只有褒貶意味，而無革命之意。熊氏除由對《易》、《春秋》之推考，認為《春秋》旨在改亂制，

而張三世即在倡言革命，並從史實加以考證，認爲孔子確有改亂制，行革命之事。按此史實之根據即《論語・陽貨》所言，孔子欲應公山弗擾與佛肸之召。《原儒・原外王》曰：

> 夫佛肸、公山，一爲魯大夫季氏之邑宰，一爲晉大夫趙氏之邑宰。二子叛其大夫，即是以臣叛主，世之所謂亂賊也。然二子召孔子，孔子並欲往，何哉？大夫之邑宰，與農民最親近，孔子蓋欲往說二子，領導民眾，以討大夫，即消滅第一層統治階級，實現民主政治之理想。春秋時代，天子只是守府虛號，其實權已下移於諸侯。至孔子之時，諸侯之權，又下移於大夫，而大夫又多爲其屬邑之宰臣所逼。孔子因公山、佛肸二子之召，而皆欲應之，其志在領導民眾，以行革命，改亂制，而開民主之局。（頁 199）

古代封建社會，有天子、諸侯及大夫三層統治階級，此徵諸《詩》、《書》及〈禮運〉談小康之教等，即可見之，而《史記・太史公自序》所言「貶天子，退諸侯，討大夫」，更是最直接之證據。〔註11〕熊氏認爲天子等統治階級，極盡剝削能事，人民受此重重剝削，必欲起而推翻，改此亂制，而是時公山乃季氏宰，而以費叛，佛肸乃趙氏宰，而以中牟叛，孔子欲應二子之召，蓋其與人民最親近，故欲往說之，以領導人民，而討大夫，消滅此第一層統治階級，然後再進一步消滅諸侯此第二層階級，以至最後消滅天子此第三層階級，以實現民主政治。按孔子之欲應二子之召，是否誠如熊氏所言，不無疑問，且孔子只是「欲應」，而「終不應」，故孔子之眞正意圖，仍不甚明。若孔子之欲應，誠如熊氏所言，則其說自無疑問。若非如熊氏所言，則其說不無可疑，蓋從表面上看，孔子終不應二子之召，而無行革命，改亂制之事，故必無此意圖。然從深一層看，孔子既欲應二子之召，即欲有所作爲，此有所作爲，可包括也可不包括行革命，改亂制，故亦不可即謂熊說爲非。且孔子終不應二子之召，若如《原儒・原外王》所言「孔子卒不應二子之召，非必因子路之言而止。蓋知二子不足與謀，而民智未開，亦未可驟圖」（頁 200），則更加深孔子眞有行革命而改亂制之意圖。總之，縱使孔子本意非如熊氏所言，但熊說則可視爲對孔子之意之進一步闡釋，此不僅不與孔子相違背，且孔子之意推至其極，則必如熊氏之所言。由於熊氏認爲孔子乃欲行革命而改亂制，因此對孔子之回答子路而曰：「如有用我者，其爲東周乎？」即有不同之見解。

〔註11〕參見《原儒・原外王》頁 193～198。

按朱子《四書章句集註》注曰：「爲東周，言興周道於東方。」熊氏即認爲「此
誤解也」，隨即曰：「孔子必非興文武周公之道於東方。必將廢統治，除階級，
而爲首出庶物之新制。」（《原儒・原外王》頁 200）誠然，熊氏此說未必較朱
子更合乎文獻上之客觀考證，無疑乃其從義理上主觀地加以創造性之詮釋，
而此說法，縱不合經傳本意，亦不必然即相違，故可勿論其是否相應，而若
視之爲一家之言，則更能體貼瞭解熊氏之意。

　　至此已清楚見出，熊氏三世說與兩漢以來以迄於清之諸公羊家皆不同。
自胡母、董氏以來皆以君臣恩義爲主，即使何休提出據亂三世，亦不例外，
皮氏、康氏亦然，皆深受帝制影響，而不識改亂制深意。熊氏則從何休之說，
加以推見聖人之意，乃在撥亂反正，倡言革命，以推翻君權，廢除統治階級，
而爲全人類開太平。董、何等即使言革命，亦只是指天子易姓、改朝換代而
言，政權乃橫的轉移，換湯不換藥，並無質的改變，此或可謂之「橫的革命」。
自湯武革命以來以至於清，歷代之所謂革命皆是如此，由此至彼，表面上似
已易位換人，實際上君權仍高高在上，並未消失。故後朝革前朝之命，繼之
者再革前朝之命，永無止息。熊氏之言革命，則非如是，政權乃縱的改變，
由人民起而推翻君主，取消君權，則人人自然平等，而無剝削之事，此乃直
就根本而言，既換湯又換藥，已然產生質變，相對於橫的革命，此則可謂爲
「縱的革命」。天下既爲天下人之天下，而非一家一姓之私有，則革命成功之
際，即一勞永逸，同登太平之世。

二、三世治法，以仁爲本

　　熊氏更認爲三世義既然倡言革命，反對君權等，則其治法即不能以君臣
恩義爲言，而須以仁義爲言，此在革命成功時之太平世，固應如此，而革命
未成時之據亂世及升平世，亦應如此，《示要》卷三曰：

> 三世之治，皆以仁爲本。據亂世，所以內治其國者，仁道而已。升
> 平世，所以諸夏而成治，抑夷狄之侵略者，亦仁道而已。太平世則
> 仁道益普，夷狄慕義，進於諸夏。治化至此而極盛，仁體於是顯現
> 焉。（頁 801～802）

按《春秋》之元即《易》之乾元，而元、乾元即太極、仁及本心，故《春秋》
實以仁爲本，則三世之治，亦皆以仁爲本，不論據亂世、升平世及太平世，
皆由仁道而治。熊氏並認爲《春秋》仁說與達爾文物競天擇說不同（見《示

要》卷三頁 802～804）。蓋《春秋》仁説，乃「夫奉元以修化，本仁以爲治者，必貴義而賤利」，既以仁爲治化之本，故「《春秋》之治，仁治也，德治也，與言法治者異趣。夫德治，非可立條教規章，以責人之遵循也。必爲領導者，以身作則，乃可化民成俗。」（同上頁 807）此仁治、德治，既非倡物競説者之可想像，亦非言法治者所能比擬。熊氏更從義利之辨以明仁治，認爲一、「夫惟先義而後利者，則能敦誠信而遠欺詐」；二、「先義後利者，能守禮讓而抑侵奪」；三、「先義後利者，能自正而後責人」。〔註12〕《春秋》奉元修化，必貴義賤利，能先義後利，方能「敦誠信，遠欺詐」，「守禮讓，抑侵奪」，「先自正，後責人」，皆因以仁爲治之本，唯以仁爲本，方能如此。《春秋》並戒私利，以達至治，若爲私欲所蔽，焉有治化可言。熊氏認爲《春秋》既以仁爲本，故世進太平時，治化至此已極，仁體亦必顯現，誠如《示要》卷三曰：

> 大平世，天下之人人，皆有天地萬物一體之量。蓋皆有以反己，而
> 證悟其本有渾全之性體。故能超越小己，而冥於無待也。（頁872）

此無他，蓋《春秋》制萬世法，而始於元，元即仁也，既以仁爲本，本立而道生，故能人我無間，而有天地萬物一體之量。歷代言仁者夥矣，熊氏則以孟子所言有兩處指示最爲親切，故借之以言，《原儒·原外王》曰：「其一曰：上下與天地同流。此言心是虛明健動，自然與上天下地流通無隔絕，此際正是仁。纔起一毫私意，忽爾雜染一團，便覺天地閉，此際之心即違於仁。其二曰：萬物皆備於我矣。此可就彼書中舉例，……。」（頁218～219）按熊氏雖認爲孟子於外王之道，不免夾雜宗法社會思想，不敢倡言革命，然於內聖之學，即仁、本心等，則體會甚深，誠所謂「大醇而小疵」。

　　由於熊氏認爲三世之治皆以仁爲本，故於仁非常強調，除孟子外，餘皆不輕許之。熊氏於《示要》卷三曾舉《繁露·仁義法》爲「先義後利者，先自正而責人」之例證，即「《春秋》之所治，人與我也。所以治人與我者，仁與義也。以仁安人，以義正我。故仁之爲言，人也；義之爲言，我也。……是故《春秋》爲仁義法。仁之法，在愛人，不在愛我；義之法，在正我，不在正人。我不自正，雖能正人，弗與爲義。人不被其愛，雖厚自愛，不予爲仁。」然至《原儒·原外王》即對此深表不滿：

> 案董生此言，雖有得於《春秋》，而亦變其本恉。仁之法在愛人是也，
> 而對人之愛，有時須度之以義。如父母於子，純用姑息之愛，反害

〔註12〕參見《示要》卷三頁 804～817。

其子，此夫人所知也。父母之愛子，猶當有義在，況其他乎？義之
法在正我，不在正人，此亦有失《春秋》意。夫義之法，在於正人，
必先正我，是《春秋》恉也。今董生必曰：「義之法，不在正人。」
則據亂之世，不可撥亂。撥亂者，革命事也。革命要在正我，以正
人。今曰義不在正人，尚得言革命乎？（頁 21～222）

熊氏認為董氏雖知《春秋》特重仁義，然於二者關係，卻不知其關連及差異
之處，以至仁義混而為一，而成君臣恩義。熊氏認為仁義可以體用言，仁是
體，義是用，而義者乃仁之權，兩者雖非相即，然亦不離，看似相反，實則
不違，誠乃相反相成（見同上頁 218～221）。以仁而言，熊氏認為即使父母之
於子，雖必以仁，然猶有義在，以為權衡，方無所失。而董氏卻言「人不被
其愛，雖厚自愛，不予為仁」，唯有仁，而不度之以義，則必流於姑息而反害
之，此非《春秋》本旨。以義而言，熊氏認為「義之法，在於正人，必先正
我」，唯有先正我而後能正人，而正我之後亦必進而正人，己立立人，己達達
人，務使人我皆正，所謂達則兼善天下，方是《春秋》外王之教。而董氏卻
言「義之法，在正我，不在正人」，恰與熊氏相反，雖亦強調正人必先正我，
然正我之後，並不進而正人，己立而不立人，己達而不達人，不能人我皆正，
只是獨善其身，實非《春秋》本旨。既非人我皆正，不能兼善天下，則於據
亂之世，亦唯有獨善其身，義在正我而不在正人，不正人則必無撥亂之志，
無撥亂之志，自亦無革命之事。熊氏認為董氏所言仁義，實以君臣恩義為骨
子，乃一空殼，已非《春秋》本旨，而唯有以仁義為治，仁體義用，才是《春
秋》本旨，方有至治之日。誠如熊氏所言：「夫儒者言治，禮為本，而法為輔。
德為本，而刑為輔。寬為本，而猛為輔。德、禮、寬，皆仁也。法、刑、猛，
皆義也。義反於仁，而適成其仁。」（同上頁 220～221）既以德、禮、寬為本，
而輔以法、刑、猛，仁義互施，相反相成，如此才能達至《春秋》外王之治。

　　誠然，熊氏言三世之治皆以仁為本，此乃指根本原則而言，至於治法之
具體內容，熊氏則認為具見於〈禮運〉及《周官》。然〈禮運〉及《周官》所
言，其實皆可包含於仁此一最高概念之下，故仁雖指根本原則，但亦有具體
內容可言。此較胡母及董氏之純以君臣恩義為言，對政治、社會上之重大問
題，並不涉及，更無任何理想可言，直是不可以道里計。即使相對於何休，
熊說亦較勝，蓋何休雖以文化道德為準，而欲求至天下遠近小大若一之理想
境界，對政治、社會上之重大問題，頗亦涉及，然以其又不捨胡母及董氏之

說，強將兩標準不同之說相配合，遂令其說頓顯矛盾。熊氏則以仁爲言，一皆以文化道德爲準，認爲三世之治皆本此根本原則，大綱既立，則具體內容等細節，亦必一一施行，而政治、社會上之重大問題，才得以一一解決，且天下遠近小大若一之理想境界，亦才能達至，而此才是孔子作《春秋》之原意。熊氏認爲《春秋》雖遭竄亂，但由何休之說加以推考，可見《春秋》當爲體系嚴整之大著，《原儒·原外王》曰：

> 學者試詳究之，當可推見《春秋》原書，必爲三大部分。第一部，論撥亂起治。第二部，論進升平之治。第三部，論進太平大同之治。撥亂造其端，太平極其盛，三世本一事，一事者何？裁成天地，改造世界也。（頁 225～226）

不論在外緣考證等細節上，是否如熊氏所言，然在整體內容上，熊氏所言確能得《春秋》之旨。《春秋》之旨，其最終目的即「裁成天地，改造世界」。當然，自董、何以來以至皮氏、康氏，亦皆認爲孔子作《春秋》乃欲裁成天地，改造世界，只是彼等所認爲孔子所欲裁成改造之天地世界，則與熊氏所認爲者不同。董、何及皮氏、康氏等，皆以君臣恩義爲言，雖言改制，然只是改朝換代，換人易位，此乃政權橫移，由此至彼，外表形式雖異，而實質內容不異，君權仍高高在上，並不因而取消，故其所欲裁成之天地，無疑乃一擁護君權之天地，所欲改造之世界，乃一眾民臣服之世界。熊氏認爲此非《春秋》改亂制之意，而彼等之所以如此，無非因生於帝制之下而深受影響之故。熊氏認爲眞正之改亂制，並非指橫地政權轉移，而是縱地推翻君權，不僅外表形式要捨棄，且實質內容必徹底改變，已無君權之說，故君權不再高高在上，而是人民自覺自主，群龍無首之境界，如此所裁成之天地，無疑乃一以民爲主之天地，所改造之世界乃一人人平等之世界。

三、熊說實値重視

綜上所論，熊氏認爲縱的革命，即人民取代皇帝，才是革命，而橫的革命，即君君相易，則非革命，此實見到問題癥結所在。誠如孫中山《三民主義》曰：

> 中國歷史常是一治一亂，當亂的時侯，總是爭皇帝。外國嘗有因宗教而戰、自由而戰的，但中國幾千年來，所戰的都是皇帝一個問題。（頁 109）

由於歷代革命皆只爲「爭皇帝」，是以推翻前君而後君隨之繼起，在熊氏看來此無異換湯不換藥，實質上並無任何改變，君位猶存，統治階級仍在，此一治一亂相循環，只是朝代更替，實不能稱作革命。而如孫氏所言，外國因宗教、自由而戰，戰後則產生新變化，不僅宗教信仰有所改變，或由不自由變成自由，甚至推翻皇帝或教皇，才有近代所謂民主政治之誕生，如此有根本結構之變異者，方可謂之革命。中國革命既皆只爲爭皇帝，雖君君相易，但整個文化、制度及社會結構等，則因襲前朝，少有改易，縱有改易，亦只是末梢枝節，而於大本大根上則不能撼動其萬一。梁啓超〈中國歷史上革命之研究〉歸納中國與外國革命之異有七：「一曰有私人革命，而無團體革命；二曰有野心的革命，而無自衛的革命；三曰有上等下等社會革命，而無中等社會革命；四曰革命之地段；五曰革命之時日；六曰革命家與革命家之交涉；七曰革命時代外族勢力之消長。」（《飲冰室文集》第五冊）梁氏蓋認爲中國實無西方所謂之革命，以其並無結構性之改變。從梁氏所言前兩點以觀，中國無團體革命、自衛革命，只有私人革命、野心革命，即可見此蓋爲一二私人之事，此一二私人之事無非即指爭皇帝而言。梁漱溟《中國文化要義》即據之曰：「七點合起來，正見其爲中國所特有底亂，而非所謂革命。」（頁 230）梁氏並對革命下一界定：

> 中國歷史自秦漢後，即入於一治一亂之循環，而不見有革命。革命指社會之改造，以一新構造代舊構造，以一新秩序代舊秩序，像資本社會代封建社會，或社會主義社會代資本主義社會那樣。雖亦有人把推翻政府之事一概喚作革命；那太寬泛，非此所云。中國歷史所見者，社會構造儻或一時破壞失效，但不久又見規復而顯其用。它二千年來只是一斷一續，斷斷續續而已；初無本質之變革。改朝換代不下十數次，但換來換去還是那一套，眞所謂「換湯不換藥」。所以說沒有革命。（頁 228）

所謂革命，即「以一新構造代舊構造，以一新秩序代舊秩序」，在此意義下，自古以來之改朝換代，雖已推翻政府，君主亦已易人，但君位仍在，繼起者亦將與原來之統治者無異，不論較爲賢明或殘暴，最多亦只是量的不同，並無質的改變，一切舊構造舊秩序依然不變。故唯推翻君權，廢除統治階級，整個文化、制度及社會結構等發生根本改變，產生新構造新秩序，人人平等，群龍無首，再無有高高在上之統治者，此種質的改變，才是革命。熊氏所謂

革命，即指此而言。熊氏有見於二千年來因帝制之故，遂使此意泯沒，誤以改朝換代即為革命，如此則人民將在專制政體下受盡剝削而永無寧日。是以正本清源，必以推翻君權，廢除統治階級為革命對象，才能撥亂反正，達至太平大同。基於此一強烈要求，故熊氏從《易》、《春秋》等經典加以抉發，並透過對諸公羊家之批判，而有此獨特之革命論。或許其所言未必皆符合經典原意，但其所作之詮釋闡發，則深值重視，不僅賦予經典以新意，且使外王學有一新的可能發展，進而並對現代政局提供一新的契機。

第五節 結 語

中國人向來以為天下者乃天下人之天下，中國者乃中國人之中國，故政權之更替，若以堯舜禪讓方式，自是最佳，然此終究已成理想。當天下已非天下人之天下，而為一人私有之天下，且此統治者不能善待人民，極盡剝削能事，此時欲撥亂反正，即須起而革命。《尚書‧多士》曰：「乃命爾先祖成湯革夏，俊民甸四方」、「惟殷先人有冊有典，殷革夏命」，《易》革〈象〉曰：「天地革而四時成，湯武革命，順乎天而應乎人，革之時大矣哉」，其他典籍亦有類此之語，可見革命一詞起源甚早，其觀念早已具備，且亦付諸實行。湯武革命之所以能名正言順，即因天下乃人人之天下，非一人之私有，故政權之更替，須以天意，即民意為依歸，而非私相授受。然其後之統治者視天下乃一人私有之天下，皆以武力強奪，不能順天應人，且視人民為剝削對象，遂使革命之意頓失。後人縱有言革命者，亦皆不識革命之意。

熊氏認為至孔子之時，堯舜禪讓已成理想，湯武革命亦成過往，其時乃一天下無道之時代，故據魯史作《春秋》，寄託王心，以張三世為撥亂反正之革命總略，推翻君權，廢除天子、諸侯及大夫等三層剝削人民之統治階級，以達太平之治。可惜號稱傳《春秋》之兩漢及清諸公羊家，皆不識此意，雖言改制，而非改亂制，縱言革命，而非真革命，蓋皆為橫的革命，而非縱的革命。胡母、董氏言所見三世，而無據亂三世，一皆以君臣恩義為言，自不識此意。何休雖保存孔子三世口義，倡言據亂三世，頗有改亂制、行革命之意，然終因深受帝制束縛，遂使其意隱而不彰，與胡母、董氏同以君臣恩義為主，而不解《春秋》之旨。清諸公羊家亦然，尤以皮氏、康氏為代表，亦與董、何同以君臣恩義為主，深受帝制影響，故而不識改亂制。熊氏則由《易》、

《春秋》加以推考，並據《論語》所載孔子行事，認為《春秋》旨在改亂制，張三世即在倡言革命，此乃縱的革命，而非橫的革命，而三世之治皆以仁為本。熊說實較董、何等為勝，深得《易》、《春秋》之旨，且又能加以闡發。《易》之言湯武革命，雖云順天應人，仍令人覺其成功後，湯武即成統治者，然此實屬誤解，蓋其時民智未開，人民尚不能自主，須由有德之聖賢為之教導，故此雖似有統治者，然與以剝削為能事之統治者，自是有別，不可一概而論。然熊氏認為其終究有君，君權仍未取消，則此一政權能否行之久遠而無弊，且不會變成世襲而為剝削者，實無必然保證，故以革命成功後，無須再有統治者，深得「革之時大矣哉」之旨。《春秋》之張三世，亦經熊氏之闡釋，而使其意昭然豁顯，才能及身親見由據亂而升平，終至太平之治，為全人類開創大同世界，此非空言，亦非理想，而乃可付諸實行。

熊氏由批判兩漢及清諸公羊家之說，最後提出己說，其意即在還原孔子口義之真，而使《春秋》之旨得以彰顯。姑勿論熊說是否即是孔子原意或《春秋》本旨，然其所言，雖與其他公羊家皆不同，然亦不違孔子之說，深得《春秋》借事明義之旨，不僅形成自己獨特之春秋學說，且使春秋學有進一步之發展，而所強調之自由平等，一以人民為主，含極強之民主要求，實深具時代意義。

第五章　三統歸於一統之仁統說

第一節　前　言

　　熊氏經由對何休據亂三世之加以抉擇，並抉發其深意，認爲張三世乃孔子微言所在，並以之爲綱領，由此以言革命，而達至太平盛世。誠然，何休據亂三世，實較胡母及董氏所見三世爲勝，由此而張三世方顯其不僅是歷史分期問題，並已提升至歷史哲學之層次。所見三世，唯於歷史分期中，因其遠近而書法即有異辭，一以時間爲主，然只具客觀意義，而無主觀意義，此乃屬史書編輯觀念。據亂三世，則於歷史分期中，在時間之基礎上賦予評價性質，此則爲價值判斷觀念，如此則時間不僅具客觀意義，且具主觀意義，已從歷史分期提升至歷史哲學層次。然此爲何種歷史哲學，實須加以探討。且熊氏亦本據亂三世爲言，認爲孔子持進化論，其說若與何休無異，則不出其範圍，自無特別價值；若與何休有異，則此異處爲何，有何特色，更值深入探討。而欲探討此等問題，則須從通三統著手。尤其西漢時董氏強調通三統無疑甚過張三世，蓋此時唯所見三世，而無據亂三世，故必著重通三統，而於張三世自無法加以強調，至東漢《解詁》出，何休始言據亂三世，張三世才超越通三統而居首位，至清末亦皆如此。熊氏之言張三世，既與董、何異，則其言通三統，是否與董、何相同，亦是瞭解其三世說深意之關鍵所在。

　　按通三統，即新周、故宋、以《春秋》當新王，乃就改制之合法性而言，此時《春秋》與周、宋同爲國名，乃指國體。既以《春秋》當新王，故託王於魯，此即「王魯」之說，王魯即「以魯爲天下化首」，由近及遠，「因其國

以容天下」，使天下遠近小大若一，此與異內外之說同，可見通三統可與異內外相結合。而何休之言張三世，則提出據亂三世，且又加入異內外，異內外則就空間而言，此乃屬王天下之政治觀念，何休將兩者緊密結合，無疑即將時間與空間結合。表面觀之，異內外既可與通三統結合，又可與張三世結合，則透過異內外，張三世與通三統似亦可相結合。故分別言之，雖有通三統、張三世及異內外等三科九旨，分就國體、時間及空間而言，然合而言之，其實只是一科三旨，即一國體必在時間及空間之中，方成一國體。或許何休並無此等概念，縱有之，亦甚薄弱，但顯然有意無意間，已將之緊密結合，誠如徐彥《注疏》卷一曰：

> 何氏之意，以爲三科九旨，正是一物。（頁4）

然何休雖欲將三科九旨結合爲一物，與其能否將之結合爲一物，顯爲不同層次問題，不可隨意等同。究其實，何休雖能結合張三世與異內外，而於張三世與通三統則不易將之結合。蓋強行結合，則世進太平之後，若永爲太平盛世，則通三統即無意義可言，除非太平世後又回復至據亂世、升平世，而在據亂世或升平世，才可言通三統，通三統亦始具意義。故此兩者實不易結合，然何休一則言張三世，強調世愈亂而治愈盛，希冀太平盛世之治，一則又言通三統，承董氏之說，強調三統輪流運行互相代替，遂使其歷史觀成爲一循環之歷史哲學。此循環之歷史哲學，顯然有所不足，並不能達至眞正之太平世，蓋太平世之後仍須回復至據亂世、升平世，如此則顯與孔子作《春秋》寄寓太平盛世之理想相違背，此理想將如曇花一現，而永無實現之日。且更有甚者，何休雖未能結合張三世與通三統，然其實欲將三科九旨加以統合。何休既透過異內外結合張三世與通三統，而異內外乃屬王天下之政治思想，此即《公羊傳》所謂之「大一統」，董氏對此亦頗強調。顯然何休之言三科九旨，乃以大一統思想來加以統合，一切所言無非皆爲大一統而舖張。胡母及董、何既強調大一統，則不僅不廢統治階級，且必更加擁護君權，以使專制政權益形鞏固，此與爲漢制法之說，無疑乃一體兩面。

熊氏雖以張三世乃孔子微言所在，並以之爲綱領，然不能因之只言張三世，而不言通三統，何況其言張三世，亦以孔子持進化論，則於董、何之三統說，亦不可不觸及。熊氏所言，若與何休同，則其所謂之進化論，亦爲一循環之歷史哲學，如此則與其言張三世時，強調推翻君權，廢除統治階級之說，互相違背。故熊氏之言張三世，既與董、何異，則其言通三統，亦必與

董、何異，方不至如何休同陷入循環之歷史哲學窠臼中，更不至於與其言張三世之強調推翻君權之說相矛盾。熊氏顯然不以董、何之三統說為極至，蓋若真有三統，則君權互相輪替，統治階級仍存，則亂制叢生，而永無太平之日。熊氏認為於升平時，猶有三統可說，然世進太平，即無三統可說，蓋通三統亦借事明義，乃是假說，其實三統即是一統，而此一統亦即仁統。猶如張三世，雖分為三期，而有三世，其實則只有一世，即據亂世或升平世皆是向著太平世而趨進，太平世才是張三世之終極目標。熊氏仁統說，顯與董、何三統說大異，無疑乃立基於上而加以創造性之詮釋。熊氏既以三統原是一統，一統即是仁統，蓋《春秋》雖言素王，然此素王亦是借事明義，不可執實，而素王之制法，乃制萬世法，而非為漢制法。素王既以仁垂統，則必推翻君權，廢除統治階級，則於大一統思想必不贊同。

熊氏之說，雖於客觀文獻之考證上，並無充足證據加以證成，然從內在義理之發揮上，則有精意在，並可見出其思想之一貫性及特色，從而形成自己獨特之春秋學。且若進一步溯源孔子所謂之天命，再比較熊氏與董、何之說，則董、何三統說，未必即符合孔子之言，而熊氏仁統說，則與孔子所言較相近。故熊氏將三統歸於一統，一統即是仁統之說，實值注意，由此不僅可見熊氏與諸公羊家之異，亦可見出其春秋學之重點所在。

第二節　通三統說

通三統，亦名「存三統」。按《繁露》及《解詁》皆有通三統，而無存三統之名，故劉逢祿《釋例》第二例「通三統例」，合於《解詁》原名。之所以亦名存三統，蓋宋氏言「三科者，一曰張三世，二曰存三統，三曰異外內」之故，而宋氏易通三統為存三統，要非無因，蓋言及通三統，《繁露・三代質文改制》則曰：「王者之法，……下存二王之後以大國」，《解詁》隱三年亦曰：「王者，存二王之後」（卷二頁6）宋氏或受「存二王之後」之「存」字影響，故易為存三統。董、何皆重通三統，然與董氏同時稍早之胡母生《公羊傳》，是否有此說，則頗值注意。按《公羊傳》宣十六年「成周宣謝災」曰：

> 成周者何？東周也。宣謝者何？宣宮之謝也。何言乎成周宣謝災？
> 樂器藏焉爾。成周宣謝災何以書？記災也。外災不書，此何以書？
> 新周也。

此處「新周」，雖與通三統之新周同名，然名同而實異。孔廣森《公羊通義》宣十六年曰：「周之東遷，本在王城，及敬王避子朝之難，更遷成周，作傳者據時言之，故號成周爲新周，猶晉徙于新田，謂之新絳，鄭居郭、鄶之地，謂之新鄭云爾。」按周開國之地豐鎬，號曰「宗周」，後周公營雒邑，號曰「成周」，相對宗周豐鎬爲舊京而言，則成周雒邑爲新京，故稱成周爲新周，猶如晉之新絳，鄭之新鄭，蓋以定都先後而言，實無通三統之意。陳澧《東塾讀書記・春秋三傳》曰：「《公羊》無此說也。成元年，『王師敗績於貿戎』；《公羊》云：『王者無敵，莫敢當也。』既以周爲王者無敵，必無黜周王魯之說矣。……《公羊》『新周』二字，自董生以來，將二千年，至巽軒乃得其解，可謂《公羊》之功臣矣。」陳澧不僅贊同孔氏之說，又舉《公羊傳》之文以證，此更可見《公羊傳》實無通三統之說。

一、董氏三統說

至董氏《繁露・三代改制質文》則盛言通三統：

> 故《春秋》應天作新王之事，時正黑統，王魯，尚黑，絀夏，親周，故宋。……曰：三正以黑統初，（正黑統奈何？曰：正黑統者，厤）正日月朔於營室，斗建寅，天統氣始通化物，物見萌達，其色黑。……正白統奈何？曰：正白統者，厤正日月朔於虛，斗建丑，天統氣始蛻化物，物初芽，其色白。……正赤統奈何？曰：正赤統者，厤正日月朔於牽牛，斗建子，天統氣始施化物，物見動，其色赤。……《春秋》曰：「杞伯來朝。」王者之後稱公，杞何以稱伯？《春秋》上黜夏，下存周，以《春秋》當新王。《春秋》當新王者奈何？曰：王者之法，必正號，絀王謂之帝，封其後以小國，使奉祀之，下存二王之後以大國，使服其服，行其禮樂，稱客而朝，故同時稱帝者五，稱王者三，所以昭五端，通三統也。

以上引文，可分兩點而論，一、就曆法三正而言，因三代曆法，各以不同之月爲歲首，夏建寅、殷建丑、周建子，此即三正。又以子、丑、寅爲天地人，建子爲天統，建丑爲地統，建寅爲人統，故三正亦稱三統。建正既不同，由是而「天統氣始通化物」、「始蛻化物」、「始施化物」，因而其禮制、宮室……亦異，所尚顏色亦異，夏尚黑，殷尚白，周尚赤。如天命運行至夏，夏尚黑，即爲黑統，亦即人統；運行至殷，殷尚白，即爲白統，亦即地統；運行至周，

周尚赤，即爲赤統，亦即天統。此三統可運行遞嬗，故曰通三統〔註1〕。二、就制度思想而言，即親周、故宋、以《春秋》當新王之說。按《繁露》及《史記》皆言親周，而無新周，阮元《校勘記》曰：「按董子、《史記》，親周皆新周之誤」（見《注疏》卷十六），崔適《史記探源》卷六引此說而曰：「案孔子以《春秋》當新王者，新受命爲王也。新周者，新爲王者之後也」，按阮、崔之說有理，故應爲新周故宋，以《春秋》當新王。然徐復觀《兩漢思想史》卷二曰：「由仲舒思想之系統言，既有『新王』『王魯』之觀念，則與周之關係，只能說『親』而不能說新。」（頁435註五〇）按徐說有待商榷，蓋新周之新與新王之新，其意並不相同，新周乃周在《春秋》成新王後，即退爲二王之後，而爲新一統，故不能因新王、王魯，即謂只能是親周，而非新周。總之，通三統即天命在周之時，封夏之後於杞，殷之後於宋，存前二王之後，與己恰成三統，即以周而言，其三統爲夏、殷、周，今孔子新周、故宋、以《春秋》當新王，即以《春秋》而言，其三統乃殷、周、《春秋》，此時之《春秋》乃國名，而非書名。《春秋》既受命爲新王，即代表一王之法，則建立新王朝後，即須封前二代之後爲王，於其封地繼承統緒。故《春秋》繼周爲新王，則往上推，周爲《春秋》存二王之後之新一統，故曰「新周」，殷後之宋，仍保留於前存二王之後之舊統中，故曰「故宋」，而夏後之杞，則在新三統外，不宜再稱王，故曰「絀夏」。是以杞爲夏後，而王者之後本應稱公，但因通三統絀夏之故，此時即改稱爲伯，故曰「杞伯來朝」。由上所言，董氏通三統之說有二，一就曆法三正而言，故有黑白赤三統，旨在說明政權更替之模式及其根據；一就制度思想而言，以《春秋》繼殷、周之後而爲新王，旨在說明《春秋》改制之合法性，對王朝政權更替之肯定。二說各有著重，但關係密切，雖以後說爲主，但後說必以前說爲根據。而董氏雖言「故王者有不易者」，但更強調遞嬗，所謂「有再而復者，有三而復者，有四而復者，有五而復者，有九而復者」（同上），不論其數爲何，其強調「復」則無不同，而復即循環，即周而復始之意，如黑統而白統而赤統，則赤統之後又爲黑統，故董氏言通

〔註1〕《尚書·甘誓》載：「有扈氏威侮五行，怠棄三正，天用勦絕其命，今予惟恭行天之罰」，亦提及三正，然是否即董氏所謂之三正，不無疑問。而《逸周書·周月解》雖無天地人三統之說，然有質文三統之說，與董氏所言相似。徐復觀《兩漢思想史》卷二即認爲「此篇乃出於陰陽說盛行之後，可能係戰國末期之作，爲董仲舒所本。」（頁349）按徐氏亦只云「可能」，故以可備一說視之，較爲妥當。

三統，即含循環之意。蓋黑白赤三統之運行遞嬗，顯示政權之更替，故《春秋》即依之而改制，繼殷、周之後而爲新王。此無疑乃董氏「天人感應」說之表現，天命之運行、更替與人事之變革、改制，習習相關，人須順從天命而行，改制才有合法性可言。

董氏既以新王繼統乃承天命而來，而天命必有所示，故有所謂「符瑞」之說，其曰：

> 有非力之所能致而自至者，西狩獲麟，受命之符也。然後託乎《春秋》正不正之間，而明改制之義。（《繁露‧符瑞》）

> 臣聞天之所大奉使之王者，必有非人力所能致而自至者，此受命之符也。（〈賢良對策〉）

按西狩獲麟乃哀十四年春事，誠如顧頡剛《泣籲循軌室筆記（五）》「獲麟與作《春秋》」所言：「『西狩獲麟』，原與『有鸜鵒來巢』（昭二十五），『隕石于宋，五』（僖十六）同。當時史官喜紀異耳，原無大義也。而後人遂于此間畫斷，並以此與孔子發生關係。故若鸜鵒、隕石而見于哀公之世，說經者必又以爲孔子感鳥感石而作《春秋》矣。」（《顧頡剛讀書筆記》第二卷）按顧說有理，獲麟與鸜鵒、隕石皆記異，並無大義，與孔子亦無關係。然《春秋》借事明義，既因魯史而作，即與之有所不同，故雖記異，然此中即有微言存焉。董氏即認爲此含意甚深，乃孔子受天命作新王之符。按《春秋》之所以記此，誠如《公羊傳》所言乃「記異也」，可見《春秋》應無符瑞思想。而《公羊傳》雖認爲此乃記異，然又曰：「麟者，仁獸也。有王者則至，無王者則不至」，可見其已有符瑞思想，且此麟至，即含乃爲孔子而至之意。故不僅董氏言符瑞，《公羊傳》亦然。不過，其間仍有差異，董氏直以獲麟乃孔子受命之符，《公羊傳》雖亦有此意，然又曰：「孔子曰：孰爲來哉？孰爲來哉？反袂拭面，涕沾袍。顏淵死，子曰：噫！天喪予！子路死，子曰：噫！天祝予！西狩獲麟，子曰：吾道窮矣。」按麟至爲人所獲，然卻爲其射死，故孔子感歎「吾道窮矣」，若此即無孔子有受命之符可言，且此事與顏淵、子路之死同等重要，以至傷感而泣下，可見《公羊傳》雖言符瑞，但並無獲麟乃孔子受命之符之意，其所重乃在傷感，此則與董氏不同。

董氏又以《春秋》既應天作新王，而新王必有治地，故曰：「《春秋》應天作新王之事，時正黑統，王魯」，此即王魯之說，即孔子於《春秋》中予魯以王之地位，使《春秋》作新王之說得以落實。又「《春秋》緣魯以言王義」

（〈奉本〉）、「因其國而容天下」（〈盟會要〉、〈俞序〉），亦皆王魯之意〔註2〕。按《春秋》、《公羊傳》雖以魯爲主，然此意並不明顯，自董氏發之，王魯說遂與通三統同等重要，何休則承繼之，《解詁》中隨處可見王魯等字句。董、何皆言王魯，以魯爲新王治地，即意謂新王說與王魯說並無差異，故劉逢祿《釋例‧王魯例》曰：「王魯者，即所謂以《春秋》當新王也」，唯劉氏認爲託王於魯乃「因魯史之文，避制作之僭」（同上）此以孔子作《春秋》，因畏時遠害故，故不直書自己爲王，而以魯爲言，此蓋生於專制制度下之儒者，以凡情度聖心，甚爲荒謬，其失則與何休同。蓋孔子若畏時遠害，則根本不須作《春秋》，何須如此陷己於兩難？其實，《繁露》言王魯，即與絀夏，親周，故宋並列，而不言以《春秋》當新王，即因王魯即以《春秋》當新王，故不須重複。《史記‧孔子世家》曰：「據魯，親周，故殷，運之三代。」按「據魯」即王魯，此處亦不言以《春秋》當新王，然卻曰「運之三代」，據崔適《史記探源》卷六曰：「運當爲通，形近致誤也」，則運之三代，即通之三代，亦即通三統，魯與周、殷皆爲一代，亦即以《春秋》當新王，可見王魯說與新王說無異。誠然，《春秋》亦即魯史，此中魯史乃泛稱，猶如晉史、楚史，《春秋》則是專名，猶如晉之《乘》，楚之《檮杌》，孔子據魯史以修《春秋》，亦可謂其據《春秋》（魯史專名）以修《春秋》（孔子所修書名），兩者名同而實異，而因孔子《春秋》與魯史已有不同，故易令人以爲《春秋》與魯有異，因而以新王說與王魯說應有區別。然《春秋》雖以魯史爲主，唯此時之魯史，已非原來之魯史，乃孔子心中理想之《春秋》，而王魯雖亦以魯爲主，然此時之魯，亦非原來之魯，乃孔子心中理想之魯，此與孔子理想中之

〔註2〕　《春秋》爲何託王於魯，據陸寶千《清代思想史》（頁234～236）所言，主要有三，其一、以爲魯史於孔子近便之故，劉逢祿、陳立主之；其二、以爲魯存周公之禮樂，宋翔鳳、戴望、皮錫瑞主之；其三、則以爲隱公能讓國之故，戴望又主之。然廖平則不主王魯之說，《何氏公羊解詁三十論‧主素王不王魯論》曰：「蓋嘗以經例推之，則魯爲方伯，譏僭諸公，非作三軍，則是《春秋》仍以侯禮責魯也。譏不朝，非下聘，則是《春秋》仍君天王而臣魯侯也。且《春秋》改制作，備四代，襃貶當時諸侯，皆孔子自主，魯猶在襃貶中。其一切改制進退之事，初不主魯，則何爲『王魯』乎？若以爲『王魯』，則《春秋》有二王，不惟傷義，而且即傳推尋，都無其義。此可據經傳而斷其誤矣。又《公羊》精微，具見緯候，凡在枝節，莫不具陳，而『王魯』全經大綱，緯書並無其語，而言『素王』與孔子主王法，乘黑運者，不下三四十見。此可見本『素王』，而不『王魯』矣。」（《廖平選集》下頁140～141）按廖平宗主《穀梁》，故其說如此。

《春秋》實無不同，兩者皆爲象徵，代表一文化理想，唯《春秋》指國體而言，即「國名」，王魯則指所在地，即「治地」，所指有別，其意則同，蓋《春秋》爲新王，魯則新王之都。且《春秋》乃借事明義，既是借事明義，則切勿執著。新王說與王魯說皆借事明義，所借之事相同，故其義亦同，萬不可以其一指《春秋》，一指魯國，即謂所當王之主體不同。若爲不同主體，則成兩國，實非《春秋》之旨。何況新王說，以《春秋》當新王，即以孔子爲素王，而王魯說，即孔子因《春秋》而託魯以王，而此魯王，仍指孔子，而非魯君。此皆可見兩者實無不同，皆指孔子繼周之後，應天受命而王天下。可見王魯說與新王說並無不同，蓋王魯指所在地，強調先以魯爲治化之地，以魯爲化首，先自正而後正人，因其國而容天下，乃就治地而言；以《春秋》當新王，則指國名，與新周、故宋並列，乃從國體以言。故若謂有異，其異只是一就治地，一從國體而言。此非眞有不同，乃立論角度不同之故，不僅不足爲異，且又可使兩者相配合，其關係益形密切。

董氏配合曆法三正以言通三統，主要即在爲《春秋》新王之受命繼統尋一合法性之歷史根據。據《史記·秦楚之際月表》曰：

> 太史公讀秦楚之際，曰：初作難，發於陳涉；虐戾滅秦，自項氏；撥亂誅暴，平定海內，卒踐帝祚，成於漢家。五年之間，號令三嬗，自生民以來，未始有受命若斯之亟也。昔虞、夏之興，積善累功數十年，德洽百姓，攝行政事，考之于天，然後在位。湯、武之王，乃由契、后稷脩仁行義十餘世，不期而會孟津八百諸侯，猶以爲未可，其後乃放弒。秦起襄公，章於文、繆、獻、考之後，稍以蠶食六國，百有餘載，至始皇乃能并冠帶之倫。以德若彼，用力如此，蓋一統若斯之難也。秦既稱帝，患兵革不休，以有諸侯也，於是無尺土之封，墮壞名城，銷鋒鏑，鉏豪桀，維萬世之安。然王跡之興，起於閭巷，合從討伐，軼於三代，鄉秦之禁，適足以資賢者爲驅除難耳。故憤發其所爲天下雄，安在無土不王。此乃傳之所謂大聖乎？豈非天哉，豈非天哉！非大聖孰能當此受命而帝者乎？

由於秦祚短暫，不足一統之紀，加以暴虐無道，不堪以言受命，而漢承秦後，乃興起於民間，頗異以往，既無虞夏之「積善累功數十年」，亦無湯武之「脩仁行義十餘世」，而縱即是秦，亦須百餘年之蠶食六國，方有十餘年之并冠帶之倫，而漢竟能五年之間卒踐帝祚。且此五年之間，號令三嬗，整個政治社

會制度急遽變化，由封建轉爲郡縣，由胙之土而命之氏變爲盡四海之內皆爲我有之君主集權。故漢之受命繼統應如何予以定位，即成一大問題。漢初以來，皆本鄒衍「五德終始說」爲言，企圖以五行之相生相勝以言朝代之興替。《史記・孟子荀卿列傳》載鄒衍「稱引天地剖判以來，五德轉移，治各有宜，而符應若茲。」此五德說認爲天上非唯一昊天上帝而已，而有東南西北中五帝，五帝依五行之德次第轉移，帝王之受命即符應於五帝。而依《呂氏春秋・應同》所載，黃帝乃「土氣勝，故其色尚黃」，禹乃「木氣勝，故其色尚青」，湯乃「金氣勝，故其色尚白」，文王乃「火氣勝，故其色尚赤」，其後「代火者必將水，天且先見水氣勝，水氣勝，故其色尚黑」，則繼周者必爲水德，尚黑，此則無可置疑。然因秦能否算作一統，如是則繼周者爲秦，如不是則爲漢，如此一來即有落差；且五行次第轉移乃按相生原則，抑相勝原則，主五德說者並無定見。故漢當應天上何帝，到底乃水德，或土德，或火德，漢初即有不同說法，且爭論不休，則五德說亦非眞能解決漢受命繼統問題。董氏則從通三統而言，認爲繼周而王者，並非秦，而是《春秋》。此可有兩種解讀，一、董氏既不滿於秦，亦不滿於漢，故寄理想於未來，以《春秋》爲新王，將繼周而起；二、董氏在漢言漢，此《春秋》即指漢，從而爲漢之受命繼統提供解決之道。茲據司馬遷云凡能憤發有爲，驅除患難，即可軼於三代，而爲大聖，並受命而王，此顯爲漢之受命繼統而發，而其學《春秋》於董氏，故此亦可視爲董氏之說。若此，則董氏通三統表面似爲《春秋》新王之受命，實則爲漢之受命繼統而言，爲漢之改制尋一解決之道。〔註3〕

　　新王受命之後即須改制，故必徙居處，更稱號，改正朔，易服色等，至於其道其理則不變，亦何改哉，以明不敢不順天志，但此只是形式上之改制。然在非改其道非變其理之前提下，除改正朔等形式上之改制外，仍須有具體內容之改變，董氏則提出文質觀念，作爲改革政治社會之張本，《繁露・三代改制質文》曰：

〔註3〕韋政通《董仲舒》即如此認爲，並以此具三點作用，「（1）文飾政權由暴力奪取的事實，提供政權正當性的理由，所謂『改正之義，奉元（蘇輿疑作奉天）而起』云云，是爲了滿足這個需要的；（2）新朝代應表現新氣象，令朝野一新耳目，所謂『改正朔，易服色、制禮樂』是也；（3）漢初的曆法很混亂，因改正朔之議，在武帝時終於引發改曆運動，這在以農立國的國家，是一件滿足農業需要的大事，根據仲舒『漢應爲寅正』之說，終於解決了曆法混亂的問題，使改制收到實際的效果。」（頁171～172）

> 《春秋》何三等？曰：王者以制，一商一夏，一質一文。商質者主
> 天，夏文者主地，《春秋》者主人，故三等也。主天法商而王，其道
> 佚陽，親親而多仁樸。……主地法夏而王，其道進陰，尊尊而多義
> 節。……主天法質而王，其道佚陽，親親而多質愛。……主地法文
> 而王，其道進陰，尊尊而多禮文。……故天將授舜，主天法商而王，
> 祖錫姓爲姚氏。……天將授禹，主地法夏而王，祖錫姓爲姒氏。……
> 天將授湯，主天法質而王，祖錫姓爲子氏。……天將授文王，主地
> 法文而王，祖錫姓姬氏。

依董氏所言天不變道亦不變，王者必順道而爲，王道方得實現，此王道乃以德治爲言，若此而王化方可施行。若就根本而言，此王道既由天道而來，天道無弊，王道自亦無弊。然或因時空因素，或因人爲關係，遂使王道不得實現，故有時不得不有所損益，蓋天下無一成不變之法。故董氏認爲《春秋》既當新王，即須實現王道，而欲實現王道，即須參考前王之法，以爲損益。董氏經由對前王之考察，而提出「一商一夏，一質一文」之說，而商夏質文四者再配合天地，即以商、質配天，即天、商、質爲一組，以夏、文配地，即地、夏、文爲一組，兩組各自成配，即成「主天法商而王」、「主地法夏而王」、「主天法質而王」及「主地法文而王」，此即所謂「四法」，然稍予歸納，實即以文、質爲內容，其核心觀念即「文質遞嬗」，董氏由此以明改制之具體情況。三王之道既文質遞嬗，故《春秋》作新王即須加以損益，文質互救，〔註4〕而基本上董氏認爲應以質救文，而非以文救質。《繁露·玉杯》曰：

> 緣此以論禮，禮之所重者在其志。……志爲質，物爲文。文著於質，
> 質不居文，文安施質？質文兩備，然後其禮成。文質偏行，不得有
> 我爾之名。俱不能備而偏行之，寧有質而無文。……然則《春秋》
> 之序道也，先質而後文，右志而左物。……是故孔子立新王之道，
> 明其貴志以反和，見其好誠以滅僞，其有繼周之弊，故若此也。

爲何須以質救文，即因《春秋》繼周之弊，而周尚文，故《繁露·十指》以「承周文而反之質」爲一指，是以《春秋》論禮，所重者在其志，而志爲質，

〔註4〕《漢書·嚴朱吾丘主父徐嚴終王賈傳下》載嚴安上書曰：「臣聞鄒衍曰：『政教文質者，所以云救也，當時則用，過則舍之，有易則易之，故守一而不變者，未睹治之至也。」據此，則鄒衍蓋以文質相救言世運遞嬗之始者。而《逸周書·周月解》亦載有此觀念。

先質而後文，而以質救文。然此以質救文，並非意謂即須完全捨棄周文而從殷質。蓋文者乃外在之禮法制度，質者乃內在之精神意涵，三代於此，各有著重，殷則質重於文，周則文重於質，故以質救文，即因周文疲弊，其禮法制度有所損缺，須從精神意涵加以矯正，此則須借助於殷之質，如此質文兩備，然後其禮成，自然無弊。董氏並從史實列舉代表之王，分別為舜、禹、湯及文王，以使一王配一法。董氏此等觀念，與《論語》所載孔子曰：「殷因於夏禮，所損益，可知也；周因於殷禮，所損益，可知也；其或繼周者，雖百世可知也」（〈為政〉）極為相似；尤其以四王配四法，更與孔子答顏淵問為邦曰：「行夏之時，乘殷之輅，服周之冕，樂則韶舞」（〈衛靈公〉）更是相似。然此並不意謂兩者完全相同。孔子之意，蓋以殷繼夏、周繼殷之時，一切皆以王道為標準，不合禮者加以減損，合禮者則予增益，此有所損益，即謂之改制。此所謂損益、改制，誠如朱子《四書章句集註》「顏淵問為邦章」引程子曰：「蓋三代之制，皆因時損益，及其久也，不能無弊。周衰，聖人不作，故孔子斟酌先王之禮，立萬世常行之道，發此以為之兆爾。」又引尹氏曰：「此所謂百王不易之大法。孔子作《春秋》，蓋此意也。」所謂「立萬世常行之道」，「百王不易之大法」，皆此意也。此三王之道，乃就文化而言，重在對時代精神之探討，因革損益，莫不以盡善盡美為極至，可見孔子並無文質遞嬗觀念，亦無循環往復之說；董氏則將之皆納入，此其異也。不過，董氏認為《春秋》損益四代，而立一王之法，在此點上，可謂深明孔子之意，其說蓋由孔子啟發而來。至於董氏文質遞嬗之說，若與通三統配合能否穩合，亦易引起爭論。對此問題，首須予以區別者，即通三統與文質遞嬗是否屬同一層次，若為同一層次，則如徐復觀《兩漢思想史》卷二曰：「三統有三，而質文只有二，以二配三，如何能配得上？」（頁350）然若屬不同層次，則徐氏之評即無意義。顯然地，兩者可分屬不同層次，通三統乃形式地說明受命繼統，以確保改制之合法性，文質遞嬗則實質地說明改制之具體內容，強調改制以損益四代而立一王之法為最高原則。

　　董氏之言通三統既在為《春秋》新王尋一合法性之歷史根據，作為新王受命之標誌。王者之能受命，乃因有德而為天命所歸，即可取代前朝而為新王。順此而言，董氏縱不至於要求無德之君立即退位，然實有禪讓意圖，強調內部改制，隱含一革命精神。按《漢書‧眭兩夏侯京翼李傳》載眭弘於昭帝時因「大石自立，僵柳復起」，即曰：

　　　　先師董仲舒有言，雖有繼體守文之君，不害聖人之受命。漢家堯後，

　　　　有傳國之運。漢帝宜誰差天下，求索賢人，禪以帝位，而退自封百

　　　　里，如殷周二王後，以承順天命。

弘因「大逆不道」伏誅。按弘乃董氏再傳弟子，弘之所言承自董氏，可見董
氏誠有禪讓之意。董氏雖有此意，但終究只是以君易君，不敢推翻君權，故
此禪讓亦非眞禪讓，更遑論革命。且據《漢書・董仲舒傳》載遼陽高廟及長
陵高園殿災，董氏以災異推說其意，而獲罪當死，後經詔赦之，董氏即不敢
再言災異。災異且不敢言，更何況禪讓、革命。究其實，董氏言通三統，亦
如言張三世，皆以君臣恩義爲言，雖以有德之君易無德之君，然此君一立即
不容推翻，無疑更維護統治階級，使專制政體益形鞏固，只不過太過理想，
以爲此專制政體應在禪讓原則下運行。

　　董氏之後，《白虎通》亦言通三統，大致與董氏無異，如曰：「王者受命必
改朔何？明易姓，示不相襲也。明受之于天，不受之于人，所以變易民心，革
其耳目，以助化也。」（卷八）此與董說實無不同。又曰：「正朔有三何本？天
有三統，謂三微之月也。明王者當奉順而成之，故受命各統一正也。敬始重本
也。……三微者，何謂也？陽氣始施黃泉，動微而未著也。」（同上）按董氏雖
無「三微之月」之語，然此三微之月亦以氣爲言，實與董氏之言天統氣始通化
物、始蛻化物及始施化物，皆重視氣，並無不同。然亦有一二處與董氏有異，
如論存二王之後，其先曰：「王者所以存二王之後何也？所以尊先王，通天下之
三統也。明天下非一家之有，謹敬謙讓之至也。故封之百里，使得服其正色，
行其禮樂，永事先祖。」（同上）此雖仍承董氏而言，然其續曰：

　　　　二王之後，若有聖德受命而王，當因其改之耶，天下之所安得受命

　　　　也，非其運次者。（同上）〔註5〕

〔註5〕　盧文弨曰：「此有脫誤，疑是『當因其故，抑改之耶』，下云『天之所廢，安
　　　　得受命也』。且『非其運次者』，蓋即一姓不再興之義。」按本段文句並無不
　　　　通之處，非如盧氏所云。蔣慶《公羊學引論》曰：「其實，此句文從字順，前
　　　　句問若二王後有聖德受命而王能否三統順次改其舊統再建新統，後句答若天
　　　　下安之，得受命而王，然不可依順次再建一新統，當復其舊統。盧氏增一『廢』
　　　　字解此句，使此句反而意義不明。又，盧氏解『非其運次』爲一姓不再興，
　　　　亦不得其解。依公羊家義，王天下的根本標準在於有聖德而天下安之，而不
　　　　在姓氏。若二王後眞有聖德而天下安之，於理當可復王天下，因公羊家認爲
　　　　天下非一姓所有，既非前王一姓所有，亦非新王一姓所有，而爲有聖德能安
　　　　天下者所有。」（頁345註二一）按蔣說有理，故依之。

按此則與董氏有異。董氏之言三統遞嬗，強調三而復，頗主循環之說；《白虎通》則言「非其運次者」，並不言復，不強調循環，故不必如董氏之由黑統而白統而赤統，赤統之後又爲黑統，而是赤統之後亦可能爲白統。蓋天下非一姓所有，乃有聖德而能安天下者所有，新王有聖德，固可代前王而有天下，因天下非前王一姓所有，同樣地，前二王之後若有聖德，亦可不受運次限制，重又代新王而復有天下，因天下亦非新王一姓所有。顯然在通三統是否爲循環此點上，《白虎通》所言與董氏迥異，而較爲合理，可補其不足。

二、何休三統說

至何休亦盛言通三統，依劉逢祿《釋例》所歸納，《解詁》隨文注出有此意思者甚多，茲不具引，唯引兩處字句完全相同者：

> 莊二十七年「杞伯來朝」，《解詁》曰：「杞，夏后，不稱公者，《春秋》黜杞，新周而故宋，以《春秋》當新王，黜而不稱侯者，方以子貶起伯爲黜，說在僖二十三年。」（卷八頁 18）

> 宣十六年「夏，成周宣榭災」，《解詁》曰：「新周，故分別有災，不與宋同也。孔子以《春秋》當新王，上黜杞，下新周而故宋，因天災，中興之樂器，示周不復興，故繫宣榭於成周，使若國文，黜而新之，從爲王者後記災也。」（卷十六頁 18）

前條所言，實承《繁露・三代改制質文》言「杞伯來朝」而來；後條亦以《繁露》新周之說，代替《公羊傳》之說。可見《解詁》雖爲《公羊傳》作注，然實逸出其範圍，而一以《繁露》爲主，顯然乃承董氏而來。然董氏之通三統爲親周、故宋、以《春秋》當新王，何休稍變其語爲新周、故宋、以《春秋》當新王，其易「親」爲「新」，蓋《解詁》爲《公羊傳》而作，《公羊傳》既有新周之辭，故《解詁》以之爲主，易親周爲新周。故徐復觀《兩漢思想史》卷二曰：「仲舒說『親周』，何休注公羊則改爲『新周』；殆因宣十六年『夏，成周宣榭災』，《傳》有『新周』。但此處之新周，僅指『成周』而言，與何休之所謂新周，意義全別。……何休既襲用仲舒王魯之說，即不應易『親周』爲『新周』。」（頁 435 註五○）而何休雖承董氏，然常略去其名，反而迎合《公羊傳》。陳澧《東塾讀書記・春秋三傳》曰：「何注多本於《春秋繁露》，而徐彥不疏明之。」蓋何休於內容上承董氏之說爲多，而表面上則仍緊扣《公羊傳》而言，令人以爲此乃《公羊傳》之說，徐彥《注疏》皆只云此「《春秋》

說」，而不予疏明其乃出於董氏。除通三統外，如「變一爲元」、「以元正天」等，何休亦皆承之董氏。魏源〈董子春秋發微序〉曰：「若謂董生疏通大詣，不列經文，不足頡頏何氏，則其書三科、九旨燦然大備，且弘通精淼，內聖而外王，蟠天而際地，遠在胡母生、何邵公《章句》之上。」皮錫瑞《經學通論‧春秋》曰：「三科之義，已見董子之書。」（頁6）按魏、皮所言甚是。唐晏《兩漢三國學案‧春秋》卻曰：「按：三科九旨之說不見於《公羊傳》，惟何氏記之。其說亦不詳所本。攷何氏〈公羊序〉云：『胡母生條例多得其正，故遂隱括，使就繩墨焉。』則此說豈胡母生之例歟？」（頁 433）按三科九旨雖不見於《公羊傳》，然已見於《繁露》，非唯何休記之而已，而何說亦非不詳所本，蓋多本之董氏，而非胡母，且就通三統言，更是如此。〔註6〕

至於獲麟之說，何休蓋亦承董氏爲說。董氏雖以獲麟爲孔子受命之符，然實際政治上，此畢竟乃不可能之事，而〈賢良對策〉曰：「今漢繼大亂之後，若宜少損周之文致，用夏之忠者。」可見董氏在漢言漢，以漢受命繼統，無疑已開爲漢制法之先聲。按《公羊傳》於獲麟曰：「制《春秋》之義，以俟後聖」，此「後聖」雖可包含漢，然猶未明言之。而《解詁》則曰：「知庶姓劉季當代周」、「知漢當繼大亂之后」、「末不亦樂后有聖漢受命而王」、「待聖漢之王以爲法」，可見何休更直言爲漢制法，蓋承董氏而來。董、何縱於程度上有別，然最終皆以漢爲主則無不同。若從通三統之內在義理而言，顯然可有禪讓、革命之意，然董、何既受限於專制政權之影響，而不敢侈言，唯以之爲新王受命之根據，此新王最後又歸結於漢，故其實即在爲漢提供一取代舊王朝之合法性根據。然此亦有其內在矛盾，即往後如有新王朝代漢而起，則此新王朝亦可援之以爲依據。董、何於此，不可能毫無所知，故所言通三統，絕不可能乃爲往後新王朝之代漢而設，由此更可反證其乃爲漢之取代舊王朝而言。蘇輿《春秋繁露義證》卷第七曰：

> 作新王事，即《春秋》爲漢制作之說所由昉。魯爲侯國，漢承帝統，以侯據帝，嫌于不恭，故有託王之說。云黑統則託秦尤顯。蓋漢承秦統，學者恥言，故奪黑統歸《春秋》。（朱一新已有是說。）以爲

〔註6〕 《淮南子‧主術訓》曰：「殷變夏，周變殷，《春秋》變周。三代之禮不同，以《春秋》爲一代。」劉向《說苑‧君道》曰：「夏道不亡，商德不作；商德不亡，周德不作；周德不亡，《春秋》不作。」王充《論衡‧定賢》曰：「孔子得王，《春秋》不作。」可見不僅公羊家，其餘漢儒亦多主通三統，以《春秋》當新王，而爲一代者。

繼《春秋》，非繼秦也。

董、何之重通三統，蓋實際政治上，漢承秦祚，從政治上言，秦自是一統，
然以文化爲判準，秦暴虐無道，不能算一統。政治上之正統，乃武力強弱問
題，仍屬霸道；文化上之正統，方爲有德無德問題，乃是王道。中國自古號
稱禮義之邦，文化上之正統高過政治上，此即王霸之別，王道勝於霸道。董、
何以漢直承周統，略過秦而不承認之，因其在文化上乃失德者，不配應天受
命而興。〔註7〕《春秋》重名分，名不正則言不順，在文化上取得正統之合法
性地位，才可名正言順受命而興。董、何之言通三統，即在強調自己正統地
位之合法性，以明漢之興起非受之於人，即暴虐無道之秦，因其乃失德者，
而是受之於天，即承有德之周而來，蓋漢乃有德者，故能代之而興。故董、
何雖言通三統，其實只言漢統，爲其尋求一合法性，至於其餘二統，則不重
視。徵諸史實，漢不曾封殷、周之後，不似周封夏之後於杞，殷之後於宋。
此蓋與政治社會制度有關，畢竟從周至漢，已由封建改爲郡縣，由胙之土而
命之氏變爲盡四海之內皆爲我有之君主集權，無須再存前二王之後。漢以後
之政權，大抵皆循漢制，至清皆然。董氏生於西漢，專制政體已然形成，故
須如此；何休生於東漢，專制政體更形鞏固，更須如此。

　　由於在通三統方面，何休較董氏爲保守，而其所言張三世，又較董氏爲
進化，遂致兩相矛盾。董氏並不將通三統與張三世相結合，何休則欲將兩者
相結合，然此兩者之結合，並不能像張三世與異內外之易於結合。張三世與
異內外之結合，即所傳聞之世，見治起於衰亂之中，故內其國而外諸夏；所
聞之世，見治升平，故內諸夏而外夷狄；所見之世，著治太平，夷狄進至於
爵。然通三統與張三世則難以結合，蓋至太平世後，若永爲太平盛世，則通
三統即無意義可言，除非太平世後又回復至據亂世、升平世，而在據亂世或
升平世時，才可言通三統，通三統亦始具意義。何休卻一則言張三世，強調

<hr>

〔註 7〕顧頡剛〈五德終始說下的政治和歷史〉曰：「夏金，殷水，周木，既已定了，
　　　可是秦的水德的證據也太多，〈始皇本紀〉有之，〈封禪書〉有之，〈歷書〉有
　　　之，要完全推翻這件事實倒也不便。於是想出一個『閏位』的辦法來，說秦
　　　雖水德，但他的水德是介於周木和漢火之間的，失了他的固有的行次，所以
　　　不久敗滅。又說他是『任知刑以強』的，只能算『伯（霸）』，而不能算『王』。
　　　於是秦的一代就不爲正統，而爲閏統，不爲『秦王』而爲『秦伯』了。」（《古
　　　史辨》第五冊下編頁 568）按顧氏乃以『閏位』之說以明秦之所以不能算爲一
　　　統之故，在實際政治上尚且如此，何況《春秋》借事明義，更不能視秦爲一
　　　統。

世愈亂而治愈盛，希冀太平盛世之治，一則又言通三統，承董氏之說，強調三統輪流運行互相代替，遂使其歷史觀成爲一循環之歷史哲學。而強將兩者相結合，必即顯出矛盾，並使所言據亂三世之三世義，強調世愈亂而治愈盛，達至太平世之理想，頓失其意。何休此循環之歷史哲學，顯有不足，並不能達至眞正之太平世，蓋太平世之後仍須回復至據亂世、升平世，此又與孔子作《春秋》寄寓太平盛世之理想相違背，則此將僅似曇花一現而永無實現之日。

三、清公羊家三統說

漢以後之政權，既無須再存前二王之後，則通三統退居其次，只成一義例，不若張三世之重要。此至清尤甚，蓋清爲滿族，按中國標準而言，乃屬夷狄，然清人入關已久，政治上之正統地位已無可動搖，但如何在文化上使其正統地位合法化，乃刻不容緩之事。雍正朝之「曾靜案」，即是文化上正統或非正統之爭，顯現在實際政治上之具體事件。故清公羊學興起之時，對通三統必有所避諱，反從異內外試圖予清政權以合法化，蓋經由異內外，夷狄若中國化則中國之，既近中國即爲夏，與中國並無不同。莊存與《春秋正辭》所探討者即異內外問題，主要目的即針對清政權是否合法化而言。在《春秋正辭》中，莊氏即將通三統歸入「正奉天辭」中，可見異內外亦超越過通三統，通三統退居其後，只成一義例而已。孔廣森於《春秋》之微言大義，本即深表懷疑，而對董、何三科九旨說，亦不贊同，於張三世既與董、何異，於通三統則更予批判。《公羊通義・敘》曰：「方東漢時，帝者號稱以經術治天下，而博士弟子因瑞獻諛，妄言西狩獲麟是庶姓劉季之瑞，聖人應符，爲漢制作，黜周，王魯，以《春秋》當新王云云之說，皆絕不見本傳，重自誣其師，以召二家之糾摘矣。」按《公羊傳》無通三統之說，故孔氏認爲此「皆絕不見本傳」，至東漢方有。然此非至東漢方有，董氏《繁露》早已言及，則西漢已有。劉逢祿〈春秋論下〉駁之曰：「又其意以爲三科九旨之義不見于傳文，止出何氏《解詁》，疑非公羊本義。無論元年文王、成周宣榭、杞子滕侯之明文，且何氏序明言依胡母生條例，又有董生之《繁露》，太史公之《史記・自序、孔子世家》，皆公羊先師七十子遺說，不特非何氏肊造，亦且非董、胡特創也。」據此，通三統不僅見於西漢，且爲「公羊先師七十子遺說」，從而爲「不見本傳」之問題作一解釋，蓋《公羊傳》或因種種原因而不載，然猶保留遺說以成「條例」，故董、何可依之而加以發揮。

劉氏《釋例・通三統例》曰：

> 昔顏子問爲邦，子曰：行夏之時，乘殷之輅，服周之冕。終之曰：
> 樂則韶舞。蓋以王者必通三統，而治道乃無偏而不舉之處。自後儒
> 言之，則曰法後王，自聖人言之，則曰三王之道若循環，終則復始，
> 窮則反本，非僅明天命所授者博，不獨一姓也。……《詩》之言三
> 正者多矣，而尤莫著于三頌。夫子既降王爲風，而次之邶鄘之後，
> 言商周之既亡，終之以三頌，非新周故宋，以魯頌當夏而爲新王之
> 明徵乎？……文王雖受命稱王，而于繫《易》，猶以庖犧正乾五之位，
> 而謙居三公，晉、明夷、升三卦言受祖得民而伐罪也，臨商正言改
> 正朔也。

按董、何言通三統，蓋從曆法三正言，從而強調新王受命之合法性，雖亦言及文質、四法，然此與孔子所言三王之道，仍有不同。不過，兩者雖有不同，然其於繼承之中，即有因革損益，則無不同。劉氏承之而言，即將孔子所言三王之道配合通三統，借由損益四代而立一王之法，誠有強調《春秋》乃爲萬世制法之意。然此時言通三統已無多大意義，故劉氏配合三王之道以言，亦僅是加以引申而已。且《詩》三頌及文王受命繫《易》，皆可與通三統會通而言之。劉氏此舉無疑使公羊大義群經化，其目的即以《春秋》乃五經之筦鑰，不明《春秋》，則不可與言五經，由此而強調《春秋》之重要。

與劉氏同時之宋翔鳳，其《論語說義・一》曰：「孔子爲言損益三代之禮，成《春秋》之制，將百世而不易，何止十世也？如董生所記〈三代改制質文〉，而所損益之故，大可知矣。孔子作《春秋》以當新王，而通三統，與《論語》答顏淵問爲邦，因四代之禮成制作，損益之原，其道如一。」宋氏大抵承董氏而言，而與劉氏同，並無新義。龔自珍之三統說則頗怪異，〈壬癸之際胎觀第三〉曰：「夫始變古者，顓頊也。有帝統，有王統，有霸統。帝統之盛，顓頊、伊耆、姚。王統之盛，姒子姬。霸統之盛，共工、嬴、劉、博爾吉吉特氏。」（《定盦文續集》卷二）龔氏此說，與公羊家之通三統已無直接關連，乃借其模式，以作爲表達思想之概念。至於魏源《董子春秋發微》，除首篇總論三科九旨言及通三統例外，第四、五、六篇皆爲通三統例。此書大抵發揮《繁露》之意，以補《公羊傳》、《解詁》之未備，惜已佚，不得其詳。然據〈董子春秋發微序〉曰：「至其〈三代改制質文〉一篇，上下古今，貫五德、五行於三統，可謂窮天人之絕學，視胡母生《條例》有大巫小巫之歎。」此

可見魏源極尊崇董氏通三統說。又〈明代食兵二政錄敘〉曰：「以三代之盛，而殷因于夏禮，周因于殷禮，是以《論語》『監二代』，荀卿『法後王』，而王者必敬前代二王之後，豈非以法制因革損益，固前事之師哉！」（《魏源集》上冊）此可見魏源所言不出劉氏範圍，而皆源自於董氏。皮錫瑞《經學通論‧春秋》曰：「晉王接，宋蘇軾、陳振孫，皆疑黜周王魯，公羊無明文，以何休為公羊罪人。不知存三統明見董子書，並不始於何休。公羊傳雖無明文，董子與胡母生同時，其著書在公羊初著竹帛之時，必是先師口傳大義。……學者試取董書〈三代改制質文〉篇，深思而熟讀之，乃知春秋損益四代，立一王之法，其制度纖悉具備，誠非空言義理者所能解也。」（頁7～8）可見皮氏亦尊崇董氏之說。康有為《春秋董氏學》卷二曰：「《公羊傳》《春秋》託王於魯，何注頻發此義，人或疑之，不知董子亦大發之。蓋《春秋》之作，在義不在事，故一切皆託，不獨魯為託，即夏商周之三統，亦皆託也。」（頁3）可見康氏亦尊崇董氏之說。總之，清諸公羊家之言通三統，大抵皆循董、何之說，不出其範圍。

　　至此已可見出，通三統旨在說明《春秋》之為一統，損益四代以立一王之法，尚合孔子作《春秋》為萬世制法之意。既為萬世制法，非僅為一代，則三統遞嬗，後一代於前二代須加以因革損益，以為借鏡。董、何於通三統固有發明之功，然仍不免在漢言漢，故經其闡釋，終至以《春秋》當新王即成以漢當新王，為萬世制法亦成為漢制法，如此則當漢成為新統後，本是遞嬗之三統隨即停止，三統止於一統，此一統即漢，漢才是正統所在。劉逢祿〈春秋論上〉曰：

> 若史家正統之例，則實本《春秋》通三統之義。太史公作〈五帝本紀〉，列黃帝、顓頊、高辛、堯、舜，而不數少昊氏。斯義也，本之董生論三統，孔子論五帝德，《國語》柳下惠論祀典。蓋少昊氏之衰，九黎亂德，顓頊修之，故柳下、孔子、董生、太史公論列五帝，皆挑少昊一代於不言，視〈月令〉郯子所論，識殊霄壤。此正統本於三統之明徵，豈徒臚列紀載，體同脣史，遂並董狐乎？

董、何之將三統歸於一統，此一統成為新統後，即為最尊最上之正統，不容推翻，故作為義例之通三統，必演變成正統論，而此所顯之義，無疑即是大一統。此在董、何如此，以漢為大一統國家，降及清諸公羊家亦然，皆極維護清大一統之局面。

第三節　董、何等之大一統說

　　董、何之言通三統，旨在爲新王之受命尋一合法性之歷史根據，並爲新王朝政權之鞏固，在理論上予以合理有力之論證。董氏言及通三統時，亦提及王魯，之所以託王於魯，即欲使《春秋》之爲新王得以落實。且又倡言異內外，強調大一統思想。而何休《解詁》隱元年所言，實係統合三科而言，一開始即大談王魯，而《解詁》中言及王魯者甚多，劉逢祿《釋例》即將之歸納爲〈王魯例〉。王魯即以《春秋》當新王，即通三統，而於最後又提及張三世與異內外可結合，故其實欲將三科加以統合。何休雖未能結合張三世與通三統，此其內部理論有待加強，然既透過異內外結合兩者，則最終目的實欲將三科加以統合。故未能結合張三世與通三統乃一事，而欲統合三科又爲一事，應分別以觀。何休既大談王魯，王魯即託王於魯，以魯爲化首，因其國而容天下，並以異內外結合其餘二科，而異內外乃屬王天下之政治思想，而與王魯說可相通，皆強調大一統思想。何休顯以大一統思想來加以統合三科，一切所言無非皆爲大一統而舖路。董、何之言通三統，甚至三科九旨，最終皆歸於大一統，而此思想，其實《公羊傳》早已言及。可見胡母及董、何所言雖有詳略顯微之異，然根本意旨一以貫之，並無不同。

一、大一統思想溯源

　　此大一統，既是公羊學之核心思想，由此即可進一步問，公羊家此說是否本於《春秋》而言，亦即《春秋》是否有大一統思想？按《春秋》之大義，在尊王攘夷，尊王即須強化周室之權力，攘夷即須抵抗夷狄之侵略，此即含大一統之意。再據《論語・季氏》載孔子曰：「天下有道，則禮樂征伐自天子出；天下無道，則禮樂征伐自諸侯出。……」可見孔子所希冀者乃天下有道，絕非天下無道，所樂見者乃禮樂征伐出自天子，而非諸侯或大夫，以至陪臣。據此，孔子極爲尊王，擁護周室，誠顯然可見而無可疑。又《論語・憲問》載孔子之答子貢問「管仲非仁者與」曰：「管仲相桓公，霸諸侯，一匡天下，民到于今受其賜。……」孔子之贊管仲，即因能助桓公而攘夷，維護周室於不墜。不論從尊王或攘夷以觀，孔子皆維護周室於一尊，可見其實有大一統之思想。蓋孔子之尊王攘夷，即因春秋時周室不振，諸國紛爭，夷狄入侵，故冀有一強固之王室，以攘夷狄，統一中國。且孔子最重正名，以名分而論，周室雖微，然尚爲中國共主，故一以周室爲主，極言尊王，以冀中國成爲大

一統之國。而《論語》正可與《春秋》相發明，此亦可證《春秋》實有大一統之意。《春秋》既尊王，公羊家遂由此極言唯王者才可改元立號。按《春秋》「元年，春王正月」，表面觀之，應無深意，而公羊家則以之為五始，其意甚深。此中「元年」即有甚深意在，不僅彰顯出尊王，且含改元立號之深意。《公羊傳》於元年曰：「君之始年也」，《解詁》注曰：

> 不言公，言君之始年者，王者諸侯皆稱君，所以通其義於王者，惟王者然後改元立號。《春秋》託新王受命於魯，故因以錄即位，明王者當繼天奉元，養成萬物。（卷一頁 2）

按古時諸侯與王俱為南面之君，皆可稱君，然《春秋》立新王，唯王者才能改元立號，諸侯則否，故董氏以唯王者即位方能變一為元，何休亦以「惟王者然後改元立號」。雖以隱公為言，實乃《春秋》借事明義，所言在此，所指在彼，非以隱公為真能改元者，乃借之以言王，此隱公乃借喻為「託新王受命於魯」之王。然《白虎通》卷一曰：「《春秋》曰：『元年春，王正月，公即位。』改元位也。王者改元，即事天地。諸侯改元，即事社稷。」又卷七曰：「王者不純臣諸侯何？尊重之，以其列土傳子孫，世世稱君，南面而治。凡不臣者，異于眾臣也。」按班固之以王者諸侯皆改元，且諸侯既可改元，故於天子即有不純臣之義，此為左氏古文家說，乃就「史實」而言。《左傳》桓二年載「惠之二十四年，晉始亂，故封桓叔于曲沃」，「惠之三十年，晉潘父弒昭侯而立桓叔，不克。晉人立孝侯」，及「惠之四十五年，曲沃莊伯伐翼，弒孝侯」，惠即隱公之父惠公，「惠之二十四年」，即平王之二十六年，時為春秋前二十三年，據此則平王東遷之前諸侯早已改元。《漢書‧律歷志下》載劉歆《世經》有「周公攝政五年」之語，按周公非天子，然其攝政亦改元，可見諸侯早在周初已如此。董、何之以諸侯無改元之說，自是公羊今文家說，乃就「立法」而言。故徐彥《注疏》卷一曰：「若左氏之義，不問天子諸侯皆得稱元年；若公羊之義，唯天子乃得稱元年，諸侯不得稱元年。此魯隱公，諸侯也，而得稱元年者，《春秋》託王於魯，以隱公為受命之王，故得稱元年。」（頁 5）按此說最為公允，然後人常各執一詞。對於左氏古文家說，《隋書‧李德林傳》載德林復魏收論《齊書》起元事曰：「即位之元，《春秋》常義。謹按魯君息姑不稱即位，亦有元年，非獨即位得稱元年也。議云受終之元，《尚書》之古典。謹按《大傳》，周公攝政，一年救亂，二年伐殷，三年踐奄，四年建侯衛，五年營成周，六年制禮樂，七年致政成王。論者或以舜、禹受終，

是爲天子。然則周公以臣禮而死，此亦稱元，非獨受終爲帝也。」據此，不論即位與否，受終與否，凡諸侯皆可稱元年。孔穎達《左傳正義》卷二曰：「天子之封諸侯也，割其土壤，分之臣民，使之專爲己有，故諸侯於其封內各得改元。傳說鄭國之事云：僖之元年朝於晉，簡之元年士子孔卒。是諸侯皆改元，非獨魯也。」（頁 7）據此，非獨魯也，諸國皆可稱元年。葉夢得《春秋傳》卷一曰：「王者以正朔一天下，故協時月正日者，天下無不同。諸侯繼世而有其國，故即位而見始者，各得稱元年。」葉氏以諸侯繼王者而有其國，故即位可如王者稱元年，乃就史實而言。孔廣森《公羊通義》隱元年曰：「天子諸侯通稱君，古者諸侯分土而守，分民而治，有不純臣之義，故各得紀元于其境內。而何邵公猥謂唯王者然後改元立號，經書元年爲託王於魯，則自蹈所云反傳違戾之失矣。」孔氏乃公羊家，而其言若此，異於董、何，蓋就史實而言之故。劉師培〈春秋左氏傳時月日古例考・元年例〉曰：「觀桓二年本傳云惠之二十四年，又云惠之三十年，則侯國建元確爲周制。（隱公以攝位稱元年者，說詳《隋書・李德林傳》〈德林復魏收論《齊書》起元書〉。《漢書・律曆志下》引劉歆《世經》有『周公攝政五年』之文，則攝位得紀元，自係古文說，天子與諸侯一也。）」（《劉申叔先生遺書》（一））按劉氏之曾祖文淇，祖毓崧，伯父壽曾皆昌明左氏之學，劉氏秉承家學，治《春秋》以《左傳》爲主，故其說若此，亦就史實而言。王國維〈古諸侯稱王說〉則就古彞器銘識加以證明古者諸侯亦稱王，其曰：「世疑文王受命稱王，不知古諸侯於境內稱王，與稱君稱公無異。……蓋古時天澤之分未嚴，諸侯在其國，自有稱王之俗，即徐楚吳楚之稱王者，亦沿周初舊習，不得盡以僭竊目之。」（《觀堂集林・別集》卷一）至於公羊今文家說，王應麟《玉海》卷十三引樂資《春秋後傳》曰：「惟王者改年。諸侯改元，自汾王以前未有也。」陳立《白虎通疏證》卷一亦引此條曰：「蓋諸侯改元，衰世之事，《公羊》以《春秋》立法，故定諸侯不改元之《經》也。」據此，汾王之後諸侯亦改元，誠爲事實，然時在春秋之後，乃衰世之事，而《春秋》所載乃春秋時事，撥亂反正，則唯王者改元，諸侯不改元，此就立法而論。萬斯大《學春秋隨筆》卷一曰：「孔子曰：『天下無道，禮樂征伐，自諸侯出。』開卷元年二字，便見王室之卑，諸侯之僭。何以言之？君曰元首，臣曰股肱，天子爲天下共主，五等諸侯，出入屏藩，入爲卿士，依然臣也。一統天下，咸奉正朔，同軌同文，安有諸侯改元之理？即曰國自有史，亦必大書天子之年而分繫其事。何休曰：『必天

子然後改元。』此說是也。」據此，萬氏乃承董、何之說，亦就立法而言。總之，若明瞭立法與史實之別，則無爭於諸侯是否改元。而就《春秋》言，唯王者改元立號，此公羊家借事以明義，雖未盡合史實，然亦無礙其說。既唯王者才能改元立號，而新王必有治地，故託新王受命於魯，以魯爲治地，從而繼天奉元，養成萬物。可見《春秋》雖不明言大一統，然以尊王爲說，且唯王者才能改元立號，即欲維護周室於一尊，以達至大一統，故《春秋》實具大一統思想。

　　除《春秋》、《論語》，其餘先秦儒家典籍言及大一統者甚多，《詩・小雅・北山》曰：「溥天之下，莫非王土；率土之濱，莫非王臣」即是大一統之最佳寫照。《孟子・梁惠王上》曰：「卒然問曰：『天下惡乎定？』吾對曰：『定于一。』『孰能一之？』對曰：『不嗜殺人者能一之。』」又曰：「仲尼之徒無道桓、文之事者，是以後世無傳焉。臣未之聞也。無已，則王乎？……保民而王，莫之能禦。」所謂「定于一」、「保民而王」，即大一統之意。《荀子・王制》曰：「四海之內若一家，故近者不隱其能，遠者不疾其勞，無幽閒隱僻之國，莫不趨使而安樂之。」全篇即從政治、經濟各方面爲建立大一統國家提供理論上之論證。又《荀子・君子》引〈北山〉詩曰：「聖王在上，分義行乎下，則士大夫無流淫之行，百吏官人無怠慢之事，眾庶百姓無姦怪之俗，無盜賊之罪，莫敢犯大上之禁。」劉師培《群經大義相通考・公羊荀子相通考》（收入《劉申叔先生遺書（一）》）、陳柱《公羊家哲學・尊王說》皆以此即爲大一統之義。蓋春秋之後，周王朝一統天下已成過去，而五霸繼起，統一之勢逐漸分裂，周天子反爲附庸，亟須爲周天子定位，以使分裂之勢重新統一，故有大一統思想。《詩》之所載，已可見此思想其來有自，孟、荀繼言，無非即在彰顯此意。至《公羊傳》則本於《春秋》，承之諸書，而予標舉，並發展成一完備理論系統，強調唯有一王，且至高無上，對王之地位，須予維護鞏固。陳柱《公羊家哲學》第二篇〈尊王說〉，即或名〈統一說〉，並曰：「而其尊王之目的，則在於統一也」、「夫尊王所以達此大一統之目的者也。」《春秋》雖未明言大一統，至《公羊傳》則特予重視，借由「王正月」而提出：

　　　　王者孰謂？謂文王也。曷爲先言王而後言正月？王正月也。何言乎
　　　　王正月？大一統也。

若從《春秋》而言，王正月亦當如元年春一般，皆史家紀事通例，並無特殊含意。王正月，蓋指曆法而言。《左傳》加「周」字而爲「元年，春，王周正

月。」顧炎武《日知錄》卷四「王正月」稱之為「此古人解經之善」據此，則《左傳》以《春秋》乃用周曆，而杜預《集解》及范寧《集解》皆曰：「隱公之始年，周王之正月也」，更使《左傳》之說更加落實，故章太炎《國學略說‧經學略說》曰：「如元年春王正月，左氏云：『王周正月。』王周猶後世之稱皇唐皇宋，謂此乃王周之正月，所以別於夏殷也。」然據《漢書‧律歷志》載春秋之前「有黃帝、顓頊、夏、殷、周及魯曆」，按周曆外又有魯曆，則魯曆不同於周曆甚明，如若相同，則已言周曆，自無須再言魯曆。故《春秋》是否誠如《左傳》所言乃用周曆，不無疑問。洪頤煊《筠軒文鈔》卷二〈春秋天子不頒歷說〉曰：「春秋列國未嘗用周天子正朔，周天子亦未嘗頒歷于諸侯也。孔子撰《春秋》，用魯史紀年而不用周正，其彰明較著者固無論矣。……後人不知春秋天子不頒歷，列國亦未嘗用周天子之正朔，而《今本紀年》東遷以後盡改周正，此蓋襲杜說之誤而不知其事之非古也。」顧頡剛《讀左傳隨筆》「洪頤煊說《春秋》不頒歷」即引此而曰：「周天子本無頒朔之事，惟以《春秋》開端便書『春王正月』，《左傳》遂書『王周正月』以釋之，恍若周王真有頒朔之事者。觀漢初諸侯王國皆自紀年，則《春秋》時各國歷法更可知矣。」（《顧頡剛讀書筆記》第十卷）按洪、顧之說甚是，足以解釋春秋時何以各國歷法皆異之問題，如晉之用夏曆，宋之用殷曆，皆不用周曆，即因天子不頒歷，故《春秋》亦可能不用周曆，而用魯曆。然不論如何，在公羊家看來，魯既為周之屬國，而《春秋》為魯史書，自應採用周曆，且從經文以觀，實用周曆無疑，所謂王正月，即王周正月，指周王所定之正月，以明《春秋》乃奉周王之正朔，以示天下皆宗於周。雖云《春秋》乃用周曆，然此周王究竟何指，歷來亦頗多異解。有以王為「時王」者，如《左傳》言王周正月，即指王為時王，即周平王，杜預《集解‧序》即曰：「周平王，東周之始王也。……所書之王，即平王也，所用之厤，即周正也。」又《穀梁傳》亦持此說，蓋范寧《集解》曰：「隱公之始年，周王之正月也」，楊士勛《注疏》疏曰：「所改正朔雖是文王頒于諸侯，非復文王之歷，用今王之歷，言文王之正非也。」按「今王」即時王周平王，可見《穀梁傳》與《左傳》同主時王說。按此說較合史實，唯公羊家並不以此為極至。有以王為「春王」者，毛奇齡《春秋毛氏傳》即持此說，認為王應屬春，不屬正月，即春王連讀，而非王正月連讀，並解王為「興」義，春王即「春興」之意。按毛氏視王字為動詞，而非名詞，其說雖奇，其意甚乖，恐非其實，殊不可取。

有以王爲「三王」者，章太炎《春秋左傳讀・隱公篇》「元年春王正月」曰：「王者，以一貫三，所書之王，本兼三王說，非文王一人，亦非殷王一人，夏王一人。」按此以一王而兼三人，亦恐非是。《公羊傳》則以王爲「文王」，按此可有二解，一指周文王，此乃實指，蓋就政治上言；一指文德之王，此乃虛指，凡有文德之人皆可爲王，則從道德而言。周文王與文德之王雖可通，因周文王乃有文德之王，而凡有文德者亦可如周文王之爲王。然細究之，政治與道德畢竟有別，不盡可通，且一爲實指，專指一人，即周文王，一爲虛指，眾人皆可，凡有文德者皆是。縱觀全傳，《公羊傳》之言文王，應指周文王；且文十三年之「然則周公曷爲不之魯？欲天下之一乎周也」，借周公以言，更可證王乃指周文王。蓋周王朝奠基肇始於文王，至文王時，三分天下有其二，文德已備，而有王象，遂有武王克殷之舉，而周公繼之，制禮作樂，鬱鬱乎文哉，使周王朝益形穩固。故《公羊傳》即借文王以言，而於王正月加以闡發爲「大一統」，﹝註8﹞並三致意焉，所謂「欲天下之一乎周」，即欲將分裂之勢回復至原初周室一統天下之局面，此大一統之意，誠彰明顯著。

此外，如隱元年及成十二年之「王者無外」，桓五年之「從王，正也」，莊五年之「辟王也」，僖八年之「先王命也」，二十八年之「不與致天子也」、「不與再致天也子」，宣元年之「不與伐天子也」，成元年之「王者無敵，莫敢當也」，及八年之「元年春王正月，正也，其餘皆通矣」等，此皆可見《公羊傳》確以尊王爲主，尊王即王天下，而王天下即爲大一統，以此爲核心思想，貫穿全經。而桓元年之「有天子存，則諸侯不得專地也」，襄元年及昭四年、十三年之「不與諸侯專封也」，皆可反證唯王者得專地、專封，尊王之極，此無非強調大一統。隱三年之「世卿，非禮也」，亦可作爲《公羊傳》尊王之證，即卿大夫亦不可世襲，以免世襲之後，尾大不掉，危及王之地位，而於大一統有所妨礙。至於其極，甚至連弒君之念頭亦不得有，有則必誅，莊四

﹝註8﹞ 大一統之大字，乃尊大也，爲動詞，即推崇之意，而非形容詞大小相對之大，故大一統即推崇一統之意。其他如大居正、大復仇等，其大字皆與此同意。按大一統不僅重政治上之統一，更重文化上之統一。蓋政治上之統一乃屬霸道，只可謂之爲「統一」；文化上之統一則屬王道，方可名之爲「一統」，極盛贊之，故曰大一統。然此大一統，在以尊王爲主之前提下，則常流於政治上之專制，而成霸道，只可謂爲統一，殊無文化上意義之一統可言。如《禮記・坊記》曰：「天無二日，土無二王，家無二主，尊無二上，示民有君臣之別也。」《漢書・王貢兩龔鮑傳》載王吉曰：「《春秋》所以大一統者，六合同風，九州共貫也。」蓋皆強調其政治義之統一，而忽略文化義之一統。

年之「君親無將，將而誅焉」，即是此意，此亦《解詁》隱元年所謂之「原心定罪」（卷一頁 12），從最根本處斷絕對王之威脅，以鞏固大一統。以上蓋皆從尊王而言。又僖四年「楚屈完來盟于師，盟于召陵」曰：「楚有王者則後服，無王者則先叛，夷狄也，而亟病中國，南夷與北狄交，中國不絕若線，桓公救中國而攘夷狄，卒帖荊，以此為王者之事也。」此則從攘夷而言，極力表揚對大一統作過貢獻之齊桓公，可見《公羊傳》極重視大一統。因此桓公有過，《公羊傳》亦為之諱，僖十七年「夏，滅項」曰：「孰滅之？齊滅之。曷為不言齊滅之？為桓公諱也。《春秋》為賢者諱，此滅人之國何賢爾？君子之惡惡也疾始，善善也樂終。桓公嘗有繼絕存亡之功，故君子為之諱也。」此借對桓公滅項之諱，從而表揚其繼絕存亡，維護中國大一統之功，可見《公羊傳》強調大一統，實已無可復加。蓋從尊王而言，周室實衰，王已失尊，中國已非大一統國家，故借此以寄寓理想；然從攘夷而言，桓公攘夷狄於外，尊周王於內，使中國有大一統之象，故於其失予以諱之，而此即所以突顯大一統之重要。

二、董、何之大一統說

董氏亦重大一統，《繁露・三代改制質文》雖大談通三統，然篇首即就《春秋》王正月及《公羊傳》大一統加以解釋：

> 何以謂之王正月？曰：王者必受命而後王，王者必改正朔、易服色、
> 制禮樂，一統於天下，所以明易姓，非繼人，通以己受之於天也。
> 王者受命而王，制此月以應變，故作科以奉天地，故謂之王正月也。

董氏雖未明言「受命而後王」之王，即為周文王，且從「通以己受之於天也」觀之，反而是指文德之王而言。據《繁露・王道通三》曰：「古之造文者，三畫而連其中，謂之王。三畫者，天地與人也，而連其中者，通其道也。取天地與人之中以為貫，而參通之，非王者孰能當是？」王者參通天地人之道，此指德性而言，可見董氏所謂之王，乃廣義之文德之王，而非狹義之周文王。由此亦可見董氏對政權轉移之方式，應仍贊成禪讓或革命，依舊守著公天下而非家天下之政治理想。然不論如何，此王既「一統於天下」，故其所言仍與《公羊傳》同，皆欲王者統一其國，而為天下主，以成大一統。《繁露・滅國上》曰：「王者，民之所往；君者，不失其群者也。故能使萬民往之，而得天下之群者，無敵於天下。」據此，更可見董氏極強調王天下，而王者既無敵

於天下，天下為其所有，此即大一統。王者既一統於天下，無敵於天下，故於正月而發此意，此改正之義，《公羊傳》猶引而未發，董氏則特予說明，《繁露‧三代改制質文》曰：

> 改正之義，奉元而起，古之王者受命而王，……所以明乎天統之義也。其謂統三正者，曰：正者，正也。統致其氣，萬物皆應，而正統正，其餘皆正，凡歲之要，在正月也。

誠如元年不稱一年，乃體天奉元之意，而正月不稱一月，亦即奉元居正之意。王者必體天奉元而居正，才能達至大一統。董氏此說，乃以天人感應說以明改正之義，即新王建立新王朝，乃體天奉元而起，即奉天命，故須改正以承天統，如此統致其氣，才能下正萬民，萬物皆應。故「春王正月」四字之順序，即不可顛倒，而有深意在，《繁露‧竹林》曰：「《春秋》之序辭也，置王於春正之間，非曰上奉天施而下正人，然後可以為王也云爾。」按「非曰」猶言「豈非」。〈賢良對策〉亦曰：

> 臣謹案《春秋》之文，求王道之端，得之於正。正次王，王次春。春者，天之所為也；正者，王之所為也。其意曰，上承天之所為，而下以正其所為，正王道之端云爾。

董氏認為春字在王字之上，即表明王應上奉天施，承天所為，而正月在王之下，即意謂王必正其所為，自正其本而下正人，如此即能正王道之端，其端能正，則王道必能實現，而達至大一統。然章太炎《國學略說‧經學略說》曰：「公羊云：『王者孰謂？謂文王也。曷為先言王而後言正月？王正月也。何言乎王正月？大一統也。』蓋文王始稱王，改正朔，故公羊以周正屬之，其義與左氏不異。乃董仲舒演為通三統之說，如董說，則夏建寅，商建丑，必將以二月為商正月，三月為夏正月，不得言王二月，王三月矣。」章氏所言甚是，王正月乃從曆法而言，確無大一統之意，然公羊家借事明義，由此寄寓大一統，若明乎此，則亦可無爭。而於此亦可見董氏通三統既由《公羊傳》大一統推演而來，故所言通三統，即為大一統而舖設。《繁露‧符瑞》曰：

> 一統乎天子，而加憂於天下之憂也，務除天下所患。而欲以上通五帝，下極三王，以通百王之道，而隨天之終始，博得失之效，而效命象之為，極理以盡情性之宜，則天容遂矣。

所謂「上通五帝，下極三王，以通百王之道」，即通三統之例，而之所以上通下極，以通百王之道，無非即欲「一統乎天子」，亦即大一統。

董氏爲鞏固大一統，加強天子地位，故將天子權力之來源歸於至高無上之天，《繁露》曰：

> 《春秋》之法，以人隨君，以君隨天。……故屈民而伸君，屈君而伸天，《春秋》之大義也。（〈玉杯〉）

> 唯天子受命於天，天下受命於天子，一國則受命於君。君命順則民有順命，君命逆則民有逆命。故曰：一人有慶，萬民賴之。此之謂也。（〈爲人者天〉）

此皆可見董氏之尊王，雖以天限制天子，然此乃形式上之制約，不僅無實質意義，反予天子以大權，全天下所有人皆服從於天子，借天以強化天子權力之絕對客觀之合法性。而其具體措施，誠如〈賢良對策〉所言：「《春秋》大一統者，天地之常經，古今之通誼也。今師異道，人異論，百家殊方，指意不同，是以上亡以持一統，法制數變，下不知所守。臣愚以爲諸不在六藝之科孔子之術者，皆絕其道，勿使並進。邪辟之說滅息，然後統紀可一而法度可明，民知所從矣。」董氏認爲思想上若能統一，則政治上亦必統一，從而鞏固大一統局面。由於董氏此議，漢武帝即罷黜百家，獨尊儒術，而此儒術自以孔子爲準，尤其孔子所作《春秋》，其第一要義大一統，乃天地常經，古今通誼，更須講求。

何休亦重大一統，《解詁》隱元年曰：

> 以上繫王於春，知謂文王也。文王，周始受命之王。天之所命，故上繫天端。方陳受命，制正月，故假以爲王法。不言謚者，法其生，不法其死，與後王共之，人道之始也。……統者，始也，摠繫之辭。夫王者始受命，改制布政，施教於天下，自公侯至於庶人，自山川至於草木昆蟲，莫不一一繫於正月，故云政教之始。（卷一頁7～9）

若依「文王，周始受命之王」，則此文王爲周文王；而據「不言謚者，法其生，不法其死」，既法生不法死，即爲生文王，而非死文王，死文王乃已過往之周文王，生文王即文德之王，則此文王爲文德之王。何休蓋兩義兼含，借周文王以言文德之王。然不論如何，王者既改制布政，施教天下，其教化之廣，無所不包，自公侯以至庶人，以及山川草木昆蟲，皆統之於王。故王受命改制所必作之首事，即莫不一一繫於正月，以見政教之始，蓋不言一月，而言正月，此即奉元居正之意，而有居正之德，才能達至大一統。何休此意，蓋承之董氏而以解《公羊傳》。

　　由上可見，自胡母以至董、何，一脈相承，皆重大一統，而董、何之言通三統，即在表達《公羊傳》之大一統思想。然欲達至大一統，必有所本，此即禮義，蓋王道以禮義爲本，王化才得以施行。《公羊傳》僖二十二年「泓之戰」稱宋襄公曰：「故君子大其不鼓不成列，臨大事而不忘大禮。有君而無臣，以爲雖文王之戰，亦不過此也。」《公羊傳》認爲不由禮義而勝，其勝猶敗，最終亦不能王天下，以成大一統。而宋襄由禮義而行，其敗乃一時之敗，未爲敗也，猶如文王之戰，終必能克殷。如此以禮義爲本，才能眞正王天下，而成大一統之局。又襄三十年「宋災」借宋伯姬之言曰：「吾聞之也，『婦人夜出，不見傅母不下堂』，傅至矣，母未至也，逮乎火而死。」據此可見《公羊傳》之重禮義，非僅就大事而言，而是鉅細靡遺，於一己之禮義，亦同等重視。蓋禮義一失，即無根本可言，何可再言大一統。董氏亦重禮義，對以上二事，《繁露》皆有提及，〈俞序〉曰：「故善宋襄公不厄人，不由其道而勝，不如由其道而敗。《春秋》貴之，將以變習俗而成王化也。」不由其道而勝，則勝猶不勝，由其道而敗，則敗即不敗，夫唯行禮義，不厄人，故能不敗。由是而行，則習俗必變，不由其道者必皆翻然改悟而由其道，如是則王化成。又〈楚莊王〉曰：「《春秋》尊禮而重信，信重於地，禮尊於身，何以知其然也？宋伯姬恐不禮而死於火，《春秋》賢而舉之以爲天下法。」凡事由小見大，小處不行禮義，則大處必失禮義。若小處能行，大處必無虧，則可爲天下法，而大一統已寓於其中。

　　既欲大一統，則必以禮義爲本，由此而行，循序漸進，並非一蹴可幾，而有其階段，此即異內外，《公羊傳》成十五年曰：

　　　　曷爲殊會吳？外吳也。曷爲外也？《春秋》內其國而外諸夏，內諸
　　　　夏而外夷狄，王者欲一乎天下，曷爲以外內之辭言之？言自近者始
　　　　也。

按古代中國即曰夏，四周受化來歸之諸國，亦爲夏，因眾多故，故曰諸夏；相對於諸夏，則夏爲內，即內其國；至於四方未歸服之化外蠻夷之民，即夷狄。《春秋》諸夏夷狄之分，非以種族分，乃以禮義分，近中國即夏，遠中國即夷狄，夷狄進於中國則中國之，中國與於夷狄則夷狄之。故韓愈〈原道〉曰：「孔子之作《春秋》也，諸侯用夷禮則夷之，進於中國則中國之」（《韓昌黎全集》卷第十一），即此意也。異內外乃以禮義爲判準，不以種族爲依歸，王者若欲一乎天下，即須本禮義而行，經由內其國、內諸夏，以至最後內夷

狄，自近及遠施行王化，而天下遠近小大若一。顧頡剛《春秋三傳及國語之綜合研究》曰：「《春秋》大義──尊王攘夷。攘夷復可分三期：1. 內其國而外諸夏──晉定霸前；2. 內諸夏而外夷狄──晉稱霸時；3. 諸夏夷狄合一──晉、楚勢平時。」（頁23～24）姑不論其分期是否正確，而其以尊王攘夷可分異內外三期，誠然無誤，然此乃就史實而言。公羊家則借之以言，另有所指，蓋欲由此而達至大一統。其實不僅《公羊傳》言異內外，《左傳》、《穀梁傳》亦言之，章太炎《國學略說・經學略說》曰：「如內諸夏外夷狄之義，三傳所同，而公羊獨著明文。」推溯其源，《春秋》尊王攘夷，嚴夷夏之防，即有此意。唯《春秋》並無相同字句，《公羊傳》則將之歸納為異內外。董氏亦然，《繁露・王道》曰：「親近以來遠，故未有不先近而致遠者也。故內其國而外諸夏，內諸夏而外夷狄，言自近者始也。」何休直承前兩者並予發揮，《解詁》成十五年曰：

> 內其國者，假魯以為京師也；諸夏，外土諸侯也。……明當先正京師，乃正諸夏，諸夏正，乃正夷狄，以漸治之。葉公問政於孔子，孔子曰：「近者說，遠者來。」季康子問政於孔子，孔子曰：「政者，正也。子帥以正，孰敢不正？」（卷十八頁7～8）

「先正京師，乃正諸夏，諸夏正，乃正夷狄」，此言王者之治，自近及遠以漸治之，即《公羊傳》、《繁露》所言「自近者始也」之意，此乃就王化之順序而言。何休並對何以內其國為先及王者如何一乎天下之理，予以說明。之所以以內其國為先，蓋孔子因魯史修《春秋》，故即假魯以言，更因魯乃周公之後，重禮教，崇信義，猶有先王遺風，故「假魯以為京師者也」，此即王魯，而託魯以王，最易使王化施行，王道復現，誠如《論語・雍也》曰：「齊一變，至於魯；魯一變，至於道。」至於王者如何一乎天下，則莫如孔子之答葉公及季康子問政之語。蓋「政者正也」，王者欲一乎天下，則須「子帥以正」，唯以自正為先、為本，詳自己之是非，然後正之，則自正之後「孰敢不正」，四夷不服，則修文德以來之，必能「近者說，遠者來」。所謂「王者不治夷狄」，蓋王者乃萬民之所歸往，近說遠來，而得天下之群，故不須治夷狄，而夷狄自治。總之，既假魯以為京師，魯即應先自正，以禮義為本，方能正人，才能內其國而外諸夏，內諸夏而外夷狄，由近及遠，由內而外，以至天下大治。

三、大一統說影響深遠

　　此大一統思想，不僅先秦以來，即已發皇，兩漢公羊家更以之爲中心意旨，而漢以後，亦爲世世代代所有人所企盼之理想。宋之治《春秋》者，因遼、金崛起北方，國運逐漸衰弱，故孫復《春秋尊王發微》、葉夢得《春秋考》、崔子方《春秋本例》及蕭楚《春秋辨疑》皆鼓吹尊王思想，南渡以後，胡安國《春秋傳》更提倡復讎思想。不論尊王或復讎，蓋皆以周室衰亡爲寄託而感慨宋室國運日衰，故冀以此挽回國運，從而回復大一統局面。縱使至清，在異族之統治下，諸公羊家仍強調大一統。莊存與《春秋正辭・奉天辭》曰：「公羊子曰：何言乎王正月？大一統也。《記》曰：天無二日，土無二王，國無二君，家無二尊，以一治之也。子曰：吾說夏禮，杞不足徵也；吾學殷禮，有宋存焉；吾學周禮，今用之，吾從周。王天下有三重焉，其寡過矣乎？王陽曰：《春秋》所以大一統者，六合同風，九州共貫也。董生曰：《春秋》大一統者，天地之常經，古今之通誼也。……」所謂「天無二日，土無二王」，即意謂尊天即尊王，而尊王即爲大一統，故能「六合同風，九州共貫」，此即大一統局面。劉逢祿《公羊春秋何氏解詁箋》隱元年曰：「大一統者，通三統爲一統。周監夏商而建天統，教以文，制尚文；《春秋》監商周而建人統，教以忠，制尚質也。」此更可見通三統之說，最終必歸於一統，不論是以《春秋》當新王，或王魯之說，其所欲說明者即《春秋》乃監於商周二代，故繼周後之《春秋》，即建立人統，教以忠，制尚質，從而達至大一統。劉氏在清言清，此雖說《春秋》，而實亦從而維護清大一統局面。

　　時至清末，世變日亟，局勢愈亂，正值鼎革之際，皮錫瑞、康有爲雖託言公羊，然仍不敢遽言革命，仍在維護清王朝，以冀國家大一統。皮氏《經學通論・春秋》曰：

　　　孔子手定六經，以教後世，非徒欲使後世學者，誦習其義，以治一身，並欲後世王者，實行其義，以治天下。《春秋》立一王之法，其義尤爲顯著，而惟《公羊》知《春秋》是素王改制，爲能發明斯義，惟漢人知《春秋》爲漢定道，爲能實行斯義。舉數事證之，《公羊》之義大一統，路溫舒曰：臣聞《春秋》正即位大一統而慎始也。《公羊》之義，立子以貴不以長，光武詔曰：《春秋》立子以貴不以長，東海王、陽皇后之子，宜承大統。（頁13～14）

皮氏認爲孔子作《春秋》，以《春秋》爲素王改制，改制之義甚多，而其所舉

證者，其第一即大一統，此無疑即以大一統爲《春秋》之第一義。而此大一統，既是「立子以貴不以長」，方可「宜承大統」，亦即大一統必以尊王爲前提，以王爲主，由尊王以成大一統。康氏於大一統之說，亦與皮氏無異，且贊歎有加，《春秋筆削微言大義考》卷一曰：

> 此爲孔子非常大義。孟子曰：定于一。《易》曰：乃統天。蓋明一切事物繁雜而無不歸於一統，諸國競爭必歸於一，諸教競爭必歸於一，政教分歧必歸於一。公侯者，君主之名，自人及山川草木昆蟲，無所不統，即印度所謂三界眾生也。爲政教之始，是政教合一而爲教主，有血氣莫不尊親也。《春秋》開宗之大義，非孔子孰能當之。（頁4）

康氏認爲大一統「此爲孔子非常大義」、「《春秋》開宗之大義」，可見其對大一統之重視，且將此大一統無限擴充，一切事物以至於諸國諸教，所謂三界眾生，無不歸於一統，而此則「非孔子孰能當之」，是以有提倡「孔教」之舉。然在學術上以孔子爲尊，極言大同，而在政治上，則認爲今方爲據亂之世，只能言小康，不能言大同，是以其亦只言維新立憲，擁護清室，終不敢言革命，甚至晚年亦贊成復辟，仍一味尊王，而力主大一統。此外，如反對《公羊》今文家說之章太炎，其〈論學會有大益於黃人亟宜保護〉亦曰：

> 是故整齊風俗，範圍不過，若是曰大一統；益損政令，九變復貫，若是曰通三統。通三統者，雖殊方異俗，苟有長技則取之。雖然，凡所以取其長技，以爲我爪牙干城之用者，將以衛吾一統之教也。

章氏反對公羊家之說，而提出己意，認爲通三統乃「益損政令，九變復貫」，已與公羊家不同，然因革損益以爲治法，仍與公羊家無異，而所欲達至之大一統，即「整齊風俗，範圍不過」，更與公羊家殊途同歸。可見大一統思想，實貫穿而滲進中國人之心中。誠如楊向奎《大一統與儒家思想》所言：

> 「一統」和「大一統」思想，三千年來浸潤著我國人民的思想感情，這是一種向心力，是一種回歸的力量。這種力量的源泉不是狹隘的民族觀念，而是一種內容豐富，包括有政治、經濟、文化各種要素在內的「實體」，而文化的要素有時更佔重要地位。「華夏文明」照耀在天地間，使人們具有自豪感和自信心，因而是無比的精神力量。它要求人們統一於華夏，統一於「中國」，這「華夏」和「中國」不能理解爲大民族主義或者是一種強大的征服力量，它是一種理想，

> 一種自民族、國家實體昇華了的境界，這種境界有發達的經濟、理
> 想的政治、崇高的文化水平而沒有種族歧視及階級差別，是謂「大
> 同」。(頁1)

然此大一統，乃以君爲首，在尊王之前提下，才可大一統，此自先秦時之強
調周天子，以至董、何之強調漢王朝，降及清諸公羊家之強調清王朝，莫不
如此，皆於本朝之王，特予尊重。而此以尊王爲前提之大一統，其所欲達至
者固爲大一統局面，但卻常常變質，致使其所達至者縱爲大一統，而其實則
爲專制統治。徐復觀《兩漢思想史》卷二曰：

> 董氏肯定了大一統的專制政體，並不等於他肯定了「家天下」。相反
> 的，他贊成禪讓和征誅的兩種政權轉移的方式，即是他依然守住「天
> 下爲公」的政治理想。不過他前一努力，適應了專制政治自身的要
> 求，當然會收到很大的效果。而他後一努力，他不曾了解實際上是
> 與前一努力不能相容的。所以必然是落空的。(頁297)

徐氏對董氏之評，可用於所有力主大一統者。此大一統之政體本以天下爲公
爲最高理想，而非家天下，故其乃一德治政治，唯有聖德而能實現王道者，
方足以受命繼統。政權之轉移，可以透過聖聖相傳之禪讓方式，而若不能聖
聖相傳，則唯透過征誅，即革命之方式。此在邏輯上，並無不通之處，然實
際上，卻是相矛盾的。按尊王與德治並不衝突，且王乃一國元首，在德治上
實有極大啓發作用，王若能大居正，則人民亦必順正道而行，故尊王則人民
即有共同信仰，全國即有一統一中心，而成一大一統局面。然吊詭的亦即在
此，既以尊王爲前提，則此王在位時，皆不欲任何人取而代之，必不贊同禪
讓或征誅，以危及大一統局面，而既不許禪讓或征誅，則所謂大一統，亦無
德治可言，而必流於專制。故所謂大一統，雖以公天下爲理想，以禪讓或征
誅爲政權轉移方式，然最後所達至者，卻是以家天下爲主之專制政體。顯然
地，大一統此一目標與禪讓或征誅之政權轉移方式，基本上並不衝突，然最
終兩者必相矛盾。故大一統說只能爲專制帝王所利用，既無禪讓或征誅，則
最終所達至者，必爲專制政體之大一統。

　　熊氏對此以尊王爲前提之大一統專制政體，是否贊同，實爲一大問題？
按大一統，乃屬大義，則非微言可知，大義者則於當時行事，一裁以禮義，
故無妨於時主，而微言者即孔子所以制萬世法，頗不便於時主。熊氏雖甚少
提及大一統，然由微言與大義之別，亦可知其必不以此爲極至。蓋大一統若

純以德治爲主，即太平世，大同世界，即〈中庸〉所謂「天之所覆，地之所載，日月所照，霜露之所隊」，熊氏自無反對之理。然大一統既以尊王爲前提，則是否能達至〈中庸〉所言境界，而爲太平大同之世，即不無疑問。此專制政體之大一統，自晚周秦漢以還即如此，中國雖與他邦同時並存，然天無二日，土無二王，華夏民族之聲威凌駕於他邦異族，即使中國衰弱之時，如宋代之受異族壓迫，在武力上雖不如人，然仍以自己爲本位，認爲在文化上實勝於他邦，他邦雖以武力威我，我則以文化化他，仍以大一統自居。然不論如何，此大一統乃以國家思想、民族思想爲根核，而非以世界主義爲中心，若衡以張三世，則仍爲據亂世或升平世，據亂世蓋爲夷狄入侵之世，故內其國而外諸夏，升平世蓋爲拒夷狄於中國之外之世，故內諸夏而外夷狄，而非太平世，即夷狄亦進至於爵，諸夏夷狄合一，天下遠近小大若一，此時乃用夏變夷天下大同之世。熊氏之張三世既以太平世爲最終斬向，則必不以以國家思想、民族思想爲根核之專制政體之大一統爲止境，而必以世界主義爲中心之大同太平之世爲極至。

第四節　熊氏之仁統說

　　董、何之言大一統，乃假周文王以言，而熊氏對此有異解，即可知其於大一統之說不盡贊同，《示要》卷三曰：

> 董子〈對策〉云：「孔子作《春秋》，先正王，而繫以萬事，見素王之文焉。」盧欽《公羊序》云：「孔子自因魯史記，而修《春秋》，制素王之道。」《公羊疏》引《春秋說》云：「伏犧作八卦，丘合而演其文，潰而出其神，作《春秋》以改亂制。」據此等文，蓋以孔子《春秋》之作乃通萬世而權其變，以制治法，仁及未來世無量眾生而無窮竭，所以爲素王也。董子言《春秋》先正王，《公羊傳》曰：「王者孰謂？謂文王也。」此云文王，實非謂周昌，乃假以明含育天下世之仁道。孟子學《春秋》，其七篇言仁政，每稱文王，即《春秋》之旨也。（頁 769～770）

公羊家有《春秋》素王之義，此董、何之所明言，認爲孔子作《春秋》，乃以素王自居，而制萬世之法。熊氏亦以董氏〈對策〉，盧欽《公羊序》及《公羊疏》引《春秋說》可爲此證。而《論語緯》、《孝經緯·鉤命訣》、《春秋緯·

元命苞》，亦提及此說。究其實，劉向《說苑‧貴德》曰：「孔子……，於是退作《春秋》，明素王之道，以示後人。」賈逵《春秋序》曰：「孔子覽史記，就是非之說，立素王之法。」鄭玄《六藝論》曰：「孔子既西狩獲麟，自號素王，爲後世受命之君，制明王之法。」據此，不僅公羊家，即左氏家亦有素王之說。此外，《淮南子‧主術訓》、《論衡‧定賢、超奇》、《風俗通‧窮通》及《中論‧貴驗》，亦皆提及此說。此說蓋皆源於齊太史子餘歎美孔子「天其素王之乎」一語，按《孔子家語》稱齊太史子餘歎美孔子云：「天其素王之乎？素，空也，言無位而空王之也。」故孔子作《春秋》，以素王自居，通萬世而權其變，以制治法，以改亂制。《春秋》雖言素王，然此亦借事明義，萬不可執實，而素王制法，乃制萬世法，非爲漢制法。素王既以仁垂統，則必推翻君權，廢除統治階級，則於大一統思想必不贊同。蓋自古言盛世者，必先有聖王，言聖王者，必先有聖德。反之，若無聖德，則無聖王，若無聖王，則無盛世，既無盛世，則亦無所謂之大一統。且觀諸史實，所謂大一統盛世，往往乃政治上之統一，非文化上之一統，即使是文化上一統，亦只是表面的、一時的，人存政舉，人息政亡，而其所以能統一，必經一番征伐殺戮奪權廢立等，代價不可謂不大。熊氏於此，自不贊同。蓋孔子之作《易》，既以群龍無首爲究竟，則其修《春秋》，必以推翻君權爲言，絕無再擁護統治階級之事。故董氏之言先正王，《公羊傳》所云之文王，熊氏認爲「實非謂周昌」，即非周文王。蓋若指周文王，乃偏就政治而言，仍不免尊王之弊，則於孔子作《春秋》之意，可謂絕然不識。熊氏認爲此文王，蓋亦借事明義，不可執實，乃孔子「假以明含育天下世之仁道」，此文王應爲文德之王，乃就文化而言，如此方能免於尊王之弊，而能「仁及未來世無量眾生而無窮竭」，此孔子之所以爲素王之故。熊氏並舉孟子爲例，孟子既願學孔子，而七篇所言皆仁政，即可證《春秋》皆主仁政。孔子作《春秋》，既有素王之義，故在熊氏看來，《論語‧季氏》「禮樂征伐自天子出章」及〈憲問〉「管仲非仁者與章」，縱可解爲擁護周室，力主國家統一，以尊王爲前提，認爲王有無限權力之大一統說，然此蓋孔子早年思想，而爲小康學派所承繼者，要非孔子思想之最終定論〔註9〕。

─────────────

〔註9〕 熊氏對「管仲非仁者與章」即有異解，《示要》卷三曰：「據此，可見孔子於君臣之倫，已改正其主奴關係之迷謬觀念。食其食，死其事，乃妾婦之道。吾人不當以奴德爲忠，而貴獨立，貴自由，不當效死於一人，而當立功立德，

一、孔子爲制法主

熊氏認爲孔子思想之最終定論，自以晚年爲準，孔子周遊列國而不能得君行道，對王已徹底失望，認爲此時天下無道，故欲率民起而革命，廢除天子、諸侯及大夫三層階級；《論語‧陽貨》所載公山弗擾及佛肸事，即其明證。蓋此時天下無道，天子徒擁虛號，其權下移至諸侯，而諸侯之權又下移至大夫，大夫又多爲其屬邑之陪臣所逼迫，故孔子才有此歎，認爲天下無道則禮樂征伐必自諸侯、大夫出，甚至是陪臣，故有意乎公山及佛肸之事，其終雖不成行，然貶天子、退諸侯、討大夫，以行仁政之意，已畢露無遺。熊氏認爲此才是孔子晚年思想，而此即寓於《春秋》，《春秋》通萬世而權其變，素王之文皆具於此，故孔子無疑即是素王。熊氏對此，甚爲強調，《示要》卷三曰：

> 孔子爲《春秋》制作之主，亦以素王自命，乃當仁不讓之義。後人必謂孔子不合自號素王，則以俗情而度聖心，大謬不然也。（《家語》稱齊太史子餘歎美孔子言「天其素王之乎？」素，空也，言無位而空王之也。）孔子曰：「文王既沒，文不在茲乎！」是孔子以素王自居之證也。故《春秋》言王，有二義。一曰：假文王以明仁道。二曰：孔子自居素王，制萬世法，亦假文王以明己志也。（頁770）

熊氏於此再次提及孔子以素王自命，且認爲後人不以孔子爲素王，乃俗情妄計，大謬不然。此爭論之焦點在：以《春秋》爲素王，自無異議，而孔子是否亦可稱素王，則有異議。按董、何言孔子作《春秋》，制素王之道，實已含孔子爲素王之意，後人因之，遂即以孔子爲素王，如鄭玄即謂孔子「自號素王」。其後，則並以左丘明爲素臣。漢魏諸儒，蓋皆持此說。杜預則反對之，《集解‧序》曰：「說者以仲尼自衛反魯，脩《春秋》，立素王，丘明爲素臣。……子路欲使門人爲臣，孔子以爲欺天。而云仲尼素王，丘明素臣，又非通論也。」孔穎達繼之，並指出其致誤之因，乃因誤解「天其素王之乎」一語，《左傳正

以安天下人。此其道德高廣，唯子路子貢，得承斯教，宜非小智之所逮聞也。而漢以來儒者，終執奴德以爲忠，事夷狄盜賊之主，亦爲之死而不知恥，豈不異哉？夫二千餘年儒者，猶執據亂世之倫理，而不悟升平太平之美也，斯已奇耳。《論語》與《春秋》通，學者宜盡心焉。」（頁910）按管仲先事公子糾，後相桓公，而孔子稱如其仁，故熊氏認爲孔子「已正其主奴關係」，不爲無理。可見管仲相桓公固可解爲大一統，但亦可如熊氏所言，更可解爲推翻君權，實現民主，以達太平。

義》卷一曰：「彼子餘美孔子之深原上天之意，故爲此言耳，非是孔子自號爲素王，先儒蓋因此而謬，遂言《春秋》立素王之法，左丘明述仲尼之道，故復以爲素臣，其言丘明爲素臣，未知誰所說也。」（頁23）皮錫瑞《經學通論‧春秋》則承杜、孔之說曰：

> 據杜孔之說，則《春秋》素王，非獨公羊家言之，左氏家之賈逵亦言之，至杜預始疑非通論。杜所疑者是仲尼素王，以爲孔子自王，此本說者之誤，若但云《春秋》素王，便無語弊。孔《疏》所引云：素王之文，素王之法，素王之道，皆不得謂非通論。試以孔《疏》解素爲空解之，何不可通？杜預〈序〉云：會成王義，垂法將來。其與素王立法之說，有以異乎，無以異乎？惟《六藝論》之自號素王，頗有可疑，鄭君語質，不加別白，不必以辭害意。孔子作《春秋》以討亂賊，必不自蹈僭妄，此固不待辨者。《釋文》於《左傳序》素王字云：王于況反，下王魯素王同。然則素王之王，古讀爲王天下之王，並不解爲王號之王，孔子非自稱素王，即此可證。若邱明自稱素臣，尤爲無理。邱明尊孔子，稱弟子可矣，何必稱臣示敬。孔《疏》亦不知其說所自出，蓋左傳家竊取《公羊》素王之說，張大邱明以配孔子，乃造爲此言耳。（頁10～11）

皮氏認爲《春秋》確有素王之義，故但云《春秋》素王即可，而不可謂孔子素王，方無語弊。蓋孔子作《春秋》，旨在討亂賊，必不自蹈僭妄，故無自號素王之理。皮氏更引《釋文》爲證，認爲素王之王，乃王天下之王，應讀爲「于況反」，即讀如「旺」，而非讀如今音，乃爲動辭，而非名辭，並非指「王號」而言，故素王之意，即空自能王天下，而實無位，既無實位，則非王號，而既非王號，則自不應指孔子爲素王。至於丘明素臣之說，皮氏則認爲乃左傳家竊取公羊家素王之說而來。又廖平亦不以素王指孔子，《何氏公羊解詁三十論‧主素王不王魯論》曰：「『素王』本義，非謂孔子爲王。素，空也；素王，空託此王義耳。《論語》曰：『如有用我者，吾其爲東周乎。』又曰：『其或繼周者，雖百世可知。』今之所謂素王，即此『如有』、『其或』之義。設此法以待其人，不謂孔子自爲王，謂設空王以制治法而已。」（《廖平選集》下頁 141～142）熊氏則與皮氏及廖平顯然不同，而此實皆可以成立，蓋「天其素王之乎」一語，既可謂《春秋》爲素王，而孔子既作《春秋》，則謂孔子爲素王亦無不可。故不可以皮、廖之說有理，即謂熊氏有誤，亦不可以熊說

有理，即謂皮、廖有誤，蓋《春秋》借事明義，由不同角度以觀，即有不同理解，而孔子是否爲素王，基本上於《春秋》爲素王，爲萬世制法並不相妨。

熊氏既以孔子爲素王，則《春秋》之言王，即有二義，一、「假文王以明仁道」，此文王可指周文王，亦可指文德之王，蓋周文王自是一文德之王，故可兩義皆有，然據上所言「實非謂周昌」，則此文王應爲文德之王。二、「孔子自居素王，制萬世法，亦假文王以明己志也」，亦即此文王即孔子。熊氏不僅認爲孔子爲素王，亦且爲文王。按素王乃就有德無位而言，即孔子雖有聖德而無王位，故作《春秋》空立一王之法以治天下；文王則就改制立法而言，即孔子雖無王位，然有聖德，故仍可改制立法，而爲萬世之制法主。兩者並不衝突，且可融通。熊氏所據者即《論語・子罕》「文王既沒，文不在茲乎」，「文王」即周文王，文不在茲乎之「文」，朱子《四書章句集註》注曰：「道之顯者謂之文，蓋禮樂制度之謂。」蓋周公制禮作樂，其文方顯，若溯其源，則文王已有其道，之所以只稱文王，蓋父統子業，然不論文王或周公，其能修禮樂定制度，則必爲一文德之王。而「茲」者即孔子自謂。所謂「文沒、在茲」，此中國人之責任，人人皆可爲文王，皆應是文德之王，亦即孟子所言「人人皆可爲堯舜」。《論語》乃記孔子生平最詳之書，既有夫子之自道，則其必屬可信，而《春秋》乃孔子寄寓理想之書，則其必將生平之志寄寓其中，以冀實行，此「乃當仁不讓之義」。故孔子雖畏於匡，而以文沒在茲自期，並曰：「天之將喪斯文也，後死者不得與於斯文也！天之未喪斯文也，匡人其如予何？」又孔子曰：「天生德於予，桓魋其如予何？」（《論語・述而》）此皆可證孔子實以文王自期無疑。然董、何雖以孔子爲素王，但並不以之爲文王，而皆以文王爲周昌，此蓋受時代因素影響之故。至晉王愆期，著有《公羊注》二十卷，即謂：「《春秋》制，文王指孔子耳，非周昌也。」（見《書・泰誓序》孔疏）此或爲最早謂文王即指孔子者。康有爲《春秋董氏學》卷五即據之曰：

> 《論語》「文王既沒，文不在茲」，孔子已自任之。王愆期謂文王者孔子也，最得其本。人祇知孔子爲素王，不知孔子爲文王也。或文或質，孔子兼之。（頁3）

康氏蓋以孔子質文兼備，故《春秋》改制文質互救，首先以質救文，故在質統而言，孔子爲素王，而後則本先質而後文，於文亦須重視，故在文統而言，孔子則爲文王。又《春秋筆削微言大義考》卷一曰：

> 法生不法死，此爲生文王，而非死文王，則孔子也。此文王蓋謂文

明之王，故以爲非諡也。與後王共之者，百世之後王皆奉其制法，
故爲百世公共之王也。（頁2）〔註10〕

據此，王氏、康氏皆以文王爲孔子，可見熊說並非無據。然須注意者，康氏
與熊氏雖皆以文王即孔子，但最後所欲達至者，卻天淵相隔，康氏蓋欲以此
擁護王室，以成大一統，熊氏則借此以言制萬世法，而成仁及未來世之仁政。
誠然，亦有不以文王爲孔子者，如陳立《公羊義疏‧一》曰：「按緯說以孔子
爲文王，謂孔子作《春秋》制法文王，俟後世耳，非謂孔子謂文王也。王氏
誤解，轉爲孔穎達輩取口實也。」又崔適《春秋復始》曰：「王愆期不達文王
稱王之義，以爲《春秋》制，文王謂孔子，謬甚。《論語》曰：文王既沒，文
不在茲乎？孔子自謂其文法文王爾，豈得以孔子爲文王乎？王愆期尚不許西
伯稱王，乃可稱孔子爲文王乎？且孔子生于襄二十二年，而謂隱公元年之正
月孔子之正月，何可通也？」按就魯史而言，則王絕非指孔子乃絕無可疑，
然《春秋》既因魯史而作，即因之而另有指謂，故王指孔子亦於理可通。是
以陳、崔之說，乃就史實而言，亦自有理，然實不達《春秋》借事明義之旨。
若如其說，則孔子不僅非爲文王，亦將非爲素王，而直是一歷史文獻之保存
者而已，《春秋》之微言大義亦將無從談起。總之，以孔子爲《春秋》制作主，
董、何自無異議；素王之說，董、何亦皆認可；然指孔子爲文王，此熊氏所
直言，而董、何所不敢道，蓋董、何仍指爲周昌。職是之故，董、何之言大
一統，乃以尊王爲前提，處處維護君權，故此實非眞正之大一統。熊氏則非
是，其既以仁等爲說，以見群龍無首吉爲理想，達至〈中庸〉所言境界，此
才是眞正之太平大同。

二、董、何等以凡情度聖心

茲再進一步論，董、何之以孔子爲素王，乃因孔子有受命之符，此從符
瑞思想以言，蓋由政治上著眼，而熊氏之以孔子爲素王之法，乃因孔子爲文
德之王，顯然並無符瑞觀念，而從文化上立論。《示要》卷三曰：

《春秋》於所見世，著治太平，而以獲麟絕筆。獲麟，傷感也，而
亦瑞應也。瑞應，明太平可期；傷感，以太平猶未至也。傷感興而

〔註10〕康有爲《孔子改制考‧孔子爲制法之王考》更認爲孔子不僅爲素王、文王，
且爲聖王（就通內外言）、先王（就戰國後儒言）及後王（就上古諸王言）。
蔣慶《公羊學引論》（頁125～134）對此有闡釋，可參看。

—168—

瑞應存焉，知此者，可與論《春秋》太平義矣。（頁791）
《春秋》始於隱公而終於獲麟，本爲史書編輯之時間起迄，屬書法問題，而
公羊家則認爲此始終斷限乃有所取義，此則爲義理問題，其始於隱公，故有
所謂五始，即有愼始之意。〔註11〕終於獲麟，亦是如此，意謂孔子有受命之
符，此不只爲書法問題，乃由書法而來之義理問題，涉及政權改制或朝代生
存之理論基礎。且此兩層並非截然劃分，而有其關聯性，乃一以貫之，由對
前者認知有異，則必影響及於對後者之認定。按終於獲麟，可有兩種解釋，
即孔子作《春秋》乃因獲麟而「起筆」，抑因獲麟而「絕筆」。由於對獲麟此
書法問題，有起筆或絕筆之不同認知，故在義理上即有不同認定。若以《春
秋》起筆於獲麟，則必以麟至爲符瑞，而有孔子受命之說；但以《春秋》絕
筆於獲麟，則麟至縱爲符瑞，然傷感之意在焉，故不見得即爲孔子受命之符。
董、何蓋以孔子作《春秋》終於獲麟，乃因獲麟而起筆，故有孔子受命之說。
徐彥《注疏》卷二十八即承董、何之說曰：「孔子未得天命之時，未有制作之
意，故但領緣舊經，以濟當時而已。既獲麟之后，見端門之書，知天命已制
作，以俟後王，于是選理典籍，欲爲撥亂之道，以爲《春秋》者，賞善罰惡
之書，若欲治世，反歸于正道，莫近于《春秋》之義。是以得天命之后，乃
作《春秋》矣。」（頁14）此蓋以孔子慨歎道窮，故因獲麟而起筆作《春秋》，
以見素王之道。然熊氏則不認爲孔子乃因獲麟而起筆，而是因獲麟而絕筆，
故謂「《春秋》於所見世，著治太平，而以獲麟絕筆」，既是絕筆，則非起筆
可知，亦即不以獲麟爲孔子受命之符，換言之，熊氏不認爲孔子有符瑞思想。
按《論語·子罕》雖載孔子有「鳳鳥不至，河不出圖，吾已矣乎」之語，漢
儒大抵皆以此爲孔子有受命之符之證，不僅董、何如此，王充《論衡·問孔》

〔註11〕　《春秋》之始隱公，本無深意，誠如江永《群經補義》卷二曰：「韓宣子適魯，
　　　　觀書於太史氏，見《魯春秋》，此未筆削之《春秋》也。《春秋》當始伯禽，
　　　　何爲始隱？疑當時《魯春秋》，惠公以上魯史不存，夫子因其存者修之，未必
　　　　有所取義也。使伯禽以後之《春秋》皆存，則周初禮樂征伐自天子出，夫子
　　　　何不存其盛世之事以爲法，顧獨存其衰世之事以爲戒耶？夏、殷之禮，杞、
　　　　宋不足徵，夫子惜之。正考父得〈商頌〉十二篇於周太師，後又亡其七，夫
　　　　子固而存之。使《魯春秋》具存，夫子有所取義而託始於隱，是因筆削《春
　　　　秋》反使惠公以前二百餘年之事皆無徵，豈聖人之心哉？『跡熄詩亡』，孟子
　　　　就當時之《春秋》推說耳。」顧頡剛《讀左傳隨筆》「《春秋》何以始隱公」
　　　　即引此說爲言。按江、顧所言，甚合史實。然亦因此，公羊家認爲隱公前之
　　　　魯史既不完全，無法借事明義，而自隱公後獨詳，故即託始於隱，而見其義
　　　　焉。

亦以此乃「夫子自傷不王也已」。然究其實，此猶《論語‧述而》載孔子言「甚矣吾衰也！久矣吾不復夢見周公」，皆一時感歎之辭，非必如漢儒之以鳳鳥河圖爲受命之符，若此則孔子誠未有大德必受命之符瑞思想〔註 12〕。故熊氏認爲《春秋》之所以絕筆於獲麟，乃欲於所見世著治太平。然孔子無符瑞思想，但此卻是中國古代之傳統觀念，《白虎通》卷六曰：「天下太平，符瑞所以來至者，以爲王者承天統理，調和陰陽，陰陽和，萬物序，休氣充塞，故符瑞並臻，皆應德而至」，並列舉上古以來王者有符瑞事實者，以爲徵驗。故熊氏雖不從符瑞以言孔子受命，但亦不反對符瑞之說，蓋此乃中國古代即有之傳統，故無須隱諱。熊氏認爲獲麟既代表孔子之傷感，而亦爲瑞應，然此瑞應並非孔子受命之符，而是「明太平可期」，惜獲麟而麟已死，此瑞應亦無疾而終，此至可傷感，蓋因「太平猶未至」。總之，獲麟雖爲瑞應之兆，而傷感之意在焉，雖有傷感之興，而瑞應之符存焉。故熊氏謂「獲麟，傷感也，而亦瑞應也」，而若能知「傷感興而瑞應存焉」深意，則可與論《春秋》太平之義。

　　熊氏此說，實與董、何絕異，而更符合《春秋》本旨。首先，終於獲麟雖有起筆或絕筆兩種解釋，而從《春秋》經傳而論，絕筆之說實較起筆爲合理。按徐復觀《兩漢思想史》卷二曰：

> 從《傳》文看，孔子是以麟至爲王者之瑞，也可以推出「麟是爲己而至」之意。但麟至而爲人所獲，已經死掉了，便象徵孔子無法享此符瑞，這比「鳳鳥不至，河不出圖」，更爲嚴重；所以「反袂拭面涕沾袍」而嘆「吾道窮矣」，比「吾已矣乎」更爲傷痛。這裏決沒有仲舒所說的孔子自以爲是「受命之符也」的意思。由孔子「吾道窮矣」之嘆，則以孔子作《春秋》，因獲麟而絕筆，較之謂孔子作《春秋》，因獲麟而起筆，遠爲合理。「子疾病，子路使門人爲臣」，孔子尚責子路爲「行詐」。因獲麟而孔子自以爲受命，更是誣誕之談。（頁 346）

按徐說有理，從《春秋》經傳以觀，孔子於獲麟而有吾道窮矣之嘆，可見雖

〔註12〕唐君毅《中國哲學原論‧導論篇》曰：「『鳳鳥不至，河不出圖，吾已矣乎』之言，即不僞，亦非必如漢儒之視鳳鳥河圖爲受命之符。」（頁 533）徐復觀《兩漢思想史》卷二則曰：「從《論語》『鳳鳥不至，河不出圖，吾已矣乎』（子罕）看，孔子是有符瑞思想的，因爲這是古老的傳統觀念。」（頁 345）按鳳鳥河圖之說，確可有此兩種解釋，然此畢竟乃孔子偶一感歎之辭，若衡以《論語》所載孔子之言天命，大抵乃就人之義命而言，即可知孔子應無符瑞思想，縱有之，當亦甚爲薄弱。故唐說實較徐說爲合理。

以麟至爲瑞應，而傷感之意深矣，故絕筆於此實較起筆之說爲合理。此亦可見熊說之勝於董、何。其次，再從符瑞思想而論，孔子實無此思想。按符瑞雖爲中國古代即有之傳統思想，然要非主流，此從周初以來至春秋時代之天命觀即可知。周初之天命觀，據《詩》、《書》所言，即「天命靡常」觀念，與董氏所言凡能積善累功修仁行義者，即可應天受命，雖頗相似，但仍不盡相同。周初天命靡常觀念，即天之是否降命於人，乃隨人之德而定，此即意謂受命者自身之修德乃先於天命，若此則天方降命，而天命命於人後，更含受命者受命後更須努力修德之意。董氏則配合三正以言三統，則天命乃「三而復」，循環不已，有其周期，此與天命靡常並無周期循環自有不同。且董氏從天人感應以言王者之受命，雖云人亦能感天，但更須順從天命，此無疑強調人對天之呼應，天命先於人之修德，此與天命靡常之強調修德先於天命更是不同。至春秋時代天命觀，主要見於《左傳》、《國語》，乃承周初命隨德定之思想而加以擴充，雖略有所異，但大體上乃一以貫之。可見由周初至春秋時之天命觀，皆無以符瑞爲言者。而孔子之言天命，據《論語》所載者甚多，如「五十而知天命」（〈爲政〉），「君子有三畏，畏天命，畏大人，畏聖人之言」（〈季氏〉），「道之將行也歟，命也；道之將廢也歟，命也」（〈憲問〉），及「不知命，無以爲君子也」（〈堯曰〉），唐君毅《中國哲學原論·導論篇》曰：

> 唯是孔子先認定義之所在，爲人之所當以自命，而天命斯在。此見孔子所謂天命，亦即合於詩書所謂天所命人之當爲之「則」，而與人之所當以自命之「義」，在內容上爲一事。孔子所謂畏天命，確仍與孔子所重之反求諸己，行心所安，依仁修德之教，可說爲二而一之事。（頁 536）

按孔子之言天命，誠如唐氏所言「唯是孔子先認定義之所在，爲人之所當以自命，而天命斯在」，雖承《詩》、《書》、《左傳》及《國語》而來，但其實與周初以來之天命觀皆異，不過，在皆無符瑞思想方面，則孔子與之無異。而最要者，即與漢儒受命之說更是不同，蓋孔子所重根本在人，而非外在之天，人若以義之所在爲其所當以自命者，則天命即在，此乃由人之義命以言天命，與符瑞思想根本無涉。此更可見《春秋》非起筆於獲麟，孔子亦無自以爲麟是爲己而至，乃己受命之符之理。誠如熊氏所言《春秋》絕筆於獲麟，既是傷感，而亦瑞應，既明太平之可期，而亦傷感太平之猶未至，故孔子以獲麟絕筆，即於《春秋》所見世，而著治太平。此實較董、何之說，更符合孔子

之意,《春秋》之旨。熊氏既反對董、何之大一統說,則由大一統推演而來之通三統,熊氏是否贊同?熊氏既認為三科九旨多屬微言,則通三統亦應為微言,含甚深意。然依董、何而言,通三統既由大一統推演而來,而大一統乃屬大義,則通三統亦為大義,而非微言可知。且董、何之言通三統,乃從符瑞而言,故以獲麟為孔子受命之符,由此而視孔子為素王;熊氏則非由此而言,乃從文化上言,認為孔子乃一文德之王,由此以言孔子亦為素王。可見熊氏與董、何之以王擬孔子有絕大差異,誠如范文瀾《群經概論》曰:

> 蓋漢儒以王擬孔子,亦為二因:一則以孔子當正黑統。蓋以秦為黑統,不欲漢承秦後,遂奪秦黑統而歸之孔子,以為漢承孔子之統,此一說也。一則以孔子為赤統,孔子為漢制法,《春秋》為漢興而作。因以孔子受命之符,即漢代受命之符,此又一說也。由前之說,由於欲漢之抑秦;由後之說,由于欲漢之尊孔。則正漢儒附會其說,欲以歆媚時君,不得以而王孔子。(頁323)

可見不論為「抑秦」或「尊孔」,其實漢儒之王孔子乃在「歆媚時君」。故在熊氏看來,本為微言之通三統,經董、何之詮釋,即變為大義,成為一以尊王為主之大一統說,則顯而易見者,即熊氏絕不以此為極至,《示要》卷三曰:

> 世近太平,虛君將廢,而猶有存三統之說,使民群信仰有所繫也。三統者何?《繁露・三代改制質文》曰:「《春秋》作新王之事,絀夏,親周,故宋。」莊二十七年杞伯來朝經,何氏注:「杞夏後,不稱公者,《春秋》黜杞,新周而故宋,以《春秋》當新王。」案統之為言,宗也,一也。言其統一天下眾志,而為天下之所共宗也。統以三,《春秋》當新王,一也。仲尼祖述堯舜,憲章文武,周之道為《春秋》所直接,故親周,二也。宋者商後,商湯承堯舜禹之道,而傳至於周,以逮春秋,故親周而不得不上及商,是以故宋,三也。
>
> (頁832)

「世近太平」,即未至太平,然已離據亂甚遠,故此時應為升平。「虛君將廢」,即尚未廢君,仍須虛設君位,然此君乃有德之君,與據亂時之暴君又大為不同。熊氏蓋認為據亂之時,君權極重,列國爭強,亂制叢生,人民無能自覺自拔,此時言通三統亦無多大意義。然時至升平,人民已能自覺自拔,漸習禮義,亂制稍除,然猶未至太平,仍須虛君以治,故此時猶存通三統之說,此君乃有德之人,為天命所受,起而作新王,如此而民群信仰方有所繫。熊氏並引董、何

之説而予以解釋，大抵順之而言，不出其範圍。顯然熊氏亦認爲董、何三統説，亦有其價值在。按《春秋》無通三統，《公羊傳》亦無，至《繁露》始有，而《解詁》承之，故漢之前是否有此説，頗値探討。皮錫瑞《經學通論・春秋》曰：「存三統尤爲世所駭怪，不知此是古時通禮，並非《春秋》創舉，以董子之書推之，……《春秋》存三統，實源於古制，……據其書可知古時五帝三王，並無一定，猶親廟之祧遷。」（頁 7～8）徐復觀《兩漢思想史》卷二亦以通三統「此種觀念之形成，實襲用了宗法制度中的廟制。」（頁 347）皮、徐之説，有同有異，同者乃皆以通三統「源於古制」，且運作方式與「親廟之祧遷」（即廟制）相似，異者乃皮氏未遽斷此古制即廟制，徐氏則以爲即廟制。兩氏之言，雖具説服力，然亦頗可慮：一、皮氏以通三統乃「古時通禮」，「並非《春秋》創舉」，前語可能屬實，後語有待商榷，蓋《春秋》本無此説，何來創舉與否之説？二、古制爲何，皮氏並無説明，反引董氏《繁露》之語證之，此恐倒果爲因。三、通三統與廟制，其運作方式雖同，然前者乃就朝代興替，後者則指宗法祧遷而言，實有不同；縱其運作方式相同，然是否即前者受後者影響，不無疑問，而其實亦可能相反，後者受前者影響；且皮、徐皆只一言帶過，並無論證，此恐理由不足。以上數點疑慮未除之前，唯採保留態度，即通三統「可能」而非「必然」源於古制或襲用廟制。

　　或以通三統乃承自五德終始説，此亦値商榷。顧頡剛〈五德終始説下的政治和歷史〉曰：「五德説終而復始，它（按：即通三統，後同）也終而復始，此其一。五德説以顏色分，它也以顏色分，此其二。五德説以五德作禮樂制度的標準，它也以三統四法作禮樂制度的標準，此其三。」（《古史辨》第五冊下編頁 443）顧氏從以上三點，認爲通三統從五德説蜕化而來，[註13]然一、通三統若爲公羊先師口義，則其來源將甚早，未必晚於五德説，且《禮記・檀弓》載有「夏后氏尚黑」、「殷人尚白」及「周人尚赤」等語，可見通三統早已有之，非必來自於五德説。二、顧氏於後又列表比較兩説，於「夏前一代」曰：「此一代，五德説説爲黃帝，三統説説爲帝嚳。」於「周後一代」曰：「此一代，五德説説爲秦（漢初説爲漢），三統説説爲春秋。」於「周後二代」

〔註13〕范文瀾《群經概論》（頁 318）、韋政通《董仲舒》（頁 176～183）、李威熊《董仲舒與西漢學術》（頁 87～89）及賴慶鴻《董仲舒政治思想之研究》（頁 120～127）皆承顧説；蔣慶《公羊學引論》（頁 310～312）、浦衛忠《春秋三傳綜合研究》（頁 120～124）則不贊同。

曰：「此一代，漢文帝以下之五德說說爲漢，三統說無文。」（同上）據此，可見兩說有大差異，顧氏不此之圖，反以表面相同爲斷，實有自相矛盾捨本取末之失。三、此三點僅表面相同，其實則爲不同之兩系統，不可混爲一談，蓋鄒衍五德終始說，乃就政治而言，屬實際層面，如指周後一代爲秦或漢，乃就既存之朝代言，公羊家通三統之說，則就文化而言，屬理想層面，如指周後一代爲春秋，則爲史實所無之朝代。四、五德之說五而復，三統之說三而復，其循環往復之數亦絕不相同。五、就內容而論，董氏以三統乃循環往復，可互相取代，建立新朝代，此歷史觀表面雖與五德終始說類似，然內容則根本不同。五德終始說之歷史觀，乃以五行相生相勝原則爲推動歷史轉變、朝代更替之動力，此種模式之改朝換代，實非出自人之意志，乃由於歷史之必然，而五行相生相勝既有一定順序，故此必成一機械式之轉變更替。董氏之三統說，則非歷史轉變、朝代更替之動力，而只是新王受命之標誌。且不論從三正以言三統，或以文質代勝配合三統，最終皆歸於天的哲學，唯言一天，而無五德說之上天有五帝之說。

且從另一角度觀之，孔廣森《公羊通義》宣十六年曰：「治《公羊》者，舊有新周故宋之說，新周雖出此《傳》，實非如注解，故宋，《傳》絕無文，唯《穀梁》有之，然意尤不相涉。」章太炎《國學略說・經學略說》曰：「新周猶言新邑，周不可外，故書。義本坦易，無須曲解。故宋本非公羊家言。穀梁桓二年傳：『孔子故宋也。』孟僖子稱孔子聖人之後，而滅于宋。穀梁亦謂孔子舊是宋人。新周故宋截然二事，董何輩合而一之，以爲上黜杞，下新周而故宋，此義實公穀所無，由董何誤讀傳文而立。」孔氏乃今文家，章氏爲古文家，然所言皆甚是，《公羊傳》、《穀梁傳》雖分別有新周、故宋字句，然無通三統之意，此說至《繁露》始有，《解詁》承之，實「由董何誤讀傳文而立」。姑勿論董、何是否誤讀傳文，或據口傳微言而來，然此亦可見此說其來雖有自而實無自，乃董氏之創見，亦可顯《繁露》之重要，而其非承襲廟制或五德終始說，亦可確定，或最多只可謂受其外在形式影響，至於實質內容，則爲董氏所賦予。

董、何雖賦予通三統以內容，然其乃就改制之合法性而言，蓋從政治著言，三統歸於一統，此統即爲正統，而爲鞏固正統地位，以成大一統之局，於是歷代儒者逐常陷於正統論之爭﹝註14﹞。正統論雖意謂不容篡竊，卻往往

﹝註14﹞按晉習鑿齒《漢晉春秋》一反陳壽《三國志》以曹魏爲正統，而以蜀漢爲正

生出更多篡竊，所謂成者爲王，即爲正統，敗者爲寇，即非正統。王船山《讀通鑑論》曰：

> 論之不及正統者，何也？曰：不知其所自昉也。自漢之亡，曹氏、司馬氏乘之以竊天下，而爲之名曰禪。於是爲之說曰：必有所承以爲統，而後可以爲天子。義不相授受，而強相綴繫以揜篡奪之跡，抑假鄒衍五德之邪說與劉歆曆家之緒論，文其誣辭，要豈事理之實然哉？（〈敍論一〉）

按船山謂正統論不知其所自昉，然歐陽脩謂「正統之說始于《春秋》之作」，劉逢祿〈春秋論上〉亦以爲乃本於《春秋》通三統，此當爲可信。不過，船山認爲正統論每爲帝王所利用，則是事實，蓋本爲篡奪，則必以此爲文飾，所謂「義不相授受，而強相綴繫以揜篡奪之跡」，而文飾之法或假「鄒衍五德之邪說」，或託「劉歆曆家之緒論」。熊氏對此正統論，自亦反對，認爲董、何之言統，乃以「統之爲言，宗也，一也。言其統一天下眾志，而爲天下之所共宗也」，如此之統，誠如船山《讀通鑑論》曰：

> 統之爲言，合而併之之謂也，因而續之之謂也，而天下之不合與不續也多矣！……夫統者，合而不離，續而不絕之謂也。離矣，而惡乎統之？絕矣，而固不相承以爲統，崛起一中夏者，奚用承彼不連之系乎？（〈敍論一〉）

按統乃「合而併之，合而不離」，此指空間而言，「因而續之，續而不絕」，此指時間而言，所謂統，即空間上據有一定疆域之國家，有其共同向心力而能統合此疆域，且時間上其國祚賡續不絕。然觀諸歷代史實，在空間上每爲外族所侵略，而疆域不得全，既不能合而併之，亦難以合而不離，而在時間上更不能賡續不絕，改朝換代時有所聞，國祚之短甚至有僅數年者。故以空間廣袤及時間延續而言統，此不僅船山反對，而熊氏雖以之於據亂或升平猶可言，然終非至極之論，亦必予以反對。

統，是爲歷史上最早關於正統說之論爭。隋末王通《元經》於南北朝正統問題，尤三致意焉。至宋歐陽脩、蘇軾、司馬光、鄭思肖皆於正統說有所論述，而朱子《通鑑綱目》之書法凡例中即有「正統例」，蓋其時南宋已成偏安之局，夷狄交爭，一統無望，故朱子力倡正統說，以爲大一統之補充。至清初魏僖著〈正統論〉三篇，引歐陽脩、蘇軾及鄭思肖之說而判其得失，並提出自己之「三統說」，即正統、偏統及竊統。而船山《讀通鑑論》之論正統，則最詳且備。關於正統論之說，參見饒宗頤《中國史學上之正統論》及趙令揚《關於歷代正統問題之爭論》。

三、熊氏仁統說

熊氏認為通三統亦借事明義，不可如董、何將之執實，若執實則不得其意，須知《春秋》書法即是一況字，此猶《易》之象，知此則知通三統之深意。《示要》卷三曰：

> 三統原是一統，一者仁也。《春秋》始於元，元即仁。雖隨世改制，而皆本仁以為治。《春秋》當新王，即以仁道統天下也。由《春秋》而上溯周之文武，亦以仁道統天下也。又上推宋之先王成湯，亦以仁道統天下也。故《春秋》以仁垂統，而又推其統之所承，於是而親周，而故宋，明《春秋》之統，紹於周先王，周之統又紹於宋先王。依次相承，假說三統，其實，一以仁為統而已。仁道，真常也，不可易也。所以通三世之萬變，而皆不失其正者，仁為之本故也。故曰「三統實是一統，一者仁也。」（頁832～833）

熊氏認為此統雖關連時間、空間而言，乃統一天下眾志，而為天下之所共宗，然此並非如歷代之從正統論以言大一統者，乃以武力相逼迫，而是近說遠服，自己慕義而來，此必以仁垂統，才能為天下人之所宗，天下亦才能合於一，故謂「一者仁也」，蓋三統原是一統，但此統既與正統論無涉，亦非指大一統，而是仁統，乃從文化而言。熊氏並對仁予以詮釋，其曰：

> 仁者，生生不息也，厚愛也，虛寂也，健以動也。從上聖哲，以求仁為學，即以行仁為治。天下之人人，皆能保任其本有之仁體，而無蔽於私欲，則皆有天地萬物一體之量。有天地萬物一體之量，則其共同生活之組織，與一切施為，皆從物我一體處著想，自無有私其一身或一國家一族類者。而國內之階級，乃至國與國、種與種之界畛，早已不存。全人類共同生活之一切機構，皆基於均平之原則而成立。譬如人體各部，皆平衡發展，無有一部偏枯，累及全體之患。是乃以仁心而行仁政也，始於己立立人，己達達人，極於位天地，育萬物，而仁道始成，即仁體全現。（同上頁834～835）

熊氏之學，可謂以仁為本，深合孔子之旨，此仁乃吾人與萬物同具之本性，此即《易》之乾元，孟子之性善，以至程顥之仁者渾然與物同體，象山之本心及陽明之良知，皆名異而實同，在《新論》中熊氏亦稱之為性智。《春秋》之元，經由熊氏之詮釋，實已超越董、何之說，此元雖是氣，而不只是氣，乃氣之理，即太極，即乾元，亦即仁，亦即本心，故謂「《春秋》始於元，元

即仁」。又《春秋》終於獲麟，而麟者古云不履生草，此恐太過，非實也，然其不踐生物而爲仁獸，則無可疑。是以《春秋》始於元、終於麟，即始於仁、終於仁，原始要終，即爲仁道。故熊氏認爲《春秋》以仁垂統，誠乃有本之論。熊氏認爲《春秋》雖隨世改制，然皆本仁以爲治，以仁垂統，蓋所謂「《春秋》當新王，即以仁道統天下」，此實已將通三統由董、何之從政治上而言，一變而從文化上而言，從政治而言，則統有正不正之爭，亦必有斷絕之虞；唯從文化而言，則無此失，蓋以仁垂統，才是眞正之通三統，因實際政治上不只三統，乃無數統，此無數統，皆本仁以爲治，以仁垂統，則雖無數統，而實即一統，即仁統。故熊氏認爲黜夏亦借事明義，而非眞黜之。蓋由《春秋》上溯周之文武，又上推宋之先王成湯，皆以仁垂統，然不只此而已，其實夏亦在其中，亦以仁垂統，而在夏之前者亦是如此，在《春秋》之後者亦莫不如此。所謂「新王之統，承之於周，周承之宋先王湯，湯承之杞先王大禹，乃至堯舜諸帝。此在《孟子》、《中庸》均言之。今敘統，由春秋而上，止於周宋，而黜夏者，舉近以攝遠也。春秋視周最近，故存周統以親之。商爲周統之所自承，視夏猶較近，故於宋存商統。凡以著《春秋》新王之統，有所承受。蓋仁道自古迄今，未嘗一日絕於天下也。然敘統至商，則其數已足，商雖較近，而已故矣，故敘統至宋而止。存商統，則夏禹以上，皆在所攝。故以春秋之統，繼周宋爲三也。中華民族，自昔歷聖相承，皆以仁道統天下。」（同上頁 833～834）按《春秋》之統紹於周先王，周之統又紹於宋先王，而宋之統又紹於夏先王，歷聖相承，皆以仁垂統，故假說爲三統，其實則爲一統，一皆以仁道統天下。蓋「仁道，眞常也，不可易也」，故通三世之萬變，而不失其正，皆因仁爲之本之故，故謂「三統實是一統，一者仁也」。

熊氏顯已瓦解傳統之正統論，而代之以仁統，此仁統非以統之正不正而言，乃就人之仁不仁爲言。凡行仁之人，必以仁垂統，由此方知通三統深意所在。《示要》卷三曰：

> 《春秋》以元統天，元者仁也。仁道至大，無量諸天，乃至盡未來際，無量眾生，皆仁道爲之統馭。至哉仁也！《春秋》作新王之事，上承周宋先王，皆以仁道垂統。但依行仁之人，而說三統（宋先王成湯，周先王文武，皆行仁之人也。孔子作《春秋》，爲素王，即行仁之人）。其實，三統，一於仁而已矣。（頁 835～836）

熊氏認爲「但依行仁之人，而說三統」，此以德先於位，能繼統者並非定指君王，

而凡有德而能行仁之人，縱使無位，亦能以仁垂統。熊氏此說，船山亦已言及，
《讀通鑑論》曰：「天下之大防已亂，何統之足云乎？無所承，無所統，正不正
存乎其人而已矣。正不正，人也；一治一亂，天也。」（〈敍論一〉）船山反對正
統論，而以「道統說」及「治統說」駁斥之，《讀通鑑論》曰：「天下之極重而
不可竊者二，天子之位也，是謂治統；聖人之教，是謂道統。」（〈東晉成帝七〉）
又曰：「儒者之統與帝王之統並行於天下，而互爲興替，其合也，天下以道而治，
道以天子而明；及其衰也，而帝王之統絕。儒者猶保其道以孤行而無所待，以
人存道，而道可不亡。」（〈東晉文帝一三〉）按治統說即指帝王之統，所謂「天
子之位」，乃就政治而言；道統說即指儒者之統，所謂「聖人之教」，則就文化
而言。船山認爲兩者雖並行，而道統較治統尤爲首出，更是根本。蓋道統與治
統雖彼此獨立，互爲興替，及其合也，「天下以道而治，道以天子而明」，故兩
者雖對列並行，然道統實超越於治統之上，可爲其指導原則，是以帝王之統雖
絕，而儒者之統猶能保其道而維其統於不墜。然船山雖以道統爲治統之超越指
導原則，然終不廢治統，其目的不僅在於瓦解正統論，而更要由此重建正統論。
誠然，船山乃欲道統與治統合一，儒者之統與帝王之統合一，既穩立道統，亦
穩立治統，從而以道統批判、含融、轉化治統，成一道德教化爲主之理想政治。
然道統雖較治統爲首出，乃其根本，此乃以道統來保證治統，以聖人之教來存
全天子之位，天下雖以道而治，然道則必假天子而明。故治統相對地亦不容忽
視，而其爲治之標準，誠如《讀通鑑論》所言乃「德足以君天下，功足以安黎
民，統一天下，治安百年，復有賢子孫相繼以飾治，興禮樂，敷教化，存人道，
遠禽獸，大造於天人者不可忘，則與天下尊之，而合乎人心之大順。」（〈唐玄
宗一九〉）船山所謂治統說，雖以德爲標準，較正統論爲進步，但亦可見此說仍
以家天下爲根本格局〔註15〕。職是之故，熊氏之仁統，雖可溯源於船山之道統，
唯船山尙有治統說，且認爲兩者對列並行，熊氏則唯有仁統，治統實已包含於
此中，或者說已被解消於此中。此可見熊氏較船山猶爲徹底，船山以道統說、
治統說駁斥正統說，雖云已將之解消，其實亦正由此而重建之，熊氏則並不重
建之，乃將其徹底解消，代之以仁統。故船山所謂正不正存乎其人，此人雖可
指道統之儒者，然更指治統之天子，蓋二者若皆以仁垂統，是即行仁之人。熊

〔註15〕 關於船山之正統論，參見林安梧《現代儒學論衡》頁 190～199、《王船山人性
史哲學之研究》頁 163～170 及《中國近現代思想觀念史論》之〈「正統論」
的瓦解與重建——以王船山人性史哲學爲核心的理解與詮釋〉。

氏所言行仁之人，則已非天子所可範圍，而實指能行仁道之儒者。

　　熊氏仁統説，自與其體用哲學有關，乃以之爲背景自然而然呈現而出，而更可謂之乃直承陽明所謂「一體之仁」而來，其〈大學問〉曰：

　　　　大人者，以天地萬物爲一體者也；其視天下猶一家，中國猶一人焉。
　　　　若夫間形骸而分爾我者，小人矣；大人之能以天地萬物爲一體也，
　　　　非意之也，其心之仁本若是；其與天地萬物而爲一也，豈惟大人，
　　　　雖小人之心，亦莫不然，彼顧自小之耳。（《陽明全書・文集》卷六）

按所謂大人者亦即行仁之人，其心量極廣大，「其心之仁本若是」，故能不爲形骸所間，直以天地萬物爲一體，而無爾我之分，其視天下猶一家，中國猶一人，並非出自有意，乃「一體之仁」自然而然之流露、呈現。熊氏所謂行仁之人之所以能以仁垂統，即在於其能本其一體之仁，才能維斯統於不墜。無疑地，在此方面，陽明所言實較船山精闢，而能不爲專制政體所限，直顯文化傳統慧命之所繫，乃繫之於能行一體之仁之大人者，即凡能行仁之人者。熊氏則直承陽明之説，加以推擴闡揚，並直指正統論之謬誤所在，誠如梁啓超《新史學・論正統》曰：

　　　　中國史家之謬，未有過於言正統者也。言正統者，以爲天下不可一
　　　　日無君也，於是乎有統。又以爲「天無二日，民無二王」也，於是
　　　　乎有正統。統之云者，殆謂天所立而民所宗也。正之云者，殆謂一
　　　　爲眞而餘爲僞也。千餘年來，陋儒齗齗於此事，攘臂張目，筆鬥舌
　　　　戰，支離蔓衍，不可窮詰，一言蔽之曰：自爲奴隸根性所束縛，而
　　　　復以煽後人之奴隸根性而已。是不可以不辯。統字之名詞何自起乎？
　　　　殆濫觴於《春秋》。《春秋・公羊傳》曰：「何言乎王正月？大一統也。」
　　　　此即後世論正統者所援爲依據也。庸詎知《春秋》所謂大一統者，
　　　　對於三統而言。《春秋》之大義非一，而通三統實爲其要端。通三統
　　　　者，正以明天下爲天下人之天下，而非一姓之所得私有。與後儒所
　　　　謂統者，其本義既適相反對矣。（頁26）

按梁説甚是，而熊氏確能擺脱正統論窠臼，不爲所限，進而加以解消，代之以仁統説，實更符合《春秋》「通三統者，正以明天下爲天下人之天下，而非一姓之所得私有」之意，且更將歷來所謂「一姓」乃指天子之説，徹底推翻，而代之以行仁之人。《示要》卷三曰：

　　　　自素王歿後，夷狄盜賊橫行中土，已二千數百年。晚世列強，皆以

凶狡狂噬，迷失仁道，而有人類自毀之憂。然則三統其絕乎？此亦
不然。濂洛關閩，金谿姚江，崑山衡陽，固猶延一線之緒，仁道未
嘗絕也。今世雖不淑，而斯統未墜。上天啓予小子以一隙之明，勉
思大統，雖甚不肖，又何敢讓焉。（頁836～837）

熊氏已拋開治統，純從道統，亦即仁統爲言，而孔子乃行仁之人，故以孔子
爲文德之王，亦爲素王，才可繼統。熊氏更認爲自孔子後二千數百年來，仁
道漸失，三統若似斷絕，然其實未絕，猶不絕如線，濂溪、二程、橫渠、朱
子、象山、陽明，以至亭林及船山，皆能延此一線之緒。按此數人皆非天子，
皆無天子之位，而能延此統緒，即因皆是行仁之人，皆以聖人之教爲倡，而
保仁統於未墜。可見熊氏仁統說確較船山爲極至，船山雖言道統，然猶言治
統，雖以道統來保證治統，以道統爲首出、爲根本，然基本上仍不廢治統，
故雖以此瓦解正統論，其實乃重建之。此蓋船山所處時代，尚是帝制未除，
故不免仍存天子之位。熊氏則不僅解消正統論，而於治統亦以廢除，務須去
此天子之位，而道統方得實現，故純從道統、仁統爲言，以此解消治統，解
消正統論。故熊氏所謂通三統，實已超越董、何，已非斤斤於一家一姓之家
天下思想，而是倡言大道之行天下爲公之公天下思想。凡有此思想而能行仁
之人，即可維斯統於未墜，孔子如此，濂溪、二程……等莫不如此。熊氏認
爲世進太平，天下之人人皆有士君子之行，此士君子即行仁之人，其行即仁
行，〈表記〉所載即是最佳註腳。誠然，世進太平，人人有士君子之行，而即
使非太平世，亦須有士君子之行。因之，熊氏亦不妄自菲薄，認爲今世雖不
淑，然上天既啓其一隙之明，故亦以斯統自任，此乃自誠自信之表現，而非
自傲自負。其實何止熊氏，凡有文沒在茲之感者，即應以斯統自任，本有爲
者亦若是之心，雖千萬人吾往矣，全力以赴，又何讓焉。熊氏實已賦通三統
以新意，不僅超越董、何，而又合《春秋》之旨，且富時代意義，更顯繼往
開來之精神。

第五節　結　語

　　《春秋》經傳唯言大一統，而無通三統之說，經董、何之闡釋，遂有此
說。然董、何之言通三統，最終則成一以尊王爲前提，強調正統與否之大一
統思想。熊氏認爲此在據亂或升平之時，即帝制時代，自是可言，然至太平

之世，即無有天子而見群龍無首吉之時，此則必不可通。蓋三統遞嬗，則必陷於正統論之爭，而篡奪之事將層出不窮，若此則何可臻至太平，甚且升平亦不可得，而必永處據亂之世。熊氏認爲通三統猶如張三世，乃屬微言，皆借事明義，張三世既強調必離據亂、升平，而向太平趨進，以太平爲極至，故在據亂或升平猶可言之通三統，至太平世則無復可言之理。因三統原是一統，歷聖相承皆以仁道統天下，故此一統即仁統。而既皆以仁垂統，則何止三統必歸於一統，縱有無數統亦歸於一統，即皆歸於仁統。

顯然地，熊氏之言通三統，三統原是一統，亦即仁統，此與董、何之言通三統，三統歸於一統，亦即大一統，在形式上無疑非常相似，然實質上卻極不同。董、何乃視之爲大義，純就政治而言，不知此乃借事明義，非眞有三統可言，然董、何卻將之執實，若此則必無法達至太平。熊氏則以之爲微言，而就文化而言，深知此乃借事明義，蓋以仁道統天下，而冀由此以達至太平。故繼統之人，即不僅指天子，而是凡能行仁之人，維斯統於不墜者，即其人也。因之，熊氏認爲孔子作《春秋》制素王之法，而亦以素王自居，孔子之後繼斯統者，並非天子，而是凡能行仁道之儒者，如濂溪、二程……等，以至熊氏亦以斯統自任。熊氏此說，顯與董、何大異，然此乃立基其上而予以創造性之詮釋，如此詮釋不僅符合《春秋》本旨，且亦爲春秋學所可能發展之方向。

熊氏仁統說，實乃直承陽明「一體之仁」而來，雖亦可溯源自船山之道統說，然船山猶有治統說，而治統與道統乃並行於天下，故船山雖以道統爲首出、爲根本，但其目的乃以聖人之教來存全天子之位，天子之位既與聖人之教同是天下之極重而不可竊者，是以船山終不廢天子，仍擺脫不了家天下之根本格局。熊氏則已擺脫此根本格局，而朝公天下思想邁進。熊氏既以張三世爲《春秋》之綱領，力倡「縱的革命」，推翻君主，廢除統治階級，故保存船山道統說而爲仁統說，而於其治統說則予以解消，於其所謂天下之極重而不可竊者之天子之位，則予以廢除。熊氏蓋將治統融合或解消於道統之中，此道統亦即仁統。按船山仍保存治統，熊氏則將之解消，此其異也，然此乃因所處時代不同之故；至於其極，熊氏之仁統實即船山之道統，則無不同。

而究其實，熊氏仁統說實根源於《易》，《春秋》之元即《易》之乾元，乾元即太極，亦即仁，亦即本心，故元亦即是仁。再證以《論語》，孔子之言天命，乃謂人應就義之所在即應爲其所當爲，而即以此自命，此義之所在，

即是仁，所謂當仁不讓於師，何止不讓於師，亦且不讓於天子，蓋太平世人人有士君子之行，皆有文王之德，亦皆可爲文德之王，何必唯天子爲然，且此時天子亦應早已廢除。熊氏可謂深得孔子之意，孔子以仁爲本，熊氏亦以仁爲本，直謂《春秋》以仁垂統，以仁道統天下，凡義之所在而能行仁之人，即可維斯統於不墜，此實全中國人之責任。可見熊氏之春秋學，實有其精意在，不僅超越董、何，直探孔子，並抉發其意，使《春秋》之旨更加彰顯，從而使春秋學更有發展之可能性。

第六章　春秋外王學之治法論

第一節　前　言

　　熊氏認爲《春秋》最能表現外王之道，張三世撥亂反正，由據亂而升平而太平，爲外王學指出一發展目標與前進路線，不論在據亂或升平，皆向太平前進；通三統亦非爲維護統治階級之君統，而是以仁垂統，以仁統天下，即三統歸於一統之仁統。爲達至此一目標，即須倡言革命，消滅君權，廢除統治階級。然太平非可立至，仁統非可驟現，君權亦未能遽廢，尤其尚在據亂、升平之時，猶須有君以維統緒，以趨至太平，而歸於仁統。故《春秋》於三世不同階段，對君權即有不同界定，《示要》卷三曰：

> 三世治法，其略有可言者。據亂世，治起衰亂之中，人民之智德力未進也。其時，天下不可無君主。及民品漸高，將進至升平世。則君主制度，雖猶不廢，然已改定其職位，僅爲百官之長，而失去其至尊無上之意義。其權力即受限制，而不得恣意橫行於上。至升平之治愈進，則國之主權，全操於民衆。而君主但擁虛位，雖尊寵之至極，而只如偶像，爲群衆所具瞻而已。及進太平，則君位殆全廢，而任公共事業者，一由乎選舉。此君權蛻變之大略也。（頁823～824）

據亂世人民智德力未進，不可無君以領導，故仍有君；至升平世民品漸高，君位雖仍不廢，權力則受限制，僅爲百官之長，但擁虛號而已；及至太平世民品大進，人人有士君子之行，見群龍無首吉，凡所有事皆由乎選舉，無須再有君而爲人民主宰，是以君位全廢。此君權蛻變之大略，而三世治法雖本

仁以爲治，然因君權之蛻變即有所不同。熊氏即本此君權蛻變之跡，力主虛
君共和，以至君權全廢，三世治法之要義，即在此也。

　　然《春秋》張三世、通三統，雖爲此指出理想、方向，此理想、方向之
重點即在撥亂反正，至於如何撥亂反正，實際政治之制度規模應如何，應賦
予何等之具體內容，方可眞正撥亂反正，才能達至太平大同，顯然《春秋》
所言甚少，董氏《繁露》、何休《解詁》雖加發揮，仍偏重理想之標示，於政
治制度之具體內容，所言亦少。此蓋《春秋》本身之限制，《春秋》雖爲外王
學主要典籍，然其借事明義，重在指出外王學之根本原則，先立綱領，其餘
則無不順勢妥當，故內容上不免受限，於實際政治制度之如何施行，自然所
言不多。且《春秋》依魯史而作，而古史記事甚簡，單辭片語，即使加以筆
削，亦不免受限形式，無法暢所欲言，縱使觸及，亦難成系統。熊氏認爲欲
補此不足，自當求之餘經。蓋六經皆孔子手訂，《易》特明內聖，而兼及外王，
《春秋》特明外王，而兼及內聖，二經於內聖外王之道，包蘊無餘，然於具
體內容，所言畢竟較少，故須尋之餘經，而《詩》《書》《禮》《樂》四經之中，
談及政治制度、禮儀設施方面，自以《禮》爲最要，故特重《禮記·禮運》
及《周官》。然《禮》有三，即《周官》、《禮記》與《儀禮》，熊氏爲何獨重
《禮記》之〈禮運〉及《周官》？此涉及熊氏對三《禮》之抉擇，《示要》卷
三曰：

> 《儀禮》自是周代舊典，不必爲夫子所刪定，但爲孔門之所傳習則
> 無疑。……《大、小戴記》當有戰國及漢初儒者增竄之説，然其中
> 大義微言，必出夫子傳授，七十子後學相承未墜，最可寶貴。余以
> 爲孔子之禮説，當於《大、小戴記》求之，但後儒增竄，不可不辨。……
> 《周禮》一經，以職官爲經，事義爲緯。其於治理，直是窮天極地，
> 無所不包通。此經有同於《易》《春秋》者，亦是義在言外。……此
> 經決是孔子之政治思想，七十子承受口義，轉相傳授，不知何時始
> 著竹帛，但戰國時儒者，當有增竄。（頁 931～935）

熊氏對三《禮》之抉擇，是以作者爲判斷標準，如爲孔子所作，其價值即高，
若非孔子所作，其價值即低。此一立場，至《論六經》、《原儒》仍是不變。
熊氏此一抉擇誠乃主觀認知，不能作爲一客觀定論。熊氏認爲《儀禮》雖爲
孔門所傳習，然非出自孔子所傳授，蓋爲「周代舊典」，《論六經》更曰：「愚
謂《儀禮》非孔子所定也，蓋始制自周公，而兩周後王，或有增入，但所增

者，必於周公之本義有所因。」（頁 15）熊氏肯定《儀禮》乃周公所作，而其重視孔子甚於周公，故相對即較不重視《儀禮》。《禮記》、《周官》則出自孔子之傳授，七十子親承口義，故最寶貴。二經雖遭增竄，然加別擇，即可見其精義。於《禮記》，熊氏除重視〈樂記〉、〈中庸〉、〈表記〉、〈儒行〉、〈大學〉諸篇外，特重〈禮運〉，而於〈王制〉則頗為貶抑。〈禮運〉大同、小康之說，與《春秋》三世義關係密切，小康為據亂世治法，大同為太平世治法，而經由對大同之闡釋，可為《春秋》外王學指出一宏偉之理想境界。然大同世界畢竟只是一理想，對於如何達至此理想之制度規模，顯然〈禮運〉並未深入探討。熊氏認為此則有賴《周官》，蓋由據亂而至太平，由小康而至大同，中間尚有升平世此一階段，不僅由此而離據亂，並由此而趨太平，實為《春秋》撥亂反正之關鍵所在，而《周官》所言正是升平世大法。若按派別言，今文主〈王制〉，古文主《周官》，熊氏則打破今古文之分，推尊《周官》而黜〈王制〉。熊氏認為《周官》以職官為經，事義為緯，以均為體，以聯為用，透過和諧與互助之原理，使整個制度規模得以開展施行，大同理想境界始能真正落實，而有實現之日，實為撥亂反正之大法。故熊氏特重〈禮運〉及《周官》，而二經皆與《春秋》相貫通，可當《春秋》外王學之具體內容看待。

第二節　《春秋》中所言治法

　　《春秋》張三世旨在撥亂反正，然欲撥亂反正，必躬自厚而薄責於人，先自詳正而後才能正人，而能自正以立國於世，如此方可言治法。據亂世內離會書，外離會不書，此內外之異，即表明《春秋》立國之道，貴內自治自主。此意船山曾予發揮，《春秋世論》卷五曰：「有道而恃有道者安；不能有道，而恃有道者弱；無道，而恃無道者，必於亡；無道，而不恃無道者，僅以存。故恃人者不如恃己，恃己之勢，雖無道而不亡，況有道乎？」船山此論，甚為精闢，蓋立國之道，本於自身之有道無道，而非他國之有道無道，唯恃自身之有道，方可安而不亡，若徒恃他國，則不論有道無道，必歸於亡而已。熊氏極稱船山此論，認為此乃千古導國者之金鑑，《示要》卷三曰：

　　　　船山此論，盛發《公羊》之蘊。自古有國者，虛內而結好於外，將恃以不亡，則其亡可立而待也。恃人者，無論恃一二強國或結好於數強之間，要皆速其亡。惟卓然求內有以自恃，而不予人以可乘之

隙。國權所在，據理力爭，爭之不得，終不獻賂。彼侵略者，雖強力侵奪，亦必犯世界之忌，而有多行不義必自斃之日矣。且恃人之患，不獨執政者宜戒，凡在下而領導群眾者，尤貴自立自主，而不可有恃人之一念也。（頁861）

自古有國者，唯自立自主，卓然求內有以自恃，而無恃於外，方能享國長久，否則不旋踵即亡，國既亡則焉有治法可言。熊氏先揭此意，以明《春秋》立國之道，貴在先內自立自主，能內自立自主，才有治法可言，起而領導群眾。

一、主井田

《春秋》張三世皆本仁以為治，由據亂而升平，其蘄向則在太平，故於據亂及升平之治法，言之較悉。此中，熊氏頗稱讚井田，《示要》卷三曰：「《春秋》之土地政策，頗主井田制。」（頁853）按古史記事較簡，所記大抵國之大事，較難顧及治法，縱與之有關，亦難詳言。蓋《春秋》依魯史而筆削，每條條文皆片言隻語，若無公羊家予以闡釋，實難見出經文所言有何治法。熊氏之以《春秋》主井田，即由宣十五年「初稅畝」而來。按此三字，只言魯宣公十五年開始徵田畝稅之事，即按照農民所耕畝數而課稅，公羊家即由此而見出治法。《公羊傳》曰：「初者何？始也。稅畝者何？履畝而稅也。初稅畝，何以書？譏。何譏爾？譏始履畝而稅也。何譏乎始履畝而稅？古者什一而藉。古者曷為什一而藉？什一者，天下之中正也。多乎什一，大桀小桀；寡乎什一，大貉小貉。什一者，天下之中正也，什一行而頌聲作矣。」據此，則《春秋》主井田之意已顯。再經何休之疏解，此意立現，《解詁》曰：

> 至此獨言頌聲作者，民以食為本也。夫飢寒並至，雖堯舜躬化，不能使野無寇盜；貧富兼并，雖皋陶制法，不能使彊不陵弱。是故聖人制井田之法而口分之，一夫一婦，受田百畝，以養父母妻子，五口為一家，公田十畝，即所謂什一而稅也。廬舍二畝半，凡為田一頃，十二畝半，八家而九頃，共為一井，故曰井田。廬舍在內，貴人也；公田次之，重公也；私田在外，賤私也。井田之義，一曰無泄地氣，二曰無費一家，三曰同風俗，四曰合巧拙，五曰通財貨。（卷十六頁15）

由於何休此注，公羊家遂有《春秋》主井田之說。熊氏確信「何休之注，蓋得自胡母董生之傳」（《示要》卷三頁856），且認為此意亦見於他書：

何休此注，自是公羊家世傳之説。然亦見《漢書‧食貨志》，及《韓詩外傳》。蓋《春秋》口義之流佈廣矣。其與《孟子》談井田之制，同井之民，出入相友，守望相助，疾病相扶云云，適相映證。孟子之時與地近聖人，又深於《春秋》之學。《公羊》口義流傳，竟與《孟》合，則井田制爲《春秋經》之理想，非秦漢間儒生倡説，甚明矣。（同上頁 857）

據現存典籍，孟子之前無人言及井田，有之則自孟子始。此後《韓詩外傳》、《漢書‧食貨志》皆承孟子而言，且後出轉精。此外，熊氏未提及之《周官》，亦言及井田。按《孟子‧滕文公上》曰：「夏后氏五十而貢，殷人七十而助，周人百畝而徹，其實皆什一也。徹者，徹也；助者，藉也。龍子曰：『治地莫善於助，莫不善於貢。……』詩云：『雨我公田，遂及我私。』……請野九一而助，國中什一使自賦。……方里而井，井九百畝，其中爲公田。八家皆私百畝，同養公田。公事畢，然後敢治私事，所以別野人也。」按孟子所言，蓋爲公田制，八家共耕公田，所得歸田主，而公田耕畢，方耕私田，所得則歸自己。周謂此制爲徹，與夏之貢及殷之助雖有不同，但實際而論，夏五十畝，殷七十畝，而周百畝，所耕畝數雖異，然所納於田主之稅，蓋皆十分之一，則無不同。此公田制是否可稱爲井田，不無疑問。蓋孟子之言，雖有井田之意，然此乃古代實有或純爲孟子之理想，則頗爲含混；而此若爲當時田制，何以僅引語焉不詳之龍子及《詩》爲證，而不遍引群籍，亦易啓人疑竇；況且龍子及《詩》之語，未必即指井田。故梁啓超《先秦政治思想史》曰：「此制孟子雖云三代所有，然吾儕未敢具信。或遠古習慣有近於此者，而儒家推演以完成之云爾。」（頁 105）陳瑞庚《井田問題重探》結論且曰：「周代沒有孟子所説的井田制度。」然不論如何，《韓詩外傳》諸書則予具體落實。《韓詩外傳》曰：「古者八家而井田，方里而爲井，廣三百步長三百步，一里其田九百畝，廣一步長一步爲一畝，廣百步長百步爲百畝。八家爲鄰，家得百畝，餘夫各得二十五畝。家爲公田十，餘二十畝共爲廬舍，各得二畝半。」《漢書‧食貨志》曰：「五尺爲步，步百爲畝，畝百爲夫，夫三爲屋，屋三爲井。井方一里，是爲九夫，八家共之，各受私田百畝，公田十畝，是八百八十畝，餘二十畝爲廬舍。」按兩家之言，皆將田畝之廣度長度予以確定，並規定建造廬舍之畝數，雖於畝數方面有所不同，但皆認爲實有井田。《周官》所言更詳，如〈地官〉大司徒職「凡造都鄙，制其地域而封溝之，以其室數制之，不易

之地百畝，一易之地家二百畝，再易之地家三百畝」，小司徒職「乃經土地而井牧其田野，九夫爲井，四井爲邑，四邑爲丘，四丘爲甸，四甸爲縣，四縣爲都，以任地事而令貢賦」，遂人職「辨其野之土，上地、中地、下地，以頒田里。上地，夫一廛，田百畝，萊五十畝，餘夫亦如之。中地，夫一廛，田百畝，萊百畝，餘夫亦如之。下地，夫一廛，田百畝，萊二百畝，餘夫亦如之」等，類此之言尚多，不遑枚舉。尤其〈考工記〉匠人職「爲溝洫，耜廣五寸，二耜爲耦。一耦之伐，廣尺深尺，謂之甽；田首倍之，廣二尺深二尺，謂之遂；九夫爲井，井間廣四尺深四尺，謂之溝；方十里爲成，成間廣八尺深八尺，謂之洫；方百里爲同，同間廣二尋深二仞，謂之澮」，此溝洫制度更常令人以爲即井田。以上諸書言之鑿鑿，令人無法不信孟子之言，並以古代確有井田。因孟子之言太深入人心，故《公羊傳》引之以解初稅畝，《穀梁傳》及《左傳》亦然。《穀梁傳》曰：「初者，始也。古者什一，藉而不稅。初稅畝，非正也。古者三百步爲里，名曰井田。井田者九百畝，公田居一。私田稼不善則非吏，公田稼不善則非民。初稅畝者，非公之去公田而履畝十取一也，以公之與民爲已悉矣。」所言雖頗含混，但以初稅畝與井田有關，則與公羊家無異。《左傳》曰：「初稅畝，非禮也。穀出不過藉，以豐財也。」杜預《集解》曰：「周法民耕百畝，公田十畝，借民力而治之，稅不過此。」蓋亦以井田爲言。《公羊》、《穀梁》長於義，猶可言借事明義，而《左傳》詳於事，尚且如此，可見孟子之影響甚巨。故胡適〈井田辨〉曰：「自從孟子把助解作藉（這本不錯），又把助強解作八家同助公田，從此以後，說經的人就沒有能跳出這個圈子的。」（《問題與主義》頁 204）〔註 1〕胡漢民、廖仲愷皆信古有井田，胡氏曰：「井田制是中國古代土地私有制未發生以前的一種土地共有制——這不是土地私有制發生後的均產制，我們應該分別。」廖氏曰：「井田制度，我假定他是上古民族由遊牧移到田圍，由公有移到私有，當中一個過渡制度。以社會進化的程序看來，在先生（按：即胡適）所謂『半部落半國家的時代』，這種井田制不只是可能的，而且是自然會發生的。」（原載《建設雜誌》2 卷 1、2 期，此轉引自胡適〈井田辨〉）熊氏亦信孟子，而孟子傳孔子《春秋》，故謂「井田制爲《春秋經》之理想，非秦漢間儒生倡說」，按熊

〔註 1〕 胡適〈井田辨〉一文由「寄廖仲愷先生的信」、「答廖仲愷、胡漢民先生的信」及「附跋」組成，並附錄「廖仲愷先生答書」，收入《胡適作品集》之《問題與主義》。

氏雖認為有井田，然上述之語多有保留，蓋謂井田可行，而古代是否即已施行過，顯未論及。楊寬《西周史》則曰：「我國古代的井田制，確是村社的制度。因為我國古代歷史上，確實存在過這種整齊劃分田地而有一定畝積的制度，也確實存在過按家平均分配份地的制度。」（頁 178）楊寬肯定有井田，然其所謂「古代」，顯然包含西周，至於夏、商是否亦在內，則未有明言。金景芳《論井田制度》則曰：「大體上說，中國的井田制度是從夏初開始的。以後經過夏、商二代以至西周這一段一千多年的歷史而達到充分發展。自進入春秋以後，由於社會生產力的發展和政治的、經濟的各種原因，井田制由全盛而走向瓦解。……總的說，井田制是和中國奴隸社會相終始的。」（頁 57）金氏不僅肯定井田乃歷史事物，且其時間甚久，實有一段發生、發展及滅亡之過程。

　　以上諸家皆振振有詞，以為真有井田；然懷疑之者，亦代不乏人。按井田之可信，其先決條件為孟子之言為真，否則亦只是孟子之理想，未必即有此制。胡適〈井田辨〉即對孟子之言詳予分析，認為：

　　一、孟子自己實在不知道周代的田制究是個什麼樣子，故只能含糊混說。

　　二、孟子自己主張的井田制，是想像出來的，沒有歷史的根據。

　　三、無論《詩經》的「公田」應作何解，《孟子》的「私田」並不是農夫享有的公產，仍是貴族的祿田。

　　四、孟子的井田制度不過是一種「經界」的計畫，並不是「根本解決的」共產制度。（頁 203）

胡適所言甚為有理，井田極可能乃孟子理想之土地政策，未必真有此制，蓋若有此制，則孟子當不至如此含混其詞。郭沫若《奴隸制時代》及范文瀾《中國通史簡編》雖承認有井田，但皆認為孟子所言完全乃其理想，甚至是空想。此與胡適之說，表面似異，其實則同。趙岡、陳鍾毅《中國土地制度史》則以古代大概確有井田，但亦認為孟子「這一段土地制度的建議，雖然基本上是參考古制，但也參雜了孟子的理想，等於是一個新設計的土地制度，並不完全吻合古代任何時期實地執行過的制度。換言之，他希望揉合助法、徹法，再加上圭田的規定，及對餘夫的處理，形成一個新的土地公有授田制度。」（頁3）可見孟子所言與史實並不一致，若實無井田，則孟子所言無疑乃其理想，而縱有井田，此井田要非孟子所言之井田。至於《韓詩外傳》諸書所言，亦

非即無問題。朱子早已懷疑此說,《朱子語類》卷八十六載:「先生與曹兄論井田,曰:『當時須別有箇道理。天下安得有箇王畿千里之地,將鄭康成圖來安頓於上!今看古人地制,如豐鎬皆在山谷之間,洛邑伊闕之地,亦多是小溪澗,不知如何措置。』」胡適〈井田辨〉亦曰:「不但『豆腐干塊』的封建制度是不可能的,豆腐干塊的井田制度也是不可能的。井田均產制乃是戰國時代的烏託邦。戰國以前從來沒有人提及古代的井田制,孟子也只能說『諸侯惡其害己也,而皆去其籍。』這是『託古改制』的慣技。韓非所謂『無參驗而必之』就是這一種。」(頁 188)瞿同祖《中國封建社會》首先即依朱子、胡適此說,認為「這是從地理環境上來證明井田制度的荒謬」(頁 147)。其次,瞿氏認為「孟子僅以『雨我公田,遂及我私』為根據,後人又以孟子所說為根據,這種不可靠的情形,已經在上面說過了,胡適也說:『這可見孟子實在不知道周代的制度是什麼,不過從一句詩裏推想到一種公田制,這證據已很薄弱了。』」(頁 147~148)此從文獻考證方面以證其為偽造,而駁井田之無據。最後,瞿氏認為「韓嬰《周禮》班固各人所說不同,合起來無論如何,總講不通。計算之法,各各不同,便以同一書而論,『大司徒』和『遂人』所說也不相同,而互相抵觸。他們都以孟子為附會的根據,越說得詳細,越不能自圓其說,而顯見其偽。」(頁 148)此從諸書所定畝數不同以證井田之無據。按朱子、胡適,尤其瞿氏所言,足證古無井田。陳伯瀛《中國田制叢考》卷二〈井田有無考〉,首先從人情、人事、地勢、地形、工程及遺產等事理上言,認為井田皆不可通不可行。其次,陳氏對《詩經》、《孟子》及《周禮》有關井田之說,一一駁斥。最後,陳氏曰:「故最高限度之認可,祇能謂井田,或曾行於一時一地,而非經久劃一之制,不然,魯宣公十五年之『初稅畝』,《公羊》《穀梁》,均訾其廢井田而履畝。然孟子之距宣公稅畝,為時不過二百年。夏商以來,千餘年間經久劃一之井田制度,其見廢也,果見記於聖人之《春秋》者耶?《春秋》,孟子所深愛者焉。孟子曷為不訾宣公之廢井,不引宣公以前魯之井田耶?」(頁 39)據此,井田縱曾行於一時一地,但可能不久即廢,並非經久劃一之時制。按此說法實較「古必無井田」及「古必有井田」為折衷而合理。〔註2〕

─────────────

〔註 2〕 歷來論井田之有無者,代不乏人。民國九年胡適與胡漢民及廖仲凱等且對井田制度發生論戰,此後此問題更不斷被論及,但皆莫衷一是,迄無定論。由於文獻眾多,不遑枚舉,故只引數家重要之說,以見大概。此等文獻,可見

　　綜上所論，不論以井田爲有者或無者，所根據之資料既同，卻得出相反結論，其癥結所在即在對井田之界定各不相同。蓋諸書所謂井田，極可能名同實異，如孟子所言，應爲公田制，蓋爲最原始簡略之耕作方式。若所謂井田乃指此而言，則謂古有之亦未嘗不可；以上凡贊成有井田者，蓋皆以此而爲言。至於《韓詩外傳》、《漢書·食貨志》及《周禮》所言，所規劃畝數雖不同，然皆規劃嚴密而成一井字形則無異，顯較孟子詳細不知凡幾。若所謂井田乃指此而言，則謂古有之實易令人起疑；以上凡反對有井田者，蓋皆以此而爲言。總之，由於孟子所言乃討論井田之最早且必不可缺之文獻，然因其不夠完整明確，遂使討論無有交集。而《韓詩外傳》等書所載，既與孟子不盡相同，且多互相枘鑿，故討論時難免因個人主觀因素而任意取捨，是以有如此截然相反之結論。但不論如何，古代若有井田，則公羊家以《春秋》主此制，自無問題；而縱使古無井田，公羊家仍可借事明義，認爲《春秋》實主此制。

　　又初稅畝是否本即與井田有關，亦值探討，胡適〈井田辨〉曰：

> 依我看來，「初稅畝」不過是魯國第一次徵收地租。古代賦而不稅，賦是地力所出。平時的貢賦，同用兵時的「出車徒給繇役」都是賦。稅是地租──純粹的 Land tax。古代但賦地力，不徵地租。後來大概因爲國用不足，於賦之外另加收地租，這叫做稅。孟子不贊成稅（他曾希望「耕者助而不稅」），但是他又主張「國中什一使自賦」。這可見稅與賦的分別。宣公初行稅畝，故《春秋》記載下來，其實和井田毫無關係。（頁 204）

胡適認爲賦指地力所出，稅指地租，即課地本身。蓋古代土地皆田主所有，農民不僅無土地，亦無能力承租，而田主既不親耕，唯將土地佃予農民，農民依地力所出，將耕種所得依一定比例，貢予田主，此即是賦，餘則歸己所有。農民既無力承租，故不徵地租，即不徵課地稅，而唯靠地力所出之耕種所得，故但賦地力。若既賦地力，又徵地租，則是雙重剝削，民將無法聊生，是以「古代但賦地力，不徵地租」。故胡適認爲初稅畝「其實和井田毫無關係」。梁啓超《先秦政治思想史》亦曰：

> 後儒多解初稅畝爲初壞井田，似是而實非也。古代之課於田者，皆

莊德仁《從「西周井田制度」的討論看當代古史觀念的轉變》附錄一〈民國以來有關「井田制度」討論之中文參考文獻〉。

> 以其地力所產比例而課之，無論田之井不井皆如是，除此外別無課
> 也。稅畝者，除課地力所產外，又增一稅目，以課地之本身，——
> 即英語所謂 Land Tax，不管有無所產，專以畝為計算單位，有一畝
> 稅一畝，故曰履畝而稅。（頁63）

按梁氏所言與胡適同。然梁氏曰「無論田之井不井皆如是」，則以初稅畝與井
田無關，固然合理，然以其指井田，亦無不可。姑衡之井田，則胡適所謂之
賦，猶八家共耕公田而所得歸田主，所謂之稅，猶各家所耕私田，所得本應
歸己，現則以一定比例再行徵租。誠如杜正勝《編戶齊民》曰：

> 公私田並行時，農民的正常負擔只有助耕公田的「藉」，不納私田生
> 產的「稅」，而今採用「稅畝」之法，所稅者是什麼性質的田地？《公
> 羊傳》解釋「稅畝」曰：「履畝而稅」。則凡農民現耕之田，不論傳
> 統受田或新闢未嘗登記的田地，都一律踏勘丈量，以便徵稅，政府
> 的收入於是乎增加，故《左傳》曰：「以豐財也。」（頁175）

按杜氏此說，與胡適無異，然據杜說，則顯然指井田而言。故胡適從地力與
地租之異，以明初稅畝之意，固甚有理，然由此是否即可推論其與井田無關，
則不無疑問。且《春秋》哀十二年「春，用田賦」，何休《解詁》曰：「田，
謂一井之田賦者，斂取其財物也。言用田賦者，若今漢家斂民錢，以田為率
矣。不言井者，城郭里若亦有井，嫌悉賦之。禮，稅民公田，不過什一，軍
賦十井，不過一乘。哀公外慕彊吳，空盡國儲，故復用田賦過什一。」（卷二
十八頁2）據此，則宣十五年初稅畝已破壞井田，至哀十二年用田賦又破壞之，
實無是理，故梁氏《先秦政治思想史》曰：

> 春秋哀十二年，『用田賦』，後儒或又以為破壞井田之始。井田有無
> 且勿論，藉如彼輩說，宣十五年已破壞矣，又何物再供數十年後之
> 破壞！（頁63）

顯然地，再加上此一理由，才能使初稅畝與井田無關之說，更有理據，而此
亦可見梁說實較胡說為完備。不過，縱使兩者無關，但公羊家仍可謂此乃借
事明義，即初稅畝雖非指井田，但經孔子筆削即有此意。

總之，古代有無井田乃一回事，公羊家以井田為理想之制又是一回事；
初稅畝是否即指井田乃一回事，公羊家借之以言井田又是一回事。故縱使證
實古無井田，初稅畝亦無此義，但自孟子以來即視此為理想之制，且欲實行
之，《公羊傳》則借初稅畝而將之宣出，何休更將之落實，可見公羊家確主井

田制。《春秋》既以公羊學爲主，故謂此乃《春秋》之土地政策，亦無不可。熊氏即由此以言，故應分辨此中分際，才能瞭解其說。而如何休所言，井田之義在「無洩地氣、無費一家、同風俗、合巧拙及通財貨」，是以井田若行，則必能如孟子所言「出入相友，守望相助，疾病相扶持，則百姓親睦」（〈滕文公上〉），亦能如何休所言「環廬舍種桑荻雜菜，畜五母雞、兩母豕，瓜果種疆畔，女工蠶織，老者得衣帛焉、得食肉焉，死者得葬焉」（《解詁》卷十六頁 15）。井田之受重視，即因此故。誠如梁氏《先秦政治思想史》曰：「此種社會制度，曾否實現，能否全部實行，自屬別問題。要之在物質生活上採合作互助的原則，在精神生活上以深厚眞摯之同情心爲之貫注。儒家所夢想之『美善相樂』的社會，此其縮影矣。」（頁 206）熊氏之重井田，亦不出此，《示要》卷三曰：

> 井田之法，蓋由據亂進升平之治。去〈禮運〉太平大同之治蓋甚遠。如國界，及君主，與兵戎之事，皆未能除之，此其顯異者。其規模頗類今之所謂集體農場，如採其精意，變而通之，以行於今，務求切合時宜，則社會無兼並之患，農民免於窮厄，而世運進於升平矣。
> （頁 856）

井田雖爲儒家理想之制，然此乃就據亂世而言，若至升平，甚至至太平，則未必如此。蓋此制雖好，但仍不免階級之分，貴族高居其上，人民勞苦於下，而貴族又有天子、諸侯、大夫等級，層層剝削。故熊氏認爲此離太平大同之治甚遠，「蓋由據亂進升平之治」，即主要乃據亂世治法，此時內其國而外諸夏，純以國家思想爲核心，列國分立，戰亂不已，故國界、君主及兵戎之事皆未能除去。因此，熊氏認爲應採其精意，變而通之，方無兼並之患，窮厄之弊，才能向升平邁進。誠如胡適所言：「井田制度不過是一種『經界』的計畫，並不是『根本解決的』共產制度。」熊氏於此，自亦知之，故雖讚賞井田，但並不以之爲極至，至《論六經》及《原儒》即不再強調此說，轉而強調〈禮運〉及《周官》。按《周官》亦言井田，然除此外，更涉及其他治法，熊氏之重《周官》，並非僅爲井田之故。

不過，從熊氏認爲《春秋》主井田，若能切合時宜，則無窮厄、兼並之弊患，可見《春秋》極重視均平，故視井田爲《春秋》之制，並認爲《春秋》治法以均平爲要。《示要》卷三曰：

> 徐《疏》云：「《春秋》經與傳，數萬之字。論其科恉意義，實無窮。

然撮其論治之要，必在計政調均。」（頁 861）

熊氏認爲《春秋》食貨之治，必在「計政調均」，亦即均平。此意董氏亦已言及，《繁露·度制》曰：「孔子曰：『不患貧而患不均。』故有所積重，則有所空虛矣。大富則驕，太貧則憂。憂則爲盜，驕則爲暴，此眾人之情也。聖者則於眾人之情，見亂之所從生。故其制人道而差上下也，使富者足以示貴而不至於驕，貧者足以養生而不至於憂。以此爲度而調均之，是以財不匱，而上下相安故易治也。……凡百亂之源，皆出嫌疑纖微，以漸浸稍長至於大。聖人章其疑者，別其微者，絕其纖者不得嫌以蚤防之。聖人之道，眾隄防之類也。謂之度制，謂之禮節。……若去其度制，使人人從其欲，快其意，以逐無窮，是大亂人倫，而靡斯財用也，失文采所逐生之意矣。」按董氏強調「度制」、「禮節」，不可「人人從其欲，快其意，以逐無窮」，即以節欲爲言以申均平之意。熊氏認爲此與〈大學〉所言「生財有大道，生之者眾，食之者寡，爲之者疾，用之者舒，則財恒足矣」，並無矛盾，而同皆爲《春秋》之旨。《示要》卷三曰：

詳上所述，《春秋》理天下之財，以均平爲不可易之定則，故在位者不得與平民爭利。井田之制定，則兼並不待禁而自絕，商賈有壟斷之禁，國營事業漸興，而百工弗病矣。馴至太平，國界種界，俱已泯滅。天下之利，歸之天下之人人，而無有一夫得自私者。自然祕藏大闢，財貨已富有日新。《易》言開物成務，《論語》言足食。貨無委棄，而不以爲己，力無不盡，而不以爲己，天下是以至均而太和也。（頁 865～866）

熊氏認爲《春秋》食貨之治，重在均平，此與《易》之言開物成務，《論語》之言足食正同。然畢竟《春秋》著重於原則之提示，至於具體內容，所言較少，而《周官》亦以均平爲言，且於如何達至均平，皆有詳細描述，是以熊氏於《論六經》及《原儒》皆大談《周官》，其因即在此。

二、於升平世有四大治法

以上所言，乃由據亂進升平之治法，大抵就據亂世而言，至於升平世，熊氏認爲《春秋》於此有大法四，《示要》卷三曰：

世近升平，各國民眾，進於文明者日多。易言之，即諸夏民族，漸有興起。然夷狄之國，雖有知能，與相當創造力，而專趨凶狡，同

於鳥獸。此等民族，常以侵略他國為事，而弱小國家，首蒙其禍，
諸夏常有不支之勢。故《春秋》治升平，有大法四：一、獎諸夏能
持霸權，以制夷狄。二、誅戰禍罪魁。三、獎夷狄能慕禮義者，同
之諸夏。四、罪弱小不自立者。（頁 876～877）

升平世內諸夏而外夷狄，此時以民族思想為根核，而未能進至太平，使天下
遠近小大若一，故特嚴夷夏之防，而於能維護華夏於不墜之霸主，則頗稱讚。
《春秋》獎諸夏霸權，莊十三年「春，齊侯、宋人、陳人、蔡人、邾婁人，
會於北杏」、三十年「齊人伐山戎」及僖四年「楚屈完來盟于師，盟于召陵」
等，皆申明此意。《示要》卷三曰：

升平將進，據亂未離之際，夷狄方以凶狡橫行，危害人類。諸夏之
族，若非互相結合，以強大武力，制止夷狄之行，則夷狄獸慾，未
有饜足，人相食之禍，無已止也。故諸夏馭夷狄，不宜退讓，而當
時霸權，以威服之。《春秋》假齊桓晉文之事，以伸霸權，明升平世，
賴諸夏存霸統也。（頁 877）

按王道固為儒家政治之最高理想，然當其未能實現之時，則退而求其次，即
須求之於霸道。蓋霸者存亡繼絕，救弱扶孤，外攘夷狄之侵略，內存諸夏之
統緒，是以可貴。孔子之讚齊桓之功，稱管仲之仁，即因此故。熊氏並對霸
之為霸之道予以解釋，因其「一、修內治以勤遠略；二、依禮讓以固盟好；
三、重民意而整武備；四、矯迂緩而佑法治；五、保弱小以禦侵略；六、崇
仁義以別鳥獸。」（同上頁 881～883）若能作到此六點，不僅可為霸道，且離
王道不遠。然除孔子外，即使孟子、董氏，亦皆貶抑霸道，故熊氏曰：「孟子、
董生，並善《春秋》。而皆於霸，抑之太甚。」（同上頁 883）按《孟子‧公孫
丑上》曰：「以力假仁者霸，霸必有大國，以德行仁者王，王不待大。湯以七
十里，文王以百里。以力服人者，非心服也，力不贍也；以德服人者，中心
悅而誠服也，如七十子之服孔子也。」據此，可見孟子盛讚以德服人之王道，
而於以力假仁而服人之霸道，甚為貶抑。《繁露‧精華》曰：「齊桓仗賢相之
能，用大國之資，即位五年，不能致一諸侯。……其後二十年之間亦久矣，
尚未能大合諸侯也。……其後矜功，振而自足，而不修德，……功未良成而
志已滿矣。故曰：管仲之器小哉！此之謂也。」董氏之以齊桓管仲之霸業不
足稱，即因其不解霸道精神乃在健而又健持續不懈，直向王道趨進。《示要》
卷三據此曰：

> 霸治之精神，要在強健不捨而已。合諸夏眾同之力，以持天下之大
> 柄，當天下險阻之衝，不可以粗有所定，而遽起偷心，謂夷狄將怗
> 然無事也。（頁886）

然不論如何，董氏與孟子同貶霸道則無異。歷代儒者皆貶抑霸道，但熊氏認
為仍有陳亮提倡此道，且盛讚之曰：「宋世獨有一人焉，開拓萬古心胸，推倒
一世智勇，能與朱子爭賤霸之失，陳同父是也。」（同上頁 885）按陳亮特重
事功，尤倡霸道之說。《陳亮集》卷二十答朱子諸書，反覆陳述漢唐以來之事
功不可忽，可與三代並觀，即漢唐雖以霸道而興，然與三代之王道實則無別；
而於齊桓管仲之事亦曰：「說者以為孔氏之門五尺之童皆羞稱五伯，孟子力論
伯者以力假仁，而夫子稱之如此，所謂『如其仁』者，蓋曰似之而非也。觀
其語脈，決不如說者所云。」（〈又乙巳春書之二〉）按陳亮於霸道不僅不以為
賤，反加提倡，冀望「義利雙行，王霸並用」，上擠漢唐以與三代王道之重道
德同論，誠如朱子〈答陳同甫書〉所言：「來教云云，其說雖多，然其大概，
不過推尊漢唐，以為與三代不異；貶抑三代，以為與漢唐不殊。」（《朱子大
全》卷第三十六）然王道重道德，乃屬「是非」問題，霸道重事功，則為「成
敗」問題，兩者不可等同，故義利雙行王霸並用，是否可行，實值商榷，此
亦朱子最不能認同者。又陳亮與朱子論辯不休，大抵偏於原則上強調霸道，
而於具體內容，即如何成霸問題，並無完整理論，則頗可惜。總之，陳亮能
於宋代專重修身養性之學外，提出事功之說，以開出外王，實可補心性學專
重內聖之失，此熊氏盛讚陳亮之故；然陳亮並不由心性以言事功，即不重內
聖，而專從事功談起，以為事功成即有王道可言，而內聖外王皆備，此實其
說之最大缺失所在。

　　《春秋》於升平世獎諸夏能持霸權，以制夷狄，故於能伸霸權、以存霸
統之諸侯，即須獎勵；而相反地，凡破壞霸權，使統緒不存，而挑釁戰禍者，
尤其是戰禍罪魁，則須予以誅滅。《春秋》隱二元「無駭帥師入極」，四年「春，
王二月，莒人伐杞，取牟婁」及八年「冬，十有二月，無駭卒」等，皆申明
此意。又《孟子‧離婁上》曰：「故善戰者，服上刑。」《繁露‧竹林》曰：「是
故戰攻侵伐，雖數百起，必一二書。《春秋》之法，凶年不修舊，意在無苦民
耳。苦民尚惡之，況傷民乎？傷民尚痛之，況殺民乎？《春秋》之所惡者，
不任德而任力，驅民而殘賊之也。」由孟子、董氏之言，可知《春秋》之惡
戰禍，以其殘殺無已，而於發動戰禍之罪魁，更深惡痛絕，認為該服以上刑。

《示要》卷三曰：

> 夫好戰者，鳥獸相爭相食之餘習也。鳥獸之形軀，猶未能發達至可
> 以開啓其靈性生活之度，其相爭相食，固無足怪。然猶不傷其類，
> 足徵鳥獸天性本仁，其至於相爭相食者，乃緣形骸而後起之惡習也。
> 人類已能超越形限，而有靈性生活，則不當復存留鳥獸相食之惡習，
> 而以戰攻爲能事也。據亂之世，始由部落相爭，繼則列國互競，國
> 家至獎勵首功，能多殺人者稱雄長。哀哉斯人！同類相殘，曾不鳥
> 獸若。夫殺人者，無罪，而更尊榮，則其染惡習也深，而戕仁性也
> 重。挽之難矣！孟子明《春秋》無義戰，而主張以上刑，處善戰者，
> 此乃懲惡勸善之微權，所以復人性而致太平也。（頁893）

熊氏以鳥獸與人類對比，從而彰顯人類好戰惡習猶勝於彼，直是精闢。蓋罪
魁不誅，殺戮不止，則生靈塗炭，無人道可言，故誅罪魁以止戰禍之起，人
性亦將得復而太平方可達至。

誠然，戰禍罪魁固須誅滅，而夷狄若能慕禮義，亦須予以獎勵。《春秋》
隱元年「三月，公及邾婁儀父盟於眜」、莊十年「秋，九月，荊敗蔡師于莘，
以蔡侯獻舞歸」、僖二十九年「春，介葛盧來」、宣十五年「六月，癸卯，晉
師滅赤狄潞氏，以潞子嬰兒歸」、十六年「春，王正月，晉人滅赤狄甲氏，及
留吁」、定四年「冬，十有一月，庚午，蔡侯以吳子及楚人，戰于伯莒，楚師
敗績」及哀十三年「公會晉侯及吳子於黃池」等，皆申明此意。《示要》卷三
曰：

> 古聖王未嘗棄四夷而不治也。秦政卑陋，始築長城以隔胡。漢人承
> 其陋，於四夷但羈縻勿絕而已。諸夏不能治四夷，而夷夏之情永隔，
> 夷狄無從脫鳥獸之習而進文明。諸夏亦以此，受夷禍二千餘年，迄
> 今而不振。惟皇明之世，陽明王子治西南夷，獨注意教養，仁聖之
> 用心，上契《春秋》新王之事，斯可貴也。（頁896～897）

然而，須如何獎勵之？按《春秋》有七等之說，即州、國、氏、人、名、字、
子，熊氏認爲「《春秋》治夷狄，設七等，以行進退。」（同上頁897）此即從
稱謂上以獎勵之，凡夷狄能慕禮義，進於中國，同之諸夏，則其稱謂即與諸
夏無異。

至於罪弱小不自立者，《春秋》莊二十六年「曹殺其大夫」、閔二年「十
有二月，狄入衛」、僖三年「徐人取舒」、五年「冬，晉人執虞公」及十九年

「梁亡」等，皆申明此意。《示要》卷三曰：

> 梟桀者逞志侵略，離人道而即禽獸，此人之所易知也。弱小自暴自
> 棄，其離人道而即禽獸，使梟桀得縱其欲，罪不下於侵略者，則論
> 者不可不察也。夫國雖小，苟能憤發圖強，內修善政，外聯與國，
> 雖有大邦，不敢啓戎心也。小國而不自立，則授人以可攻之隙，罪
> 不可逭也。若乃國大民眾，而積弱不振，其群偷渙無深慮，其持柄
> 者，闇而自私，專而無恥，則其國有危亡之禍，乃自作孽不可活，
> 非不幸也。《春秋》亡國五十二，察其所以，皆其國人自甘暴棄。故
> 《春秋》罪之深，而不肯寬宥之也。（頁 903～904）

熊氏於此又重申《春秋》立國之道，貴內自治自主，憤發圖強，不啓戎心，
才能存而不亡；船山所言「有道而恃有道者安」等語，亦此意也。

　　《春秋》撥亂反正，若能將據亂世、升平世治法，善加施行，必能達至
太平，故言據亂、升平治法較詳，而於太平之法則甚略，蓋三世本是一世，
由據亂、升平之治法而能達至太平，則此治法亦可視為太平世之治法。且《春
秋》既處亂世，撥亂尚且不及，而太平世亦非可驟至，故於其治法甚少言及。
後來之公羊家則每以〈禮運〉大同之說為太平世治法，即因此故，熊氏亦然，
極重視〈禮運〉。

第三節　〈禮運〉大同小康之說

　　〈禮運〉借孔子與於蜡賓喟然而嘆，引起言偃之問，而揭出大同、小康
之說。〈禮運〉之所以受重視，即因此文之故，尤其是有關大同部分。據錢穆
《先秦諸子繫年》卷一「孔子弟子通攷」曰：「考孔子年五十一為司寇，子游
年六歲，孔子五十五歲去魯，子游年十歲，孔子與語大同小康，有是理乎？
後人猶有信〈禮運〉大同為真孔子當日之言者，皆坐不知論世考年之咎。」（頁
72）按錢說甚是，蕭公權《中國政治思想史》（頁 72）亦贊同之，〈禮運〉當
非孔子或子游所作。然〈禮運〉所載，亦不與儒家宗旨相背離，且所陳意旨，
甚富理想，故歷來頗受重視。熊氏《論六經》且曰：

> 總之，《小戴禮》，自兩宋迄今，如〈大學〉、〈中庸〉、〈儒行〉、〈禮
> 運〉諸篇，在中國學術思想史上，確有甚大影響。（頁 22）

〈大學〉、〈中庸〉，自程朱加以揭櫫而與《論語》、《孟子》合為四書，即成為

人人必讀之書，影響深遠，固不待言。〈儒行〉一篇，自宋太宗鑒於五代衰亂，
士習奴化，無生人之氣，故特予表彰，至清末章太炎仍時加提倡，影響亦不
可謂不深遠，此亦爲人所知者。至於〈禮運〉，熊氏謂其與以上三篇皆影響深
遠，則須善予體會，方可瞭然。尤其面對以〈禮運〉可能乃道家或墨家之書
者，無形之中，即貶抑其價值，則何可遽謂其「確有甚大影響」？按呂祖謙
〈與朱元晦書〉曰：「蠟賓之嘆，自昔前輩共疑之，以爲非孔子語。蓋不獨親
其親、子其子，而以堯舜禹湯爲小康，眞是老聃墨氏之論。」（《呂東萊文集》
卷三）呂氏蓋以〈禮運〉爲道、墨之書。《朱子語類》卷第八十七載朱子答門
人問「〈禮運〉似與《老子》同」曰：「不是聖人書。胡明仲云：『〈禮運〉是
子游作，〈樂記〉是子貢作。』計子游亦不致如此之淺。」據此，朱子雖未明
言〈禮運〉爲道、墨之書，但以其非儒家之書則無疑。李邦直《禮論》曰：「〈禮
運〉雖有夫子之言，然其冠篇言大道與三代之治，其語尤雜而不倫。……鄭
氏稱之，又以老子之言爲證，故不道小康之說。果夫子之遺言，是聖人之道
有二也。」據此，李氏以大同與小康爲二，只承認小康，而不承認大同，以
其「雜而不倫」蓋與老子之言相近。黃震《黃氏日抄》曰：「〈禮運〉……雖
思太古而悲後世，其主意微近於《老子》。」黃震蓋以〈禮運〉爲道家之書。
姚際恒認爲〈禮運〉乃周秦間老莊之徒所撰，陸奎勳更斷定〈禮運〉乃戴氏
附會孔子以迎合漢初崇尚黃老風氣之僞書。〔註3〕對此疑問，可從作者及內容
兩面加以探討。據朱子所言，胡致堂（明仲）以爲〈禮運〉乃子游作，蓋以
篇首有「言偃在側曰」之故。康有爲《禮運注》亦認爲乃子游傳孔子大同之

〔註3〕　吳虞給陳仲甫之信即舉呂祖謙、朱子及李邦直之說，認爲「儒家大同之義本
　　　　於老子說」（見梁漱溟《東西文化及其哲學》頁161～162）。梁漱溟亦引吳文，
　　　　雖於諸說未必皆同意，但其標題即「禮運大同說之可疑」，亦認爲「這篇東西
　　　　其氣味太與孔家不對，殆無可辯」（同上）。顧頡剛〈禪讓傳說起於墨家考〉
　　　　亦以大同「這種偉大的氣魄決不是斤斤於階級制度的儒家所能自創（〈禮運〉
　　　　中又有「聖人耐以天下爲一家，中國爲一人」，亦即《墨子》說。）」（《古史
　　　　辨》第七冊下編頁106）。李澤厚《中國古代思想史論》亦曰：「所以，人們經
　　　　常認爲被儒家納入《禮記》中的《禮運·大同》篇實際是墨家的思想。」（頁
　　　　59）方授楚《墨學源流·墨學餘論》曰：「此種大同思想，儒家平日所未有，
　　　　惟於墨家則甚合。如天下爲公選賢與能，則《尚賢》之義也」（頁102），亦以
　　　　〈禮運〉大同之義源於墨家。黃世瑞《墨家思想新探》則引方氏之文而曰：「我
　　　　們則認爲與其說禮運大同之義源於墨家，不如說墨家思想源於禮運大同之
　　　　義。」（頁29）按方、黃二氏於此雖有歧異，但以大同與墨家思想有關，則無
　　　　不同。

道而作。熊氏《原儒‧原外王》亦曰：「此篇是七十子之徒，記述孔子之說。
宋儒胡致堂以爲子游作，其說近是。」（頁 159）熊氏此說可分兩層看，即廣
泛地說，〈禮運〉乃七十子之徒記述孔子之說，此未指實；而再進一層說，七
十子之徒中，又以子游及其門下一派最有可能，此則予以實指。但朱子卻認
爲〈禮運〉「不是聖人書」，「計子游亦不致如此之淺」。按胡氏、康氏及熊氏
只以「言偃在側曰」即認爲子游作，實嫌太過武斷，而朱子以「不是聖人書」
即斷定非子游作，亦難令人信服。故從作者方面斷定〈禮運〉爲何家思想，
實有困難，蓋古籍多非出自一手，成於一時，在漢代所有權作者觀出現前，
大多屬神聖性作者觀，實難指實爲何人所作。〈禮運〉作者既難斷定，是以應
直接由內容予以判定其爲何思想。《示要》卷三曰：

> 從來鄙陋之徒，不通《春秋》，至有妄疑〈禮運〉，而以爲漢人竊道家
> 或墨家之旨，以托於孔氏者，信乎夏蟲不可語冰也。墨氏兼愛兼
> 利之旨，實本於《春秋》，然但承此原則而已，其於太平世爲治之規
> 模與條理，墨氏蓋未之究也。道家厭文明，而懷想上古未開化之社
> 會，以爲渾樸，此與《春秋》主進化意思，根本不同。且道家本個
> 人主義，只不以己宰物，而實不知同己於物，即於物無互助輔相之
> 功。故道家任自然，不務改造社會，其於社會生活之觀念實薄弱。〈禮
> 運〉太平之治，恰與老氏主張相反，何可混爲一談。（頁 852）

熊氏所言，甚爲有理。按〈禮運〉所載，在字句方面或與道、墨類似，甚至
在內容上亦可能相近，然其中心思想則根本有異。墨家有見於亂起於不相愛，
故主兼相愛、交相利，然此兼愛乃一普遍平等無差別之愛，根本違背人倫有
遠近親疏之分，且亦不顧施愛時之有先後緩急之別，故實際上頗難實行；儒
家則本人倫之常，發之於天性，依遠近親疏之分，先後緩急之別，由親親而
仁民，仁民而愛物，以至渾然與天地萬物爲一體。兩家思想，實有不同。熊
氏《十力語要》卷一〈談墨子〉曰：

> 儒家以孝弟爲天性之發端處，特別著重。養得此端倪，方可擴而充
> 之，仁民愛物，以至通神明光四海之盛。若將父兄與民物看作一例，
> 而談兼愛，則恐愛根已薄，非從人情自然之節文上涵養擴充去。而
> 兼愛只是知解上，認爲理當如此，卻未涵養得眞情出，如何濟得事？
> 不唯不濟事，且將以兼愛之名，而爲禍人之實矣。世界上服膺博愛
> 教義之民族，何嘗稍抑其侵略之雄心耶？（頁 72～73）

熊氏從根本上說明儒墨之異，甚得其實。〔註4〕至於道家，絕聖棄智，抱樸守素，一任自然，僅以小國寡民爲自足；儒家則開物成務，日新月盛，力主進化，直以太平大同爲境地。雖然道家之小國寡民，誠如王邦雄師《老子的哲學》所言：「此中之國小民寡，並非意在返回古之部落社會，且亦不在量上言，而當在心境上說。」（頁174）故熊氏以道家「懷想上古未開化之社會」，實有待斟酌。然道家畢竟專主於內在修養，著重個人心境，而未能如儒家之推擴於家國天下，就此而言，兩家思想，何止不同，且正相反。蓋儒家倡導仁義，主張禮治，道家則反其道而行，而曰：「大道廢，有仁義；智慧出，有大僞；六親不和，有孝慈；國家昏亂，有忠臣。」（《老子》十八章）「夫禮者，忠信之薄而亂之首。」（同上三十八章）按道家既以仁義禮智等爲無用，且爲社會亂源之所自，故而主張「絕聖棄智」、「絕仁棄義」，而嚮往小國寡民時代。對於道家此種廢棄文明之反文化心態，熊氏自不能贊同。

　　熊氏並駁斥呂祖謙之說，從而說明〈禮運〉實爲儒家之書無疑，《論六經》曰：

> 愚謂東萊此書，實中漢以下奴儒之毒。孔子明其所志曰：「老者安之，少者懷之。」明是社會主義，以養老、育幼，由公共團體負責，與〈禮運〉不獨親親子子適合。堯舜禹湯，本爲小康世之聖王，〈禮運〉稱美之詞，恰如其分。然孔子非護持王統者，如公山氏與佛肸，皆以農民之長，叛大夫，謀革命，而孔子皆欲往。可見孔子已有實行民主，廢棄統治階層之志，但慮佛肸公山終不足與圖大事，故終未果往耳。漢宋群儒，于《論語》此等處，皆視爲不可解，因其有擁護統治思想，故不悟《春秋》微旨，不達聖意耳。若識孔子志在進世太平，期全人類，抵于群龍無首之盛，則堯舜禹湯，只是小康時代之聖王，夫復何疑。（頁21）

可見〈禮運〉容或攙有道、墨家言，但大體上則以儒家思想爲主，應視爲儒家典籍。而由此亦可見〈禮運〉雖不確定必是子游作，但熊氏以爲乃七十子之徒記述孔子之說，基本上仍較可信。然不論如何，以〈禮運〉爲道家或墨家之書，從而貶抑其價值之顧慮，即可排除。

〔註4〕蔡仁厚《墨家哲學》頁40～46，唐端正《先秦諸子論叢續編》頁76～82，皆認爲儒、墨兩家之政治理想實有不同，且墨家兼愛在實行上頗爲困難。

一、駁康有爲之說

然則，熊氏以〈禮運〉在中國學術思想上確有甚大影響，主要針對何者而言？顯然地，〈禮運〉之能影響深遠，蓋因大同之說，深爲國人所認可崇奉，以之爲最高之政治理想。故梁啓超《先秦政治思想史》曰：「儒家之理想的政治，則欲人人將同類意識擴充到極量，以完成所謂『仁』的世界，此世界名之曰：『大同』。大同政治之內容，則如禮記禮運篇所說。」（頁85）〔註5〕此大同思想之所以盛行，其因不一，而公羊家之講求宣揚，將之與《春秋》三世義並言，要爲其主因之一。胡安國《春秋傳》即時時拈出〈禮運〉爲說，呂祖謙〈與朱元晦書〉即謂：「胡文定《春秋傳》，多拈出〈禮運〉天下爲公意思。」宋翔鳳亦重〈禮運〉，《論語說義・二》曰：「〈禮運〉一篇，皆在發明志在《春秋》之義。」然胡、宋限於著作體例，所言散見書中，較無系統，不爲人知。至康有爲更是獨弘〈禮運〉，其《禮運注・敘》曰：「孔子三世之變，大道之眞在是矣。大同小康之道，發之明而別之精，古今進化之故，神聖憫世之深在是矣。相時而推施，並行而不悖，時聖之變通盡利在是矣。」可謂推尊至極。與康氏同時之孫中山，雖非公羊家，政治立場亦與康氏不同，但其倡導革命，必以大同爲目標，此蓋受康氏啓發之故。

熊氏則深覺康氏之學有所不足，時予批駁。熊氏認爲康氏提倡〈禮運〉以與《春秋》三世義相印證，固然有功，但非獨創，蓋胡安國《春秋傳》早已言及，呂祖謙之言即可爲證。故《論六經》曰：

> 清末，康有爲獨弘〈禮運〉，與《春秋》三世義相印證，其源出于宋儒胡文定。……康有爲以《春秋》三世義，融攝〈禮運〉，自矜創說。
> 其實胡文定在宋世，首創此說，而東萊一派盛斥之，早爲學術史上一大公案。康氏何創之有乎？（頁20～21）

然康氏雖無獨創之功，但其不僅爲作《禮運注》，且據之而著《大同書》，餘如《中庸注》、《孟子微》、《論語注》及《大學注》等四書新注亦時時引〈禮

〔註5〕張起鈞《恕道與大同》之〈儒家大同思想的現代意義〉一文，認爲大同思想蓋可溯源自《書經》之「協和萬邦」、「萬邦咸寧」、「萬邦咸休」等追求天下一家、和美共處之說，至〈禮運〉即正式揭出大同一辭，成爲最高之政治理想，不僅知識份子，即使一般社會大眾亦無不尊崇與嚮往。張氏並舉六十九年版《臺北區電話號碼簿》「分類部」頁20～21爲例，所登錄各行號廠商以「大同」爲名者，共有一百一十四家之多，且其範圍含括餐館、戲院、診所……等，無所不包，可見其影響之深廣。

運〉爲說，所言最成系統，時代又近，故最爲人知，則無可疑。《孟子微》卷
一曰：

〈禮運〉記孔子發大同小康之義，大同即平世也，小康即亂世也。
故言父子之義，平世不獨親其親，子其子，亂世則各親其親，各子
其子。言夫婦，平世則男有分，女有歸，分者有所限，歸者能獨立，
男女平等自立也，亂世則以和夫婦。言君臣，則平世天下爲公，選
賢與能，亂世則大人世及。言兄弟，平世則老有所終，壯有所用，
幼有所長，矜寡孤獨廢疾有所養，亂世則以睦兄弟而已。言貨力，
則平世貨惡其棄於地也，不必藏於己，力惡其不出於身也，不必爲
己，亂世則貨力爲己。凡此道皆相反，而堯舜大同，禹湯文武小康，
亦易地皆然也。〈中庸〉所謂道並行而不悖也。通此，乃知孔道之
大。……《春秋》三世，亦可分而爲二，孔子託堯舜爲民主大同之
世，故以禹稷爲平世，以禹湯文武周公爲小康君主之世，故以顏子
爲亂世者，通其意不必泥也。（頁 14～15）

康氏以「大同即平世也，小康即亂世也」，若以升平世亦有平字，應與太平世
同爲平世，即平世兼含升平世與太平世，若以升平世仍未至太平，不可謂爲
平世，應與據亂世同爲亂世，即亂世兼含據亂世與升平世，然康氏於此卻無
說明。康氏更謂「《春秋》三世，亦可分爲二」，以平世、亂世代替據亂世、
升平世、太平世，將三世簡化爲二世，如此則升平世不是併於據亂世而爲亂
世，即併於太平世而爲平世。康氏雖云須「通其意不必泥也」，然此無形之中，
實已取消升平世，只剩據亂世與太平世，破壞《春秋》三世之義。且從康氏
之說，實有三種模式存在，即一、小康、大同；二、亂世、平世；三、據亂
世、升平世、太平世。康氏對此三種模式之具體內容，皆曾論述，然加以比
較，即發現其中重複與矛盾之處甚多，如《論語注》將據亂、小康相連，《孟
子微》將據亂、升平相連，《禮運注》將小康、升平相連，尤其《禮運注》又
曰：「禮運之世，乃當升平，未能至大同之道，然民得以少安。若失之，則禍
亂繁興，故次於大同，而爲小康也。」（頁 6）此中「禮運之世」究指小康或
大同，實起人疑竇。若謂其爲小康，然康氏又曰「乃當升平」，則小康、升平
相連；若謂其爲大同，而康氏又曰「而爲小康」，實難自圓其說。梁啓超《清
代學術概論》曰：「有爲以《春秋》『三世』之義說《禮運》，謂『升平世』爲
『小康』，『太平世』爲『大同』。」（頁 69）按此就大體而論，而於康氏之矛

盾實未能分辨，不免失之過簡。其實，康氏若以平世蓋指太平世，故謂大同即平世，而似可兼及升平世，以其離據亂，故可謂爲平世；亂世則指據亂世，且可上進於升平世，然未至太平，故謂小康即亂世，不僅指據亂世而言，而亦可兼含升平世，若此則無矛盾。相較於康氏，熊氏並無平世、亂世等辭，亦未將三世簡化爲二世，仍以三世以與小康大同相配，且明確以小康爲據亂世，大同爲太平世，至於升平世，乃處於據亂世與太平世之間，即由據亂世過渡至太平世之一階段。在熊氏看來，康氏之所以有此失，即因明知「凡此道皆相反」，然卻猶以之爲「道並行而不悖」，故認爲孔子同時主張大同與小康兩種思想。此蓋受篇首「孔子曰：大道之行也，與三代之英，丘未之逮也，而有志焉」之「與」字影響。熊氏認爲此中字句有攙僞，而後儒皆不辨，《原儒·原外王》曰：

> 與三代之英五字，增入大道之行也下，以文理言，實不可通。若去此五字，則其文云：大道之行也，丘未之逮也，而有志焉。下接大道之行也，天下爲公，至是謂大同。則文理極順，義怡顯明。是謂大同下，接云：今大道既隱，至兵由此起。正是孔子傷當時之亂制，雖未能驟革，而終不可不革，所謂丘未逮而有志焉者是也。（頁 157～158）

熊氏認爲因一與字，遂有大同、小康之說，從而認定「與三代之英」五字爲攙入，故應刪去。按此說法，古人早已有之，非獨熊氏而已，然邵懿辰已駁之曰：「先儒泥一與字，以大道之行屬大同，三代之英屬小康。不知大道之行，概指治功之盛，三代之英，切指其治世之人，與字止一意，無兩意，而下句有志未逮，正謂徒想望焉，而莫能躬逢其盛也，否則有志未逮當作何解。」但邵氏認爲此處雖無問題，不須移易，但他處則須移易，其曰：「今以禹湯文武成王周公，由此其選也。此六君子者，未有不謹於禮者也二十六字，移置不必爲己之下，是故而不興之上，則文順而意亦無病矣。」（見皮錫瑞《經學通論·三禮》頁 79～80）按同一段文，卻有截然不同認定，此種以主觀認定有理即任意改易經文之作法，蓋受宋明儒習氣影響，畢竟不妥，實不可取。縱證據確鑿，亦當以按語附於後，不可逕自改易。且此文若不斤斤於文理方面，原文本亦文順句從，無須改易，而從內容思想大處上著眼，亦未嘗不可見出大同與小康確爲不同思想，三代之前乃大道之行之時，乃大同時代，至三代之時，雖有六君子之謹於禮，然實已非大同時之天下爲公，而是大人世及、天下爲私之小康時代。《原儒·原外王》曰：

夫大道之行，必廢除統治。小康禮教，猶保存階級。二者本不可相
容，而謂孔子於二者皆有志可乎？（頁230）

熊氏認爲大道之行，即大同之治，必廢除統治，而小康禮教，猶保存階級，
兩者適正相反，何可如康氏所言孔子乃大同小康並存。若如康說，則於篇名
〈禮運〉即無意義可言。熊氏則認爲孔子並非兩說並存，而是要由小康以至
大同，故終必捨小康，而以大同爲主，如此篇名才能得其確解。鄭玄《三禮
目錄》曰：「名曰〈禮運〉者，以其記五帝三王相變易，陰陽轉旋之道」，熊
氏《原儒・原外王》亦曰：「且此篇以禮運名者，誠以小康之禮教，當變易而
進乎大道。（運字之含義，即有變易或轉移等意思。）」（頁 160）在史實上，
雖是由大同下落爲小康，然其宗主乃在大同，即意在由小康再轉運回復至大
同，故必由保存階級而至廢除階級，而非如康氏之以大同小康並重，如此則
一方面猶保存階級，一方面必廢除階級，豈非矛盾至極。熊氏認爲康氏之所
以如此，即因受班固影響，而不能辨別微言與大義之故：

《漢藝文志》言：「昔仲尼沒而微言絕，七十子喪而大義乖。」康有
爲據此以言《春秋》，其無知混亂，至可惜也。有爲祖述班固，以爲
大義者，即小康之禮教，而孟軻言誅亂臣賊子之類，皆是也。微言
者，即〈禮運〉大同之說，與《春秋》太平義通，皆隱微之言也。
如有爲所云，則《春秋》爲大義、微言兩相淆亂之書。（同上頁164）

按康氏雖以《春秋》託古改制，然因受帝制影響，確實微言大義不分，小康大
同並重，雖主三世進化，不可躐級，但終究毫無革命、民主之意。故在晚清，
則致力於變法維新，專守小康禮教，以保存階級爲要務。已入民國，仍不惜違
背潮流，倡言復辟，反對共和民主。康氏之所以如此，誠如熊氏所言乃是以「《春
秋》爲大義、微言兩相淆亂之書」，以至於此。殊不知微言大義有絕對根本之異，
小康屬大義，大同則爲微言，於據亂世言小康，自無不可，然至升平，以至太
平，則必將捨小康而趨大同。而康氏只欲由據亂而升平，而以太平大同非此時
即可遽至，故其雖依〈禮運〉大同之說而著《大同書》，然既不知〈禮運〉要旨，
故所言亦不免徒成一烏托邦式之理想主義，終無實現之日。

二、熊氏之特識

熊氏既鑒於康氏之弊，故所言自與康氏截然不同。《示要》卷三對小康、
大同皆隨文分疏，並分別於其下曰：

> 詳〈禮運〉此文，即公羊家所謂治化起於衰亂之中。而禹湯等六君
> 子，以聖德而領導天下之民，使由於禮義，成其小康，將由此而離
> 據亂進升平。（頁 826）

> 案〈禮運〉此文，蓋《春秋》太平之義。經七十子後學傳授，而戴
> 氏錄之於此。（頁 851）

前段引文指小康，後段引文指大同而言，據此，熊氏以小康乃據亂世治法，
大同乃太平世治法。熊氏認為《春秋》張三世，由據亂而升平，最終達至太
平。大同之時，天下乃人人之天下，人人皆有士君子之行，禪讓傳賢，以天
下為公，而非以天下為私，此即太平世，故以大同為太平世治法。然小康之
時，禹湯等六君子，皆古之聖賢，熊氏為何以其治仍屬據亂世？蓋因「古者
天子與諸侯，傳位於子或弟，是以天下為其一家之產也。」（同上頁 824）此
時君位猶存，階級制度仍在，雖有禹湯等六君子，以聖德治民，使由於禮義，
由此離據亂進升平，然其視天下，亦不免以其為一家之產，而非人人之天下。
以天下為一家之產，即以天下為私，則必傳位於子或弟，私相授受，然雖親
如父子兄弟，猶不免爭奪殺戮，而在下位或鄰國亦可能隨時乘機而起，更增
亂源。故熊氏認為雖有禹湯等六君子，使之由此離據亂進升平，以成小康，
然此正顯示小康即公羊家所謂之「治起於衰亂之中」之據亂世。然亦不能因
此即謂小康不重要，禹湯等六君子之所為為無用。熊氏曰：「凡《春秋》之大
義，多就小康治法而言，故采求毫毛之善，貶纖介之惡，撥亂世反之正，人
道浹，王道備，所以檢押靡薄之俗者，悉其密致。王者欲致世升平，不得不
如是。」（同上頁 826）可見小康乃達至大同之必要階段，無有小康，何來大
同，只因此時時勢如此，未臻大同，未能天下為公，而以天下為私，但若能
如禹湯等六君子之所為，由於禮義，以德治民，撥亂世反之正，最後再本大
公無私之心，不以天下為私，而以天下為公，人道浹，王道備，則必能臻至
大同。

然以小康為據亂，大同為太平，則由小康以至大同，中間仍須經一過渡
階段，即虛君共和之升平世時期。《示要》卷三曰：

> 據亂世有君，以其為民眾之領導，不可不尊也。升平世，民品已大
> 進，而未至天下之人人有士君子之行，則猶未可廢君也。然民質既
> 優，則民眾皆有自主自治之權，不當使君主專制於上。故君之號雖
> 如故，而其職位，視前已截然迥異。（頁 826）

據亂世爲有君時代，只是小康；太平世天下之人人有士君子之行，亦即大同，熊氏雖未明言此乃無君時代，然《春秋》太平世，〈禮運〉大同，實即《易》乾元用九見群龍無首吉，則太平世或大同，實乃一無君時代。據亂世有君，太平世無君，升平世處其間，民品雖較據亂世大進，然以未至太平，「則猶未可廢君也」，是以仍有君。然「民眾皆有自主自治之權，不當使君主專制於上」，故雖有君號，其職位則已截然迥異。亦即升平世雖有君，然但擁虛號，乃一「君擁虛號」之時代，猶如後世所謂「虛君共和」，君只是一爵稱而已。歷來皆視君爲天下共主，天下爲君一人所有，傳子傳弟，世襲罔替，百姓皆爲一人而服務。熊氏認此乃據亂世之君，至升平世則君已非天下共主，乃一爵稱，實與百官之有爵無異，只是其爵居第一位，爲百官之長，人人皆自主自治，天下乃人人之天下，而非君一人之天下，既無專制於上之君，即無須爲君一人服務。此涉及《春秋》之言君，是否爲一爵稱，而三傳有不同說法。公羊家確以君爲爵稱，何休《解詁》成八年曰：「天子者，爵稱也」，即爲明證。穀梁家及左氏家皆不以君爲爵稱，《穀梁傳》曰：「天子，何也？曰：見一稱也。」范寧《集解》注曰：「天子，天王，王者之通稱。自此以上，未有言天子者。今言天子，是更見一稱。其義以稱天子，與稱王及天王者同。」可見穀梁家以君爲最高無上者，而非以之爲爵稱。而左氏家，如賈逵曰：「諸夏稱天王，畿內曰王，夷狄曰天子。」許慎、服虔及《獨斷》並依此說。熊氏對此有所解釋，《示要》卷三曰：「據賈逵說，王與天王及天子三號，雖同爲大君之稱，而此三號，實因所對故異。對京師臣民而稱王，以親近故。對諸夏列國稱天王，以稍疏遠，而明其尊極，以臨之也。對夷狄稱天子，夷狄不識尊極之理，唯知畏天，故舉天子威之也。」（頁827）此與穀梁家同，可見左氏家亦不以君爲爵稱。按三傳所言有此之異，蓋立論角度不同之故，穀梁家及左氏家乃就史實，公羊家則就立法而言。《示要》卷三曰：

> 總之，左氏家不以天子爲爵稱，《穀梁》於此，亦同《左氏》。獨公羊家以天子爲爵稱。……故《左》、《穀》不以天子爲爵稱，自據史實而言之。《公羊》說天子爲爵稱，乃承孔子創作之義，本非歷史事實也。（頁827～828）

孔子之前之殷周時代，天子確爲天下共主，乃最高無上者，此從《詩》、《書》所載即可見之，《詩》有二十一次，《書》有十九次言及天子，皆是尊崇之義，以其爲至高無上之主宰，穀梁家及左氏家蓋據此而言。所謂天子即上天之子，

其之所以爲天子，即須遵守上天之行，以其行爲己行，不得有絲毫褻瀆、不敬。觀《詩》、《書》所載，殷周時之天子，無不「小心翼翼，昭事上帝」，其敬慎恐懼之心，皎然可見。此時天子乃最高主宰，並非爵稱，此從何休《解詁》桓十一年所載：「質家爵三等者，法天之有三光也，文家爵五等者，法地之有五行也」（卷五頁 10）即可知。質家即殷，其爵三等，按鄭玄曰：「《春秋》變周之文，從殷之質，合伯子男以爲一。則殷爵三等者，公侯伯，而子男上統于伯，并爲小國也。」（《禮記・王制》注）則殷爵三等爲公、侯、伯各一等。文家即周，其爵五等，按《禮記・王制》曰：「王者之制祿爵，公侯伯子男，凡五等。」《白虎通》卷一引此曰：「此據周制也」，則周爵五等爲公、侯、伯、子、男各一等。可見殷周之時，天子不在爵等之中，其爲最高主宰無疑。然至春秋時代，天子表面雖爲共主，但已無其實，並非最高主宰。《公羊傳》昭二十五年「齊侯唁公于野井」曰：

> 唁公者何？昭公將弒季氏，告子家駒曰：「季氏爲無道，僭於公室久矣，吾欲弒之，何如？」子家駒曰：「諸侯僭於天子，大夫僭於諸侯，久矣。」

誠如子家駒所言「諸侯僭於天子，大夫僭於諸侯」，在下者之敢僭於上位，即因在上者不正，是以上行下效，故諸侯敢僭天子，則大夫亦敢僭諸侯。大夫之僭諸侯，即因諸侯不正，以其僭於天子，則諸侯之僭天子，亦因天子不正，以其僭於上天，故追根溯源，諸侯、大夫之敢僭，即因天子僭於上天。天子已無敬慎恐懼之心，時時作出違天之事，此從《春秋》所載即可見之，以至弒君三十六，亡國五十二。孔子有見於此，諸侯、大夫既是亂源所在，而天子更爲亂源之所自，故依魯史作《春秋》，貶天子、退諸侯、討大夫，改制立法，以天子爲爵稱。〔註6〕

按《孟子・萬章下》載孟子答北宮錡問周室班爵祿之制曰：「其詳不可得聞也，諸侯惡其害己也，而皆去其籍。然而軻也，嘗聞其略也。天子一位，公一位，侯一位，伯一位，子男同一位，凡五等也。」孟子雖言周制，其實

〔註6〕 蔣慶《公羊學引論》頁 191～206 對天子爲爵稱之說，論之甚詳，言之有理。唯其於頁 194 引《公羊傳》桓二十五年文，於「子家駒曰」下、「諸侯僭於天子」上，增「天子僭天」四字，殊屬不當。按從諸侯僭於天子，大夫僭於諸侯，雖可推出天子僭於天，但傳文既無此四字，故只可於解說中加以闡發，而不可強加於本文，否則即成增字解經。又「諸侯僭於天子，大夫僭於諸侯」，蔣慶引文皆少「於」字，亦不妥。

乃借事明義，以言《春秋》，蓋周制以天子爲獨尊，何可下與公侯伯子男同。
顧炎武《日知錄》卷十「周室班爵祿」曰：「爲民而立之君，故班爵之意天子
與公侯伯子男一也。而非絕世之貴，代耕而賦之祿，故班祿之意君卿大夫士
與庶人在官一也，而非無事之食。是故知天子一位之義則不敢肆於民上以自
尊。知祿以代耕之義，則不敢厚取於民以自奉。而侮奪人之君常多於三代之
下矣。」此更可證孟子確以天子爲爵稱。然此乃孟子之理想，而非史實，蓋
周制五等，而《春秋》三等，孟子雖以天子爲爵稱，卻以五等爲言，可見其
有所保留。然不論如何，孟子乃最早明確說出孔子以天子爲爵稱者，則無可
疑，後凡言此者大抵承之而言。《繁露》曰：「德侔天地者稱皇帝，天佑而子
之，號稱天子。」（〈三代改制質文〉）又曰：「故德侔天地者，皇天右而子之，
號稱天子。其次有五等之爵以尊之，皆以國邑爲號。」（〈順命〉）蘇輿《春秋
繁露義證》卷十五疏曰：「孟子曰：『天子一位。』下云『次有五等之爵』，則
董亦以天子爲最尊之爵號。」此外，孟喜、京房亦言及「天子，爵號」，《易
緯・乾鑿度》、《書緯・刑德放》、《孝經緯・鉤命決》及《白虎通》卷一亦言
及「天子者，爵稱也」，此皆與孟子之說同，而與公羊家可互證。〔註7〕可見
《春秋》確以天子爲爵稱，純爲一虛位而已，故熊氏以升平世爲虛君時代，
實深合《春秋》意旨。

　　而再從《春秋》爵等與殷周作一對比，更可見出此意。《春秋》桓十一年
「鄭忽出奔衛」，《公羊傳》曰：「忽何以名？《春秋》伯子男，一也，辭無所
貶。」何休《解詁》曰：「《春秋》改周之文，從殷之質，合伯子男爲一，一
辭無所貶，皆從子。」（卷五頁 10）董氏《繁露・三代改制質文》亦曰：「何
以爲一？曰：周爵五等，《春秋》三等。」按殷爵三等，即公、侯、伯，周爵
五等，即公、侯、伯、子、男，《春秋》既「改周之文，從殷之質」，即不從
周之五等，而與殷同爲三等，但其又將周之伯子男合爲一等，則與殷同爲三
等，形式上雖同，實質上已有不同。蓋殷制有伯而無子男，此時則伯子男合
爲一等，而最要者，殷制天子非爵稱，此時天子則爲爵稱。然而，《春秋》三

〔註7〕荀子雖無「天子者，爵稱也」之語，然《荀子・正論》曰：「志意脩，德行厚，
　　　知慮明，是榮之由中出者也，夫是之謂義榮。爵列尊，貢祿厚，形埶勝，上
　　　爲天子諸侯，下爲卿相士大夫，是榮之從外至者也，夫是之謂埶榮。」按義
　　　榮從德性而言，即孟子所謂之天爵；埶榮以爵祿而言，即孟子所謂之人爵。
　　　據上所言，荀子不以天子爲義榮、天爵，而以其爲埶榮、人爵，與諸侯卿相
　　　士大夫無異，只不過居其首，可見荀子亦有以天子爲爵稱之意。

等，唯知伯子男爲一等，則天子、公、侯應如何劃分爲二等，董、何卻未明言。而孟子言天子、公、侯、伯、子男五等，既與《春秋》三等有異，且以子男一等，亦與《春秋》伯子男一等不合，是以其說亦難爲準。陳立《公羊義疏·十五》則曰：「《春秋》三等，公一等、侯一等、伯子男爲一等」，按陳立將天子排除於爵等之外，顯與公羊家所謂「天子者，爵稱也」相矛盾。蔣慶《公羊學引論》駁之曰：

> 孔子改周之爵制，僅將伯子男合爲一爵，將五等爵機械地減爲三等爵有何意義？又孔子改天子爲一爵，《春秋》三等爵中如何沒有天子？故知《春秋》三等爵制非如陳立所言爲公、侯、伯子男三等，按孔子改周爵制所寓之深意，《春秋》三等爵制應爲：天子一等、公侯一等、伯子男一等。故孟子言「天子之制地方千里」，《王制》亦言：「天子之田方千里」。若天子不爲一等，如何會有此天子封地？殷周時天子非爵，「普天之下，莫非王土」，故無封地。今天子有封地，故知天子爲三等爵中之一等。由此可見，《春秋》三等爵中有天子甚明。（頁 202～203）

按蔣說有理，其駁陳立之說，絕無可疑，其以「《春秋》三等爵制應爲：天子一等、公侯一等、伯子男一等」，亦較以天子公一等、侯一等、伯子男一等爲可信。蓋以伯子男爲一等，此無疑問，以天子爲爵稱，亦無疑問，而《春秋》爵分三等，亦無疑問，故在此前提下，即可有兩種不同劃分：一、如蔣說，天子一等、公侯一等、伯子男一等；二、天子公一等、侯一等、伯子男一等。此中自以前者較爲可能，後者則微乎其微，蓋天子雖下與公侯等同，但其爵仍居第一位，而爲百官之長。誠如顧炎武所言：「是故知天子一位之義則不敢肆於民上以自尊」，熊氏《示要》卷三亦曰：「民貴，故天子有爵，與百官之有爵無異。不過其爵居第一位，爲百官之首長而已。」（頁 830）據此，可見天子居最首而爲一位，自爲一等，則《春秋》三等應如蔣慶所言天子一等、公侯一等、伯子男一等。

然而，公羊家雖知孔子改周之文從殷之質，以天子爲爵稱之意，但受限於帝制，皆存而不論，未能加以宣揚，此自孟子、董、何以來皆如此，至清諸公羊家更視之藐藐，遂使此意湮沒無聞，而《春秋》之旨晦焉。故熊氏特予提倡宣揚，以明孔子本心，認爲《春秋》撥亂反正，確以天子爲爵稱，力主虛君共和，並由此求離據亂而向太平趨進。熊氏對升平世虛君共和之說，

極為稱讚，《示要》卷三曰：「升平日進，人民自主自治之權能日高，君主但擁虛號而已。今稱英國為虛君共和之制，蓋《春秋》之理想實現於彼矣。《繁露・離合根》曰：『故為人主者，以無為為道，以不私為寶，立無為之位，而乘備具之官。足不動，而相者導進；口不自言，而儐者贊辭；心不自慮，而群臣效當。故莫見其為之，而功成矣。』據此所云立無為之位，則君主只虛寄於天下之上可知已。」（頁 831～832）按英國雖有王室，然有名無實，一切事務皆由人民透過會議選舉等民主程序所決定，故熊氏以之為例，以明虛君共和為達至民主政治之必然過程。而《春秋》此義，董氏已言之，惜其生於帝制之下，未能加以宣揚。熊氏則舉其說以證，遂使此義大明。熊氏此說使〈禮運〉小康大同可與《春秋》三世相配合，小康為據亂世，大同為太平世，升平世則為虛君時代，乃小康有君時代至大同無君時代之過渡時期。如此劃分配合，自較康有為為優。然熊氏此說法至《原儒》則稍有變更，《原儒・原外王》仍以小康為據亂世之治法，而曰：「此篇言大同，本據《春秋經》，由升平將進太平之規制。」（頁 159）〈禮運〉大同說，猶是升平世圖治之規模，為趨入太平之準備。」（頁 231）據此，熊氏顯將大同由太平世之治法下滑而為升平世之治法，如此一來，小康為據亂世，大同為升平世，則原本由小康至大同之虛君階段，是否仍屬升平世，而升平世又將置於何處？按熊氏之所以將大同由太平世治法下滑為升平世，應與《易》有關。《易》六十四卦，其六十三卦為既濟，而既濟之後為未濟，可見至既濟亦不可心滿意足，誠如其〈大象〉曰：「君子以思患而豫防之」，尤應更進一步，健而又健，時時以未濟為念，才能時時向既濟邁進。熊氏既常言《春秋》與《易》相表裏，則其視大同亦應如此，大同若是太平世，則無復可進，反有墮落之虞，若為升平世，則將不斷朝太平世前進，健而又健，自無墮落之日。故於此等處須善予體會，方不至誤解熊氏。

以上《示要》所言，雖就大同小康與三世配合而說，然皆屬分論，至《論六經》、《原儒》，熊氏則加以綜合，從大體上說明其精神所在。《論六經》曰：

〈禮運〉根本，在《大易》《春秋》。仁以為元，健以為本，誠以為幹，禮以為質，庶幾天下為公之治乎！（頁 22）

按《易》重變化，革故鼎新，以見群龍無首吉為理想；《春秋》張三世，由據亂而升平而太平，以人人有士君子之行為目標。而〈禮運〉意旨，乃在由小康之禮教當變易而進乎大道，以實現天下為公之大同世界。《原儒・原外王》

曰：「小康之說，蓋是論及古代私有制，極不均平之社會，得賢聖之君，如禹湯文武成王周公，以禮教相維繫，猶可暫致一時之小康耳。然此小康之禮教，畢竟不是大道之行、天下爲公之禮教。即小康之局未可苟安，當志乎大道，以達於天下一家、中國一人，方爲太平禮教之極則也。」（頁159）觀此所言，誠與《易》《春秋》一脈相通，實根本於此，故熊氏謂〈禮運〉根本，在《大易》《春秋》」。熊氏又認爲〈禮運〉意旨，可以一「公」字概括，而此意唯尸子知之，「尸佼之書，言墨子之兼，與孔子之公，名異而實同。學者頗疑其於孔子，特以一公字撮要，未知所出？……余答之曰：「〈禮運〉不云乎？大道之行也，天下爲公，此尸子之所據也。」（同上頁160～161）此公字，實即《易》《春秋》之仁、健、誠、禮，名雖異而實同，且以之爲本。即由純然無間之仁心以爲根源，從而發動擴充之，並以不懈不怠之健動以爲依歸，自能以無私無蔽之誠德加以貞正，則推而向外與人相接自能合乎禮義之規準，而無私欲作梗，則必能向著天下爲公之治邁進。蓋仁、健、誠、禮等著重於個人內在之修養，屬道德層面，公則以之爲基礎，而向外推擴，不僅就人與人之關係，且就整個家國天下而言，實已超越道德層面而爲政治層面。然此政治層面並非與道德層面相對反，而是包含之且以之爲基礎，兩者一以貫之，由內聖而外王。故熊氏認爲〈禮運〉根本既在《易》《春秋》，亦是「仁以爲元，健以爲本，誠以爲幹，禮以爲質」，以此道德修養爲基礎，從而向外推擴，唯有公而無私，由修身而向家國天下之政治理想邁進，則「庶幾天下爲公之治乎」！熊氏又特將孟、荀與〈禮運〉相比，認爲「孟荀雖並言革命，而只謂暴君可革，卻不言君主制度可廢，非真正革命論也。惟〈禮運〉言天下爲公，選賢與能，而深嫉夫當時之大人世及以爲禮，此乃革命真義。」（同上頁162）按孟、荀於仁、健、誠、禮，誠然有得，而於天下爲公則顯然一間未達，不若〈禮運〉遠矣。故〈禮運〉能識革命真義，孟荀反不識之，此中關鍵無他，即在一公字。孟、荀於公字一間未達，未能公而無私，雖謂暴君可革，而不言君權可廢，故絕不可能天下爲公，而唯私天下而已。〈禮運〉一以天下爲公，絕無私心居中作祟，故能真正由小康禮教而進乎大同之道，此才是真正之革命。

　　熊氏固極尊崇〈禮運〉，以大同小康與三世治法相配合，但畢竟全文甚短，所言又皆爲綱領原則，至於具體細節則少說明，且與三世配合，小康爲據亂世，大同爲太平世，則升平世即無著落，而升平世實爲撥亂反正之關鍵，於此不談，

終嫌有缺。故熊氏轉而大談《周官》，〔註8〕以其不僅有綱領原則，於具體細節更是著重，且正爲升平世治法，由此撥亂起治，離據亂進升平以抵太平。

第四節　《周官》爲撥亂起治之大法

　　自漢以來，《周官》即被視爲儒家典籍，不論古文家劉歆、杜子春、鄭興、鄭眾、衛宏、賈逵、許愼、馬融及鄭玄，或今文家張禹、包咸、周生烈、何休及林碩，下迄賈公彥、張載、程頤及朱子，以至孫詒讓、廖平、皮錫瑞及康有爲，皆如此認爲。然顧頡剛〈「周公制禮」的傳說和《周官》一書的出現〉則認爲《周官》「原是一部戰國時的法家著作，在散亡之餘，爲漢代的儒家所獲得，加以補苴增損，勉強湊足了五官」（《文史》第六輯頁40），侯家駒《周禮研究・序》曰：「殊不知《周禮》只是披著儒家外衣，實爲法家作品」（頁1），金春峰《周官之成書及其反映的文化與時代新考》則以之爲「儒法兼綜」，其書第十二章即爲〈周官儒法兼綜的思想特徵〉。熊氏則視《周官》乃儒家典籍，且爲孔氏之書，《中國歷史講話》曰：「《周禮》一書，今人或以爲漢人作，或以爲六國時人作。吾向者以爲此書本出儒家，但融會法家思想，後來自知有誤，此書確出孔子傳授無疑。」（頁82）按《周官》卷帙繁多，內容博雜，不免攙有異說，如錢穆〈周官著作時代考〉曰：「周官記載宗教祀典，大部分採取戰國晚年陰陽家思想。關於法制刑律，則有許多是李悝商鞅傳統。」（《兩漢經學今古文平議》頁358）然其核心觀念則以儒家思想爲主，應無可疑，故得列爲十三經之一。此猶〈禮運〉大同之說，縱受道、墨影響，然其仍以儒家思想爲主則無疑。熊氏之以《周官》純爲儒家思想，即從根本處而論；至於《周官》是否「確出孔子傳授」，則有待進一步探討。又自漢以來，劉歆等古文家尊《周官》，宗周公，而張禹等今文家則不尊《周官》，是以後來有所謂今古文之爭，今文宗孔子，以〈王制〉爲主，而古文宗周公，以《周官》

〔註8〕　《論六經》曰：「余於《周官》經野之政，夙所究心。但自四十歲左右，急於整理中國玄學。……苦思過度，大病十餘年，幾致不起，遂無暇闡述《周官》。」（頁31）可見熊氏早年即已注重《周官》。至1942年（58歲），熊氏發表〈論周官成書年代〉於蒙文通《圖書集刊》第二期，翌年又發表〈研窮孔學宜注重易春秋周禮三經〉於《孔學》第一期，此可謂正式研究《周官》之濫觴。其後，《示要》只略及《周官》，至《論六經》，雖名爲論六經，其實乃大談《周官》，其對《周官》之見解，大抵底定於斯，而《原儒》則更出之以系統陳述，更形完備。

爲主。按《周官》與〈王制〉皆以禮制爲重心，然所言頗多不同，而其大異則在設官，《周官》以冢宰、司徒、宗伯、司馬、司寇及司空六卿爲大綱，〈王制〉以司馬、司徒及司空爲大綱。廖平《今古學考》卷上即將之對比而成「今古學統宗表」、「今古學宗旨不同表」……等，其首條分別爲「〈王制〉爲今學之主，《周禮》爲古學之主」、「今祖孔子，古祖周公」。若以派別言，熊氏爲公羊家，不該大談《周官》，而應以〈王制〉爲主，然《示要》卷三曰：

> 廖平謂〈王制〉爲今學之主，《周禮》爲古學之主，此說尤淺陋。今古學，果在先秦前已分派者，必於根本大義處，異其主張，方有分派可言。〈王制〉粗略已甚，不得與《周官》並論。舊說〈王制〉爲漢博士作，其然否姑不論，要之，〈王制〉無根本大義可言，則稍有識者能辨之，何得以此爲主而名一派之學耶？（頁 550～551）

熊氏反對廖平之說，認爲今文、古文同宗孔子，根本無今古文之分可言，故不受家法影響，於《周官》與〈王制〉，則貶抑〈王制〉而推崇《周官》。之所以如此，乃因熊氏既以《周官》爲孔氏之書，而〈王制〉不論是否爲漢博士作，總之非孔子所作，是以由此作者認定，熊氏選擇《周官》，而認爲「〈王制〉無根本大義可言」。熊氏推崇《周官》，要非無因，誠如皮錫瑞《經學通論・三禮》曰：「《周禮》體大物博，即非周公手筆，而能作此書者，自是大才，亦必掇拾成周典禮之遺，非盡憑空撰造。其中即或有劉歆增竄，亦非歆所能辦也。惟其書是一家之學，似是戰國時有志之士，據周舊典，參以己意，定爲一代之制，以俟後王舉行之者，蓋即《春秋》素王改制之旨。」（頁 57）然熊氏貶抑〈王制〉，以其無有根本大義，此則恐難令人首肯，皮氏即曰：「〈王制〉一書，體大物博，非博士所能作，必出孔門無疑。」（同上頁 69）按熊氏以「〈王制〉粗略已甚，不得與《周官》並論」，皮氏則以《周官》、〈王制〉同爲「體大物博」，可見〈王制〉是否如熊氏所言，此實見仁見智，乃個人主觀認爲。然亦誠如皮氏所言：「〈王制〉據鄭君說，出在赧王之後；《周官》據何劭公說，亦出戰國之時。是其出書先後略同，而爲說不同，皆由聖門各據所聞，著爲成書，以待後世之施行。」（同上）故熊氏以〈王制〉無根本大義，固屬可議，然其打破今古文之分，獨尊《周官》，亦非無識。《論六經》曰：

> 《周官》一經，包絡天地，經緯萬端，堪與《大易》、《春秋》，並稱員輿上三大寶物。（頁 9）

> 《易》闡天道之奧，而《春秋》本之，以張三世，明群化不恒以據

亂相續，將有突化可能。《周官》據《春秋》，作新制，以爲離據亂，

進升平之準備，而太平之兆，將開于此矣。是故《大易》、《春秋》、

《周官》三經，爲孔氏一家之學。（頁96）

熊氏最重《易》、《春秋》，認爲二經於內聖外王之道，無所不包，今將《周官》與二經同列，可見其視《周官》於此道所言甚備，尤於外王學，乃據《春秋》而作，與《春秋》關係密切。熊氏之所以對《周官》推崇備至，認爲其乃據《春秋》而作，可與《易》、《春秋》相通，主要乃從內容方面而論，《周官》「包絡天地，經緯萬端」，故三經並稱三大寶物。按《周官》意旨精深博大，極受重視，甚且有據之而行變法者，如王莽、蘇綽及王安石，其成與否，且姑勿論，然以之爲藍圖，即可見《周官》實含經世濟民、以開太平之宏圖。李覯且依之而著〈周禮致太平論〉五十一篇，其〈序〉曰：「非古聰明睿智，誰能及此？其曰周公致太平者，信矣。」（《李覯集》卷五）孫詒讓《周禮正義‧序》亦曰：「粵夫周公，……此經上承百王，集其善而革其弊，蓋尤其精詳之至者，故其治躋於純大平之域。」此皆可見《周官》所載，實乃達致太平之法。然熊氏之重視《周官》，雖因其能致太平，但在《周官》作者之認定上，卻與眾不同。

一、作者問題

歷來於《周官》作者問題，聚訟紛紜，莫衷一是，而以周公作、六國時人作及劉歆作三說最主要；另又有主西周人作、桑弘羊等作及西漢末人作，皆較不爲人接受。以上諸說，雖難確定何者爲是，但皆未涉及孔子，即無有主孔子作者。熊氏則一反諸說，認爲《周官》與《易》《春秋》皆「爲孔氏一家之學」，即認爲《周官》作者爲孔子。熊氏對《周官》之所以如此重視，認爲其包絡天地，經緯萬端，實爲《春秋》外王之治法，自與其認爲《周官》乃孔子所作，息息相關。熊氏此一立場，從《中國歷史講話》即已開始，至《示要》更加確定，以至《論六經》、《原儒》仍不變，且增加論點以證成之，並肯定《周官》之成書年代，《論六經》曰：「《周官》一經，蓋孔子授之七十子，口義流傳，其成書，至遲亦在戰國時。」（頁15）熊氏肯定《周官》乃孔氏一家之學，不僅從正面證明此經乃孔子所作，亦從反面證明周公作等三說爲非。首先，熊氏駁《周官》非劉歆作，《論六經》曰：

此書囊括大宇，經緯萬端，非聖智出類，而有爲萬世開太平之弘願

者，不能爲。劉歆才則考據，行則黨奸，何能創作此經。歆校理秘書，而表章此經，蓋以其爲古籍，而有取焉耳。當時共排之者，以己未能得見，而故與歆立異，則豎儒之污習耳。（頁93）

熊氏以「劉歆才則考據，行則黨奸」，即劉歆不僅才能有限，而最要者乃其人格低下，故《周官》絕非劉歆所作。此論證實太主觀，且難成立，若如熊氏所言，人格低下即不能有偉大著作，則相對地，人格高尚是否即必有偉大著作，然此兩者實無邏輯上之必然關係。蓋能否有偉大著作，固與人格之高尚或低下有關，但此並非最重要之決定因素。其實，劉歆非《周官》作者，歷來論之者夥，如洪邁、蘇轍、胡宏……等，而賈公彥〈序周禮廢興〉早已言曰：「故林孝存以爲武帝知《周官》末世瀆亂不驗之書，故作十論七難以排棄之。」（見《周禮注疏》頁 13）據此，則武帝已親見《周官》，易言之，在武帝前已有此書，則其作者自不可能爲劉歆。不論林孝存說之可信度爲何，必較從人格而論爲客觀。對於林說，熊氏《論六經》亦曾引及，其曰：「《周官》在武帝時已出，林孝存攻《周官》，已引武帝語爲重。足徵劉歆僞造之言，全屬虛妄。」（頁 72～72）可見熊氏於此說並非不重視，其若能就此而捨彼，不從人格立論，則無「以人廢言」之嫌，而其論證亦必較爲客觀。

又熊氏與康有爲同爲公羊家，然對《周官》作者問題，卻有截然不同看法。熊氏駁《周官》非劉歆作，康氏則堅信《周官》乃劉歆僞作，《新學僞經考》曰：「至《周官經》六篇，則自西漢前未之見。《史記》：《儒林傳》、《河間獻王世家》無之。其說與《公》、《穀》、《孟子》、《王制》、今文博士，皆相反。《莽傳》所謂『發得《周禮》以明因監』，故與莽所更法立制略同，蓋劉歆所僞撰也。歆欲附成莽業而爲此書，其僞群經，乃以證《周官》者，故歆之僞學，此書爲首。」（頁 78）按梁啓超《清代學術概論》論及其師康氏時，即謂「有爲早年，酷好《周禮》」（頁 66），徵之於康氏《自編年譜》所記光緒四、五年，即二十一、二歲時事，確實如此。此時康氏尊崇《周官》，視之爲周公經綸天下以致太平之書。然至光緒十四年第一次上書後，蓋受廖平《今古學考》影響，轉而崇奉公羊學，由尊周公而變爲尊孔子，遂黜《周官》，而言〈王制〉。而因此番轉折，康氏於光緒十七年之《新學僞經考》，雖舉證歷歷，然不免受限於家法，遂以《周官》「蓋劉歆所僞撰也」。〔註9〕相較於康氏

〔註9〕康有爲《新學僞經考》以劉歆遍僞群經之說，錢穆〈劉向歆父子年譜〉（收入《兩漢經學今古文平議》）已駁斥之，認爲其不可通者有二十八端。後錢穆又

因前後立場不同，遂使同一《周官》而有不同之作者認定，熊氏則自始至終皆持同一論點，即孔子作，由此亦可見康、熊雖同爲公羊家，但所言不同，所呈顯之思想亦天壤有別。

其次，熊氏駁《周官》非周公作，《論六經》曰：

> 此經亦決非周公作。昔人之論，或以爲周公創作，而未實行，或以爲此經于成周之制，亦有合者。二說皆陋。創制不出一人，亦自有相合處，要當從其思想體系與根底，而別同異。後說不究於此，周公生商周之際，爲周代創業垂統之人，而春秋時代學術思想之盛，更非周公之世所得有。今如臆度周公能有餘力遐想，特造此經，不實行于當時，而願遺之萬世，未免妄猜太過。故二說皆陋也。（頁93～94）

熊氏以「春秋時代學術思想之盛，更非周公之世所得有」，以時代思想不合，認爲《周官》絕非周公所作。姑不論此論證之對錯，且先看其他亦從時代思想立論之不同說法。孫詒讓《周禮正義·序》曰：「粵昔周公，續文武之志，光輔成王，宅中作雒，爰述官政，以垂成憲，有周一代之典，炳然大備，然非徒周一代之典也。蓋自黃帝顓頊以來，紀於民事以命官，更歷八代，斟酌損益，因襲積累，以集於文武，其經世大法，咸粹於是。」孫氏不只以周公作《周官》，且周公之所以能作《周官》，乃因自黃帝以來，「更歷八代，斟酌損益，因襲積累，以集於文武」，可見周公之時已有此學術思想。熊氏認爲《周官》體大思精，周公之世絕無此思想，孫氏亦認爲《周官》體大思精，周公之世必有此思想，同樣論點，卻得出相反結論，可見不能以時代作爲唯一之判斷標準。然兩者相權之下，孫氏乃清末訓詁名家，且《周禮正義》又對《周官》作全面疏解，不論其說之正確與否，其論證之材料與方法，必較熊氏寥寥數語，令人重視。而陳漢章〈周禮行於春秋時證〉則從史實考證，認爲春秋時已實行《周官》，「考之魯而得十有六證焉，考之諸國而得四十有四證焉」，若春秋時已實行《周官》，則春秋前之西周極可能已有此學術思想。此皆熊氏須再予斟酌之處。

最後，熊氏駁《周官》非六國時人作，《原儒·原學統》曰：

> 何休輩謂出於六國時人，亦大謬。六國時言治者，儒家孝治派如孟

著〈周官著作時代考〉及〈讀周官〉（收入《中國學術思想史論叢（二）》，皆與前文互相證成。

子等，唯重孝弟農桑。新霸術則併民力於耕、戰。《周官》思想，是
六國時人所夢想不及者，如何能造此經。何休以爲六國陰謀之書，
蓋純出私意。（頁98）

熊氏以「《周官》思想，是六國時人所夢想不及者，如何能造此經」，亦以時
代思想不合，認爲《周官》非六國時人所作，從而駁斥何休之說。按此說若
與《周官》非周公作合觀，頗有矛盾。熊氏認爲春秋時代學術思想最盛，故
之前的周公之世，不得有此思想，之後的戰國，專言「新霸術」，亦爲其「所
夢想不及者」。前者猶有可說，後者則實無理，爲何春秋時代已有之學術思想，
六國時人會夢想不及？且《漢書‧藝文志》「樂類」下曰：「六國之君，魏文
侯最爲好古，孝文時，得其樂人竇公獻其書，乃《周官‧大宗伯‧大司樂》
章也。」據此則魏文侯時已有《周官》，其爲六國時人所作無疑，則何休之說
相當可信，毛奇齡〈周禮問〉、皮錫瑞《經學通論‧三禮》即皆持此說。錢穆
〈周官著作時代考〉認爲《周官》成於戰國晚期，且當在漢代之前；郭沫若
《周官質疑》認爲《周官》蓋荀子之弟子所作；楊向奎〈《周禮》的內容分析
及其成書時代〉認爲可能是戰國中葉左右齊國之書；史景成〈周禮成書年代
考（上、中、下）〉認爲作於《呂氏春秋》後、秦始皇統一前；金春峰《周官
之成書及其反映的文化與時代新考》認爲乃秦統一前秦地學者作。以上諸說，
考證更加細密，雖各有所主，但大體皆可歸入何休所謂六國時人作一說。對
《漢書‧藝文志》如此客觀記載，顯非熊氏主觀從時代加以論斷，即可反駁；
而錢穆等人之考證，更使熊說益形無據。

此外，熊氏亦提及日人林泰輔之說，從而駁斥之，《原儒‧原學統》曰：
又日本漢學家林泰輔，以此經多用古字及古官名等，因判爲西周人
之作，王國維氏頗贊其說。余謂林說，非是。後人理想之政制，其
官名參用古名，此乃極尋常事，使用古字，更不足奇。孔子自謂信
而好古與溫故知新，其因卦爻之象而演《易》，因魯史而作《春秋》，
皆托古也，安得以《周官經》有古字、古官名，遂疑非孔子作，而
斷爲西周人作乎？（頁101）

按呂祖謙亦以《周官》爲西周人作，其曰：「《周禮》者，古帝王之舊典，禮
經也。始於上古而成於周，故曰《周禮》。」唯呂氏並無明證，熊氏亦未提及
呂氏。熊氏駁林泰輔之說，認爲《周官》非西周人作，所持理由乃《周官》
與《易》《春秋》皆托古之作，故不能因書中有古字、古官名，即判爲西周人

作。誠然，不能因《周官》中有古字、古官名，即斷爲西周人作，此在後人
著作中尤其可見，如章太炎多以篆字入書，不可即謂其書乃古人之作。然亦
不可因此即謂「皆托古也」，因其亦可能即是古人作之明證。顧實《重考古今
僞書考》曰：「《周官》最多有他書不用之古字，如䤦、暴字；……自非《周
官》一書，早作於西周之世，烏得有此乎？」此等古字亦見於甲骨、金文中，
可見《周官》縱非出於西周，然其來源亦必甚古。故對古字，實須作一番嚴
密考證，不可以「皆托古也」一句，即主觀地論斷。古字如此，對古官名等
亦然。〔註10〕

綜上所論，熊氏分別從時代、辭氣、人格、古字古官名等方面駁斥《周
官》非周公、戰國時人、劉歆、西周人所作，可見熊氏亦言考據，然其方法
實不客觀，主觀成份太重。其考據，與其說是經學家，不如說是思想家之考
據。熊氏一方面駁斥諸說，同時一方面即在論證《周官》乃孔子作，亦即從
時代、辭氣、人格、古字古官名等方面之論點，皆屬細微末節，在此背後實
有一最重要標準，即思想內容。《論六經》曰：

> 《周官》不必爲孔子手撰，而其高遠之識，深密之思，非大聖不克
> 逮此。余以爲，此經大恉，必孔子口授之七十子，其成書至遲在戰
> 國初期，文辭樸重，與戰國初期以後之文，似不同氣息，詳其義蘊，
> 蓋原本《大易》《春秋》。（頁94）

熊氏認爲《周官》「高遠之識，深密之思」，非聖人不克爲之，而此聖人則非
孔子莫屬，至於周公則因時代不合，絕無此思想，其餘諸說，所主既非聖人，
甚至人格低下，等而下之，更不可能。且《周官》義蘊，「蓋原本《大易》《春
秋》」，《易》《春秋》既爲孔子手訂，更加證實《周官》乃孔子所作。誠然，
此等論證，主觀成份仍嫌太重，且有循環論證之弊，實經不起檢驗。故侯家
駒《周禮研究》曰：「至於熊十力認爲《周禮》乃孔子手定，『決是孔子之政

〔註10〕 蒙文通〈從社會制度及政治制度論《周官》成書年代〉曰：「《周官》以冢宰
　　　　一人股肱天子，其制實自宰孔以後，則《周官》一書，爲襄王以後就舊文而
　　　　改變之制。……周之執政由三公而卿士、而冢宰，由三人而二人、而一人，
　　　　即由公而卿、而大夫，就此蛻變之跡求之，以《周官》爲周公致太平之書，
　　　　固不必然；以爲六國陰謀之書，終亦未是，謂寫定於春秋中葉，殆近之耶！」
　　　　（《經史抉原》頁437～438）又彭林《《周禮》主體思想與成書年代研究》（頁
　　　　229～256）則以「《周禮》不成於一人一時之說」爲不可信，且不可能成書於
　　　　西周、春秋或戰國，而認爲當成書於漢初。按蒙氏及彭林對《周官》成書年
　　　　代之認定，皆推翻前說，是否如其所言且勿論，要皆可備一說。

治思想』，則純係異想天開的無稽之談。」（頁 19）熊氏此等論證，確難令人接受，亦是其經學最受批評之處。

其實，古籍多非出自一手，成於一時，尤其在漢代所有權作者觀出現前，大多屬神聖性作者觀，更是如此。《周官》作者問題，亦如《春秋》，皆屬此類。周何《禮學概論》即以《周官》乃「a.周公始作，b.隨時增補，c.戰國完成。」（頁 45）故若指實爲何人所作，則不免爲毛奇齡所譏。按毛氏〈周禮問〉曰：「《周禮》自非聖經，不特非周公所作，且并非孔孟以前之書，此與《儀禮》《禮記》，皆同雜出於周秦之間，此在稍有識者皆能言之。若實指某作，則自坐誣妄，又何足以論此書矣。」然不論指周公作、六國時人作、劉歆作，或其他說法，或多或少，背後皆有客觀論證支持，總較熊氏之以孔子作爲可信。但熊氏卻仍堅持乃孔子作，此或可謂其擇善固執，但此並不能眞正瞭解熊氏。其實，熊氏所認定之孔子，與其說是歷史上存在過之孔子，倒不如視爲其心中理想之孔子。熊氏無疑借孔子以表達自己之思想，是以此等外緣考證，皆屬經學史論斷問題，而非經學內容問題，即《周官》是否爲孔子作，並不影響《周官》之內容要旨，熊氏只是借孔子以言《周官》。明乎此，則瞭解熊氏爲何如此說，應較其說之是否客觀，自爲重要。《原儒・原學統》曰：

> 余決定《周官經》爲孔子作者。《春秋》三世義，在離據亂以進升平
> 而底於太平。升平世之治法，最極重要，望過去則求離據亂，望未
> 來則力趨太平。升平世之規模，如未盡美盡善，則據亂不可離，太
> 平將不可趨。《周官經》，恰是繼《春秋》，而闡明升平之治法，所以
> 爲太平立其基也。（頁 101）

熊氏除再次肯定孔子爲《周官》作者外，並認爲《周官》乃《春秋》升平世治法。按《春秋》撥亂反正之關鍵時刻，即升平世，由此不僅可求離據亂，亦可力趨太平。此時民品漸高，雖仍有君，但其權力受限，但擁虛號，僅爲百官之長。而《周官》所言之王，徒擁虛位，正亦如此。《論六經》曰：「王，有二義。一謂王道，王道者，奉元而治也。《易》曰：大哉乾元。《春秋》立元，即《易》之乾元也。虞翻傳古易象，曰：乾爲仁。是知乾元即仁也。而《春秋》奉元爲治，即以仁爲治之本。《周官》首明王道，與《春秋》立元，即仁爲治本，其義一也。王之義爲向往，世已升平，唯仁道，爲人類之所共同向往，故謂之王。二謂主治之人，行政首長是也。《春秋》於升平世，爲虛君共和之治。《周官》之王，虛位而已。虛君制，不必可實現于後世。然《周

官》要旨，在發揚民主之治，猶是《春秋》升平之境。」（頁 26）又《原儒·原學統》曰：「又此經雖建王號，以領六官，而王實爲虛位。《春秋》于升平世，則以天子爲爵稱。爵之者，所以去其無上威權與世及之制，但爲公選之行政首長而已。此經王爲虛號，正與《春秋》合，亦可證其作于孔子。」（頁101）誠然，僅以王爲虛位，即將《周官》與《春秋》升平世相關連，認爲《周官》即繼《春秋》而爲孔子所作，在邏輯上實無必然關係，亦難令人信服。不過，由此亦可見熊氏並非客觀地以「我註六經」來詮釋經典，乃主觀地以「六經註我」來表達己意。其實，熊氏「余決定《周官經》爲孔子作者」之「余決定」三字，即已透露此中消息，故此可視爲其一家之言，而無須多辨。

二、內容要旨

　　熊氏既以《周官》乃孔子假託周制，借設官分職之說以致太平之書，其形式雖皆爲條文，頗與《春秋》相近，然細究其底蘊，確是包絡天地，經緯萬端。熊氏認爲《周官》所載六官職責，無所不包，然綱舉目張，其要義有四，而即以此統攝全經。首先，熊氏認爲《周官》要旨，不外「均」、「聯」二字，此爲第一義，《原儒·原外王》曰：

> 一義、《周官》之治道，大要以均爲體，以聯爲用。均之爲言，平也。
> 平天下之不平，以歸於大平，此治化之極則也。……以聯爲用者，
> 萬物萬事皆互相聯繫，無有獨化者。（頁 244）

均者平等之意，聯指分職而言，乃社會組織之兩大原則。以均爲體，是爲根本，以聯爲用，才有實踐指標，透過此兩大原則，社會組織方可落實。蓋以均爲體，根本一立，才能向「平天下之不平，以歸於大平」之方向前進，並使「此治化之極則」之境界得以實現。而欲達此境界，即須尚聯，以聯爲用，蓋「萬物萬事皆互相聯繫，無有獨化者」。此二義，一體一用，缺一不可，乃《周官》第一要義。熊氏曰：「《周官經》，首敘天官冢宰，而明其職曰均邦國。是其開宗明義，特揭大均之道，以立治體。」（同上）此言《周官》重均之意。又曰：「《周官經》，以王國與四方諸遠國，謀交通與經濟之聯繫，其爲慮極周到。而國內之治，則建立六官，以組政府，分掌一切政事。六官雖各治其事，而實互相聯繫，惟以天官冢宰總其成。」（同上頁 244～245）此言《周官》亦重聯之意。熊氏於《論六經》雖似著重於均，而於聯較少提及，如曰：「《周官經》難讀，已說如前。此經大旨，不外一均字。」（頁 24）又曰：「《論語》

「患不均」三字，是一部《周官》主旨。」（頁 25～26）但其實熊氏對均、聯同等重視，因二者同爲《周官》之最要義，此從其對〈考工記〉之說即可知之。熊氏雖認爲「〈冬官〉亡失，是最不幸事。漢人以〈考工記〉補之，殊不類。」（頁 33）〔註11〕但又曰：「〈考工記〉雖非《周官》之篇，而其思想，確屬《周官》統系。其最有價值者，莫如篇首一段文字，蓋發明《周官》之大旨，而以平等與分職，爲社會組織之兩大原則。」（頁 40）按熊氏認爲〈考工記〉雖非《周官》之篇，即非孔子所作，然其篇首曰：「國有六職，百工與居一焉。或坐而論道；或作而行之；或審曲面埶，以飭五材，以辨民器；或通四方之珍異以資之；或飭力以長地財；或治絲麻以成之。……」此所言平等、分職，即在發揮《周官》均、聯之義，故可據此以言。至《原儒》則直接由《周官》而言均、聯，列爲第一要義。

其次，熊氏再次強調《周官》乃《春秋》升平世治法，實爲撥亂起治之書，《原儒・原外王》曰：

> 二義、《周官經》，爲撥亂起治之書，承據亂世衰敝之餘，奮起革命，而開升平之運，將欲爲太平造其端、立其基，所以有此經之作。〈禮運〉大同說，其規制比《周官》似進一步。惜其原書亡，難判斷。《周官》猶是撥亂之書，此時本未能遽臻太平，只爲太平開端、立基，故是升平之制。（頁 245）

從上可見，熊氏視《周官》爲升平世治法，尤其升平世主虛君共和，而《周官》之王亦虛位而已，更可肯定其確實如此認爲。而《周官》若與〈禮運〉大同、小康合言，則恰在兩者之中，從而成爲三階段，可與三世配合，即小康、《周官》、大同恰與據亂、升平、太平相應。《周官》既爲《春秋》升平世治法，而升平世最居關鍵，由此求離據亂而力趨太平，實爲《春秋》撥亂起治之大法。故熊氏謂「《周官經》，爲撥亂起治之書」、「《周官》猶是撥亂之書」。按此中「亂」字，雖似爲據亂世，然其實指升平而言。蓋據亂世固須撥亂起治，而升平世未至太平，猶如據亂世一般，仍須撥亂起治，以至太平。然此有一疑問，即熊氏認爲「〈禮運〉大同說，其規制比《周官》似進一步」，按《示要》視大同爲太平世治法，則《周官》爲升平世治法，自無問題，然至

〔註11〕關於〈冬官〉存佚問題，歷來頗多爭議，周何《禮學概論》（頁 67～70）將之加以歸納，大抵有三，一、原爲六官而〈冬官〉亡佚，二、《周禮》六官〈冬官〉未亡，三、《周禮》六官〈冬官〉非缺。

《原儒》則視大同爲升平世治法，則《周官》似必下滑爲據亂世治法，若此，則其是否前後矛盾？是又不然。蓋熊氏以《周官》爲升平世治法，可見此治法自較據亂世治法爲高，若以較低世之治法施於較高世，此理所必無，然以較高世之治法施於較低世，自可使較低世亦隨之而提升，此於理可通。職是之故，《周官》既是升平世治法，然視之爲據亂世治法，亦無不可。大同之說，亦是如此，既是太平世治法，而亦可爲升平世治法。且三世之分期，並非界限分明，互不相干，往往據亂之末即升平之初，升平之末即太平之初，甚至據亂之中即含升平、太平之兆，升平、太平亦然，實難劃分。三世本爲一世，不得已而分，隨時升降，切勿執著，故一治法究屬何世，乃大體衡之，難以截然劃開。熊氏以《周官》爲升平世治法，然此治法可離據亂而趨太平，貫通三世，既可下及據亂，自可謂爲據亂世治法，而亦可上及太平，故若謂爲太平世治法，亦無不可。

以上二義，偏重於綱領原則，至於具體內容，則見三、四二義，《原儒・原外王》曰：

> 三義、《周官》之政治主張，在取消王權，期於達到《春秋》廢除三層統治之目的，而實行民主政治。（頁 246）

按升平世已離據亂，故須取消王權，廢除統治階級。熊氏認爲之所以要取消王權，蓋「革命初期，王號不妨暫存。而一方嚴密地方基層之組織，使人民得表現其力量，以固民主之基。一方於政府以六官分掌王國一切政務，而冢宰總其成。王者徒擁虛號，除簽署教令而外，毫無權責。是則王權完全取消，置之無爲之地而已。」（同上）熊氏又認爲取消王權後，即須實行民主政治。按《周官》各官篇首皆有「惟王建國，辨方正位，體國經野，設官分職，以爲民極」之語，可見其一切官政經制之規模設施，最終目的即在謀人民之幸福和樂，乃一切皆以人民爲主之民本思想。民本思想實爲我國古代政治之核心觀念，此徵之於《詩》、《書》、《國語》、《左傳》、《論語》及《孟子》等皆然。然熊氏卻謂《周官》應行民主政治，而民主與民本畢竟不同，誠如周何《禮學概論》所言：「民本並非民主。其最大不同點，民本爲政府主動，人民被動；民主則人民主動，政府被動。」（頁 60）若換個角度以言，即民本仍有君，民主則無君。熊氏之以《周官》應行民主政治，無疑已經一番創造性詮釋，蓋古代專制政體，君主仍在，故只能言民本；然熊氏認爲《周官》所言之君，但擁虛位，故其本質應爲民主主義，是以應行民主政治。熊氏以《周

官》所言鄉遂之法，最足顯示此意，《原儒・原外王》並歸納其要點有六：

一曰、鄉自五家之長上至於鄉大夫、鄉師，而達於王朝。遂自五家
之長上至於遂大夫、遂師，而達於王朝。治起於下，非若據亂之世，
統治階級可以私意宰制天下庶民也。

二曰、六鄉六遂，皆三年大比。由民眾普選賢能，選定之後，賢者
出而任職於朝，可見王朝六官、冢宰，皆由賢者積功而至。易言之，
在朝執政，其始進也，皆由民選，至其能者則皆留在六鄉六遂任事，
必能各舉其職無疑。又復當知，《周官》為民主之制，不獨朝野百官，
皆自民選，即其擁有王號之虛君，亦必由全國人民公選。

三曰、鄉遂之法，屢言作民，其義至重要。《周官》為革命撥亂而創
制，承據亂世之後，驟行民主之治，若非多方開導鼓勵，以作動民
眾，則人民力量，恐未易發展也。是故鄉、遂大夫及其屬邑群吏，
遇事皆有會議，以作動民眾。

四曰、讀法本作民之一事，然以其特別重要，故須提出別論。國有
大法及普通法，與一切政令、教法，通名為法。民主之制，其人民
必養成尊法、守法之習慣，然後其一舉一動，共循於萬物之規矩而
莫或叛。

五曰、六鄉之治，皆五家為比，十家為聯；五人為伍，十人為聯；
四閭為族，八閭為聯，使之相保受。六遂之治，其鄰、里之組織亦
然。民主之治，在化私為公，易散為群。故鄉、遂之制，必使民眾
互相聯繫，將以進於天下一家之盛。

六曰、閭胥四時聚眾庶，書其敬敏任恤者。族師書其孝弟、睦姻、
有學者。黨正書其民之德行、道藝。乃至鄉大夫亦然，遂大夫與其
屬邑亦然，皆所以崇賢善、移風俗，且為選舉之備。至於《春秋》
以禮會民，州社祀先農以報功，喪祭等禮，皆由群吏導之，其謹於
德化與禮治也若斯之急。《周官》治道，本以德、禮為主，法、刑為
輔，不惟滿足人類之物質需要，而實歸本於提高人類之靈性生活，
此其不可忽者也。（頁 255～258）

此中首須注意者，即熊氏認為《周官》亦重讀法，然此與法家之重法不同。
法家一以嚴刑峻法為維護君權，奴役百姓之工具；而《周官》雖富法治思想，

然其根本誠如熊氏所言乃在德化與禮治，所謂「《周官》治道，本以德、禮爲主，法、刑爲輔」，實與法家不同。〔註12〕又據熊氏所言，《周官》所載一切皆由民選，似與現今所謂民主政治無異，然其實仍有不同。現代之民主雖於道德亦不忽視，但更強調以個人爲本位，重視生命、財產等自然權利，一切概以物質爲基礎；而《周官》所謂之民主，乃以德化與禮治爲根本，此較物質猶爲重要，由此崇賢善、移風俗，強調人與人間整體之互動成長，故不僅能滿足物質需要，更能提高靈性生活。熊氏認爲此須「治起於下」，故特重鄉遂之法，因其乃就地方而言，而地方制度嚴密，實爲民主之本，民主之根既植，則由下而上，方能開出民主之花。熊氏由此進而言《周官》於國家社會之規劃，《原儒‧原外王》曰：

> 四義，《周官經》之社會理想，一方面本諸《大易》格物之精神，期
> 於發展工業；一方面逐漸消滅私有制、一切事業歸國營，而蘄至乎
> 天下一家。（頁260）〔註13〕

升平世雖離據亂，然尚未至太平，君權雖廢，然尚須有政府爲之主導，方能達至太平。不僅地方須民主，確實實行鄉遂之法，而就全國而言，更須如此，一面發展工業，一面消滅私有制，才能實現社會理想。在發展工業方面，熊氏曰：「《大易》倡導知周乎萬物，立成器以爲天下利。《周官經》，〈天官篇〉有曰：以官府之六屬，舉邦治。下文敘六官之職，其於多官則云：六曰事職，以富邦國，以養萬民，以生百物。」（同上）按《周官》本《易》開務成務之旨，六官之職，尤其是多官之事職，即在發展工業，若能如其所言，必可富邦國、養萬民、生百物。至於如何消滅私有制，熊氏從《周官》所言，提出三點，即「一曰土地國有。二曰生產事業，其大者皆國營，乃至全地萬國，

〔註12〕 徐復觀《周官成立之時代及其思想性格》則認爲《周官》乃王莽、劉歆僞撰，深含極權思想，斷定其爲法家著作，尤其論賦役及刑罰兩節，簡直將兩者等同。徐氏此一看法，與其所經歷之「時代經驗」甚有關係，其〈自序〉曰：「假定不是中國經過了三十年實踐的深刻而廣大地教訓，我便不可能對這部書有毫無瞻顧地客觀了解。」余英時《周禮》考證及《周禮》的現代啓示）已指出此情形，並曰：「徐先生的『時代經驗』是現代極權主義。這一切身的經驗使他把《周禮》的政治社會設計看成了極權主義的雛型。」（《猶記風吹水上鱗》頁158～159）兩相對比之下，熊氏顯較徐氏能理解《周官》之精神、意旨。

〔註13〕 以上四義，〈研窮孔學宜注重易春秋周禮三經〉及《論六經》亦皆提及，唯稍嫌散列，不若《原儒》之有系統。

亦逐漸合謀平等互助，以爲將來世進大同，國際公營事業之基礎。三曰金融機關與貨物之聚散，皆由國營。」（同上頁 264）據此，熊氏反對私有制，亦無市場經濟觀念，主張一切皆歸國有，而政府透過政策以行公共權益，領導全民以謀福利，以達社會主義式之理想生活。熊氏此主張，甚易令人以爲與馬列共產政權之強調社會主義無異，尤其《論六經》大談《周官》，主要即在呈給毛澤東，更易令人有此誤解。〔註 14〕其實，兩者實有天壤之別。共產政權之社會主義乃以唯物爲基礎，以極權統治人民，人人皆異化成物質，並無心靈道德之可言。熊氏之社會主義則以仁體爲基礎，以德化及禮治教導人民，人人皆爲一仁心充塞之體，從而提高靈性生活。熊氏且冀以《周官》之民主思想與社會主義，以轉化中共，主張馬列主義畢竟宜中國化，而非中國畢竟宜馬列主義化。《論六經》曰：「《周官》一經，……實行社會主義，猶須參證此經」（頁 9）、「愚按載師因地計口授田法，鄭注尚可略考。今日土改，猶當參稽」（頁 30）及「余以爲今後農村，如欲創立新制，發達生產，則《周官》遺意，誠當取法」（頁 32），皆是此意。可見熊氏所謂之社會主義，實與中共有所不同。〔註 15〕

〔註 14〕《論六經》一書，全名《與友人論六經》，此中「友人」應指董必武。按大陸大眾書店版《論六經》頁 123 有「余以爲馬列主義畢竟宜中國化。毛公思想，固深得馬列主義之精粹」等語，臺灣明文書局版《論六經》頁 146 則將上述之語全刪，蓋因政治因素之故。茲據大眾版，「毛公」即毛澤東，而通觀其語意，熊氏顯非致書毛氏；而熊氏此時與董必武過從甚密，據郭齊勇《熊十力與中國傳統文化》載董氏且曾戲言：「我成了你熊十力一個人的副主席了。」（頁 40）又郭氏《天地間一個讀書人——熊十力傳》更曰：「這本書又題「與友人論六經」，友人係指董必武。」（頁 135）可見此友人應爲董氏無疑。不過，熊氏最終目的蓋欲由董氏轉呈毛氏，亦昭然可見。

〔註 15〕熊氏《論六經》於 1951 年完成，蔡仁厚《熊十力先生學行年表》於此年下按曰：「據此而推度先生之用心，蓋欲以孔子之道駕馭、轉化中共也。三年後撰《原儒》，亦仍是此一用心之貫徹。」（頁 51）又蔡氏〈熊先生紀念座談會「書面發言」〉曰：「據說，周恩來曾將馬、恩之書與毛之實踐論、矛盾論送與熊先生，熊先生看罷之後，有一表示，說：『對呀，他們講的和我一樣。』我對熊先生這句回應，覺得一別有會心的感悟，覺得熊先生眞是『赤手搏龍蛇』的手段。在萬方披靡的情形之下，熊先生對馬派的聖經，既不說好，也不說不好，只說，你們講的和我一樣。如此一來，第一、我熊十力的思想，當然不必檢討、改造。第二、你我所講既然一樣，我當然還是講我自己的。這豈不是赤手搏龍蛇的手段！豈不是壁立千仞的大人氣象！」（《熊十力先生學行年表》附錄頁 106）又蔡氏〈熊十力先生的生命格範〉亦提及此說（見同上頁123），按此可見熊氏所言確與中共不同，而欲轉化之之用心，亦彰顯無遺。

　　由於《周官》體大物博，包絡萬端，熊氏亦自知以上四義難以總括其意旨，故曾欲爲《周官新疏》重予疏釋，惜未能成。雖然，但所舉四義，亦已大體揭示《周官》之外王思想。熊氏認爲若能由此而行，必能撥亂反正，離據亂而進升平以至太平。然此有一問題，即熊氏所言乃純爲理論，只是說說而已，抑以之爲確實可行？按此可分從理、事兩面而論。從理上言，馬端臨《文獻通考・經籍考》以《周官》之法不可行於後世，其曰：「按《周禮》一書，先儒信者半，疑者半。其所以疑之者，特不過病其官冗事多，瑣碎而繁擾耳。然愚嘗論之，經制至周而詳，文物至周而備，有一事必有一官，毋足怪者，有如閻閻卜祝，各設命官，衣膳泉貨，俱有司屬。自漢以來，其規模之瑣碎，經制之煩密，亦復如此，特官名不襲六典之舊耳，固未見其爲行《周禮》，而亦未見其異於《周禮》也。獨與百姓交涉之事，則後世惟以簡易闊略爲便，而以《周禮》之法行之，必至屬民而階亂，王莽之王田市易，介甫之青苗均輸是也。……《周禮》所載凡法制之瑣碎煩密者，可行之於封建之時，而不可行之於郡縣之後。必知時適變者，而後可以語通經學古之說也。」皮錫瑞《經學通論・三禮》即據之曰：「馬氏謂《周禮》可行於封建，不可行於郡縣，以壞地既廣，長吏數易之故，最爲通論。」（頁60）按一治法之是否能行，所牽涉者甚廣，治法之良窳固重要，餘如實行治法者及外在客觀條件等，亦皆息息相關。馬、皮只以封建與郡縣有異此一外在客觀條件以言，認爲封建時，治地不大，吏民一體，故可行之，而後郡縣，壞地既廣，長吏數易，故不可行，此則未免太過武斷。蓋如此說，則再回復至封建，《周官》之法即可行。若此，則《周官》乃有所選擇，何可當皮氏所稱之「體大物博」？且如其言，《周官》既不可行於郡縣，亦未必即可行於封建。故熊氏對此予以針砭，《論六經》曰：

> 馬端臨論《周官》之法，可行于封建之世，不可行於秦漢以後郡縣之局，其說似辨，而實不通治理。封建之君主，奴役群眾，而坐享安富尊榮。《周官》之法，正反封建，而馬氏不悟何耶？《周官》法度，不能行於秦漢以後天下者，非有他故。呂政暴虐而速亡，劉季鑒其失，乃假寬大之名，而使群眾各各孤立，無有組織，正如一盤散沙。皇帝乃穹然于其上，使大臣委郡守、縣令，以監臨散漫無力之民眾，如牧人執鞭而揮馴羊。漢以來之帝者，皆承此術，民力消亡殆盡，民智閉塞已久，如何可行《周官》法度？馬氏不知帝制之害，徒怪封建易爲

郡縣，始不可行《周官》之法，豈不愚哉？（頁92）

熊氏著重於實行治法者之是否得當，此縱非《周官》不可行於郡縣之後之唯一原因，然亦必為重要之因，實較馬、皮之說為勝。且不論封建或郡縣，皆為君主在上之專制政體，《周官》之所以不行，即因其主張民主，正與封建及郡縣相反。易言之，《周官》既主民主，則於民主時代自能實行。故從理上言，熊氏認為《周官》可行之於現代。

再從事上言，王莽、蘇綽及王安石皆曾行《周官》之法，而皆未能有驗；又顏元標榜復古，以實用為主，特重〈地官〉鄉三物，欲以六藝為先，用資改造思想，惜無實行之機。職是之故，是否即可據此而謂《周官》絕不可行？按莽等三人，其未能成功雖一，而其致敗之由則異，皮氏《經學通論‧三禮》曰：「王莽篡弒之賊，本非能行官禮之人，其所致亡，亦非因行《周禮》。蘇綽於宇文泰時行《周禮》，頗有效，隋唐法制，多本宇文。王安石創新法，非必原本《周禮》，賒貨市易，特其一端，實因宋人恥言富強，不得不上引周公，以箝服異議。後人謂安石以《周禮》亂天下，是為安石所欺。安石嘗云：『法先王之政者，法其意而已。』此言極其通達，故知其所行法，非事事摹周也。」（頁58）按皮氏之說，甚為有理。然縱如皮氏所言王莽「本非能行官禮之人」，蘇綽則行《周官》而「隋唐法制，多本宇文」，及安石「非必原本《周禮》」，但皮氏終以《周官》不可行於後世。熊氏則以此致敗之由雖異，但卻仍可歸納出一根本原因，《論六經》曰：

> 至于王莽、蘇綽、王安石，皆法《周官》，而不驗者。《周官》本為民主主義，如欲實行之，必須提醒民眾，完全為民主之治而後可。今莽、綽、安石，乃在帝制積弊之下，而盜襲《周官》一二節，為文飾，宜其不可通也。（頁92～93）

熊氏認為《周官》本為民主主義，則欲在帝制積弊之下，而行主張民主之《周官》，本質上已扞格不入，必不可通。故莽等三人生於帝制，而非民主時代，此不可作為《周官》不可行之證。至於顏元提倡〈地官〉鄉三物之說，熊氏亦反對之，《論六經》曰：

> 顏習齋不識《周官》根底，乃欲節取〈地官〉鄉三物，以改造思想。不悟其所取者，正是漢人妄竄之文，毫無義蘊。以此伐程朱，豈有識所願聞哉？（頁93）

鄉三物，即六德，知仁聖義中和；六行，孝友睦姻任恤；六藝，禮樂射御書

數。熊氏本頗重視鄉三物，《中國歷史講話》曰：「尤復當知，《周禮》的政治思想，其根本則在以『鄉三物，教萬民』。……鄭玄註六德、六行，皆淺陋，而不得其旨。顏習齋之徒，知六藝切於實用，而於德行則未有見也。」（頁83～84）其後則貶抑之，《論六經》曰：「然則鄉三物之說，其秦世或漢初儒生之改竄乎？……余於鄉三物，向疑其浮亂，非聖人之言。」（頁68）熊氏之疑鄉三物，乃因其德、行分言，而孔門四科首列德行，乃合言之；且縱使德、行可分言，而德蓄於中，又何可析舉爲六？（見同上）姑不論熊說之對錯，而其反對顏元之說則始終無異，且顏元之提倡六藝之學，始終亦未能行，則爲事實。而其不行之因，則與莽等三人無異，蓋深處帝制之下，而不識《周官》民主之義，此亦不可作爲《周官》不可行之證。綜上所論，莽等三人及顏元法《周官》而不驗或未能行，乃因帝制之故。易言之，若在民主時代，則《周官》必可行。故從事上言，熊氏亦以《周官》可行於現代。總之，不論從理上或事上言，熊氏皆以《周官》可行於現今民主時代，而非只是說說而已，實深具時代意義。

第五節　結　語

　　熊氏於《春秋》三科九旨等綱領，固視爲最要義，然於撥亂反正之治法論，亦同等重視。由以上所言，可見其不僅重視，且有一套完備之理論系統。雖於外緣考據方面，熊氏誠有不足，然其對經典內在義理之抉擇闡釋，實有精到之處，不容忽視。

　　熊氏認爲《春秋》中所言治法，以據亂世及升平世爲詳，如井田及霸道等。《春秋》之主井田，主要即在追求經濟上之均平，所謂不患寡而患不均，唯有均平，人民才能安居樂業，而無養生送死之虞。《春秋》之獎霸道，因其時王道未可遽至，故於能內維統緒外攘夷狄之霸主，則予獎勵。蓋其雖非以德行仁，乃以力假仁，然久假而不歸，爲知其非仁，故獎勵以振其志，由以力假仁轉而爲以德行仁，亦即由霸道轉而爲行王道，則王道亦不遠矣。《春秋》撥亂反正，若井田能施行，霸道得以獎勵，則必由此離據亂進升平以達太平。

　　由於《春秋》詳於據亂、升平，而略於太平之法，是以公羊家常以〈禮運〉大同小康之說爲言。熊氏亦不例外，然所言實較諸公羊家有系統且有特色。熊氏以小康爲據亂世治法，大同爲太平世治法，而由小康至大同，中間

尚有一虛君共和階段，相對於《春秋》三世，即為升平世。熊氏特予彰顯天子為爵稱之說，由此而言虛君共和，才能由小康禮教之有君時代之據亂世，而向大同人人有士君子之行之無君時代之太平世趨進。若無此虛君共和之升平世階段，則徒以大同小康以與三世配合，終必如康有為一般，顯得格格不入。歷來公羊家雖知天子為爵稱，然皆存而不論，熊氏則特予發揚，由此更見《春秋》撥亂反正，推翻君權，廢除統治階級之意。

熊氏更打破今古文之分，黜〈王制〉而推尊《周官》，認為其乃《春秋》撥亂起治最關鍵之升平世大法。蓋《周官》以均、聯為最要義，體用兼備，乃社會組織之兩大原則，透過此兩大原則，社會組織方可落實，不僅地方之鄉遂制度得以嚴密，而發展工業、消滅私有制等國家社會規劃，亦可施行，從而邁向民主，發展科學，以實現平天下之不平以歸於大平之理想。此與法家固不同，而與中共政權亦不同。熊氏更認為《周官》所載本為民主主義，其於帝制時代，因本質上相扞格，固難實行，然若於民主時代，則不論從理上或事上而言，皆深信其必能實行。

姑不論熊氏所言是否真能實行，然從其對《春秋》、〈禮運〉及《周官》之闡釋，可見現代政治所謂之民主、科學等，其實從古代經典中即可抉發出來，而非一味全盤西化不可，此無疑乃熊氏所言治法論之最大價值所在。〔註16〕蓋西方之民主、科學，其立意、精神雖好，亦重視道德，但追根溯源乃立基於物質之上，不免有物化之虞。而熊氏所強調之民主、科學，乃立基於道德之上，

〔註16〕牟宗三〈關於歷史哲學——酬答唐君毅先生〉曰：「精神之圓滿體現是否止於國家？依黑格爾，是止於國家。在此，黑氏是為現實所限。這顯然不能滿人意。是以國家以上必有『大同』一層。……如是由神聖理念之『分離地存在於地球上』必須進一步超越各民族國家之齊頭並列而『整全地諧一地存在於地球上』，此即是『大同』一層之目標。」（《歷史哲學》附錄二頁30～31）張起鈞《恕道與大同》之〈論學書兩通〉第二通「『民主科學生根』質疑——與王邦雄教授書」對於中國文化面對西學時，亦有如下想法：「1.『起死回生』，除了引進民主、科學、西化以外，是否還有別的途徑。2.中國文化是否可產生『民主』、『科學』以外，而為近代所需的東西。3.中國文化可否能向世人提供『不可抗拒的世界潮流』一類的東西，一如吾人必須民主，必須科學。（我想『大同』至少應該是這樣一點點的東西。）4.我們能否創造比民主、科學更好的東西。」（頁231）按牟、張二氏之想法頗值注意，蓋西方之民主、科學固然甚好，而我中國文化實亦有值得重視之處，如仁、大同、見群龍無首吉等觀念，深待抉發，賦予時代新意。熊氏春秋外王學所展示的，無疑即是最佳例證。

道德實比物質更爲根本且必要，一切若不以道德爲基礎之民主、科學，將只是假其名而行，最終皆可能成爲僞民主、僞科學。對於現今政治往往充滿欺詐、暴力、暗殺、戰爭等，可見雖號爲民主，其實未必即眞民主。對於此，熊氏之說無疑乃一面鏡子，正可針砭其弊，實値深思與借鏡。

第七章　結論：熊氏春秋外王學之釐定

第一節　前　言

　　經由以上各章之探討，可見熊氏之春秋外王學，不僅賦予《春秋》以新意，並爲春秋學開啓新方向。然因其於考據方面頗爲粗略，一憑己意，過於武斷，以致引來諸多批評。故其外王思想不如內聖學之受到重視，《示要》、《原儒》亦不如《新論》之廣受探討。然而，經學雖植基於考據，但畢竟不能僅以此爲能事，而更要者則必由此以通經致用，展現經世濟民之道。如清儒治經專重考據、訓詁、校勘、輯佚等，只在故紙堆中稽古、鉤沉，當然此種工夫、成績，皆頗可觀，但卻使經書成一死體，故其研究不僅談不上通經致用，而於經世濟民之道更無涉焉，最多只爲一死經學而已。故除考據工夫外，更須從歷史傳統及時代意義上來研究經學，直探其內容、思想及意義，以明其價值、作用及影響，由此暢通文化慧命，開啓生活世界，如此方可稱爲經學。對熊氏之春秋外王學亦當如斯視之，方能如實地瞭解其說，而不可僅以考據相責求，即一概加以抹煞。

　　熊氏對清儒餖飣考據之學自是不能愜意，蓋六經乃一活的載體，經由不斷積累沈澱，不斷詮釋闡發，即具歷史之縱深性，同時亦具時代之廣延性。熊氏借由對六經之疏理、闡釋，一面疏通歷史縱深性，使其面貌得以還原，一面闡明時代廣延性，使其得以適機致用。尤其再扣緊寫作背景，則更可見熊氏對通經致用經世濟民之強烈要求，而其暢通文化慧命開啓生活世界之心願亦顯露無遺，《示要·自序》曰：

> 如上三講，結集成書。肇始於六十攬揆之辰，畢事於寇迫桂黔之日。
> 念罔極而哀悽，痛生人之迷亂。空山夜雨，悲來輒不可抑。斗室晨
> 風，興至恒有所悟。上天以斯文屬余，遭時屯難，余忍無述。嗚呼！
> 作人不易，為學實難。吾衰矣，有志三代之英，恨未登乎大道。不
> 忘百姓之病，徒自托於空言。天下後世，讀是書者，其有憐余之志，
> 而補吾不逮者乎！（頁7）

從以上引文可見熊氏並非客觀地著書立說，乃有感於人世，悲而不可抑，從而
有所悟，故而有此之作。不僅《示要》如此，即前之《新論》與後之《論六經》、
《原儒》等亦皆如此。熊氏乃以生命所不容已之修養踐履以體認自證，然後證
之以經而無不合，悟入其中，從而開顯經意，而非視經典為一客觀對象，將之
推而向外，從而由各方面加予認知攫取。是以讀熊氏之書，每覺其心思睿智皆
滲入書中，其生命精神不僅浮映於字裏行間，且直貫通於天地之中，使人讀後
不能無所感，皆起提撕振奮之心。尤其熊氏自謂「上天以斯文屬余，遭時屯難，
余忍無述」，《示要》卷三亦曰：「國人昏偷無恥，吾寧抱遺經，以獨立於危峰蒼
柏之間，聖靈其默佑一線之延歟！」（頁929）此皆可見熊氏以道統自任，以昌
明聖學為務，其孤懷弘詣直與中華民族之全體生命相貫通而無隔，直繼孔孟以
來之文化傳統而予發揚光大。熊氏以「六經責我開生面」（船山語）之弘大心願，
以豁醒整個文化慧命，使枯槁已久之心靈得以通體透脫舒暢，姑不論其是否已
開出「生面」，要之，其獨特之見解，一改二千年來受限於帝制之陳習舊說，實
具創發性，而此正是整個文化慧命得以生生不息之最大原動力所在。是以應在
此意義下以探討熊說，而非斤斤於考據訓詁，並於其創發性見解應予以闡揚，
而於其不足，則如熊氏所自言「天下後世，讀是書者，其有憐余之志，而補吾
不逮者乎！」如此，文化慧命方得以永續而不絕。

　　基於以上觀點，故在對熊氏春秋外王學有一全盤之分疏與詮釋，並瞭解其
思想體系及精意所在之後，即可順此而對熊說作一價值重詁，論述其時代意
義，並予歷史定位以見其居承先啟後之地位，以為對熊氏春秋外王學之總結
性釐清及論定。

第二節　價值重詁

　　在整個詮釋過程中，可見熊氏認定六經乃孔子晚年定論，孔子作《春秋》

旨在倡言革命，以行民主，但自漢以來因帝制之故，遂使此意未能透脫，隱而不彰，故熊氏透過對《春秋》三傳之抉擇，並對董、何下迄皮、康等公羊家之批判，以還孔子眞面目。熊氏所念茲在茲者，即在暢孔子之本懷，其推尊孔子實已至極，不惜奪周公制作之功以歸於孔子，並對曾子、孟子以下歷代儒者皆有所貶抑，甚至斥爲奴儒，此則不免過激，亦其常爲人所批評處。然誠如牟宗三〈熊十力先生追念會講話〉所言：

> 熊先生留在大陸的十幾年便是這狀況。譬如說「原儒」一書，便是在這期間寫的。原儒的基本思想還是沒有變，即推尊孔子，講春秋，講大同；但對曾子孟子以下群儒皆有所批評，皆有所不滿。一般人看了心中便不愉快。當然在平時，講儒家的是不會去批評曾子孟子的。但在這種環境底下，爲了推尊聖人，而歷貶群儒，是可以的。難道一切儒者都是十全十美，都是不可以批評的？我只要能把聖人保住，不就可以了嗎？這是行權，是不得已的大權。（《時代與感受》頁264）

可見熊氏之推尊孔子，實有其苦心孤詣在。其所面對者，乃自五四以來以至中共當政，極盡摧折破壞中國文化之能事，而對傳統儒家思想完全否定之時代，國人信心爲之動搖，而心靈極度空虛。在此關鍵時刻，如何化解文化危機以繼絕存亡，實爲當時知識分子所最關切者。熊氏認爲開新必先返本，返本所以開新，故深入經典，經由對孔子思想之分判，確認孔子晚年思想實已一改早年小康學派之說，而創立大道學派，此方爲其外王學之眞正歸趨，而亦必由此方可爲當代或未來之政局指明出路。《示要》、《論六經》及《原儒》等書，無非即在探究、還原孔子外王思想之眞相，《原儒·原外王》曰：

> 孔子外王學之眞相，究爲何種類型？其爲擁護君主統治階級與私有制，而取法三代之英，彌縫之以禮義，使下安其分以事上，而上亦務抑其狂逞之欲，有以綏下，將以保小康之治歟？抑爲同情天下勞苦小民，獨持天下爲公之大道，蕩平階級，實行民主，以臻天下一家，中國一人之盛歟？自漢以來，朝廷之宣揚，與社會上師儒之疏釋或推演，皆以六經外王之學，屬於前一類型。余由《禮記》中之〈禮運〉篇，而詳覈之，已發見其削改原書，如前說訖。即由〈禮運〉之書被改竄，而可判定六經外王之學，確屬於後一類型。由其反對當時大人世及以爲禮，即是不容許統治階級與私有制存在。其於社會大不平之唯一禍根，見得如此分明，說得如此的當，非天縱

之聖，真有與民同患之心者，其能若是哉？（頁163～164）

熊氏認爲孔子外王學之眞相，自當以晚年大道學派爲主，而非早年之小康學派，蓋孔子天縱之聖，「真有與民同患之心」，有此與民同患之心，是以寄內聖外王之道於六經，從而達至經世濟民之理想。熊氏既確定孔子外王學之類型爲何，即從而予以詮釋闡發，在六經中則又以《易》、《春秋》、〈禮運〉及《周官》爲最要，由《易》而《春秋》，由《春秋》而及於〈禮運〉、《周官》。熊氏認爲外王學須以內聖爲基礎才得以建立，是以內溯於《易》，蓋《易》於內聖外王之道無所不備，其強調乾元生生不息參贊天地之說，與隨變所適之變化生成觀，及其所欲達至見群龍無首吉之境界，實爲六經之所本，而爲中國文化之根源。《春秋》則與《易》相表裏，《春秋》之元即《易》之乾元，三世義與鼎革二卦等通，太平世人人有士君子之行即《易》乾元用九見群龍無首吉。是以《春秋》順此思想以爲核心，從而發揮貶天子、退諸侯、討大夫之批判精神，推翻君權，廢除統治階級，冀由據亂而升平以抵於太平，而成一以德行爲主之理想國度。〈禮運〉大同小康之說，亦與《春秋》相貫通，不僅與三世義關係至密，而大同世界更爲春秋外王學標示出宏偉之理想境界。《周官》則爲撥亂反正大法，亦與《春秋》相貫通，其以均爲體，強調和諧，以聯爲用，著重互助，如此以職官爲經，事義爲緯，以推展施行整個制度規模，才能使大同世界真正落實而具體實現，而非空想云云。

當然，熊氏之詮釋闡發不免有所附會穿鑿，甚至常常衍申過度，然誠如公羊家之三科九旨，未必《春秋》本即有之，實乃公羊家借事明義而後有之，其所借之事未必合於本事，而重要者則在其所明之義。熊氏對《春秋》之詮釋，無疑亦是借事明義，且較公羊家之借事明義尤爲借事明義。且孔子縱未言及革命、民主，但此並不表示孔子即無有此意，誠如佛經所常云：「佛已說之法如爪上塵，未說之法如大地土。」此衡之於孔子，亦然，蓋孔子實爲整個儒學，甚至爲中國文化之象徵，而此象徵在不同時代自會衍申出不同意義，如此眾多意義自會附著其上，使此象徵足以涵蓋一切，而爲一切之代表，是以何必執著於些許孔子已說之語，而於眾多未說者即一概排斥之？且佛陀圓寂前告阿難有所謂「四依法」，即「依法不依人，依義不依語，依智不依識及依了義不依不了義」，實爲衡量一切法之規準，是以只要所詮釋者不致背離孔子原意，實皆可視爲對孔子之一種闡釋、發揮。甚至因時代不同，則在其時代，即應爲孔子道出符合此時代要求之意義來，因此對經典之詮釋即有許多

不同層次。誠如傅偉勳所言「創造的詮釋學」有實謂、意謂、蘊謂、當謂及必謂五個層次，而此乃有嚴格意義加以規範，即五個層次有其程序，且必前一層次無誤之後，才能由此而推出下一層次，是以在實謂、意謂及蘊謂層次固須考辨精審，更須在此基礎上向當謂及必謂層次邁進，爲經典說出在面對當代處境應該有何新意及必須立刻如何踐行等，方可稱爲「創造的詮釋學」。熊氏之春秋外王學，不僅在實謂、意謂及蘊謂層次研究，且更超越之而從當謂及必謂層次探討，冀由此釋放出孔子所未及言或雖已言而仍隱而未顯者，且亦唯有如此方可賦予經典與時俱進隨地皆宜之生命力，既富現代意義，且符時代精神。相對於諸公羊家而言，熊氏春秋外王學無疑即是一「創造的詮釋學」，當然，此說法乃廣泛地說，並非如傅氏嚴格意義下之所規範者，蓋傅氏所言有一定程序，必得由實謂、意謂及蘊謂層次無誤之後，才能由出導出其於當謂及必謂層次應爲何，方無牛頭不對馬嘴之失。熊氏在此方面顯然未爲圓融，其所言於當謂等層次雖多精意，於實謂等層次則常考據失當，過於武斷。是以應分別以觀，對於其考據之失，固無須爲之避諱，且須糾正補足，而於其所抉發精意，亦不可因考據失當等瑕疵即全盤否定，相反地，實應予以重視，並加發揚。

且如象山、陽明之說六經，亦未必字字皆合乎訓詁考據，但整體說來，其所闡明者卻又深合孔孟之意，甚至使其意更加彰顯。熊氏亦然，其於實謂等層次雖未能顧及，但於當謂等層次之所言者，則確實觸及問題核心，不僅說出經典應有之意，並指出其於現代應有何義。縱使其說仍未爲圓融，系統亦不夠完密，但其由中國固有之外王思想中，重新予以整理耙疏，使外王學傳統得以開權顯實，返本開新，此返儒學之本以開當代之新，實爲吾人所不及，實值高度重視。且其強調以良知本心爲根源，從而開發出人人有士君子之行之德化世界，不僅深合孔子以來以仁爲主之傳統，且爲現代社會所最冀望而達至者。如此種種，實皆深值吾人對熊氏之春秋外王學重新予以評詁，甚而詮釋之、闡發之，以使其說更加彰明。

第三節　時代意義

熊氏力倡革命、民主，雖云極可能與所處時代有關，因其生於清末，然活動時間已是民國，此時帝制已除，而言革命者夥，故不免受其影響。但此

僅爲外在因素，殊不具決定性之關鍵地位，蓋其所謂革命，與他人所言皆有所不同，主要乃本《易》、《春秋》等經典，從中體會參究抉發而得。自清末以來，於變法及革命之要求日亟，康有爲、章太炎及孫中山乃其代表人物，錢穆《中國歷代政治得失》曰：

> 若我們把政治主權和政治制度分開說，就形成了兩派主張，一派是康有爲，他主張變法，不要革命，他是看了制度沒有看主權。另一派是章太炎，他主張只需革命，不需變法，他是看了主權沒有看制度。在這兩派中間，孫中山先生認爲是非革命不可的，而革命之後還得行變法。變法的最要點，則是把皇位傳襲徹底廢除了，根本不要一皇帝。（頁151）

按康氏託古改制本極可能走向革命一途，但因受限帝制之故，力主君主立憲，不敢推翻君權，只於制度內稍變其法，而主權依然操縱於君主手中。不僅在錢穆看來，即在熊氏眼中，此最多只可謂爲變法，不能稱作革命。至於章氏及孫氏雖皆主革命，然程度上則有別，章氏〈革命道德說〉曰：

> 古之所謂革命者，其義將何所至邪？豈不曰天命無常，五德代起，質文相變，禮時爲大邪？夫如是則改正朔，易服色，異官號，變旗識，足以盡革命之能事矣。名不必期于背古，而實不可不務其愜心。
> 吾所謂革命者，非革命也，曰光復也，光復中國之種族也，光復中國之州郡也，光復中國之政權也。（《別錄·一》）

章氏所謂革命乃以推翻滿清光復中國而言，此蓋亦當時言革命者之共同觀點。由於滿清爲異族，故章氏謂此革命，實非革命，而是「光復」。然不論革命或光復，皆以國家思想、民族思想爲根核，而非以世界主義爲最終目標，故與古之所謂革命無異，唯是天子易姓改朝換代而已。蓋此時君位雖除，然握權力者則以另一名稱，如總統、領導人等，繼續居高位，掌大權，若不能實行民主，尊重民意，則與專制時代之君亦無不同。專制時代之君，乃有形之君，民國以來之總統或領導人，則如無形之君，其名雖異，其實則同。章氏或亦有民主觀念，唯其專以光復中國之「種族」、「州郡」及「政權」爲言，即專以排滿爲主，遂使此意不僅不顯，且盡失之。熊氏對所謂之總統或領導人，所言甚少，故其究竟贊同或反對之，殊難遽定；然其所謂革命最終必以世界主義爲極至，顯與章氏不同。至於孫氏所言，則能突顯革命、民主之意，其《三民主義》曰：

> 共和國家成立以後，是用誰來做皇帝呢？是用人民來做皇帝，用四
> 萬萬人來做皇帝。照這樣辦法，便免得大家相爭，便可以減少中國
> 的戰禍。（頁 109）

「用人民來做皇帝」，此即熊氏所謂之革命，其所欲達至者為完全以民為主之
天地，乃一人人平等之世界，人民自覺自主，而群龍無首吉。在此意義下，
可稱得上革命者，蓋唯辛亥革命而已。梁漱溟《中國文化要義》曰：「若就革
命是『以一新構造代舊構造，以一新秩序代舊秩序』來說，辛亥一役應承認
其為革命。它並且是中國封建解體後唯一之革命。自它以前，社會構造未曾
變過；自它以後，社會構造乃非變不可。」（頁 233～234）然而，辛亥革命其
本質雖為推翻君權，廢除統治階級，以人民為主而代替皇帝，徹底地「以一
新構造代舊構造，以一新秩序代舊秩序」，此本意雖好，但革命成功之後，卻
未能達至此一目標。孫氏《孫文學說・自序》曰：

> 夫去一滿清之專制，轉生出無數強盜之專制，其為毒之烈，較前尤
> 甚，於是而民愈不聊生矣！溯夫吾黨革命之初心，本以救國救種為
> 志，欲出斯民於水火之中，而登之衽蓆之上也。今乃反令之陷水益
> 深，蹈火益熱，與革命初衷大相違背者，此固予之德薄無以化革同
> 儕，予之能鮮不足駕馭群眾，有以致之也。

辛亥一役，本「欲出斯民於水火之中，而登之衽蓆之上」，然推翻滿清，消滅
帝制之後，本應以人民代替皇帝，而行民主之制，但卻「轉生出無數強盜之
專制」，如洪憲帝制及北洋軍閥等，使斯民「陷水益深，蹈火益熱」，其為毒
之烈，較前尤甚。左舜生〈哥德論革命〉即慨然曰：「革命是一個不詳的名辭，
一個國家非到萬不得已的時侯，絕不宜輕言革命。但不幸中國在最近五十年，
革命乃成了無上的美名，好像凡革命都是對的，凡不革命或反革命都是該死
的，自革命職業化而天下皆亂人，自革命功利化而天下皆強盜，於是乎革來
革去，乃把一個國家革成了如今天的景象！哥德還只說『實行暴力革命，好
的事物被得到和被毀壞同樣的多』，在這個六十年中，我真不知道所得到『好
的事物』是什麼？而一切被『毀壞』掉的，乃真不是我們所能計算得了的啊！」
為何本意甚為良好，最終卻變成如此，此中原因，誠如熊氏《十力語要》卷
三所言：「及民六七，桂軍北伐，余曾參預民軍，旋與友人天門白逾桓先生同
赴粵。居半年，所感萬端，深覺吾黨人絕無在身心上作工夫者，如何撥亂反
正？」（頁 63）由於「黨人絕無在身心上作工夫」，因此雖推翻滿清，建立民

國，但積習仍舊，未能以一新構造代舊構造，以一新秩序代舊秩序，是以辛亥一役雖云為革命，而嚴格言之似亦不能稱作革命。故梁氏《中國文化要義》又曰：

> 即如辛亥革命，自一方面說，固不同於過去之變法改制而止；但至多亦只算得中國禮俗不變之開端。必待「五四」新文化運動，直向舊禮教進攻，而後探及根本，中國乃真革命了。（頁235）

誠然，從文化、制度及社會等根本結構上之改變而言，五四新文化運動固可謂為真革命，然全盤西化捨棄固有傳統，亦未必深符國情，而西化之後，一切雖皆自我否定以迎合西方，實則仍不脫舊習，而是否即有所謂真正之民主、科學，亦不無可疑。誠如左氏所言：「在這個六十年中，我真不知道所得到『好的事物』是什麼？而一切被『毀壞』掉的，乃真不是我們所能計算得了的啊！」此六十年中，自亦包括五四運動及其後之一切改革，可見全盤西化之結果，顯亦未能使中國有一新構造，從而進入一新的秩序。

總之，自辛亥革命、五四運動以來，不論政治上或文化上之革命，不僅未能使中國走向一新方向，反而使文化慧命遭致嚴重打擊，誠有斷絕之虞。在此文化慧命發生嚴重危機，已至繼絕存亡之關鍵時刻，熊氏自是有所感。熊氏認為既已推翻滿清，君位已除，而專制之毒烈，卻尤甚於前，此無他，蓋仍有私慾閉塞心志，猶有君之觀念橫梗胸中，深覺此等革命，皆非真正之革命，故而由《易》、《春秋》等經典抉發其獨特之革命論。熊氏借由強調孔子有革命、民主思想，蓋孔子於五十學《易》之後，思想上起大飛躍而產生質的變化，由原來崇奉小康學派轉而開創出大道學派，捨棄得君行道之觀念，轉為推翻君權，廢除統治階級，並寄此意於《春秋》三科九旨中，從張三世之由據亂而升平以抵太平，即可見出革命之意，而從通三統之歸於一統，此一統並非以君為主之大一統，而是人人有士君子之行之仁統，即可見出民主之意。熊氏經由對諸公羊家之批判，從而加以詮釋闡發，以推《春秋》本旨，認為孔子確有此意，此顯然經過一番創造性之詮釋。姑不論孔子是否真有此意，重要的乃熊氏提出此說，無疑乃激於時變未盡善盡美，故有此強烈要求，冀能匡正風氣，影響時代。縱觀熊氏著作，《示要》、《論六經》及《原儒》等成書皆在民國三、四十年代，諸書言革命之意亦可溯源於《新論》，《新論》成書於民國二十一年，距民國肇建亦已多年，可見諸書所言顯皆針對時弊而發。《新論》從內聖方面，以其全副心血從而挺立出道德主體性，以使久已泯

沒之人性得以重新復甦，而《示要》、《論六經》及《原儒》等則立基於內聖學之上，從而發揮外王思想，以使文化慧命存而不亡，並爲未來指出方向，縱在中共當政之際，熊氏仍不爲所動，甚至欲轉化之，即可見其用心良苦。熊氏從文化上立論，提出以心性道德爲主之外王政治思想，如此之革命才能有保證，不至流於暴亂，如此之民主才是眞民主，而非表象而已，不僅對二千年來之政治思想予以一終結性之總體探究，並爲清末民國以來之革命理論、民主思潮釐出一條可行之路，此正是其春秋外王學之時代意義所在。

第四節　歷史定位

　　孔孟之道乃以內聖外王之教爲其中心思想所在，不僅由心性之學而成己，且由經世濟民以成務，此成己成務之學乃賅攝自身而及於家國天下而爲一，並在歷史發展中不斷地逐步釐清之，進而建立之。宋明儒程、朱、陸、王等，乃通過吸收佛學而豁醒內聖一面，陳亮、葉適則漸開外王事功一面。下及明末王船山、顧亭林及黃梨洲而更加開顯外王之道。然顧、黃、王之後此外王之道即受扭折而不彰，至清末民初，外受西洋船堅炮利之侵略，內則有民亂、軍閥，以至共黨之擾攘不安，遂使此道漸滅殆盡。

　　熊氏在此氛圍下，本著返本以開新，開新必先返本，從六經中抉發精意，冀有以克服精神迷失，解決文化危機，重開孔孟內聖外王之教。其《新論》體用不二之哲學思想，即在對自清以來衰頹不已瀕於崩解之心性之學，重新賦以新生機，故上溯宋明儒以至先秦儒學，以挺立道德主體性。而其以《春秋》爲主之外王思想，則借由對整個春秋學傳統作一徹底之反省，從而批判之，並進而加以創造性之詮釋，疏通整個春秋學之內在義理，不僅爲後來之研究者提供新途徑，且其所開拓出之外王理論，實已超越董、何以及皮、康等，而上承王、顧、黃諸儒，誠如《示要》所言：

> 經濟之科，自宋陸子靜兄弟，及鄧牧並有民治思想。迄晚明王船山、顧亭林、黃梨洲、顏習齋諸儒，則其持論益恢宏，足以上追孔孟，而下與西洋相接納矣。（卷一頁9～10）

> 經世大用，其學宜宗船山、亭林、梨洲諸儒。……民治民族等思想，王顧諸儒，發明甚透，梨洲亦相羽翼。（卷二頁510）

此可見熊氏對王、顧、黃諸氏所開顯之外王讚賞不已。王之《黃書》、顧之《日

知錄》及黃之《明夷待訪錄》等，實先秦以後最能識得孔孟外王之精意者，熊氏即在承繼之，並上溯孔孟，使孔孟外王事業真能展開而落實。此可謂乃熊氏「承先」之部分；但熊氏之取徑與諸氏異，所言亦不盡相同，尤其諸氏雖有卑君尊民之公天下思想，然因時代因素，亦不敢言去君，熊氏則直言之，實較諸氏爲究竟。

誠然，熊氏專以儒家爲主，極力推崇孔子，雖有其苦心在，但不免因此而受限。蓋六經中縱有革命、民主等思想，但有此思想，與此思想是否已有完整之理論建構，無乃還有一段距離，兩者不可等同。梁漱溟〈讀熊著各書書後〉即針對《示要》、《論六經》及《原儒》等加以糾繆，認爲熊氏從《易》、《春秋》及《周官》等而提出革命、民主及社會主義之義，皆是高談闊論，強不知以爲知，並指出其根本癥結即在只知儒家，而無視於其他。其曰：

> 熊著《原儒》直從讚揚儒家發端，所謂「原學統」也，「原外王」也，
> 「原內聖」也，無非站在儒家立場而說話。若使在我，則斷斷不出
> 於此途。……應當不忙去讚揚儒家（這是既爲外來的學術思想占統
> 治地位的當前思想界所不能接受的），而先要人們從客觀上認識得
> 它。俗語「不怕不識貨，只怕貨比貨」。一事一物必有其特徵，而特
> 徵皆從比較對照中認識出來。今天寫《原儒》正宜從世界各地不同
> 文化和學術來作種種比較對照功夫。單直從其本身講許多話也難得
> 要領的，一經參考對比，其要領特徵自見。而一旦要領特徵在握，
> 許多問題不難迎刃而解，其價值如何亦將有不待爭論者。（《憶熊十
> 力先生》頁31～32）

按梁氏認爲「一事一物必有其特徵，而特徵皆從比較對照中認識出來」，自是合情合理，尤其對於文化傳統，更須客觀而相應地瞭解，經過比較對照才能見出其特徵，而非只是自說自話，只從主觀層面一味吹捧。梁氏之《東西文化及其哲學》及《中國文化要義》等，即由西洋、印度及中國三方面加以對比，從而提出中國文化之特色所在。基於此立場，梁氏自不贊同熊氏「直從讚揚儒家發端」，故對《原儒》等書加以糾繆，而此亦二氏面對中國當代文化危機時，雖皆各盡其心力，然所走途徑終至分道揚鑣之主因。且縱使熊氏對六經是否客觀而相應地瞭解之，並非問題所在；蓋熊氏不像注疏家般只爲經典作一概論式描述，乃重在抉發經典精意，加以發揮其內在所蘊涵之深意。然順此可有一問，即其所建構之理論是否圓融完整？亦即其是否真正爲當代

中國提出一套客觀可行之理論？顯然，熊氏所言不免主觀，不僅於西方現代政治理論無所窺，於中國整體實際政治演變亦無法全部加以統觀，只攫取春秋學以作爲推論之本，借事明義，以爲應如何如何，此則不免太過理想，是否客觀可行，已值懷疑，而理論建構未爲圓融，實有不足之處。

雖然，熊氏春秋外王學所建立之理論系統未臻圓融，然其以全幅生命心血來挺立文化慧命，於此時代中，仍有重大意義。畢竟熊氏已播下種子，至於開枝散葉則有待後學者。按熊氏之春秋學雖未得到重視，如其高弟唐君毅、牟宗三雖較能體貼其意，但亦覺熊氏晚年思想並無特別價值。唐氏則只於《中國哲學原論・原道篇》卷二第二篇第五章〈春秋學中之對善惡是非之褒貶之道〉略對《春秋》作一概論，而於其師所重視之三科九旨並未提及；牟氏則於三科九旨說並不認可，其《歷史哲學》曰：

> 公羊家說春秋之作有三科九旨之說。……前三旨（按：即通三統）乃漢儒迂怪之說，非孔子本意，不可信。……何休此處言據亂、升平、太平三世，雖著有歷史發展之理想義，然只繫于詳略之旨，而籠統言之，未能切于公天下家天下之政治制度而言之也。（頁93～97）

可見熊氏所極言之春秋外王學，並未能得到其弟子之讚賞，更何況他人。然誠如熊氏所言，思想之發展可有兩途，一者於古爲相承，二者於古爲相反。唐、牟雖於熊氏之春秋外王學未能承繼，但對於其師春秋外王學所欲解決之問題，即如何由內聖開出外王事業，自亦不能無所感，且能另闢蹊徑，尤其牟氏《政道與治道》一書，可謂對中國整體實際政治演變加以客觀而相應地瞭解之、統觀之，從而條析縷分，冀能爲中國當代文化生命開出新途徑。誠如其〈序〉曰：

> 本書中心問題有二：一爲政道與治道之問題，而主要論點則在政道如何轉出。二爲事功之問題，用古語言之，即爲如何開出外王之問題。

此兩問題，實爲整個中國文化生命中之最要癥結所在，亦爲熊氏春秋外王學所欲解決之問題核心所在。然熊氏所言畢竟太過主觀、理想，故其能否開出政道、事功、科學等，實不無疑問；而牟氏所言則確能客觀而相應地瞭解之，從而開出政道等。此猶如熊氏《新論》只寫出〈境論〉，至於〈量論〉雖偶有單言片語雜於著作中，然終未能成形而成一書，牟氏《認識心之批判》一書，則可稍補熊氏〈量論〉未出之憾，而《政道與治道》一書亦如是，正可補熊氏春秋外王學不足之處。牟氏於〈序〉中即引及熊氏《示要》卷二「實學一

詞，約言以二。一、指經世有用之學言。二、心性之學，為人極之所由立」
之說，可見其受熊氏啟發繼之而作，取徑雖殊，而正可謂為超越地承繼也。
此可謂乃熊氏「啟後」之部分，而此亦只是較為明顯可見之一而已。畢竟熊
氏之理論，至今不過三、四十年，為時尚短，相信經由時間之縱深，其影響
必更深遠。

　　當然，有承繼之者，而亦有反對之者，不論在當時或之後，批評熊說偏
於主觀性之體認，而非客觀性之認知，誠有其局限在，亦大有人在。如錢穆
《師友雜憶》曰：「十力晚年論儒，論六經，縱恣其意之所至。」（頁 211）胡
秋原《一百三十年來中國思想史綱》曰：「原儒一書，謂秦漢以後中國學術停
滯，一若二千年間中國人皆在睡夢，無見真儒，實非事實。而必謂周禮為孔
子作，為社會主義，亦臆斷、傅會之詞。」（頁 70）余英時〈錢穆與新儒家〉
曰：「熊十力對儒家經典的態度則已遠非『六經註我』四字所能形容；他簡直
是興到亂說，好像是一個不學的妄人一樣。」（《猶記風吹水上鱗》頁 65）郭
齊勇《熊十力與中國傳統文化》曰：「他對於孔子學術思想流變和六經真偽的
考證，全憑臆斷。他的長處並不在此，而且討厭繁瑣考據。」（頁 61）而熊門
高弟徐復觀則於最後日記《無慚尺布裹頭歸》曰：

> 連日偶翻閱熊十力先生的《乾坤衍》，其立言猖狂縱恣，凡與其思想
> 不合之文獻，皆斥其為偽，皆罵其為奸。其所認為真者僅〈禮運大
> 同篇〉及《周官》與《公羊何注》之三世義及乾坤兩象詞，認為此
> 為孔子五十歲以後之作。彼雖提倡民主，而其性格實非常獨裁，若
> 有權力，將與毛澤東無異。我不了解他何以瘋狂至此。（頁 59）

以上諸氏之批評，不可謂不重，而徐氏尤為激切。誠然，諸氏所言不為無理，
然歸納起來，蓋皆以熊氏之考據不夠客觀，論點失之武斷。然外緣考據是否
正確，乃屬經學史論斷問題，而非經學內容問題，因此諸氏之批評，只對熊
氏對六經作者等外緣考據方面是否正確，有一定之效，而對熊氏對六經內容
所發揮之精意，則未必有效。蓋六經所載雖為過往陳跡，然此載體並非一死
體，而是一活體，既可不斷地沈澱、積累，亦可不斷地詮釋、闡發。若只著
重外緣考據問題，孰為真，孰為偽，此無疑視六經為死體，而對六經之研究
亦將如剝死屍一般，解剝完畢即了事，而其精意亦將不存。按此並非意謂外
緣考據不重要，何況外緣考據往往決定其內在義理；然當外緣考據未易得確
解時，如六經作者問題等即如此，則顯然注重其內在義理更為重要。因此，

唯視六經爲活體，此活體可與時偕行，與日俱進，在不同時代，在不同人手裏，對其義理內容即可能有不同之詮釋、闡發，從而蘊育出新生命。熊氏對六經之研究即如此，故不可一味以外緣考據要求之，而應從內在義理來探究其經學理論，尤其對其春秋外王學更應如此。

近年來學術界對熊氏經學理論之研究漸多，較能如理視之，予以肯定，諸如林安梧〈熊十力先生的孤懷弘詣及其《原儒》的義理規模〉、〈「革命」的孔子——熊十力儒學中的「孔子原型」〉，岑溢成〈熊十力的春秋學與清代今文經學〉、〈熊十力的《春秋》學與名分問題〉，林慶彰〈當代新儒家的《周禮》研究及其時代意義〉、〈熊十力的《春秋》學及其時代意義〉，姜允明〈從《原儒》看熊十力的內聖外王論〉，何信全〈熊十力與儒家新外王理論之開展〉及郭齊勇《《讀經示要》、《原儒》讀後——兼論熊十力的中國文化觀〉等。諸氏所言，縱對熊說有所針砭，然最終目的不外乎疏通其說，補正其失，使其理論更加圓融完整。可見熊氏所提出之理論，所開創之格局，仍有一定之價值在，而影響亦正深遠。

總之，在整個歷史長流中，熊氏不僅有所承先，而亦有所啓後，且其啓後將因時間之縱深而更加彰顯，而其未及言或雖言而仍隱而未彰之精意，終將漸次抉發出來。

第五節　結語：由本文所可開啓之研究面向

對於熊氏春秋外王學有一全盤理解之後，即可發覺由此亦可開啓諸多研究面向，而此諸多議題，實待吾人以熊說爲基準而加以探討。

首先，當代新儒家以內聖外王爲一貫相標榜，不僅要有新內聖，更要開出新外王，尤其後者更是最重要之使命。然前賢之論內聖外王，卻常將之轉爲對立。如宋明理學家強調心性，專究內聖工夫，甚鄙外王事業；永嘉、永康等學派則反是，強調事功，專究外王事業，甚鄙內聖工夫。其實，內聖與外王既爲一貫，則由內聖而開出外王，乃爲必然，當代新儒家亦以新外王必由新內聖開出，其實亦即新內聖與新外王一同開出，而以新內聖爲基礎，保住主觀性之道德良知，由此開出新外王，才眞有客觀性之民主、科學等，而無有偏弊。然須注意者，此亦非徒視外王爲內聖之直接延長之謂，此中仍有諸多問題須予消融、解決。而從熊氏春秋外王學，可見其對內聖與外王關係

所論極精，認爲兩者實可一以貫之。當然，其所言或仍不夠周遍細密，但若以之爲基礎，從而對兩者關係加以探究，當可使此義更加明確而無有疑義，而亦顯由內聖外王之一貫而得以經世濟民之意。

其次，熊氏春秋外王學無疑對《春秋》予以一終極探討，而所言頗具特色，與其前諸公羊家皆異。誠如董、何及劉逢祿、康有爲等，皆爲對《春秋》之傳述、彰明，熊氏亦然，而其說仍在春秋學所許可之詮釋範圍內，且此一詮釋，使春秋學有更豐富之內容，更多面向之發展，故論春秋學實不能以康氏爲殿軍，至目前爲止，則必再加上熊氏而後可。而經由以上對熊氏春秋外王學之探討，不僅熊氏與諸氏不同，即使諸氏之間亦頗有異，因此若能以熊說爲基準，而對以董、何、劉、康、熊等五人爲主，其餘諸公羊家爲輔，且由三科九旨再擴及於其他，全面地加以探究，而成一部春秋學史，則將有助於瞭解春秋學之整個體系及其發展演變。此春秋學史，並非僅著重於外在傳承，而更以內容探討及思想演變爲主，如此之春秋學史，目前顯然尚付缺如，實値吾人予以完成。

復次，既明瞭熊氏春秋外王學之後，即可以與其他當代新儒家之外王思想作一對比。當然，此對比並非意謂一分高下，而是指互相攻錯之謂。當代新儒家雖在大方向上頗爲一致，但所言互有詳略，不盡相同，各成一套系統，故對諸家作一對比，取優捨劣，截長補短，以收攻錯之效，乃絕對有必要。況熊氏專宗六經，與諸家亦頗借鏡西學，則有絕大差異，而諸家亦不盡認同熊說，又多貶辭，因此以熊氏爲主而與諸家作一對比，既可互相攻錯，又可知熊說之優劣，若有劣者，則予改進，而於優者，即可見出其價值所在。誠然，西學有値得借鏡之處，但畢竟現代化不等於西化，蓋西學有西學之體用，中學有中學之體用，何必捨自己之用，而學他人之用，且亦無有排斥其體，只學其用，而以其用以與吾之體相配合而成體用者，若有之，則此體用亦將成無用之體與無體之用而已。因此，熊說若有値得重視之處，則亦可見所謂現代化之民主、科學等，並非必得由西方橫移，其實由我國傳統學術即可開發出，甚至更可開發出比民主、科學等更佳之事物。故對當代新儒家作一對比，顯亦深値加以探究。

復次，熊氏春秋外王學所認爲最理想之境界，自爲太平大同，此時見群龍無首吉，人人有士君子之行，君權已除，統治階級已廢，既無有首出者，而萬民皆一律平等自由。然此無統治階級之境界，是否即爲無政府狀態，亦

即無須有國家存在？或者仍有國家存在，然此國家型態為何？此時是否需要總統或領導人以為人民公僕？熊氏於此皆未有說明，而於「國家」、「政府」等辭語，亦無明確界定，更甭論其具體運作等等。此等問題，皆有待吾人以現代政治學或社會學理論予以探討，才能使熊氏所言呈現出更清晰之面貌。

最後，文化慧命之得以不絕，固有賴歷代之傳承，然每一時代皆須賦予其新意，使之活潑暢達而無凝滯不通，更為最要因素。春秋學自董、何以來，而至康有為為極盛，然所言縱恢詭怪奇，要不出董、何範圍，此蓋所處時代皆帝制之故，是以二千年來之春秋學可謂發展不大。進入民國以後，雖只短短數十年，然整個國家型態、社會結構已完全改易，因此對春秋學之看法，必與先前有異，故於此時實有必要為春秋學注入新意，甚至重為之作新疏。當然，若能及於各經則更佳。熊氏之春秋外王學，無疑已為後人開啟大門，然其中仍有甚多未及言或雖已言而仍隱而未顯者，深待抉發。故不僅須研究熊氏之說，更須「接著」其說講下去，才能於此時代有一套既不背離《春秋》原意而又深富時代意義之春秋學。熊氏春秋外王學之精神即在此，而亦可因此得以發揚光大。

參考資料

甲、熊十力著作（依著作年代先後為序）

1. 《唯識學概論》，北大出版部，1923 年 10 月初版。
2. 《唯識學概論》，同上，1926 年 3 月初版。
3. 《因明大疏刪註》，台北，廣文，1971 年 4 月版。
4. 《唯識論》，公孚印刷所，1930 年 1 月初版。
5. 《新唯識論》，台北，文津，1986 年 10 月版，含《心書》、《新論‧文言本》、《新論‧語體本》、《破破新唯識論》，附《破新唯識論》等。
6. 《佛家名相通釋》，台北，洪氏，1983 年 4 月再版。
7. 《中國歷史講話》，台北，明文，1984 年 12 月初版。
8. 《讀經示要》，同上，1984 年 7 月初版。
9. 《十力語要》，台北，洪氏，1983 年 12 月再版。
10. 《十力語要初續》，同上，1982 年 10 月初版。
11. 《韓非子評論》，台北，學生，1984 年 4 月再版。
12. 《摧惑顯宗記》，同上，1988 年 6 月初版。
13. 《論張江陵》，台北，明文，1988 年 3 月初版。
14. 《論六經》，同上，1988 年 3 月初版。
15. 《原儒》，同上，1988 年 12 月初版。
16. 《體用論》，台北，學生，1987 年 2 月版。
17. 《明心篇》，同上，1979 年 4 月三版。
18. 《乾坤衍》，同上，1987 年 2 月版。
19. 《存齋隨筆》，台北，鵝湖，1993 年 6 月初版。

20. 《熊十力與劉靜窗論學書簡》（劉述先編），台北，時報，1984 年 6 月初版。

乙、後人研究熊十力之專著及單篇論文（與本論文相涉者為限）

1. 梁漱溟：《憶熊十力先生》，台北，明文，1989 年 12 月初版。
2. 蔡仁厚：《熊十力先生學行年表》，台北，明文，1987 年 8 月初版。
3. 郭齊勇：《熊十力與中國傳統文化》，台北，遠流，1990 年 6 月初版。
4. 郭齊勇：《天地間一個讀書人——熊十力傳》，台北，業強，1994 年 11 月初版。
5. 郭齊勇：〈《讀經示要》、《原儒》讀後——兼論熊十力的中國文化觀〉，收入蕭萐父、郭齊勇編《玄圃論學集——熊十力生平與學術》，北京，三聯，1990 年 2 月初版。
6. 景海峰：《熊十力》，台北，東大，1991 年 6 月初版。
7. 林安梧：《存有・意識與實踐》，台北，東大，1993 年 5 月初版。
8. 林安梧：〈熊十力的孤懷弘詣及其《原儒》的義理規模〉，收入《當代新儒家哲學史論》，台北，明文，1996 年 1 月初版。
9. 林安梧：〈革命的「孔子」——熊十力儒學中的「孔子原型」〉，收入《儒學革命論》，台北，學生，1998 年 11 月初版。
10. 姜允明：〈從《原儒》看熊十力的內聖外王論〉，收入《當代心性之學面面觀》，台北，明文，1994 年 3 月初版。
11. 岑溢成：〈熊十力的春秋學與清代今文經學〉，收入劉述先編《當代儒學論集：傳統與創新》，台北，中研院，1995 年 5 月初版。
12. 岑溢成：〈熊十力的《春秋》學與名分問題〉，收入陳德和編《當代新儒學的關懷與超越》，台北，文津，1997 年 12 月初版。
13. 林慶彰：〈當代新儒家的《周禮》研究及其時代意義〉，收入劉述先編《當代儒學論集：挑戰與回應》，台北，中研院，1995 年 12 月初版。
14. 林慶彰：〈熊十力的《春秋》學及其時代意義〉，台北，中研院文哲所「儒學與現代世界國際研討會」，1996 年 7 月。
15. 林慶彰：〈熊十力對清代考據學的批評〉，收入黃俊傑、福田殖編《東亞文化的探討——近代文化的動向》，台北，正中，1996 年 11 月臺初版。
16. 林慶彰：〈熊十力論讀經應有之態度〉，收入中研院文哲所十周年紀念文集《傳承與創新》，1999 年 12 月初版。
17. 林慶彰：〈熊十力關係書目〉，台北，《中央圖書館館刊》第二十四卷第二期，1991 年 12 月。
18. 何信全：〈熊十力與儒家新外王理論之開展〉，收入《儒學與現代民主》，

台北，中研院，1996 年 2 月初版。

19. 藍日昌：《熊十力「內聖外王」思想之研究》，台北，政大中文所碩士論文，1987 年。

20. 林世榮：《熊十力《新唯識論》研究》，中壢，中大中文所碩士論文，1992 年。

21. 林世榮：〈熊十力早年思想研究〉，中壢，中大中文所第四屆「近代中國學術研討會」，1998 年 3 月。

丙、與本論文相關之典籍

一、經　部（附緯書）

1. 《周易正義》：《十三經注疏》本，台北，藝文，1982 年 8 月九版。

2. 《尚書正義》：同上。

3. 《毛詩正義》：同上。

4. 《春秋公羊傳注疏》：同上。

5. 《春秋穀梁傳注疏》：同上。

6. 《春秋左傳正義》：同上。

7. 《周禮注疏》：同上。

8. 《儀禮注疏》：同上。

9. 《禮記正義》：同上。

10. 《論語注疏》：同上。

11. 《孟子注疏》：同上。

12. 《緯書集成》（安居香山、中村璋八輯）：北京，河北人民，1994 年 12 月一版。

13. 陸德明：《經典釋文》，台北，學海，1988 年 6 月初版。

二、史　部

1. 司馬遷：《史記》，台北，鼎文，1978 年 11 月初版。

2. 班固：《漢書》，同上，1995 年 1 月八版。

3. 范曄：《後漢書》，同上，1978 年 11 月三版。

4. 陳壽：《三國志》，同上，1993 年 2 月七版。

5. 房玄齡：《晉書》，同上，1992 年 11 月七版。

6. 魏徵：《隋書》，同上，1980 年 6 月三版。

7. 歐陽脩：《新唐書》，同上，1998 年 10 月九版。

8. 歐陽脩：《新五代史》，同上，1998 年 7 月七版。

9. 《逸周書》：《四部備要》本，台北，中華，1966 年 3 月臺一版。

10. 《國語》：同上。

11. 《戰國策》：同上。

12. 劉向：《說苑》，同上。

13. 王肅：《家語》，同上。

三、子部、集部（唐以前）

1. 《老子》：《四部備要》本。

2. 《墨子》：同上。

3. 《莊子》：同上。

4. 《尹文子》同上。

5. 《荀子》：同上。

6. 《韓非子》：同上。

7. 《呂氏春秋》：同上。

8. 《淮南子》：同上。

9. 《列子》：同上。

10. 陸賈：《新語》，同上。

11. 班固：《白虎通》，陳立注本，北京，中華，1994 年 8 月一版。

12. 王充：《論衡》，《四部備要》本。

13. 應劭：《風俗通》，同上。

14. 桓譚：《新論》，同上。

15. 荀悅：《申鑒》，同上。

16. 徐幹：《中論》，文淵閣《四庫全書》冊 696，台北，商務，1983 年 6 月版。

17. 王弼：《王弼集校釋》（樓宇烈校釋），台北，華正，1992 年 12 月初版。

18. 劉勰：《文心雕龍》，《四部備要》本。

19. 韓愈：《韓昌黎全集》，同上。

丁、與本論文相關之春秋學論著及單篇專文（略依作者年代先後為序，下同）

1. 董仲舒：《春秋繁露》，凌曙注本，台北，世界，1975 年 3 月三版。

2. 陸淳：《春秋集傳纂例》，《四庫全書》冊 146。

3. 陸淳：《春秋集傳辨疑》，同上。

4. 陸淳：《春秋微旨》，同上。

5. 孫復：《春秋尊王發微》，《通志堂經解》本，台北，漢京，1980 年版。

6. 劉敞：《春秋權衡》，同上。

7. 崔子方：《春秋本例》，同上。

8. 蕭楚：《春秋辨疑》，《四庫全書》冊 148。

9. 葉夢得：《春秋傳》，《通志堂經解》本。

10. 葉夢得：《春秋考》，《四庫全書》冊 149。

11. 胡安國：《春秋傳》，《四庫全書》冊 151。

12. 家鉉翁：《春秋詳說》，《通志堂經解》本。

13. 王夫之：《春秋世論》，《船山遺書全集》第七冊，台北，自由、中國船山學會，1972 年 11 月初版。

14. 毛奇齡：《春秋毛氏傳》，《四庫全書》冊 176。

15. 萬斯大：《學春秋隨筆》，收入《經學五書》，台北，廣文，1977 年 1 月初版。

16. 莊存與：《春秋正辭》，《皇清經解》本，台北，漢京，1980 年版。

17. 孔廣森：《公羊通義》，同上。

18. 劉逢祿：《春秋公羊經何氏釋例》，同上。

19. 劉逢祿：《春秋公羊傳解詁箋》，同上。

20. 劉逢祿：《左氏春秋考證》，同上。

21. 宋翔鳳：《論語說義》，《皇清經解續編》本，台北，漢京，1980 年版。

22. 凌曙：《春秋繁露注》，台北，世界，1975 年 3 月三版。

23. 陳立：《公羊義疏》，台北，商務，1982 年 5 月臺一版。

24. 陳立：《白虎通疏證》，北京，中華，1994 年 8 月一版。

25. 鍾文烝：《春秋穀梁經傳補注》，北京，中華，1996 年 7 月一版。

26. 蘇輿：《春秋繁露義證》，北京，中華，1992 年 12 月一版。

27. 皮錫瑞：《經學通論》，台北，商務，1989 年 10 月臺五版。

28. 皮錫瑞：《經學歷史》，台北，漢京，1983 年 9 月初版。

29. 廖平：《廖平選集》，成都，巴蜀，1998 年 7 月一版。

30. 康有為：《新學偽經考》，香港，三聯，1998 年 7 月一版。

31. 康有為：《孔子改制考》，台北，商務，1968 年 4 月初版。

32. 康有為：《春秋董氏學》，同上，1969 年 1 月初版。

33. 康有為：《春秋筆削大義微言考》，台北，宏業，1975 年 6 月版。

34. 康有爲:《中庸注》,台北,商務,1987 年 2 月四版。

35. 康有爲:《孟子微》,同上,1987 年 2 月臺四版。

36. 康有爲:《論語注》,《康南海先生遺著彙刊》(蔣貴麟編)第六冊,台北,宏業,1976 年版。

37. 康有爲:《禮運注》,同上第九冊。

38. 康有爲:《大同書》,香港,三聯,1998 年 7 月一版。

39. 章太炎:《春秋左傳讀》,台北,學海,1984 年 4 月初版。

40. 章太炎:〈駁康有爲論革命書〉,收入《文錄》,《章氏叢書》本,台北,世界,1982 年 4 月再版。

41. 章太炎:〈革命道德說〉,收入《別錄》,同上。

42. 梁啓超:〈春秋中國夷狄辨序〉,《飲冰室文集》第二冊,台北,中華,1960 年 5 月臺一版。

43. 梁啓超:〈中國歷史上革命之研究〉,同上第五冊。

44. 崔適:《史記探源》,台北,廣文,1977 年 7 月再版。

45. 崔適:《春秋復始》,北京,北大出版部排印本,1918 年 8 月。

46. 陳柱:《公羊家哲學》,台北,中華,1980 年 11 月臺二版。

47. 張西堂:《穀梁眞僞考》,台北,明文,1994 年 4 月初版。

48. 高本漢:《左傳眞僞考》,收入《左傳眞僞考及其他》,台北,泰順,1971 年 11 月版。

49. 胡適:〈《左傳》眞僞考的提要與批評〉,收入《海外讀書雜記》,台北,遠流,1994 年 1 月版。

50. 錢玄同:〈論《春秋》性質書〉,《古史辨》第一冊下編,台北,藍燈,1987 年 11 月初版。

51. 錢玄同:〈重論經今古文學問題〉,《古史辨》第五冊上編。

52. 衛聚賢:〈左傳之研究〉,上海,商務,《國學論叢》第一卷第一號。

53. 顧頡剛:《春秋三傳及國語之綜合研究》,香港,中華,1988 年 6 月初版。

54. 錢穆:《兩漢經學今古文平議》,台北,東大,1983 年 9 月臺三版。

55. 周予同:《周予同經學史論著選集(增訂本)》,上海,上海人民,1996 年 7 月二版。

56. 戴君仁:《春秋辨例》,台北,國立編譯館,1978 年 12 月再版。

57. 徐復觀:《兩漢思想史》卷二,台北,學生,1984 年 3 月三版。

58. 程發軔:《春秋要領》,台北,三民,1989 年 4 月初版。

59. 陳槃:《左氏春秋義例辨》,台北,中研院,1993 年 5 月二版。

60. 楊伯峻:《春秋左傳注》,台北,復文,1991 年 9 月再版。

61. 楊向奎：《大一統與儒家思想》，長春，中國友誼，1989 年 6 月一版。

62. 張以仁：《春秋史論集》，台北，聯經，1990 年元月初版。

63. 黃彰健：〈張三世古義〉，台北，《學原》第一卷第八期，1947 年 12 月。

64. 阮芝生：《從公羊學論春秋的性質》，台北，台大文史叢刊，1968 年。

65. 王熙元：《穀梁范注發微》，台北，師大國研所博士論文，1970 年。

66. 李威熊：《董仲舒與西漢學術》，台北，文史哲，1978 年 6 月初版。

67. 賴慶鴻：《董仲舒政治思想之研究》，台北，文史哲，1981 年 4 月初版。

68. 羅夢冊：《孔子未王而王論》，台北，學生，1982 年 11 月臺初版。

69. 韋政通：《董仲舒》，台北，東大，1994 年 6 月初版。

70. 湯志鈞：《近代經學與政治》，北京，中華，1989 年 8 月一版。

71. 湯志鈞：《經學史論集》，台北，大安，1995 年 6 月版。

72. 李新霖：《春秋公羊傳要義》，台北，文津，1989 年 5 月版。

73. 宋鼎宗：《春秋宋學發微》，台北，文史哲，1986 年 9 月增訂再版。

74. 汪惠敏：《宋代經學之研究》，台北，師大書苑，1989 年 4 月初版。

75. 王葆玹：《西漢經學源流》，台北，東大，1994 年 6 月初版。

76. 浦衛忠：《春秋三傳綜合研究》，台北，文津，1995 年 4 月初版。

77. 蔣慶：《公羊學引論》，瀋陽，遼寧教育，1995 年 6 月一版。

78. 孫春在：《清末的公羊思想》，台北，商務，1985 年 10 月初版。

79. 翁銀陶：《公羊傳漫談》，台北，頂淵，1997 年 3 月初版。

80. 陳其泰：《清代公羊學》，北京，東方，1997 年 4 月一版。

81. 陳鵬鳴：〈劉逢祿生平及著作略考〉，《史學史研究》第一期，1996 年。

82. 林世榮：〈何休「三科九旨」說研究〉，收入輔大中文系所編《先秦兩漢論叢（第一輯)》，台北，洪葉，1999 年 7 月初版。

戊、與本論文相關之禮學論著及單篇專文

1. 孫詒讓：《周禮正義》，京都，中文，1980 年 12 月版。

2. 胡適：〈井田辨〉，收入《問題與主義》，台北，遠流，1994 年 9 月版。

3. 郭沫若：《周官質疑》，東京，文求堂，1932 年初版。

4. 顧頡剛：〈「周公制禮」的傳說和《周官》一書的出現〉，《文史》第六輯，1979 年 6 月一版。

5. 蒙文通：〈從社會制度及政治制度論《周官》成書年代〉，收入《經史抉原》，成都，巴蜀，1995 年 9 月一版。

6. 錢穆：〈周官著作時代考〉，收入《兩漢經學今古文平議》。

7. 錢穆：〈讀周官〉，收入《中國學術思想史論叢（二）》，台北，東大，1977年2月初版。

8. 金景芳：《論井田制度》，濟南，齊魯，1982年10月一版。

9. 徐復觀：《周官成立之時代及其思想性格》，台北，學生，1980年5月初版。

10. 楊向奎：〈《周禮》的內容分析及其成書時代〉，收入《繹史齋學術文集》，上海，上海人民，1983年5月一版。

11. 瞿同祖：《中國封建社會》，台北，里仁，1984年6月版。

12. 陳漢章：〈周禮行於春秋時證〉，《國學叢林》第一卷第一號，1920年。

13. 史景成：〈周禮成書年代考（上、中、下）〉，《大陸雜誌》第三十二卷第五、六、七期，1966年。

14. 周何：《禮學概論》，台北，三民，1998年1月初版。

15. 陳瑞庚：《井田問題重探》，台北，台大中文所博士論文，1974年。

16. 侯家駒：《周禮研究》，台北，聯經，1987年6月版。

17. 陳伯瀛：《中國田制叢考》，台北，明文，1987年12月再版。

18. 彭林：《《周禮》主體思想與成書年代研究》，北京，中國社會科學，1991年9月一版。

19. 金春峰：《周官之成書及其反映的文化與時代新考》，台北，東大，1993年11月初版。

20. 趙岡、陳鍾毅：《中國土地制度史》，台北，聯經，1996年3月版。

21. 莊德仁：《從「西周井田制度」的討論看當代古史觀念的轉變》，台北，師大史研所碩士論文，1996年。

己、與本論文相關之儒學論著及單篇專文

1. 歐陽脩：《易童子問》，嚴靈峰編，《無求備齋易經集成》冊141，台北，成文，1976年臺一版。

2. 李覯：《李覯集》，台北，漢京，1983年10月初版。

3. 程顥、程頤：《二程集》，台北，里仁，1982年3月版。

4. 楊時：《楊龜山先生全集》，台北，學生，1974年6月初版。

5. 鄭樵：《六經奧論》，《四庫全書》冊184。

6. 朱熹：《四書章句集註》，台北，鵝湖，1984年9月初版。

7. 朱熹：《周易本義》，《易經集成》冊28。

8. 朱熹：《周易啟蒙》，同上冊82。

9. 朱熹：《朱子大全》，《四部備要》本。

10. 朱熹：《朱子語類》，台北，文津，1986 年 12 月版。

11. 朱熹：《資治通鑑綱目》，《四庫全書》冊 689～691。

12. 呂祖謙：《呂東萊文集》，台北，商務，1968 年 9 月臺一版。

13. 陸九淵：《象山全集》，《四部備要》本。

14. 陳亮：《陳亮集》，台北，鼎文，1978 年 11 月初版。

15. 晁公武：《郡齋讀書志》，台北，廣文，1979 年 4 月再版。

16. 黃震：《黃氏日抄》，台北，大化，1984 年 12 月再版。

17. 王應麟：《翁注困學紀聞》（翁元圻注），台北，世界，1963 年 4 月初版。

18. 王應麟：《玉海》，京都，中文，1986 年 10 月再版。

19. 馬端臨：《文獻通考》，《四庫全書》冊 610～616。

20. 王陽明：《陽明全書》，《四部備要》本。

21. 王夫之：《讀通鑑論》，台北，里仁，1985 年 2 月版。

22. 王夫之：《黃書》，《船山遺書全集》第十七冊。

23. 顧炎武：《原抄本顧亭林日知錄》，台北，文史哲，1979 年 4 月版。

24. 黃宗羲：《明夷待訪錄》，《黃宗羲全集》第一冊，台北，里仁，1987 年 4 月版。

25. 胡煦：《周易函書》，《四庫全書》冊 48。

26. 江永：《群經補義》，《四庫全書》冊 194。

27. 永瑢：《四庫全書總目》，台北，藝文，1997 年 9 月版。

28. 紀昀：《四庫全書簡明目錄》，台北，世界，1975 年 11 月三版。

29. 崔述：《崔東壁遺書》，台北，世界，1963 年 6 月初版。

30. 趙翼：《陔餘叢考》，台北，世界，1965 年 3 月再版。

31. 劉逢祿：《劉禮部集》，清道光十年劉氏思娛齋刊本。

32. 余蕭客：《古經解鉤沉》，台北，廣文，1972 年元月初版。

33. 王引之：《經義述聞》，台北，世界，1963 年 4 月初版。

34. 龔自珍：《龔定盦全集》，台北，新文豐，1976 年 3 月初版。

35. 魏源：《魏源集》，台北，鼎文，1978 年 11 月初版。

36. 陳澧：《東塾讀書記》，香港，三聯，1998 年 7 月一版。

37. 王先謙：《荀子集解》，台北，藝文，1988 年 6 月五版。

38. 章太炎：《國學略說》，台北，文史哲，1987 年 5 月再版。

39. 章太炎：《國故論衡》，台北，廣文，1995 年 4 月再版。

40. 章太炎：《訄書》，香港，三聯，1998 年 7 月一版。

41. 章太炎：〈論學會有大益於黃人亟宜保護〉，《時務報》第十九冊，光緒

23 年 2 月 1 日出版。

42. 梁啓超：《先秦政治思想史》，台北，東大，1993 年 10 月三版。

43. 梁啓超：《清代學術概論》（附《中國近三百年學術史》後），台北，里仁，1995 年 2 月初版。

44. 梁啓超：《新史學》（與《中國歷史研究法》正、續編合刊），同上，1984 年 10 月版。

45. 甘鵬雲：《經學源流考》，台北，維新，1983 年元月再版。

46. 唐晏：《兩漢三國學案》，台北，華世，1987 年 9 月台一版。

47. 胡玉縉：《許廎學林》，台北，世界，1963 年 4 月初版。

48. 孫中山：《三民主義》，台北，中央文物供應社，1974 年 3 月三版。

49. 孫中山：《孫文學說》，收入《建國方略》，同上，1987 年 10 月十版。

50. 王國維：《觀堂集林》，台北，世界，1991 年 9 月六版。

51. 劉師培：《劉申叔先生遺書》，台北，華世，1975 年 4 月初版。

52. 顧實：《漢書藝文志講疏》，台北，廣文，1995 年 10 月再版。

53. 顧實：《重考古今偽書考》，上海，大通，1926 年 7 月版。

54. 呂思勉：《經子解題》，台北，復文，1993 年 6 月再版。

55. 胡適：《說儒》，台北，遠流，1986 年 10 月版。

56. 蔣伯潛：《十三經概論》，台北，宏業，1981 年 10 月版。

57. 范文瀾：《群經概論》，台北，學海，1985 年 9 月初版。

58. 顧頡剛：《顧頡剛讀書筆記》，台北，聯經，1990 年元月初版。

59. 顧頡剛：〈五德終始說下的政治和歷史〉，《古史辨》第五冊下編。

60. 顧頡剛：〈禪讓傳說起於墨家考〉，同上第七冊下編。

61. 梁漱溟：《東西文化及其哲學》，台北，里仁，1996 年 1 月版。

62. 梁漱溟：《中國文化要義》，同上，1982 年 9 月版。

63. 陸寶千：《清代思想史》，台北，廣文，1983 年 9 月三版。

64. 馮友蘭：〈原儒墨〉、〈原儒墨補〉，收入《中國哲學史（增訂本）》，台北，商務，1993 年 4 月增訂臺一版。

65. 錢穆：《先秦諸子繫年》，台北，東大，1990 年 9 月再版。

66. 錢穆：《中國歷代政治得失》，同上，1989 年 10 月七版。

67. 錢穆：《師友雜憶》，同上，1983 年 1 月初版。

68. 錢穆：《中國史學名著》，台北，三民，1999 年 1 月八版。

69. 錢穆：〈駁胡適之說儒〉，收入《中國學術思想史論叢（二）》。

70. 蕭公權：《中國政治思想史》，台北，聯經，1990 年 10 月版。

71. 唐君毅：《中國哲學原論‧導論篇》，台北，學生，1986 年 9 月校訂版。

72. 唐君毅：《中國哲學原論‧原道篇》卷二，同上，1986 年 10 月校訂版。

73. 徐復觀：《無慚尺布裹頭歸》，台北，允晨，1987 年 1 月初版。

74. 屈萬里：《先秦漢魏易例述評》，台北，學生，1985 年 9 月三版。

75. 牟宗三：《認識心之批判》，台北，學生，1990 年 6 月初版。

76. 牟宗三：《歷史哲學》，同上，1988 年 8 月九版。

77. 牟宗三：《政道與治道》，同上，1987 年 7 月版。

78. 牟宗三：《中國哲學十九講》，同上，1983 年 10 月初版。

79. 牟宗三：《時代與感受》，台北，鵝湖，1986 年 9 月再版。

80. 楊寬：《西周史》，台北，商務，1999 年 4 月初版。

81. 本田成之：《中國經學史》，台北，廣文，1990 年 7 月再版。

82. 胡秋原：《一百三十年來中國思想史綱》，台北，學術，1973 年 12 月臺初版。

83. 朱伯崑：《易學哲學史》，台北，藍燈，1991 年 9 月初版。

84. 趙令揚：《關於歷代正統問題之爭論》，香港，學津，1976 年 5 月初版。

85. 饒宗頤：《中國史學上之正統論》，香港，龍門，1977 年 9 月初版。

86. 張起鈞：《恕道與大同》，台北，東大，1988 年 11 月初版。

87. 余英時：《中國思想傳統的現代詮釋》，台北，聯經，1989 年 2 月版。

88. 余英時：《猶記風吹水上鱗》，台北，三民，1995 年 3 月再版。

89. 杜正勝：《編戶齊民》，台北，聯經，1990 年 3 月初版。

90. 韋政通：《中國十九世紀思想史》上冊，台北，東大，1991 年 9 月初版。

91. 韋政通：《中國十九世紀思想史》下冊，同上，1992 年 9 月初版。

92. 張灝：《幽暗意識與民主傳統》，台北，聯經，1989 年 5 月初版。

93. 王邦雄：《儒道之間》，台北，漢光，1994 年 12 月六版。

94. 唐端正：《先秦諸子論叢續編》，台北，東大，1992 年 1 月增訂初版。

95. 李澤厚：《中國古代思想史論》，台北，三民，1996 年 9 月初版。

96. 斯維至：《中國古代社會文化論稿》，台北，允晨，1997 年 4 月初版。

97. 岑溢成：《大學義理疏解》，台北，鵝湖，1986 年 9 月三版。

98. 林安梧：《現代儒學論衡》，台北，業強，1987 年 5 月初版。

99. 林安梧：《王船山人性史哲學之研究》，台北，東大，1991 年 2 月再版。

100. 林安梧：《中國近現代思想觀念史論》，台北，學生，1995 年 9 月初版。

101. 章權才：《兩漢經學史》，台北，萬卷樓，1995 年 5 月初版。

102. 林慶彰編：《經學研究論著目錄 1988——1992》，台北，漢學研究中心，

1995 年 6 月初版。

103. 安井小太郎等:《經學史》(連清吉、林慶彰合譯) 台北,萬卷樓,1996 年 10 月初版。

104. 龔鵬程:〈論作者〉,收入呂正惠、蔡英俊編《中國文學批評 (第一集)》,台北,學生,1992 年 8 月初版。

105. 林世榮:〈程朱學派「用九用六」說研究〉,台北,淡大「第二屆文學與文化學術研討會」,1998 年 5 月。

庚、與本論文相關之道、墨及佛學論著 (依道、墨、佛為序)

1. 王邦雄:《老子的哲學》,台北,東大,1988 年 3 月五版。

2. 嚴捷、嚴北溟:《列子譯注》,台北,仰哲,1987 年 11 月版。

3. 方授楚:《墨學源流》,嚴靈峰編無求備齋《墨子集成》冊 39,台北,成文,1975 年臺一版。

4. 蔡仁厚:《墨家哲學》,台北,東大,1993 年 3 月三版。

5. 黃世瑞:《墨家思想新探》,台北,水牛,1993 年 5 月初版。

6. 印順:《中觀論頌講記》,台北,正聞,1986 年 5 月六版。

7. 印順:《中觀今論》,同上,1986 年 3 月五版。

8. 牟宗三:《佛性與般若》,台北,學生,1989 年 2 月五版。

9. 傅偉勳:《從創造的詮釋學到大乘佛學》,台北,東大,1990 年 7 月初版。